普通高等教育“十四五”规划教材

创新创业实践活动拓展与训练

主　编：蒲生彦

副主编：刘世宾　张　阳

中国环境出版集团 · 北京

图书在版编目（CIP）数据

创新创业实践活动拓展与训练/蒲生彦，刘世宾，张阳主编．—北京：中国环境出版集团，2023.1
普通高等教育“十四五”规划教材
ISBN 978-7-5111-5383-8

Ⅰ．①创… Ⅱ．①蒲…②刘…③张… Ⅲ．①大学生—创业—高等学校—教材 Ⅳ．①G647.38

中国版本图书馆 CIP 数据核字（2022）第 244194 号

出 版 人　武德凯
责任编辑　曹　玮
封面设计　岳　帅

出版发行　中国环境出版集团
（100062　北京市东城区广渠门内大街 16 号）
网　　址：http://www.cesp.com.cn
电子邮箱：bjgl@cesp.com.cn
联系电话：010-67112765（编辑管理部）
010-67113412（第二分社）
发行热线：010-67125803，010-67113405（传真）

印　　刷　玖龙（天津）印刷有限公司
经　　销　各地新华书店
版　　次　2023 年 1 月第 1 版
印　　次　2023 年 1 月第 1 次印刷
开　　本　787×1092　1/16
印　　张　21.5
字　　数　490 千字
定　　价　92.00 元

编委会

主　编：蒲生彦

副主编：刘世宾　张　阳

编　委：（以姓氏汉语拼音为序）

陈　曦　董淑乾　杜海英　何志华　贾璐蔓

李博文　马　慧　庞甲光　裴向军　王超群

王　朋　王晓光　曾广勇　张　颖

必须坚持科技是第一生产力、人才是第一资源、创新是第一动力，深入实施科教兴国战略、人才强国战略、创新驱动发展战略，开辟发展新领域新赛道，不断塑造发展新动能新优势。

——2022 年 10 月 16 日，习近平在中国共产党第二十次全国代表大会上的讲话

要坚持教育优先发展、科技自立自强、人才引领驱动，加快建设教育强国、科技强国、人才强国，坚持为党育人、为国育才，全面提高人才自主培养质量，着力造就拔尖创新人才，聚天下英才而用之。

——2022 年 10 月 16 日，习近平在中国共产党第二十次全国代表大会上的讲话

要高度重视青年科技人才成长，使他们成为科技创新主力军。

——2020 年 9 月 11 日，习近平在科学家座谈会上的讲话

希望你们扎根中国大地了解国情民情，在创新创业中增长智慧才干，在艰苦奋斗中锤炼意志品质，在亿万人民为实现中国梦而进行的伟大奋斗中实现人生价值，用青春书写无愧于时代、无愧于历史的华彩篇章。

——2017 年 8 月 15 日，习近平给第三届中国“互联网+”大学生创新创业大赛“青年红色筑梦之旅”的大学生的回信

序　言

党中央、国务院高度重视大众创业，万众创新。习近平总书记指出，“要向改革开放要动力，最大限度释放全社会创新创业创造动能，不断增强我国在世界大变局中的影响力、竞争力”。党的二十大报告指出，“必须坚持科技是第一生产力、人才是第一资源、创新是第一动力，深入实施科教兴国战略、人才强国战略、创新驱动发展战略，开辟发展新领域新赛道，不断塑造发展新动能新优势。”创新创业教育应时代而生，不仅是经济社会发展的必然要求，更是高等教育人才培养的时代呼唤。

随着高等教育课程改革的深入，课程开发已成为创新创业教育革新的焦点。近年来，成都理工大学在创新创业教育领域一直不断探索，积累了丰富的创新创业实践教育经验，凝练出了“五位一体、四化融合”的创新创业教育模式，创立了具有成都理工大学特色的创新创业教育品牌，走出了一条符合新时代发展需求的特色之路。为进一步响应国家“大众创业、万众创新”的号召，提高人才培养质量，促进大学生全面发展，满足创新创业教育的新需求，成都理工大学组织相关教师编写了本书。

本书基于近年来国内创新创业教育的理论探索和实践成果，围绕大学生创新创业实践活动所需的基础知识、基本理论、基本方法和基本模式，强调知识、能力和素质的创新实践教育体系建构。本书既能从创新创业的宏观角度拓宽视野，又能从微观角度注重创新创业能力训练，着力培养学生的创新意识、创业精神和实践能力。本书最大的亮点是突出了传统地质院校的优势特色，从未来教育的发展趋势入手，由浅入深、由表及里、层层递进，构建了创新创业实践能力培育的知识体系。本书可作为理工科院校专科生、本科生、研究生开展创新创业实践活动教育的重要支撑教材。

孔子曰：“己欲立而立人，己欲达而达人。”高等学校创新创业教育任重道远，在创新创业教育的不断实践和理论探索中，蒲生彦教授等积极整合校内外创新创业教育资源，将多年来创新创业教育的经验凝练提升后出版成书，甚是可贵。

本书的作者们长期奋斗在创新创业实践教学和科研创新一线，取得了系列丰硕的成果，本书是他们辛勤工作的结晶。相信本书的出版将推动相关学科创新创业实践活动教育教学的发展，并在创新创业拔尖人才的培养过程中发挥重要作用。

特在本书付梓之际由衷祝福！是为序。

成都理工大学　校长

2022 年 11 月 16 日

前　言

深入学习贯彻习近平总书记系列重要讲话精神，弘扬“大众创业，万众创新”的时代精神，高校创新创业教育已经成为新时代发展素质教育的新突破。深入推进大众创业、万众创新，推动高等教育高质量发展，加快培养创新创业人才迫在眉捷。党的十八大以来，我国对创新创业人才培养做出了系列重要部署，明确指出深化高等学校创新创业教育改革是国家实施创新驱动发展战略、促进经济提质增效升级的迫切需要，是推进高等教育综合改革、促进高校毕业生更高质量创业就业的重要举措。党的十九届五中全会提出“坚持创新在我国现代化建设全局中的核心地位”，“建设高质量教育体系”，党的二十大报告提出，“必须坚持科技是第一生产力、人才是第一资源、创新是第一动力，深入实施科教兴国战略、人才强国战略、创新驱动发展战略，开辟发展新领域新赛道，不断塑造发展新动能新优势”。

大学生创新创业教育向传统专业教育渗透融合需要一个长期探索和积淀的过程，需要通过理念与课程融合、师资与项目融合、实践与体验融合、平台与资源融合、引导与制度融合、形态与文化融合来实现。当前，创新创业教育面临着一些不容忽视的问题，例如，创新创业教育理念相对滞后，与专业教育结合不够紧密，与实践能力培养脱节；教师创新创业教育的意识和能力较为欠缺，教学方式方法相对单一，课程体系针对性实效性不强等。本书在编写中坚持将课程思政、立德树人贯穿教育全过程，秉承“兴趣驱动、自主实践、重在过程”的理念，探索建立专业实践、科创实践、社会实践、科研实践和工程实践 “五位一体”的实践育人模式。让学生在创新创业实践活动中受教育、长才干，促进实践链与人才链、产业链、创新链有机衔接，持续激发大学生创新创业活力，不断提升创新创业人才培养能力。

本书内容设置体现出较强的知识性、技能性和实用性。本书通过课前分享、延伸阅读、课后思考等形式引导学生了解创新创业活动中可能遇到的各种实际问题，通过创新研究实验、实习实践训练、学科竞赛三个层次，实现学生专业创新精神、创业意识、实践能力的全面提升。本书系统介绍了大学生创新创业的基本理论、思维模式、技能方法、政策环境及实践平台，以通俗的语言、丰富的实例、有效的训练，构建了创新创业专业实践能力拓展训练知识谱系。本书课程内容尝试将知识与技能（knowledge & skills）、过程与方法（processes & methods）、情感态度与价值观（emotional attitude & values）三个培养目标进行有机整合。这三个目标既各有内涵，又有机统一，反映了创新创业实践课程目标的多元性、综合性与均衡性。教学内容将思想政治教育、创新创业实践教育和专业教育有机结合，通过言传身教、攀登探索、家国情怀强化思政元素的融入，把创新创业实践育人纳入“双一流”建设整体规划，推进创新创业实践活动课程化。课程实施中以“项目小组制”为抓手、“联合导师组”为保障、“递进式审核”为手段开展跨学科专业联合实践活动，体现了从“越界”到“跨界”、从“配合”到“融合”、从“一元”到“多元”、从“协助”到“协同”的实践教学特色；拓宽与企业、社区的合作渠道，打造跨行业、跨领域的创新工程、人才培养、产教融合、校企合作的多元化实践平台；探索构建以实践创新能力培养为核心，“创新—实践—应用”深度融合的多阶段、多能力、多方式的考核考评机制。

本书共分 8 章，由蒲生彦、张阳统稿审定。各章具体的编写分工如下：第 1 章由蒲生彦、李博文编写；第 2 章由刘世宾、马慧编写；第 3 章由蒲生彦、庞甲光编写；第 4 章由王朋、张颖编写；第 5 章由刘世宾、王晓光编写；第 6 章由蒲生彦、刘世宾、曾广勇编写；第 7 章由张阳、贾璐蔓编写；第 8 章由陈曦、王超群编写。杜海英、梁缘、季雯雯、刘瀚霜、彭鸿彬、李欣忆、向春雨等硕士、博士研究生承担了部分资料整理和编排工作。

在本书成稿过程中，编写组参阅整理了大量国内外创新创业教育成果和公开的文献资料，吸纳借鉴了一些专家学者的理论和观点，在此谨向相关作者致以诚挚的谢意。董淑乾、裴向军、曾国强、何志华等审读了全书，提出了诸多建设性意见和建议，谨致谢忱。中国环境出版集团曹玮副编审给予了耐心的指导，在此表示衷心的感谢。

四川省“环境科学与生态学”一流学科建设专项和成都理工大学教务处对本书的出版给予了经费支持和资助。

由于编者水平有限，书中难免有疏漏和不足，敬请各位读者提出宝贵意见和建议。

编 者

2022 年 10 月

目 录

第1章 创新创业实践教育与人才培养

一切科技创新活动都是人做出来的。我国要建设世界科技强国，关键是要建设一支规模宏大、结构合理、素质优良的创新人才队伍，激发各类人才创新活力和潜力。要极大调动和充分尊重广大科技人员的创造精神，激励他们争当创新的推动者和实践者，使谋划创新、推动创新、落实创新成为自觉行动。

——2016年5月31日，习近平在全国科技创新大会、两院院士大会、中国科协第九次全国代表大会上的讲话

学习目标

【知识与技能】

1．了解“大众创业、万众创新”战略背景及意义；

2．认识大学生创新创业实践教育的必要性；

3．了解国内外创新创业实践课程建设情况；

4．理解创新创业教育的本质及其面临的主要挑战；

5．了解《创新创业实践活动拓展与训练》课程的基本内容。

【过程与方法】

1．了解创新创业的政策背景，提升创新创业意识与能力；

2．通过小组讨论，提高发现问题、提出问题、分析问题、解决问题的能力；

3．通过事例分析，培养理论联系实际的能力和创新能力。

【情感态度与价值观】

1．引导学生把握时代背景、关注社会热点、培植爱国情怀；

2．培养学生牢固树立创新意识和“创造伟大”的观念。

教学建议

教学重点

引导学生理解“大众创新、万众创新”的含义与重要性。

教学难点

创新意识的培养。

教师活动

将创新意识融入课程与教材中，鼓励学生提出不同见解，调动学生的积极性和主动性。

学生活动

1. 阅读“新奇•大咖”并回答相关问题；
2. 课前查阅“大众创业、万众创新”的相关资料；
3. 以小组为单位完成“练一练”和“课后思考题”。

教学方法

任务驱动教学法、问题教学法、启发式教学法、小组讨论法、自主学习法。

课前展示 → 任务引入 → 任务训练 → 任务分析 → 自由、合作探究 → 归纳反思

新奇 · 大咖

做知识社交平台：知乎创始人周源

周源出生在一个典型的“严父慈母”的知识分子家庭，父亲是新闻工作者，母亲是教师。周源小时候比较调皮，母亲总是会耐心地引导；父亲则相对严厉，要求极高。当周源有事询问时，父亲从来不会帮着做决定，而是反问周源，教会他独立思考的能力和承担后果的责任感。

周源大学就读于成都理工大学电子计算机系，毕业后先是进入了一家公司做程序员，由于无法感受到创造价值的成就感，机缘巧合下便转行做了 IT 记者。历经无数采访，目睹了大量科技公司“生生死死”的变化，却苦于作为旁观者和记录者无力改变。于是，渴望主导浪潮的周源选择了“裸辞”，开启了自主创业的道路。

2008 年，周源开始了第一次创业。最初的想法是利用模拟人行为的机器人做淘宝这种大型网站的压力测试工作，由于在实际操作中发现技术难度比较大，转而又做了帮助企业在搜索引擎投放广告的管理软件“Meta 搜索”。最后由于资金原因，周源的第一次创业失败了。

首次创业失败后，周源在西藏一家偏僻的小旅馆里复盘了第一次创业过程，找到了失败的原因。他发现自己犯了创业者常见的典型错误，就是把别人给的一些建议当作真实存在的市场需求，而基于这些假想的需求去推动产品，结果很可能与真实需求的距离越来越远。他开始重新思考——有没有一个更低成本、更高效的方法，可以让大家在交流的同时，学习到好的东西？如何更大规模地产生高质量信息？

在经历“Meta 搜索”创业后，周源开始对做产品有了完全不同的理解，他决定要做“自己就是用户”的产品。当时国外有一款叫 Quora 的新产品走进了周源的视线，这款由 Facebook 前雇员开发的 SNS 问答社区让他开始思考全新的内容创造及传播机制，思考人与人、人与信息之间的关系。这让周源想起了 2007 年的一次实践，周源曾和朋友合作开发了 apple4.us 网站，为各行各业喜爱“苹果”的人提供交流的平台，apple4.us 的实践再加上 Quora 的启发，周源和当初 apple4.us 的发起人张亮一拍即合，当即决定做知乎，由周源担任 CEO。张亮当晚便安排了周源与天使投资人见面。周源在节目中说道：“那天下午就准备了三页纸，第一页写商业计划书，每个月要干些什么；第二页是这个月的计划和预算；第三页是投多少钱，给多少股份。晚上，带着三页纸就去见了天使投资人。”

2010 年，知乎诞生了。“我们希望做出一种产品，帮助大家组织和分享知识经验。大家有问题，可以来这里提问，整个社区能帮着找到能够回答的人。同时，这些内容可以沉淀下来”——这就是知乎的想法。

拿到天使投资后的知乎面临的第一个问题就是组建团队，周源想起了第一次创业时的小伙伴们。他挨个给大家打电话：“咱们再创一次业吧！”尽管前同事们离开 Meta 之后为了生计都各自去了新的去处，但接到周源的电话，还是都决定继续跟着周源干。虽然团队曾经创业失败过，但彼此的认同感和信任却从未消逝。

2011—2022 年，知乎已从最初的小众精英聚集地到大众化社交平台，知乎可以说是中文互联网里高质量内容的来源。截至 2022 年 1 月，知乎个人注册人数已超 4 亿，成为国内第一知识社交平台。

（改编自知乎用户中投华创《知科周源：曾创业失败发不出工资，做知乎的时候就拼命找资金》）

动动脑

1．周源在面对创业失败时，没有怨天尤人、自暴自弃，而是在西藏一家偏僻的小旅馆里复盘第一次创业过程，并逐渐找到了失败的原因，继而开展下一次创业。周源这种行为是凭借一腔孤勇吗？请同学们以小组为单位，谈谈你们的看法。

2．在创业过程中，技术、团队和资金是三个必须考虑的问题，请同学们思考周源拿到天使投资后，为什么选择了曾经一起创业的同伴？

3．什么是创业能力？你认为一个成功的创业者应当具备什么样的能力？

1.1 “大众创业、万众创新”的时代背景、意义和特点

1.1.1 时代背景

2013 年 10 月 25 日，国务院总理李克强在部署推进公司注册资本登记制度改革工作时，首次提出：“构建公平竞争的市场环境，调动社会资本力量，促进小微企业特别是创新型企业成长，带动就业，推动新兴生产力发展。”由此开启了创新创业的时代浪潮。在 2014 年 9 月召开的夏季达沃斯论坛开幕式上，李克强总理强调要借改革创新的“东风”，在 960 万平方公里土地上掀起“大众创业”“草根创业”的浪潮，形成“万众创新”“人人创新”的新态势。在《2015 年国务院政府工作报告》中，李克强总理正式提出“大众创业、万众创新”的号召。2015 年 6 月 11 日，《国务院关于大力推进大众

创业万众创新若干政策措施的意见》（国发〔2015〕32 号）印发，以改革完善相关体制机制，构建普惠性政策扶持体系，推动资金链引导创业创新链、创业创新链支持产业链、产业链带动就业链。2018 年 9 月，《国务院关于推动创新创业高质量发展打造“双创”升级版的意见》（国发〔2018〕32 号）印发，要求全社会深入实施创新驱动发展战略。各级政府通过打造“双创”升级版，陆续出台了大量的创新创业相关的政策文件，进一步优化“双创”发展环境，为实现更加充分的就业和经济的高质量发展提供坚实保障。创新驱动发展战略产生的背景，主要有以下几点：

①当今国际形势不稳定，市场需求减弱，前景不容乐观，国际市场对于高质量、高技术含量和高使用效能产品的要求增加，这就要求国内市场必须大力推进科技创新，提高产品竞争力，以此来推进经济发展，满足市场需求。

②我国仍处于社会主义初级阶段，科技创新水平较低，很多产品科技含量不高、环境污染大、附加值低以及能耗高。随着我国资源环境的约束日益强化，要素的规模驱动力逐步减弱，传统的高投入、高消耗、粗放式发展方式难以为继，经济发展进入新常态，需要从要素驱动、投资驱动转向创新驱动。

③中国劳动年龄人口增长的规模红利时代已经过去，新劳动力与退休劳动力的增减对比发生逆转。“十四五”时期中国劳动年龄人口负担率将上升，全社会的养老负担将更重，经济增长所需的劳动力供给存量将减少，迫切需要优化开发存量人力资源红利。

④我国有 14 亿多人口、9 亿多劳动力，每年高校毕业生、农村转移劳动力、城镇困难人员、退役军人数量较大，人力资源转化为人力资本的潜力巨大，但就业总量压力较大，结构性矛盾凸显。

1.1.2 意义和特点

由于我国创新创业教育培训体系和创新创业保障体系还不健全，善于创造、勇于创业的能力不足，鼓励创新、宽容失败的良好环境尚未形成，大学生创新创业面临诸多困境：长期的校园生活导致大学生对各个行业缺乏深入了解，使其缺乏创新针对性和可行性；在以文化教育为主的办学理念下，高校为大学生创新提供的有效支持少，尤其是以创业为目的的创新；在全社会大力推动“大众创业、万众创新”的背景下，大学生缺乏社会经历，如过度强调创新而忽视市场接受能力，则无形中增加了培育新市场的负担。因此，“大众创业、万众创新”浪潮的应运而生具有重要意义（图 1-1）。

（1）推进“大众创业、万众创新”是培育和催生经济社会发展新动力的必然选择

推进“大众创业、万众创新”，就是要通过结构性改革和体制机制创新，消除不利于创新创业发展的各种制度束缚和桎梏，支持各类市场主体不断开办新企业、开发新产品、开拓新市场，使有梦想、有意愿、有能力的科技人员、高校毕业生、农民工、退役军人、失业人员等各类市场创业主体“如鱼得水”，通过创业增加收入，培育新兴产业，形成小企业“铺天盖地”、大企业“顶天立地”的发展格局，实现创新驱动发展，打造新引擎、形成新动力。

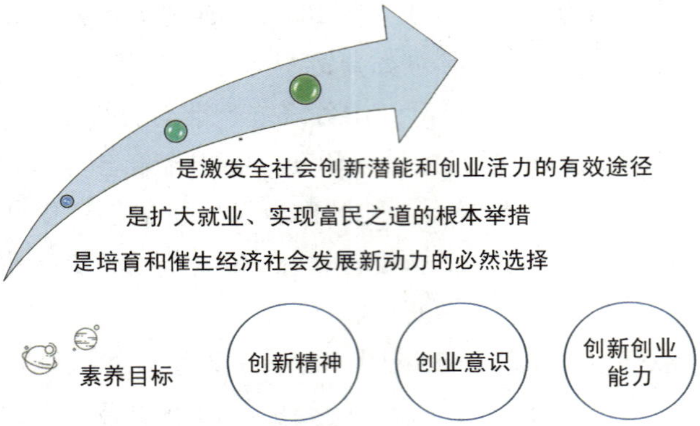

图 1-1 推进“大众创业、万众创新”的意义

（2）推进“大众创业、万众创新”是扩大就业、实现富民之道的根本举措

推进“大众创业、万众创新”，就是要通过转变政府职能、建设服务型政府，营造公平竞争的创业环境，最大限度地激发全社会的企业家精神，创造条件让家庭获得更多财产性收入和技术要素收入的机会，优化收入分配结构，促进共同富裕取得新进展，实现创新支持创业、创业带动就业的良性互动发展。积极鼓励“大众创业、万众创新”，以创业带动就业，契合结构优化期就业市场流动频率高的特点，既有利于促进劳动力需求方与供给方的精准匹配，又有助于将人力资源配置到更有效率的用人单位，促进全员生产率的提高。

（3）推进“大众创业、万众创新”是激发全社会创新潜能和创业活力的有效途径

推进“大众创业、万众创新”，就是要通过加强全社会以创新为核心的创业教育，弘扬“敢为人先、追求创新、百折不挠”的创业精神，厚植创新文化，不断增强创新创业意识，使创新创业成为全社会共同的价值追求和行为习惯。高校作为人才培养的重要阵地，面临招生、就业双重压力，积极开展创新创业教育与实践活动，有利于坚持以市场需求为培养导向、以创新驱动为就业助力。大学生作为国家建设的生力军，其创新素质、创业能力直接影响社会生产能力。发展创新创业教育，培养有担当、有理想、有韧性的创新创业青年军，能够从人才输出端推动全社会劳动要素改善。

“大众创业、万众创新”浪潮呈现出四个特点。一是创业主体呈现多元化。“互联网＋”将创业门槛大大降低，新一代“创客”中，以大企业高管及连续创业者、科技人员创业者、留学归国创业者等为代表的“精英”创业者和以“90 后”创业者为代表的“草根”创业者站到了同一个舞台上。二是创业路径呈现市场化。市场和资本持续发力，创业咖啡馆、创服机构正在全国各地加速诞生，创业企业融资环境加速优化，以中关村创业大街、深圳华强北商业圈为代表的“创客”集聚地创业氛围热烈而理性。三是创业活动呈现开放性。在信息化时代，互联网将信息、资源、交通、人才等互通互联，参与融合分享成为当前创新创业的关键词。四是创业理念呈现需求导向性。以关注需求、关注体验为主要特征的互联网思维成为当前的热词。不少创业成功的案例在于抓住了消费者的“痛点”（客户需求），并利用互联网手段实现了供需双

方的对接，达到了“双赢”。

新兴产业所需的技术技能型人才短缺与大学专业结构调整滞后间的结构性矛盾日益凸显，创业带动就业成为解决矛盾的有效措施。2015 年 5 月 13 日，《国务院办公厅关于深化高等学校创新创业教育改革的实施意见》（国办发〔2015〕36 号）印发，全面部署深化高校创新创业教育改革工作。2017 年《国务院关于强化实施创新驱动发展战略进一步推进大众创业万众创新深入发展的意见》（国发〔2017〕37 号）出台，加大了对学生参与创新创业活动的鼓励支持力度。2018 年 9 月，《国务院关于推动创新创业高质量发展打造“双创”升级版的意见》出台，指出我国经济由高速增长阶段转向高质量发展阶段，要求大力推动教育机制与科技体制创新，协同大学、科研机构等，积极搭建“双创”教育、创业孵化机制和众创平台，搭建产教融合“双创”系统平台等。目前，大学生创新创业教育已成为经济转型升级过程中的一种趋势和重要手段，也成为教育界广泛关注的热点。

延伸阅读

促进创新创业，党中央和国务院比想象的还“拼”

国务院自 2013 年 5 月起共发布 22 份相关文件，推进“大众创业、万众创新”。实际上，在促进创新创业方面，党中央和国务院比想象的还“拼”。据不完全统计，2013 年以来，以国务院名义发布的 410 份文件中，与促进创新创业相关的多达 50 份。

自 2013 年《国务院办公厅关于做好 2013 年全国普通高等学校毕业生就业工作的通知》印发开始，两年多的时间，《国务院办公厅关于发展众创空间推进大众创新创业的指导意见》《国务院关于大力推进大众创业万众创新若干政策措施的意见》《国务院办公厅关于支持农民工等人员返乡创业的意见》等 9 份文件先后发布，其中的亮点措施包括加快构建众创空间、完善创业投融资机制、营造创新创业文化氛围、发展农民工返乡创业园、强化返乡农民工等人员创业培训工作等。

作为推动“大众创业、万众创新”的系统性政策文件，《国务院关于大力推进大众创业万众创新若干政策措施的意见》把推进“大众创业、万众创新”定位为“发展的动力之源，也是富民之道、公平之计、强国之策”，并从 9 大领域、30 个方面明确了 96 条政策措施，在全社会掀起了创新创业的风潮。

北京市公安局最年轻的女探长高阳子就是在这股风潮的鼓动下，辞去公职创办了一家汤品外卖公司。“我妈妈开始很不解，现在她也会说，原来你做的事情就叫创业，是国家支持的，我们也支持。”高阳子很感谢原单位和家人的理解与支持，让自己圆了一个创业梦。

在相关政策中，高校毕业生获得了特别关注。他们占据了我国城镇新成长劳动力的半壁江山，2013 年全国高校毕业生达到 699 万人，2015 年则高达 749 万人。近两年，高校毕业生的创业意愿日益走高，但他们的创业能力还没有跟上，有些学生在大学里从未接触过创业课，连基础的注册登记、企业财务都不明白。

为此，《国务院关于加快发展现代职业教育的决定》和《国务院办公厅关于深化高等学校创新创业教育改革的实施意见》等印发，其中提出的建立创新创业学分积累与转换制度、允许保留学籍休学创新创业、设立创新创业奖学金等措施，有的放矢，切实加强了学校的创新创业教育，提升了学生的创业能力。

政策出台后，很多高校按要求开设了创业课程，如四川大学就开设了近 2 000 门创新创业课程，还和银行共建了 5 000 万元创新创业风险基金，和成都市共建了 1 亿元的创业基金，以实际行动支持大学生创业。北京、上海、广东等地的许多高校还将过去的就业指导中心改名为就业创业服务中心，为创业学生提供场地和创业导师。

这些政策措施激励着越来越多的高校学生将“老板梦”变成现实。国家工商行政管理总局的数据显示，2014 年新登记注册的大学生创业者达 47.8 万人，比上年增长 33.3%，比 16 ~ 30 岁的同龄段创业者高 17.9 个百分点，而且这几年学生创办的企业中不乏“饿了么”“一亩田”等明星企业。

（选编自：中国创新创业大赛官方微信公众号）

1.2 创新创业教育的本质与内涵

1.2.1 创新创业教育的本质

所谓创新是指以现有的思维模式提出有别于常规或常人思路的见解，利用现有的知识和物质，在特定的环境中，本着理想化需要或为满足社会需求，而改进或创造新的事物、方法、元素、路径、环境，并能获得一定有益效果的行为。创新可以分为经济创新、社会创新、科技创新和文化创新，如图 1-2 所示。创新的本质是突破传统、打破常规，必须遵循科学技术原理，不得有违科学发展规律。

所谓创业是指人们在创新意识、精神和能力驱动下，有效识别、开发和利用机会的高风险推动经济社会发展的创造性实践活动。创业精神则是指一个人有能力将想法转变为行动，因此它是一种核心竞争力，能够帮助人们在从事任何工作时都更具有创意、更有自信（图 1-3）。

创新创业教育从广义上来说是指培养具有开创性的个人教育，它对于就业者来说非常重要，因为用人机构或个人除了要求受雇者在事业上有所成就外，正在越来越重视受雇者的首创精神，冒险精神，创业能力，独立工作能力以及技术、社交、管理技能。联合国教科文组织明确指出，创新创业教育是 21 世纪青年需要拥有的与学术教育、职业教育并列的“第三本护照”。这就要求高校必须根据“提高自主创新能力，建设创新型国家”和“促进以创业带动就业”的社会发展需要以及高等教育提高人才培养质量的要求，重新审视创新创业教育的本质和价值，合理定位，将创新创业教育融入人才培养体系，使之与国家富强、民族振兴、人民幸福的时代发展目标产生最大程度的耦合。

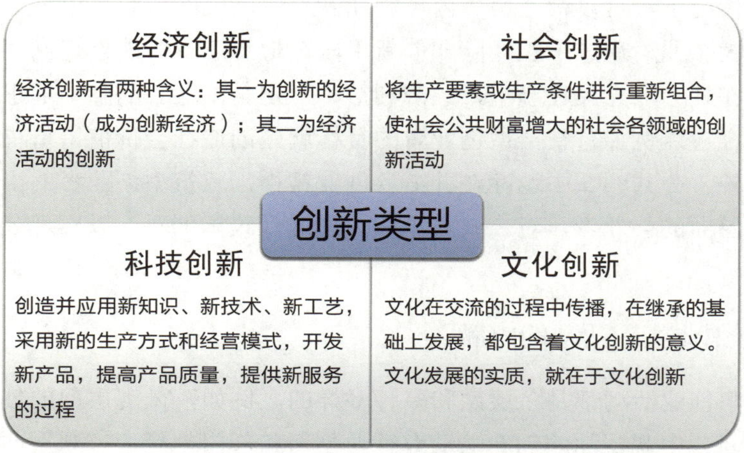

图 1-2　创新类型

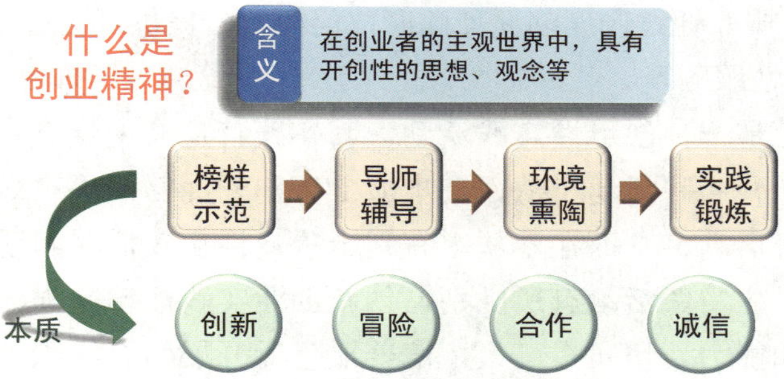

图 1-3　创业精神的内涵

创新创业教育是一项重实践的教育，主要任务不是解释“是什么”“为什么”，而是着重解决“做什么”“如何做”，这种全新的任务，需要重点重新思考“教什么”“如何教”；是一项开放教育，需要把校园的门打开，集聚全社会创新创业教育要素与资源，大力推进高校与政府、社会、行业企业协同育人，形成全社会支持创新创业教育的良好生态系统。紧紧围绕提高教学水平这一主题、培养创新创业人才这一目标，坚持把创新创业教育融入人才培养全过程，把创新创业成果体现在服务经济社会发展的各个层面。

创新创业教育旨在培养知识丰富、技能娴熟，具有创新创业思维、社会责任感和服务社会能力的人，如企业创业者、内部创业者、社会型创业者和政策型创业者。“企业创业者”一词源于法语，原意是指从事重要项目或活动的人。16 世纪被用于专指那些从事商业冒险的人。今天，“创业者”通常用于指那些组织、经营以及敢于承担商业或企业风险的人。对创业者的传统定义总离不开拥有一个企业并追逐利润，而今它的概念已远远不再单指企业主。创业者不必拥有传统意义上的企业和雇员，他们可以为自己打工，或者说，他自己就是企业。创业者也并不一定要经营一个企业，他可以任职于一个企业，在这种情况下，可以称之为“内部创业者”。《美国传统英语词典》将内部创业者定义为：在大企业里通过承担风险和创新手段，把想法变为能创造利润的最终产品的直接负责人。在社会多元大环境下，经济利益不一定是创业者的唯一追求，这就需要社会型创业者的存在。例如，社会型创业者的目标就是创造社会价值，造福社会而非追求经济利益。此外，公共领域中也存在并需要创业精神，政策型创业者的出现成为必然。政府需要政策层面的创业者，对公共政策和管理进行改革创新，以实现公共服务价值的最大化。

1.2.2 创新创业实践活动的内涵

创新活动和创业活动都是多层次和多种多样的。例如，微观层面的创新活动有个人创新和企业创新；中观层面的创新活动有行业创新和部门创新；宏观层面的创新活动有中国特色社会主义理论创新和制度创新。微观层面的创业活动包括新办企业，对原有企业进行重组、改造和生产要素新组合等；而中观和宏观层面的创业活动则包括行业和部门的重组和改造、国家通过制度创新使政府部门为社会提供可促进改革开放从而推动经济社会发展的创造性服务等。

创新创业活动是一种创造性实践活动。其实践特质有两层含义（图 1-4）：一是创新创业活动是一种实践活动，从而在本质上有别于纯粹的思辨活动；二是创新创业活动是创造性实践活动，从而在本质上有别于重复性实践活动和适应性实践活动。因此，与普通的大学生实践活动有所区别，创新创业实践活动是强化在校大学生的创新创业精神、意识和能力，切实提高人才培养质量所开展的有组织、有计划、有目的地深入实际、深入社会、充分发挥大学生主体作用的教育实践活动。为实现上述目的，切实提高当代大学生的创新创业实践能力，在高校开设创新创业实践课程势在必行。

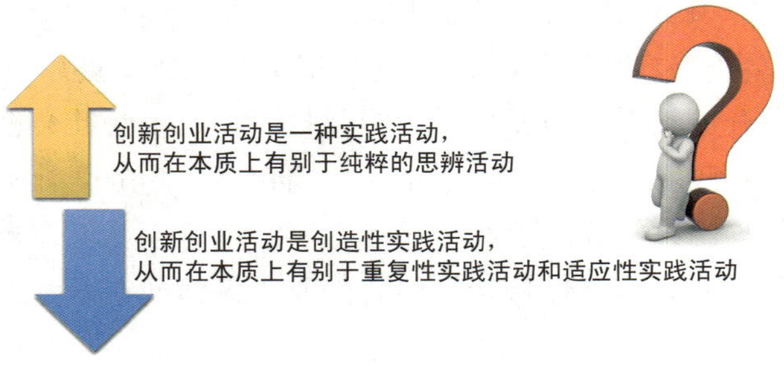

图 1-4 创新创业活动的内涵

1.3 创新创业教育面临的问题与挑战

高等学校为了适应国家“大众创业、万众创新”发展大势，针对不同学习阶段，不同程度地开展大学生创新创业教育，为提高高等教育质量、促进学生全面发展、推动毕业生创业就业、服务国家现代化建设发挥了重要作用，但由于长期以来我国高等教育或多或少忽视了大学生创新精神与创业能力的培养，创新创业教育培养体系还存在很多不容忽视的突出问题与挑战。

1.3.1 大学生创新创业教育的必要性

（1）大学生创新创业教育是“大众创业、万众创新”的紧迫需求

2014 年，《教育部关于做好 2015 年全国普通高等学校毕业生就业创业工作的通知》发布，要求各高校要将创新创业教育贯穿各个专业人才培养的全过程，提出要建立弹性学制，允许在校学生休学创业。李克强总理在 2015 年的《政府工作报告》中指出，要推动“大众创业、万众创新”，将“大众创业、万众创新”列为我国经济增长的“双引擎”之一。2015 年 3 月 11 日，《国务院办公厅关于发展众创空间推进大众创新创业的指导意见》印发，明确提出鼓励各个专业与领域的科技人员和大学生创业。党的十九大报告提出，创新是引领发展的第一动力，是建设现代化经济体系的战略支撑，要加快建设创新型国家。“大众创业、万众创新”正将社会各个方面推向更高发展水平。党的二十大报告指出，必须坚持科技是第一生产力、人才是第一资源、创新是第一动力，深入实施科教兴国战略、人才强国战略、创新驱动发展战略，开辟发展新领域新赛道，不断塑造发展新动能新优势。

（2）大学生创新创业教育是一流拔尖创新人才培养的必然要求

2018 年召开的全国教育大会指出，要加快一流专业与一流学科建设，推进产学研协同创新，积极投身实施创新驱动发展战略，着重培养创新型、复合型、应用型人才。当前，创新创业教育已经成为经济新常态下我国经济增长的重要引擎，成为推进高等教育综合改革的重要工具，在高校全面开展创新创业教育，对于促进高等教育的健康发展、经济进步与社会就业具有重大的现实意义。相应地，按照创新创业教育的新要求，打造专业知识更全面、综合素养更高的创新人才成为各高校迫在眉睫的任务，也是高校面临的全新考验与挑战。大学生作为创新创业的主力军，高校有义务、有责任在教育过程中不断提升学生的专业能力，开拓学生的就业视野，培育学生的创业意识，提升学生的创新能力，树立正确的理想信念，形成更高水平的人才培养体系。在生态文明发展战略、创新驱动发展战略、双一流背景要求下，如何构建生态环境类大学生创新创业实践教育体系是开办生态环境类专业的学校和学院面临且必须要考虑的问题。

（3）大学生创新创业教育是“新工科”专业建设的必经之路

中国工程教育的起源可以追溯到清末的洋务运动。甲午战争之后，最先建立的几所现代学校，都是以理工和实用为主的。20 世纪 50 年代初，经过院系调整，我国的工程教

育体系基本建立了起来。改革开放以来，我国高等教育取得了长足的发展和进步，工程教育规模已居世界第一位，但质量并不高。根据 2009 年出版的《世界竞争力年鉴》，工程师总体合格程度仍处于世界末端。总体来看，我国工程教育仍以传统工程领域为主，不仅缺少在大数据、物联网、人工智能、网络安全等新经济领域的布局，在信息技术、新材料、电力装备、高档数控机床等领域人才缺口也很大。工程教育重知识轻能力、重课堂轻实践、重成绩轻育人等问题一直没有得到很好解决。

新工科（emerging engineering education）这一概念是于 2017 年 2 月 18 日，教育部在复旦大学召开的关于高等工程教育未来发展的研讨会上正式提出的。同年，教育部召开了多次与工程教育相关的会议，先后形成了新工科建设的“复旦共识”“天大行动”“北京指南”。在教育部的部署和指导下，针对新兴产业领域，建立新的工程专业，各学校组建未来技术学院，全面推进工程教育的改革创新。与此同时，对新工科的教育学研究也逐步展开，开始探讨新工科建设的内涵，以及工程教育的演化历史和未来趋势。“新工科”建设既包含建设新兴的工科专业，也包含对传统工科专业进行有效的改造，强调理科的应用性与工程教育设计性的交叉融合（表 1-1）。

表 1-1 “新工科”专业改革涵盖的 19 个项目群

序号	项目类型	序号	项目类型	序号	项目类型
1	人工智能类	8	航空航天、交通运输类	15	生物、医药类
2	大数据类	9	矿业、地质、测绘类	16	数学、物理、化学、力学类
3	智能制造类	10	材料、化工与制药类	17	安全、公安、兵器类
4	计算机和软件工程类	11	土木、建筑、水利、海洋类	18	医工结合类
5	电子信息、仪表类	12	能源、电气、核工程类	19	工科与人文社科交叉类
6	机械类	13	食品、农林类		
7	自动化类	14	环境、纺织、轻工类		

新工科建设给我国高等工程教育改革提供了机遇。从国家层面来看，建设和发展新工科是社会产业升级与发展的必然要求，是满足国家产业经济发展的现实需求，也是提高国家未来人才竞争力的重要环节。落实到高校层面，新工科建设又是高等教育领域工程教育人才培养的一次重大改革。为适应新工科建设的发展需求，加强学生创新创业实践教育势在必行。

1.3.2 当前创新创业教育存在的问题

我国创新创业教育经历了 1989—1998 年的初级阶段和 1999—2001 年的兴起阶段，

从 2002 年开始进入传播阶段。高校专业课程教育是创新创业教育的理论基础，而创新创业教育又可以促进专业课程教育。在这个过程中，我国的学者提出了许多关于创新创业教育发展的思路，在课程体系、师资队伍、创新竞赛、创业实践等方面，着力探索建立了具有中国特色的创新创业教育体系，既取得了历史性成就，也存在一些现实性问题（图 1-5）。

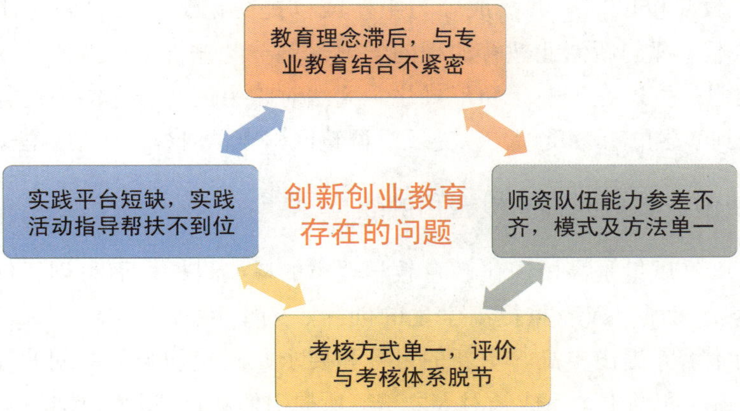

图 1-5 创新创业教育存在的问题

（1）创新创业教育理念滞后，与专业教育结合不紧密

创新创业教育与专业教育结合不紧密主要有以下两方面原因：一是虽已意识到创新创业教育的重要性，也把创新创业课程纳入专业人才培养方案中，但在课程体系上没有与专业教育课程进行很好的融合；二是专业课老师缺乏创新创业教育意识，对大学生创新创业关注太少，没有将创新创业教育的思想和内容融入专业课教学内容中，导致创新创业教育与专业教育的脱节。目前的创新创业教育课程多数采取理论与案例分析相结合的方式进行授课，或者聘请成功人士开设讲座，但仍停留在讲授层面，且很多教学内容在实际创业过程中运用较少，学生缺少实践操练和真正的创业体验，创新创业能力的提升就更无从谈起。

（2）师资队伍能力参差不齐，教学模式及方法相对单一

一方面，课程内容在设置上还存在重理论、轻实践的问题，将创新创业课程看作公共选修课程，忽视创意创新产品、产品原型、创业项目的分类研究；另一方面，在现有创新创业课程学时的限制下，教师很难兼顾课外创新创业实践内容的专业理论、技术指导，学生无法学习到自身需要的创业实战技能、财务经营管理等；很多已经开设课程的学校，也是以理论讲授居多，缺少专门创新创业技能培训，学生们缺乏兴趣，普遍反映课程效果不明显。

（3）创新创业实践平台短缺，实践活动指导帮扶不到位

大学生创新创业实践活动的开展，需要高校独自建立或联合政府、社会共同建立大学生创新创业实践平台。但大部分学校为大学生提供的创新创业教育平台比较缺乏，有

的高校虽有创业园或创新创业孵化机构等实践基地，但由于学校的场地与资金有限，难以满足大学生创新创业实践教育的需要。创新创业活动模式以竞赛为主，方式过于单一，且竞赛的参与者很少真正了解市场，去实践自己的创新创业计划。

（4）课程教学考核方式单一，评价方式与考核体系脱节

创新创业教育课程评价方式相对单一，没有将创新创业能力提升纳入教学质量评价体系中。大多数高校以期末考核成绩为主，或以提交论文、撰写创业计划书等形式呈现，导致学生不重视创新创业教育课程的学习。单一的评价考核方式和应试教育下的专业科目考试类似，停留在表面化和形式化，无法对学生创新创业能力进行科学评价和鉴定，也不能收到学生的有效反馈，以便及时调整课程教学内容、教学方法。

1.3.3 创新创业教育面临的机遇和挑战

提高人才培养质量是高校深化教育教学改革的核心目标，而将创新创业教育贯穿于高校人才培养全过程，应着重提高学生的创新、创造和创业能力。高等教育的蓬勃发展，对高校人才培养提出更高、更新的目标和要求，高校加强创新创业教育正是应对时代发展、国家需求和学生个人成长对人才培养所提出的新挑战和新要求。

从根本上说，高校创新创业教育就是要顺应时代发展的新特点、新需求，不断培养适应时代发展的创新型人才。这就要求课程建设要站在更高的高度和更广的广度来思考如何提升人才培养的质量。

（1）创新创业教育要不断增强学生解决人类社会共同面临问题的意识

创新型人才培养不是空洞无物的，而在于培养学生分析问题和解决问题的能力。只有不断增强学生解决人类社会共同面临问题的意识，才能使高校创新创业教育具有更广阔的视野和持续发展的动力。

（2）创新创业教育要扩大学生对人类有益成果的学习

重视推动创新创业，是世界各国的共同举措；重视加强创新创业教育，是世界各国高校的普遍共识。世界各国特别是西方发达国家创新创业的实践成果、创新创业教育的有益经验等，应成为我国高校创新创业教育在教学理念、内容体系、方式方法等方面的有益补充。

（3）创新创业教育要提高学生参与国际竞争合作的能力

创新创业既具有时间上的效度，也具有空间上的广度，任何一项创新创业只有在国际竞争与合作中不断地保持领先优势，才算得上真正的创新创业。高校创新创业教育需要提高国际化教学水平，着重培养学生参与国际竞争与合作的意识和能力，包括使学生注重人与人之间的合作、分享等。

大数据时代需要创造性人才，而培养创造性人才必须尊重学生的个性化发展。高校深化人才培养模式改革，必须发挥创新创业教育在培养创造性和个性化人才中的重要作用。

（1）以创新教育提高人才的创造能力

高校加强创新教育，其落脚点在于提高人才的创造能力，通过培养学生的创新精神来促进理论教育向实践运用转变，从而不断将创新的理论成果转化为现实创造力。

（2）以创业教育提高人才的就业能力

在大数据时代，许多工作都将被人工智能所代替，而这既意味着社会劳动效率将空前提高，也意味着传统就业格局将发生重大改变。高校创业教育只有充分地尊重和发挥学生的主体性和创造性，才能真正地做到以创业促进就业，以及不断提升就业的层次和质量。

（3）以创新创业实践促进人才的个性化成长

大数据时代，人们参与体验的意识将更强，高校创新创业教育为适应这种变化，必须增强教育教学的实践性和智能性，并根据学生的个性化需求来优化教育内容和选择教学方式。从这层意义上讲，高校创新创业教育只有不断提高智能化水平，才能不断提高人才个性化培养的能力。

1.4 国内外创新创业实践课程建设情况

1.4.1 国外创新创业实践课程建设历程与现状

创新创业教育已成为很多国家高等教育的共识，在美国、英国、德国、日本、法国、加拿大等国家得到了政府的高度重视和鼓励。发达国家的创新创业教育体系主要是“围绕着一个企业的生命周期来构建的”，即依照商业计划的确定、企业的建立、市场的开拓、企业的发展（包括融资、投资过程）来展开的。同时发达国家的创新创业教育非常注重培养大学生的企业家精神。

创新创业教育起源于 20 世纪 70 年代的美国，90 年代盛行于欧美国家（地区）。以美英为代表的西方发达国家早就认识到创新创业能力是一个国家综合实力的重要体现，经过 30 年的发展，形成了一套完善的高校创新创业教育体系。国外有关高校创新创业的经验不仅可以为我国提供借鉴，更有助于分析我国目前在此领域内的优势和不足，从而探索我国高校创新创业教育的实施路径。

1.4.1.1 美国高校创新创业教育经验与特点

作为高等教育强国，美国的创新创业教育工作在全球高校中起步较早，迄今已经历了 70 多年的发展与演变，逐步得到了世界各国的认可。目前，美国搭建了涵盖初中、高中、大学与研究生各个阶段非常完善的创新创业教育体系，是世界上创业教育重视程度最高、普及最广、发展较为成功的国家。最初可以追溯到 1947 年哈佛大学商学院教授迈尔斯·梅斯为工商管理硕士开设的《新创企业管理》课程，第一次将职业训练纳入课程内容，这是最早开设的创业教育，并且在 1979 年得到了迅速的发展。20 世纪 80 年代，以比尔·盖茨为代表、以科技创新为核心的动力引擎促进了美国高校发展，打开了美国高校创新创业之路，为美国的经济发展提供了强大的动力，带来了巨大的经济利益。此后，美国政府将创新创业教育作为一项国家战略推广到全国各地。这个时期美国高校创新创业教育也与专业教育实现了融合，并且跟校外很多中小企业进行合作，立足于社会市场需求来培养专业人才。特别是在 1998 年，万维网上出现了一个中小企业的远程创业教育项目，最终引发了创业教育在线上和线下的蓬勃发展。自 21 世纪以来，全球化竞争越来越激烈，美国开始意识到创新创业人才的重要性，并且各个高校也形成了系统性的创业教育体系。美国高校创业教育始终坚持差异化办学原则，使得每个高校的创业教育都呈现不同的特色，最终形成了多元化的创业教育体系。总体来说，美国创新创业教育具有以下特点：

（1）创新创业课程覆盖面广，体系相对完备

调查显示，1999 年在美国 1 100 所高校中，至少开设一门创新创业课程的占 38.7%，并且很多高校设立了创业相关的学士学位。美国高校中的商学院或管理学院大都对学生进行创新创业教育。哈佛商学院创立了“创业精神管理学”，加利福尼亚大学的相关课程则多达 24 门。在美国，创业教育课程已成为初中、高中、大学本科直到研究生教育的内容。有些大学还成立了创业学系，培养创业学方向的工商管理博士。

（2）注重校外合作，形成了“产—学—研—用”合作模式

美国的多数大学注重校外合作，采用校外实训及实践活动，将创业教育与学科专业教学相结合，学生在混合培养方式中较早地掌握了企业创业理念，提升了创业基本素质。用以创业过程为主线的教学方法，取代传统的以职能管理为主线的教学方法，邀请处理各种创业问题（如法律、税收、知识产权、企业评估以及合同管理等）的专家加入课堂教学。建立了 50 多个创业研究中心，设立了若干创业研究基金。美国大学中的创业教育在个人、团队、行业、企业和社会几个领域内迅速扩展，形成了大学出人、企业出项目、基金会出钱、研究中心提供指导的合作模式。

（3）通过立法政策保障，支持创业培训和小企业孵化

美国以职业技术培训、税收政策优惠、创业资金支持等办法培养创业者、发展小企业。政府颁布了数十个相关法律法规，完善各项制度，如金融支持制度、新公司注册制度、产权保护制度等。美国充分发挥各州积极性，实行“小企业孵化”计划，以低租、场地、设备鼓励小企业联合经营，以及由教育、科研、经济等部门联合对小企业提供技术支持、信息服务、经营管理和技术培训等帮助，降低小企业失败率。

（4）创业竞赛已发展为成熟的创新创业教育手段

据麻省理工学院（MIT）1999 年的一项统计，自 1990 年以来，该校毕业生和教师平均每年创建 150 个新公司，对美国的经济发展做出了重要的贡献。美国的这些大学在创业竞赛中孵化出一批企业，这是一种直接成果。更为重要的是，这种竞赛活动实际上是对学生进行创业教育的一种形式，让参与竞赛的学生获得实践技能的提升。创业的意识和创业的企业家精神深深根植在参赛者的心中，它对数百万高校学生的影响是广泛深远且前所未有的。创业竞赛成为学校培养学生创业精神和创新能力的一个重要课堂。

（5）人才培养目标与任务清晰

美国高等教育认为科学培养大学生具有明确的创新创业意识与理念是重要基础，同时非常注重提升学生的创新创业素质，引导学生熟练掌握环境认知与实践过程。

（6）创新创业课程教育体系完善

美国创业教育协会提出，创业是一项终身的学习过程，创业教育是涵盖从初等教育到高等教育的全方位教育体系。有效的课程体系是专业教育的关键，尽管创业教育不同于其他专业教育，但是美国的各类大学都开发了各具特色又结构完整的创新创业课程体系与培训规划，一般来说，课程设计内容包括创业理论与政策研读、不同案例讨论、模拟实战实践三大基本模块。而课程设计主要有四大类，分别是意识类、能力类、实物操作类、知识类。如美国斯坦福大学的“文化教育与职业教育”相结合的课程体系，美国百森商学院的“创业学”课程体系等。

（7）注重实践训练环节

在创新创业活动中，美国高校推崇“实践多余规则”，非常重视实践活动课程和实战实践经验，鼓励学生在校外获得创业的思想和灵感。所以高校非常热衷于尝试多种实践教学的形式，将学生的第二课堂与模拟创业组织的形式相结合，以丰富学生的创新创业教育实践活动，学生可以与其他喜欢思考的人共同交流学术项目，包括同学、研究者、教师、商业专家和创业者。美国高校还规定，学生在大学期间的社会实践环节不得少于 9 个月，有的大学甚至将大学年限延长至 5 年，目的就是强化学生的实践能力。

（8）课程评价体系合理公正

从 20 世纪 90 年代起始，美国知名期刊（如《商业周刊》《财富》《福布斯》《企业周刊》等）都设立了创业报道专栏，总结分析当年的美国大学创业课程体系改革、创业项目与平台进展、大学毕业生的创新创业成果与实施状况，以及对社会影响力进行评估和跟踪报道。为美国高校创新创业课程的评价构建了比较合理的体系，同时也推动了美国高校创新创业教育的氛围与进程。

（9）创新创业教育理念先进

美国的高校倡导“为了每一个学生自由发展”，这是其创新创业教育的承诺。最具代表性的是美国百森商学院，以“造就最具有革命性的创业一代”为价值取向，着重培养学生的创业式思维方式、进取心、灵活性、创造力以及抽象思维。

（10）资金奖励多元化

美国高校还将原本单一的奖学金奖励方案转变为多元化的奖励方案，如不直接给独立创业者提供奖金，而改为提供孵化器空间的使用权或建立创业指导关系，或为创业团队提供创业资金奖励等。例如，莱斯大学为初创公司提供超过 120 万美元的种子资金；佛罗里达亚特兰大大学为在商业计划竞赛中获胜的队伍提供在孵化器里自由发展的半年空间使用权；在商业计划竞赛中获胜的队伍，可以得到密歇根技术大学直接面向创业公司的资金奖励，改变了以往以个人为对象的奖励模式。

美国高校创新创业教育经验与特点见图 1-6。

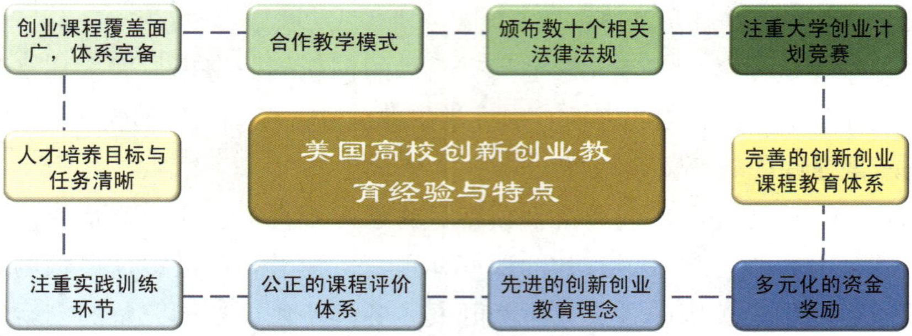

图 1-6 美国高校创新创业教育经验与特点

1.4.1.2 英国高校创新创业教育经验与特点

相较于美国而言，英国在大学生创新创业教育方面起步较晚，只有 20 多年的发展历程，但已成为全球创新创业教育最成功的国家之一。英国创新创业教育的兴起，起初是为了给高校毕业生创造更多的就业机会，缓解就业压力。通过政府计划推动创新创业教育，支持新兴产业和中小企业的发展是英国的特点。英国自 1981 年起实施了“企业创办计划”“小工厂计划”“小工程公司”等一系列推动创业的措施，帮助创业者积累资金，提高创业成功率。21 世纪初，英国财政部成立国家大学生创业委员会，拨款几十亿欧元给剑桥大学，促其与 MIT 合作，推进创新创业教育。近年来，在英国平均每周有 4 000 个新公司登记注册，但注册公司数量仍不及美国的 50%。为此，2005 年，英国政府发起了一项中学生创业计划，要求 12～18 岁的中学生必须参加为期两周的暑期商业培训课程，以培养创业意识和能力。

英国高校在创新创业教育课程设置方面比较偏重于商业课程的建设，专业化较强，不同层次的大学都在开展创业教育。创新创业教育也由于地域、经济因素的影响，呈现不均衡与差异化的趋势分布。概括来说，其在创业政策支持、多层次创业课程体系构建、专业实践教学融合、创业课程普及等方面成效斐然，在国际上也具有较高的参考和借鉴的意义。

（1）系统化的创业教育课程体系

英国大学针对不同层次学生特点提供了分层次、多样化的创新创业教育课程，既有“关于创业”的素质教育，还有“为创业”的创业教育课程，注重专业知识商业化，实践教育突出“真枪实弹”，为学生提供接近实际的创业体验。同时高校还利用互联网优质资源共享的功能，充分地实现了高校间创新创业教育课程的相互借鉴、优势互补和学科评估，如英国大学生创业网与牛津大学共同发起的“创业赛德”项目。

（2）完善的创业指导机构组织

为鼓励和指导学生自主创业，英国政府、社会与高校分别设立大学生创业促进委员会、创业教育者联盟及高校创业教育中心，以解决社会和高校中一切与创业教育相关的事宜。例如，为大学生们提供创业资金、场地和人脉资源支持，开展创业分析研究，协助完成高新技术转化、促进校企合作，创办知识型新企业等。

（3）国家政策的大力支持

在英国，首相办公室、财政部、贸工部等部门会制定和完善有关高校创新创业教育的政策，鼓励高校开设专业的创业课程，鼓励中小企业和高校进行合作，完善创新创业教育的配套措施。例如，英国先后实施了“青年创业计划”和大学生创业项目。大学生创业项目主要针对 18～25 岁的在校大学生，包括开办公司和开设创业课堂两个方面内容，促使学生在创办企业的过程中获取创业经验。英国政府通过实施大学生创业计划和“青年创业项目”等政策，帮助近 4 万名青年创业。此外，为多渠道支持大学生创新创业，英国政府设立了大学挑战基金、高等教育创新基金和高教援助基金等多种专项基金，鼓励和支持大学生创新创业。

（4）以务实的态度推进多类学科竞赛

英国高校在推出创业项目的过程中秉承求真务实的态度，根据学校实际开设专业的创业课程，并不断完善师资力量。鼓励大学生提高创业能力，开设多类学科竞赛，如牛津大学的“21 世纪挑战国际竞赛”、曼彻斯特大学的“初级创业竞赛”和“深度创业”项目。

（5）差异化、专业化的创新教育培养模式

英国的高校创业教育已呈现专业化的发展趋势，不同层次间创业人才培养的理念和过程不同。本科阶段侧重于创业教育与其他课程教育相融合，使学生树立创新创业意识。培养创业人才主要是通过创业学专业或在管理类学科下设创业方向，以及开设联合学位课程等多样化的模式。研究生阶段则强调创业领域学习的专业深度，培养创业人才是通过开设《创业学》或类似的讲授式课程，侧重于学生创业能力的培养而非单纯的理论讲授。

（6）全面助力当地经济产业发展

英国高校的创业教育不仅体现在学以致用，注重操作有效性，还非常注重将学校学科资源与专业成果延伸到地方经济产业发展。为加快产业创新发展，伦敦大学、提赛德大学分别在伦敦“科技城”与提赛德市“数字产业谷”的跨越式发展中起到了重要推动作用。

英国高校创新创业教育经验与特点见图 1-7。

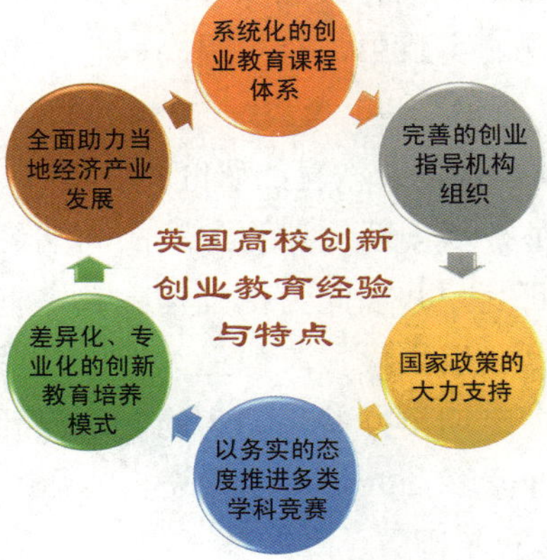

图 1-7 英国高校创新创业教育经验与特点

1.4.1.3 德国高校创新创业教育经验与特点

德国拥有全世界最为顶级的制造业，作为现代工业制造的核心大国，十分重视大学生创新创业教育，也十分注重科技成果能否顺利转化为生产力，为社会带来经济效益。经过几十年的努力和发展，德国已经形成了较为完备的创新创业教育政策、系统的创新创业教育课程体系、浓厚的高校创新创业文化氛围、优良的创新创业教育师资队伍等。在创新创业文化氛围方面，德国各高校强化创新创业文化的建设和培育。德国支持创业者的突出特点是就业开发策略，开展职业教育、实施双轨制教育是第二次世界大战后德国经济快速发展的秘密武器，以积极的创业政策取代了消极的失业福利政策。德国的创业群体科学素养比较高，大部分创业者具有学士学位，民众创业聚焦于技术含量高的领域，创新水平高，使得德国的创业持久保持在良好的状态。

（1）非常注重对创新创业人才的培养

在德国，中学毕业生可以根据爱好和个人发展方向选择进入高职院校或者综合型大学深造。在创新创业教育方面，高职院校侧重对学生技术特长的培养，着重于提升其生存性创业素养和能力；综合型大学则更为强调对大学生立足于本专业创新思想的启发和商业模式运作技能的训练。另外，高校除设立专门的创新创业教授席位制度，以务实的态度开展创新创业实践教学，指导学生的创新与创业，还通过开展多学科的创业竞赛锻炼学生的创新创业能力。这些措施让德国的创新创业教育具有较强的针对性。

（2）完善的创新创业教育体系

在课程设置上，德国的创新创业教学内容涵盖了企业创立、融资、经营、管理等方面，具体又细分为《创新创业政策解读》《撰写商业计划书》《企业创办流程》《企业管理理论与实践》《企业营销》等几十门课程，并有针对性地匹配大量的实践环节，系统的教学体系为大学生的创新创业打下了良好的内在基础。

（3）注重创业教育与专业和实践相结合

德国政府非常鼓励中小企业与高校的合作，重视培养微小企业，加之德国的工业制造优势，因此德国高校学生的创新创业多聚焦于技术含量较高的领域。不仅如此，那些实力雄厚的大型企业常常以课题研究、公益项目、创业大赛等丰富多样的形式来吸引高校师生投入解决企业实际问题的实践中，有效提高大学生的动手能力，拓宽大学生的社会视野。

（4）以创新创业论坛推动创新创业教育的研究和发展

德国很多高校都热衷于举办以创新创业为主题的高端论坛、峰会，通过这种方式带动学术界对创新创业教育的研究，并以此为基础构建起完善的与专业学科学习相结合的高校创新创业教育体系。在慕尼黑大学、海德堡大学、斯图加特大学等德国知名大学，创业培训和创业峰会每年都会定期举办并长期实施，这已经成为惯例。在这些创新创业活动中，常能见到成功的企业家、商人、风险投资人、著名专家学者的身影，在大学校园中形成了浓厚的创新创业教育氛围。

（5）政府、企业大力扶持高校创新创业教育

为加强大学创新创业，德国在高校推行“生存”计划，政府出资设立高新技术企业创业基金。1999—2001 年，德国政府出资 4 200 万马克支持大学生创办高新技术企业。此后于 2006 年又出资 2.6 亿欧元，极大地调动了大学生创新创业的积极性。此外，德国的银行和大型公司、企业往往都配置有支持大学生创业的专项基金，每年都会向合作大学的创业项目进行投资，支持高校创新创业教育的发展。

（6）拥有较为健全的法律法规保障体系

中小企业是德国经济的重要支柱，德国政府将中小企业发展纳入国家发展总体战略，从立法上支持和保护中小企业，先后制定了《中小企业组织原则》《反垄断法》等一系列法律法规，对中小企业科技创新、技术培训、新技术推广等进行规定。与之相适应，各州也制定了《中小企业促进法》，给予中小企业专门法律保护，促进中小企业的健康发展。德国大学生创新创业项目大多是中小企业，健全的法律法规体系，为大学生创新创业活动提供完备的法律制度保障。

（7）创业大学生税收优惠

为了鼓励和支持大学生创新创业，德国政府对创业的大学生给予税收优惠，并对支持大学生创业的投资公司也给予一定的税收减免；对以股权收益作二次创业投资的免征所得税，还免去新创投资公司商业所得税。德国政府允许更多资金投入大学生创新创业项目中，并对这些资金给予税收减免。因此，德国大学生创新创业的税收优惠政策范围广泛，而且落实到位。

（8）优质的教师资源

德国高校的专家教授、商业领域的精英阶层对大学生创新创业教育的战略意义、社会价值、教育目的有着深刻的认知和理解，社会共识的达成为高校创新创业教育奠定了得天独厚的社会基础。因此，德国的企业都对大学生创业项目抱有较高的热情，对其创业项目的失败有着很高的宽容度。

德国高校创新创业教育经验与特点见图 1-8。

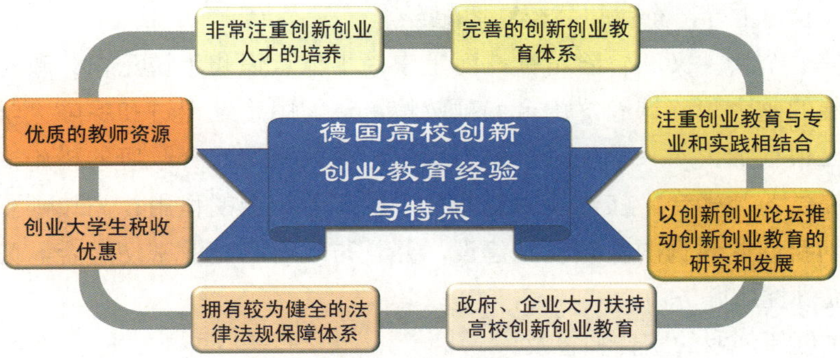

图 1-8　德国高校创新创业教育经验与特点

1.4.1.4 日本高校创新创业教育经验与特点

1960 年，日本高校学生就开始推行“创造性”研究，到了 20 世纪 70 年代，其学术界对“创造性”的研究达到第一个高潮。20 世纪 80 年代，日本推行“科教立国”战略，创新创业教育开始备受关注。为提升日本民众的“创造性”能力，日本政府从幼儿园起就开始对学生进行知识产权教育，培养学生的创造意识，到了小学、初中以及高中，日本政府便会将知识产权教育融入日常课程中去，这种课程不仅能够培养学生的知识产权意识，还为高校创新创业提供了前提基础。

日本高校创新创业教育具有起步晚、发展快的特点，得益于其拥有较完善的校内外师资队伍、借助国内国际大赛驱动、开展创业讲座和实践及有效利用校友资源。起初，日本创新创业教育的目的是培养大批的企业家，以促进日本的经济发展，使日本经济得到复苏，缓解全球金融危机给日本经济带来的压力，具有极强的功利性。21 世纪初，日本的人口出现了负增长，人口老龄化、少子化问题较为严重，从而导致高校生源减少。在此背景下，日本高校开始反思教育模式，逐渐转变功利性的创业教育模式，侧重于培养学生的创业精神和创业素质，逐渐形成了一套政府、企业、高校的协同机制。近年来，日本政府、企业、高校密切配合，并且获得了广泛的社会支持，创新创业教育体系日趋成熟。其创新创业教育由政府主导，高校和社会辅助完成，地域性强，教育体系连贯。不同于美国、德国等欧美国家，日本的创业教育具有普适性，他们更注重培养学生的“企业家精神”。日本的创业教育呈现出以下几个方面的特点：

（1）高度重视大学生创新创业教育事业

日本对高校创新创业教育的重视程度很高。首先，体现在学术界对创新创业教育理论的研究上，形成了独具特色的系统化的创业学理论，为高校分类培养创业型人才的教育实践活动提供了理论支撑。其次，体现在教育界将创新创业教育延伸至基础教育阶段，从小就开始启发、培养学生的创新创业能力，实现学生创新创业教育不同阶段的有效衔接。最后，体现在高校和行业、企业共同举办的创业培训机构、创业交流和学习组织非常多，为大学生的创业学习提供了便利条件。另外，政府、社会力量对大学生创业的支持力度都很大。

（2）以政府为主导，企业和高校密切配合

日本不提倡个人主义和冒险精神，而是崇尚集体意识和忠诚意识。政府将创业教育作为国家发展的重大战略课题，出台专项政策，最大限度地促进和保障大学生创业，如政府要求公立银行加大对大学生融资的力度等。企业密切配合政府的措施，为高校大学生创新创业提供各类平台，在创新创业教育中发挥着积极的作用。高校则不断转变教育理念，优化创新创业教育的基础设施建设，并且与政府和企业密切配合，为大学生的创新创业学习提供优质服务。

（3）注重创新创业的宣传和普及

为进行创新创业教育，激发高校学生创新创业热情，以日本特许厅为首的各个政府机构、民间组织定期面向高校学生宣传创新创业知识及相关政策。例如，日本 SEO 公司制作了一家网站，该网站利用卡通形象猫咪，采取一问一答的形式宣传知识产权相关内容，使知识产权以更易接受的方式传播；还有最具代表性的宣传品便是由创业手账公司编写的《创业手册》，该手册收录了金融、法律等各界专家对当月创业资金调配、税务、法务、销售渠道以及网络环境等创业问题做出的分析，给予准备创业和正在创业的创业者们建议，以提高日本创业成功率。

（4）日本创业教育体系和基础教育衔接紧密

日本的基础教育和高等教育都覆盖了创业教育，学生在中小学阶段将会受到职业生涯教育以及生存能力教育，在高等教育阶段将会接受系统的创业能力的培训。日本较为重视早期教育阶段中对学生创造力的培养，所以其在义务教育阶段中设置了家庭、科技、信息及艺术等学科，以培养学生的创造能力、创造方法、创造思维、发散思维、问题解决思维、创造态度、创造人格等，为学生养成“创业家精神”创造条件。进入高校后，学生将重点学习专业知识、经营技巧及工作技巧等，学习掌握创新创业技能。部分高校也利用课程、创新创业能力培养计划等方式，发展本校特色创新创业教育。

（5）建立了较为完备的政策支持体系

为了促进本国创新能力的提升，日本政府投入巨大的人力、物力、财力来支持大学生创新创业教育事业，扶植大学生创业项目。从 2003 年至今，日本颁布一系列支持青年创业的政策文件和法律法规，如《青年自立・挑战计划》《中小企业新事业活动促进法》《公司法》。在资金方面，日本政府完善了创业融资制度、创业信用保证、创业资金来源渠道等方面的建设，为大学生创新创业搭建了良好的平台。在大学生创业项目资助上，日本高校不仅有来自政府的专项资金，还有来自政府下辖、主导的各类新事业开拓部、出资事业部、投资育成公司的资金。

（6）“产学官联合”创新创业推广模式

“学”为企业输送人才和技术，“官”“产”为“学”提供资金、政策支持，“产”“学”相互联合，建立实习等相关制度，培养教师和学生的创新创业能力，最大限度地服务社会。大部分日本高校都加入了“产学官联合”活动，并设立了校内知识产权部门或产学官推进部门，甚至国家也会开设网站将各地学校“产学官联合”活动的情况及成果收集展示。“产学官联合”是一种新型的创新创业推广模式，它将政府、企业与高校联合在一起，以实践促进高校及社会的创新创业教育，再将其转化为成果回报国家和社会，有效地促进日本技术革新，同时刺激了日本经济的发展。

（7）实习制度（又称实践型人才养成制度）是推广创新创业的重要战略

20 世纪 90 年代以来，日本开始在高校范围内推行见习，也就是我们常说的实习制度，以培养实践型人才以及大学生的创新创业能力为目标。政府虽然会对企业收取“实习税”，但政府在 2005 年生效的《社会统一计划》中明确规定，免除接受实习生企业的部分税收，企业每接受 1 名实习生将免除约 200 000 日元的税收。此外，国家还会免除企业为实习生缴纳的社保税并为参加实习的学生提供补偿金。对企业来说，实习制度可以使学生在短时间内成为正式员工，成为企业的一大助力，同时还可减轻企业的负担；对实习者来说，实习训练能够帮助创新创业者形成创新创业观，学习一定的技能，增加自己创新创业成功的概率。

日本高校创新创业教育经验与特点见图 1-9。

图 1-9　日本高校创新创业教育经验与特点

1.4.1.5　法国高校创新创业教育经验与特点

1978 年，法国高等商学院（HEC）开始开设《企业家》课程，法国创新创业教育从此逐步发展。法国的创业教育虽然起步晚，但是社会理念逐渐转变，政府有诸多政策支持，民间机构也相应加大支持力度，使得法国高校创新创业教育发展迅速。20 世纪末的一项调查显示，法国学生对于创业并不热衷，甚至有些讨厌和抵触，尤其是和美国相比，法国的学生创业行为并不是十分普遍。那时在法国大部分受过高等教育的毕业生都不会选择自主创业。而如今，无论是在东半球还是在西半球，创新创业型就业已经成为了一种新的浪潮。在大学生就业率低下、市场缺乏实体基础的情况下，依托法国具有的人才优势和学科基础，高等院校和企业相结合找到了新的发展契机。如今的法国高校，创新创业教育占有极其重要的地位，除政府政策保障外，高校自身也进行了一系列创新创业教育的改革和探索。

法国高校的创新创业教育理念包含三个方面：企业家精神教育、创业情境教育和创业文化教育。例如，法国的 IPAG 高等商学院和里昂商学院等学校，都将企业家精神教育放在非常重要的位置，除了关注培养学生如何开办自己的企业，更多关注企业家精神的培养，教给学生如何发现新的商机，如何在已有企业里面发现新的机会，并将其业务不断扩大。创业情境教育主要是在课堂里营造创业情景，学生变为主角，主动开展学习，发现问题并解决问题，教师更多像是一个教练或者是学习流程进入的促进者和督导者。在课堂里引导学生进行企业环境的营造，帮助学生确定创业项目主题，进行创新创业实践。在适当的情况下，带领学生来到企业的真实场景中学习知识。创业文化教育则主要集中在理念的灌输，教会学生在未来社会扮演更好的角色，在独立性、社交能力、冒险性、演讲能力等多个方面进行培养，为未来开拓创业奠定一个良好的基础。

（1）法律制度保障

1999 年，法国出台《创新与研究法》（*Law on Innovation and Research*），为初创企业和科研成果的产业化、市场化提供法律依据。《创新与研究法》以法律的形式畅通了科研人员向企业转移的渠道，加强了科研机构与企业之间的合作，并规定创新企业的税收待遇。法国通过法律确定了城市创新创业生态体系框架。

（2）良好的企业孵化环境

为促进创新创业，法国建设了完善的企业孵化环境。法国拥有公立和私立的企业孵化器，并为孵化器提供巨额的资金支持，促进孵化器实现市场调查、战略咨询、技术指导、管理培训、融资帮助等多项职责，促进科研成果的产品化。企业苗圃由国家、地区、商会、大公司、金融机构、科研机构等共同建立。在孵化项目成形的基础上，企业苗圃就会介入，帮助该项目迅速创立公司，推动创新企业的建立。科技园则通过配备良好的创新创业设施，为创新型企业提供免税待遇及较低的专利费用，为企业营造良好的创新创业环境，促进创新企业的规模化。

（3）多形式的创新创业融资渠道

法国政府为创新型企业提供了多种形式的融资渠道，包括创新项目资助、创新型企业的启动基金、小企业创新贷款基金、中小企业技术创新投资等。其中，中小企业技术创新投资由法国技术创新局（ANVAR）主导实施，目的是通过投资中小企业的技术创新，为各行业的科研成果的产品化和市场化提供方便。ANVAR 主要以三种方式对创新提供资金支持。①科研资助的对象是个人，可无偿使用。②拥有知识产权、财务状况良好的中小企业可以获得技术创新资助。③若受资助的中小企业创新项目获得成功，支持资金则须偿还。此外，ANVAR、地方政府还可入股创新型中小企业，但在企业中股份比例不得超过 12%，高校也可凭借知识产权入股企业。

（4）产学研结合

法国积极整合产学研三方资源，完善城市创新创业生态体系，通过科研创新网络，将科研院所与科研社会组织联合起来，共同研究开发重点项目，满足经济领域对新技术的需求。法国在地方建设国家科研机构，在国家资金的支持下，与企业联合创新。此外，法国还建立了技术转移扩散中心，为教育与研究实体的结合提供专业化的服务，并在大学内部成立负责职业化培训的专门机构。

（5）财税激励政策

法国政府推行研究税信贷，弥补企业创新研究发展的资金缺口，激励企业创新，开发新产品。此外，法国对于新成立的创新企业在前三年内免除税收，若需要的研发费用较多，三年后仍可享受税收优惠。

法国高校创新创业教育经验与特点见图 1-10。

图 1-10　法国高校创新创业教育经验与特点

1.4.1.6　加拿大高校创新创业教育经验与特点

加拿大是世界上开展创新创业教育成效比较突出的国家之一。在过去的十几年里，加拿大已经出台多项政府计划促进对新技术的研发和发明专利的推广，以此吸引和留住世界级的科研创新创业人员。

近年来，加拿大各高校创新创业教育体系进行了全方位的改革，形成了较为完善的创业实践基地，各高校也都有自己的特色、体系、优势和做法。教育的关注力也有针对性地倾向于培养商业技能、理论和战略规划技能以及在校园内开展跨学科的创业教育。创新创业教育在高等教育机构中也逐渐形成了一门系统的独立学科，众多创新创业中心、孵化器、风险投资机构的出现以及创新创业生态系统的逐渐成熟，使创新创业教育成为加拿大高等教育机构中发展最迅速的领域之一。加拿大高校创新创业教育主要有以下几个方面的特点：

（1）注重营造创新创业文化氛围

加拿大是一个鼓励创新、宽容失败、崇尚自由，拥有多元共生文化和价值观的国家，形成了创新创业型人才是第一战略资源的共识，整个国家创新创业文化氛围十分浓厚。既强调“以学生为中心”的创新创业理念深入学校教育过程中的每个环节，又提倡和鼓励学生组织创新创业社团，开展创新创业活动，营造创新创业氛围。

（2）注重专业化师资队伍建设

在高校创新创业教育过程中，知识传授与技能训练同等重要，如何将二者结合起来，是创新创业教育模式成败的关键。例如，英属哥伦比亚理工学院要求讲师必须具有助理工程师证书，且具有 5 年以上参与企业实践的经历，同时还需加强与企业的联系与沟通，请企业为学生创造多样化的模拟实验机会。大多数教师本身就是创业者出身，有丰富的创业经历和实践经验。

（3）注重理论与实践相结合的创新创业课程

创新创业教育课程设置大致分为创业意识类、创业知识类、创业能力素质类和创业实务操作类四种类型。创新创业教育课程体系是一个理论与实践相结合的体系，课程体系的设置既要考虑到学生对于理论知识的需要，也要考虑到学生对于实操能力的需要。学生不仅关注到创业所需的知识和技能，同时还关注到与创业相关的经济问题、社会问题以及其他创业影响因素。

（4）注重创新创业孵化基地建设

加拿大高校支持和鼓励学生创新创业项目借助学校孵化器进行孵化，加大学生对科技创新和商业运作的实际训练。例如，英属哥伦比亚大学凭借在教学科研领域的长期积累，构建了一套较为成熟的“孵化器”系统，为大批高素质青年学生参与创新创业搭建了良好平台。

（5）注重新技术在创新创业领域的应用

现今社会新媒体技术已彻底覆盖了人们传统的生活和学习方式。瑞尔森大学充分利用该校在媒体方面的特色和优势，在 2010 年 4 月创建了数字媒体区，该区位于多伦多市中心著名的中央大街，拥有多伦多市中心的各种资源，是一个以数字媒体创业孵化为核心，为年轻初创公司提供多学科支持的工作区域，适合企业创新、商业合作、营销新产品和新服务。

（6）注重培育紧密的大学与企业合作关系

在加拿大，大学通过创新创业教育与企业形成了紧密合作关系：①为企业长期培养人才，使得企业愿意接受大学的毕业生，并乐于为大学招收的学生提供奖学金。②为企业提供咨询服务。③通过企业合作研究，校企合作形成了互利互惠的良性循环。学校政策为学生创新创业提供支持，鼓励不同专业背景的同学参与创新创业，保护学生创造的知识产权，成立高科技企业孵化机构。

加拿大高校创新创业教育经验与特点见图 1-11。

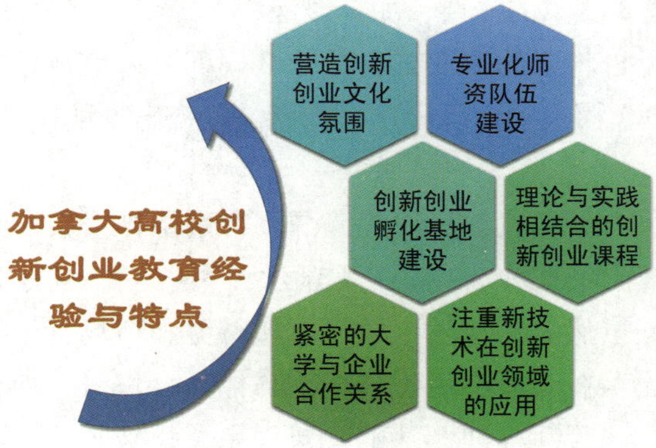

图 1-11　加拿大高校创新创业教育经验与特点

1.4.1.7　国外典型大学创新创业范例

国外的创新创业开展较快，而且从感性阶段发展为理性成熟阶段，创新创业教育已经融入教学中，成为高校培养创新人才的主要手段。在回顾上述六个国家的高校创新创业教育经验中，我们可以看到它们都拥有先进的高校创新创业教育理念，政府与社会对高校创新创业教育有着战略性的重视。同时，企业与高校存在密切的配合与联动，为大学生创新创业实践提供了广泛的空间。下面，以百森商学院、麻省理工学院、斯坦福大学、亚利桑那州立大学、密歇根大学、慕尼黑工业大学、英属哥伦比亚大学等高校为例进行说明。

（1）百森商学院

作为全球创业教育的领航者，美国百森商学院的创新创业教育教学模式具有代表性，也最具特色。早在 1967 年，百森商学院就在全球首次推出了研究生创业教育课程。1982 年，创业教育的开拓者哈佛大学商学院副教授杰弗里·蒂蒙斯开始在百森商学院讲授创业学，自此百森商学院逐渐在全美创业教育的舞台上崭露头角。当绝大多数高校都还致力于为企业提供人力资源时，它便独具匠心地开始尝试创新创业教育并率先提出了革命性的创业教育教学理念——为未来人才设定“创业遗传代码”，转变人们的工作、生活和学习方式，最终成为推动社会发展的重要领导力量和革新力量。在高度动态和激烈竞争的环境下，百森商学院创新创业教育的发展过程给出了最佳表现，连续 24 年本科创新创业教育项目全美排名第一，连续 28 年研究生创新创业教育项目全美排名第一。《华尔街日报》称之为最佳的“深山美玉”。

百森商学院以课程改革闻名，它的旗舰课程（flagship course）是曾经获得美国本科生商科教育创新大奖的《管理与创业基础》（*Foundations of Management and Entrepreneurship*，FME）。该课程以机会、市场、客户为主线，将创业分解成个人成长、自我认知、团队协作、特定情境下创业、成就新的创业领袖等步骤，为在百森商学院求学的低年级学生奠定了良好的创业价值观与知识储备。《管理与创业基础》从 20 世纪 90 年代起，已经成为百森商学院创新创业教育教学的核心课程。目前，随着百森商学院创新创业教育教学模式变革的需要，如今该课程已经步入 2.0 版。进入百森商学院学习的所有一年级新生，无论将来的专业方向是什么，都必须完成这门为期一学年的必修课程。在创新创业教育教学模式的精髓里，百森商学院突出表现在以下几个方面：

1）跨学科融合

百森商学院一直致力于打破学科间的壁垒，特别重视“文理融合”，强调跨学科知识的培养。商学院的毕业生虽然拿的是“理学学士”学位，但是课程中有 50%是人文课程内容。传统商科课程虽然能够使学生掌握诸如财务和市场营销等实用技能，但是学生在跨学科概念整合方面存在明显不足，甚至在与他人合作时，尤其是在团队中的工作表现并不理想。基于此，《管理与创业基础》课程完全打破了传统的单一、孤立的商科课程教学模式，将财务管理、经济学、金融、市场营销、组织行为等学科的重要内容整合于一门课程之中。《管理与创业基础》课程在教学中不断进行迭代，这也成为来自全球的大学生选择百森商学院就读的主要原因之一。

2）体验式学习

体验式学习是近年来商科课程的核心教学法。在《管理与创业基础》课程的教学过程中，《创业学》和《组织行为学》课程内容旨在激发学生进行体验式学习的动力。体验式学习是一个迭代过程，包括：概念学习以及基于这些概念进行的实践活动；反馈结果并从别人的反馈中获得帮助；反思某些方法以及基本概念的应用；总结经验然后再进行下一轮活动。在体验式学习中，为了能够持续获得能力的提升，学习的各个阶段缺一不可。这些原则是《管理与创业基础》每个课程设计环节的核心思想，在每个环节中，学生通过经营真实的商业项目，围绕一个特定的课程主题进行体验式学习，再与前面的教学环节联系起来。通过这种体验式学习方法，课程的学习就超出了课堂的范围而扩大成为一个组织，并将组织团队作为学习的核心环节。

此外，课外实践活动也是百森商学院重点发展的方向。百森商学院的创业教育通过创新的课外活动方案和全球合作研究计划，重点致力于拓展多种实践，以此激励学生的创新思想与行动并为其提供思路。百森商学院亚瑟 • M.布兰克创业中心（The Arthur M.Blank Center for Entrepreneurship）是校园里学生们学习和实践创业的地方，学生们将其视为校园创业实践活动的“心脏”，不仅因为在这里举办了一系列创业活动，而且学生们可与企业家、校友等共同融入创业实践活动中去。实践学习为学生们提供了在教室里通常体验不到的有形的学习体验。通过模拟案件研究，让学生融入情景中，提高其分析能力和判断能力，进而提高企业创新能力，拓展其思维提升创新思维能力。创业中心课外活动的有效性在以下三个活动中得到了最好的展现：火箭营销、创业思想与行动挑战赛和创业加速器项目。

（2）麻省理工学院

作为享有“世界理工大学之最”美誉的麻省理工学院，其对“知行合一”（Mens et Manus）理念的强调，使得该校成为全球最具影响力的创新创业型大学之一。麻省理工学院是一所以科技为发展核心的高校，自 1916 年设立“技术计划”项目以推进科研人员研究成果转化以来，麻省理工学院就走上了创新创业型高校道路。在其第九任校长康普顿（Karl Taylor Compton）的推动下，麻省理工学院成立了专利委员会等机构，以加强与工业企业的合作。1946 年该校又与哈佛大学共同创办了全美第一家私人风险投资公司——美国研究与发展公司（ARD），从而为其创新创业活动扫除了障碍。

1961 年，理查德 • S. 莫斯（Richard S. Morse）教授的创业类课程《新企业家》开启了该校创新创业教育的探索历程，1996 年学院创业中心的设立则进一步为创新创业课程的开发提供了制度上的保证。经过几十年的发展，麻省理工学院的创新创业课程逐渐拓展和完善，初步形成了独具特色的课程体系。至 1999 年，该校每年师生创办公司 150 家，这些公司提供了大量的工作岗位，为当地的经济发展做出了重要贡献，销售额为 2 320 亿美元。

1）建设覆盖创业全过程的课程体系

麻省理工学院目前已经逐渐形成了遵循“创新观念的产生—商业化雏形设计—产品原型制造—资金筹措和初创公司成立”这一发展脉络的完整课程体系。截至 2018 年年底，麻省理工学院已经开设了创新创业基础课程、技能课程、行业导向课程和选修课程四大类课程，课程总数达到了 63 门，为有志从事创新创业活动的学生提供了良好的支持。学生在修读了相关课程之后，如果对创新创业有持久的兴趣，还可以选择创新创业硕士学位项目或其他计划项目进一步提升自己。

2）设置专门的机构和项目为课程开发提供保障

为切实增强学生创新创业知识和技能、培育创新创业的校园文化氛围，麻省理工学院于 1996 年设立了创业中心，后更名为麻省理工学院马丁·特鲁斯特创业中心（The Martin Trust Center for MIT Entrepreneurship），负责促进创新驱动型企业相关的知识生产和人才培养，开发具有麻省理工学院特色的课程体系，从而为美国和其他国家提供更好的创新创业服务。

3）加强领导力教育，提升学生创新创业综合素质

为使学生在掌握创新创业知识的同时，更好地成长为相关领域和初创企业的合格领导者，麻省理工学院启动了工程领导力（GEL）课程计划，为本科生提供了一个具有挑战性和支持性的环境，培养学生在挑战性情境中的领导技能。参与计划的学生需要在两年内完成相应的领导力课程学习，包括《工程领导力》《工程领导力实验室》《个人领导力发展计划》《工程创新与设计》《项目工程》等课程。

4）重视学生非正式课程教育

除了正式课程，麻省理工学院还鼓励学生积极参与非正式课程的教育，如“麻省理工创新创业大赛”“能源黑客大赛”“麻省理工全球创意挑战赛”等创新创业教育赛事，以及申报“麦戈文奖”“海勒奖”“莫纳森创业指导奖”等创新创业奖项。

5）注重校内外合作交流，建设创新创业俱乐部体系

麻省理工学院鼓励学生开展创新创业活动与实践，学生自主领导创新创业俱乐部，如“创业者俱乐部”“斯隆商业俱乐部”“金融技术俱乐部”，有效激发学生对创新创业教育和实践活动的热情，推动学校内部之间以及校内与校外之间的交流。

6）推进创新创业教育的全球化

麻省理工学院充分利用资源，开发针对全球其他国家和地区的学生、学术研究人员、企业家等的创新创业教育项目，从而在全球范围内传播创新创业文化和精神、发展创新创业思维和技能。

7）打造网络课程平台，促进创新创业教育普及

为促进创新创业知识的普及，确保更多的学生接受相应教育，除提供丰富的实体课程外，从 2012 年开始，麻省理工学院尝试在其开放课程平台（OCW）上建立创新创业课程体系。目前该平台已发布麻省理工学院 60 多门创新创业类课程的教学大纲、讲义、作业和考试题等资源，其中创新创业核心课程是指作为创业者所应掌握的基础知识，包含的课程有《发明与专利》《建立和领导高效的团队》《创新过程管理》《如何开发“突破性”的产品和服务》等。

（3）斯坦福大学

斯坦福大学（Stanford University）全名为小利兰·斯坦福大学（Leland Stanford

Junior University），始建于1891年，是由美国著名的实业家、铁路巨头利兰·斯坦福（Amasa Leland Stanford）与其妻子为了纪念死去的儿子小利兰·斯坦福而共同捐资创立的一所私立大学。作为一名富有创业精神的企业家，利兰·斯坦福将注重实用与创新的精神传承注入新建的斯坦福大学，塑造了其独特的创新创业文化与土壤，经过多年的发展形成了完善的创新创业教育生态系统。

斯坦福大学是一所综合研究型大学，该校的创新创业教育被称为“产学研一体化”教学模式，拥有全球一流的硬件和软件资源，汇聚了顶尖的实验设备、教学设备和一流的专家学者，以所处的社会环境、经济环境为背景，融入专业特色以及各人长处，使学生从创业者的视角来参与创业过程。在美国的软件中心硅谷，斯坦福大学教师和学校共同创办其中60%的公司。斯坦福大学突出的创新创业教育享誉全球。其主要有以下几个方面的特点：

1）完善的创新创业政策

斯坦福大学为教师提供了宽松的管理制度，大力支持教师参与创业，创办公司，允许教师离开学校参加企业活动，使教师将创业经验和资源转化为教学内容。对于创业学生给予两年休学期限，之后可以继续学业。

2）跨学科培养创新创业人才

斯坦福大学一方面重视通识教育课程建设，培养学生独立思考解决复杂问题的能力，另一方面提供产品导向型、案例导向型、单点聚焦型、讲座型四类创新创业课程，为学生提供了解、学习及实践创新创业的机会。同时创新创业课程面向全校，打破学生专业、学院限制，鼓励不同专业学生交流、合作，鼓励多学科交叉创新创业平台建设。

3）注重产学研合作

硅谷是斯坦福大学产学研产生的优秀成果，过去几十年来，斯坦福师生和校友创办的企业有 1 200 多家，产值占硅谷总产值的 50%～60%，硅谷为斯坦福大学的师生提供实践机会和条件，大学为企业提供科研支持，良性的产学研互动不仅促进二者的发展，还推动整个区域及国家经济的发展。

4）注重创新创业精神和文化培育

创新创业发展氛围和环境则决定着大学生创新创业教育和实践的运行状况及发展方向。正如斯坦福大学的校训是“自由之风吹拂”（The wind of freedom blows），其开放自由的文化氛围和校园环境对学生创新创业能力和素养的形成如微风般起着潜移默化的作用。

5）丰富的创新创业课外活动

创新创业学生社团和俱乐部在斯坦福大学数量众多且活跃度高，如斯坦福大学创业学生商业联盟（BASES）、斯坦福商学院创业者俱乐部（GSBE-Club）、斯坦福大学风险投资俱乐部（SVCC）等。此外，还有丰富多样的创新创业竞赛类活动，如“斯坦福社会创业挑战赛”“斯坦福社会运动挑战赛”“创业计划大赛”以及由硅谷地区的知名大企业赞助每年举办的有 15 万美元奖励的“创业挑战大赛”等。

6）系统全面的创新创业课程体系

斯坦福大学在全校性课程设置上遵循“教研融合、学科交叉、文化教育与职业教育结合”的基本原则，在把握这一基本原则要义和精髓的基础之上，斯坦福大学的创新创业教育课程体系的特点主要体现在四个方面：创新创业教育与专业教育有机结合、创新创业教育融于通识教育之中、理论类知识和应用类知识并行、强调开放的跨学科综合式教育。

（4）亚利桑那州立大学

亚利桑那州立大学的大学倡议办公室（the Office of University Initiatives）是一个积极催化创业文化发展的基地，是推动大学生拓展创业思路、开展创业活动的核心领导机构。它将不同人群的想法和资源联系起来，并使其发挥作用，从而开发创新项目。倡议办公室通过与学校其他办公室、部门的合作，积极联系各州以及国家的互联网领导者，使得学校的创新创业目标更为明确。该校设立的埃德森学生创业计划和创业挑战赛最为典型。

1）埃德森学生创业计划

埃德森（Edson）学生创业计划是亚利桑那州立大学重要的学生创业大赛。在这个创业大赛中，无论是营利还是非营利项目，都能够获得资助，因此吸引了大量学生参加。同时，亚利桑那州立大学拥有独一无二的双向工程学院模式：伊拉福托工程学院，以传统风格为旗帜；技术创新学院，倡导参与式学习，拥有很强的创新创业导向。后者通过让学生亲身实践的教育模式，要求学生在面对真正的工业需求时提出合理的解决方案，从而创造出更大的经济价值。埃德森大学生创业计划为学生团队提供资金、办公空间、培训和指导。具体来说，埃德森大学生创业计划能够提供下列支持。

①资金：每年提供 20 万美元的种子资金资助。每年全校有 10～15 个团队能够获得 5 000～20 000 美元的资助来发展他们的新公司。这些资金可以用于市场调查、建立模型和支付法律费用。

②办公空间：获胜的学生创业团队可以在获奖当年得到 SkySong 办公空间的使用权。SkySong 可以为初级阶段的创业者提供专业配置，同时让新公司与其他创业伙伴、当地和国际公司进行交流和学习。

③培训和指导：获胜的创业团队可以在该年度参加一系列工作坊活动，与成功创业者和相关领域专家进行对话。创业团队可以参加由 SkySong 提供的创业培训，或者参加由亚利桑那州立大学非营利领导和管理中心提供的培训课程。当然，团队还可以持续获得来自埃德森公司的创业指导。

2）亚利桑那州立大学创业挑战赛

亚利桑那州立大学创业挑战赛旨在寻找那些愿意为改善当地社区而做出努力的学生。通过挑战赛，学生可以获得 1 万美元的资助来开发他们的项目，并在这个过程中学会团队合作、培养领导力、学习如何开发项目、创设公司计划、锻炼公共演讲技能以及进行网络工作创新。

（5）密歇根大学

美国密歇根大学创建于 1817 年，是美国历史最悠久的公立大学之一。该校自成立以来，在各个学科领域中成就卓著，被誉为“公立常春藤”，与威斯康星大学麦迪逊分校、加州大学伯克利分校以及伊利诺伊大学香槟分校一起，被学界称为美国“公立大学典范”。该校一直有着良好的创新教育传统，其医学院于 2012 年启动了一项创新教育战略研究计划——快速医疗创新项目（Fast Forward Medical Innovation，FFMI），据 FFMI 年度报告，截至 2018 年，全校参加该项目的人数达 2 500 余人，共创建 65 个创新教育项目，为密歇根大学、医疗行业乃至全国的创新人才提供服务，接受过 FFMI 教育的创新团队已获得资助共计 1 000 万美元。密歇根大学医学院以 FFMI 为中轴，以各医学创新项目为支点，将课程、团队、资本以及文化无缝衔接构成一个完整的闭环生态链，将创新理念商业化应用于患者身上，体现社会价值。

1）项目化定制创新教育课程

FFMI 个性化定制创新教育课程，以教育项目为单位进行课程设计，为不同的项目主题设置不同的课程体系。目前，FFMI 共有 12 个项目主题，每个项目课程都是根据该项目的教育目标进行个性化的课程内容设计。

2）多渠道资金支持创新理念

FFMI 广开渠道，创设各类种子基金、校友捐赠、奖学金、孵化基金等，为创新项目寻找资金来源。目前 FFMI 共设有五大基金，不同基金资助的项目内容也不同，包括 Fast Forward GI 创新基金、Monroe-Brown 种子基金、治疗成效基金、Elizabeth and Jim Sweetnam 睡眠研究基金和 Massey 创伤性脑损伤基金。

3）多元化团队构筑创新智力

密歇根大学创新教育独具特色的一点就是多元化的团队构建。无论是在线教育还是线下课程，都会配备与该项目相关的各个方面的专家，为项目提供足够的智力支持；除了专业教师外，其余领域皆配备具有实战经验的专家，他们大多为成功企业家、行业领导者、风险投资经理、当地企业的高管、行业监管专家和食品药品监督管理局的政府工作人员等。

4）全校性参与营造创新文化

FFMI 的创新教育项目的最终目的就是培养一种全校性的创新文化，打造一个集群的创新社区。在这个社区里，一群聪明又富有激情的年轻人聚集在一起，FFMI 给予其教育和资源，帮助其成功。在这种文化的熏陶下，FFMI 自成立以来发表发明报告 643 份，专利许可协议 300 份，初创企业 21 家，其中有些成功的创新项目在本地区和全球都产生了巨大的社会反响。

（6）慕尼黑工业大学

德国慕尼黑工业大学被公认是研究型大学向创业型大学转型的成功典范，并发展成为欧洲标杆性的创业型大学。“管理+”培养计划是由慕尼黑工业大学创业中心举办的欧洲领先的大学生创新创业领导力培养项目，在该校创新创业教育生态体系中扮演着极为重要的角色。

“管理+”培养计划每年 3 月和 9 月开班，每班持续 3 个学期，突出创新创业领导力培养。它以 1 周的“设计思维新训营”强化训练课程为开端，在 1 年半时间内，贯穿领导力培养、导师教练指导、工作坊研讨班、国际交流互动、校友人脉网络对接等，全程贯穿企业项目和内部项目，适时进入学生创业项目与风险投资对接。第一学期以企业项目和内部项目为主，第二学期加入学生创业项目与风险投资对接，第三学期则是教育课程齐头并进，高度融合。

“管理+”培养计划本质上是一个创新创业领导力教育项目。它每学期免费招收 20 名来自德国慕尼黑各高校的优秀大学生。入选者被编入跨学科团队，接受持续教育培养、实践历练、国际交流、教练指导、项目参与等，最终成长为优秀的领导者，走向创新创业之路。该项目试图使大学生在以下五个方面获得发展：一是获得项目管理和创新管理的丰富经验；二是通过“商业设计与设计思维”训练，学会创新和完善自己的商业理念；三是获得对大企业创新实践的深刻洞见；四是发现自身的价值与目标，通过专业领导力教练的帮助，探寻自己的个性倾向与精神空间；五是通过与校友会青年创业者及大量创业型企业家的联系和交往，扩大自己的人脉网络。

慕尼黑工业大学创业中心提供的创业教育和创业服务包括以下三个方面。一是向创业者和创业公司提供创办新企业咨询、欧共体青年创业者计划、团队建设与发展辅导、前期孵化以及科技基金加速器、创业竞赛、创客空间、风险投资等。二是向已有企业提供与创业公司的合作机会、协同加速、创新咨询、商业发展、招揽人才、创新与创业 EMBA 教育、职业经理培训、数字产品学校等。三是向大学生与科学工作者提供商业计划研讨班实践导向，手把手辅导提升创业素质，如创业新训营、创业马拉松、“管理+”创新创业领导力培养计划、科技英才社群、硕士生“思考•创造•创业”课程、数字产品学校等服务。

（7）英属哥伦比亚大学

加拿大英属哥伦比亚大学（University of British Columbia，UBC）创新创业教育生态系统有自己独特的特点。作为加拿大顶尖高校，英属哥伦比亚大学是全球研究和教学中心，始终如一地雄踞世界顶级研究大学排行榜。自 1915 年建校以来，创新和挑战现状的西海岸精神就深深植入其中。英属哥伦比亚大学的创新创业视角鼓励学生、职员和教师挑战传统，引导发现和探索新颖的学习方式，为大胆思考者提供改变世界的舞台。依托其世界顶尖的科研水平、庞大的校友群体、强大的区域乃至全球网络和资金支持，英属哥伦比亚大学已经构建了一套极具特色的创新创业生态系统，为大批高素质青年学生参与创新创业搭建了良好平台。英属哥伦比亚大学被英国路透社称为加拿大最著名的创新大学，成为创新创业的发展中心。英属哥伦比亚大学创新创业教育主要的两大运行机制如下：

1）e@UBC 创新创业加速器

英属哥伦比亚大学 ENTREPRENEURSHIP@UBC 简称 e@UBC，是集导师、教育、企业创建和种子基金于一体的创新创业加速器，为创业者提供创业工作坊和创业空间、市场确认的项目和商业模型，帮助创业者提高创建企业成功的胜率。e@UBC 由 9 个项目管理团队、2 名管理种子基金和 10 位常驻企业家组成。Graham Lee 创新中心是创新创业活动的核心场所，是创业公司沟通、合作和发展专用平台。e@UBC 联结初出茅庐的创业者与经验丰富的现实生活中的导师、风险投资家，把学生、教师和校友会在国内外的研究和创新理念融入进来，创业者通过创业咖啡馆、孵化项目、入住创业办公室和创新空间等交流渠道进行创业。

2）HATCH 创新创业孵化器

HATCH 是英属哥伦比亚大学校内高新技术创新企业的孵化器，这些企业处在产品开发和开始准备运营阶段。HATCH 是为高新技术创业者提供创意空间、创客实验室、网络咖啡馆、建立原型工具的校内创业孵化器。为了帮助早期英属哥伦比亚大学创业者起步，所有 HATCH 企业都有资格申请 e@UBC 概念基金和种子资金。学校为这些企业提供 3 个会议室、30 多个专用技术创业办公室和 600 m^2 专用工作空间，保证潜在改变世界的创新不被留在实验室。

总之，英属哥伦比亚大学从全球吸收最高水准的教师和学生，与世界各地的大学、工业、政府和团体建立合作关系。e@UBC 已帮助创业团队超过 800 家，他们或受到启发，或学习创业知识，或成立企业。自英属哥伦比亚大学分拆出去的公司达 207 家，与工业合作伙伴开展的研究项目有 1 375 个，与 1 109 家政府和非营利机构签订了合作协议。

1.4.2 国内创新创业课程建设历程与现状

1991 年，在联合国教科文组织“创业教育”项目的牵头下，国家教委基础教育司在全国六个省（市）进行了基础教育阶段的创业教育试点和实验，这可看作创业教育在我国的首次出现，为我国教育特别是高等教育创新创业教育的兴起和发展奠定了基础。1998 年 10 月，联合国教科文组织在《21 世纪的高等教育：展望与行动世界宣言》中明确提出，创业教育证书将成为 21 世纪现代人的第三张教育通行证。为方便毕业生就业，培养创业技能与主动精神应成为高等教育主要关心的问题；毕业生将不仅仅只是求职者，而首先应成为工作岗位的创造者。《高等教育改革和发展的优先行动框架》进一步提出，“高等学校必须将创业技能和创业精神作为高等教育的基本目标”。1999 年，《中共中央　国务院关于深化教育改革全面推进素质教育的决定》指出：“高等教育要重视培养大学生的创新能力、实践能力和创业精神。”2002 年 4 月，教育部开展创业教育试点工作，将清华大学、中国人民大学、武汉大学、黑龙江大学、北京航空航天大学、西安交通大学、上海交通大学、南京财经大学、西北工业大学 9 所高校设为创业教育试点高校。2008 年，教育部全面深入推进高校创新创业教育工作，立项建设了 32 个创新与创业教育类人才培养模式创新试验区。2010 年 5 月，《教育部关于大力推进高等学校创新创业教育和大学生自主创业工作的意见》（教办〔2010〕3 号）明确提出：“创新创业教育是适应经济社会和国家发展战略需要而产生的一种全新的教学理念与模式”。2012年党的十八大报告指出，经济发展方式转变依赖于创新创业活动，要“鼓励创业”“支持青年创业”。为贯彻落实《国务院办公厅关于深化高等学校创新创业教育改革的实施意见》（国办发〔2015〕36 号）（以下简称《实施意见》）精神，根据《教育部办公厅关于开展首批深化创新创业教育改革示范高校认定工作的通知》（教高厅函〔2016〕92号）要求，在高校自主申报、省级教育行政部门遴选推荐、教育部组织专家审核认定的基础上，2017 年 1 月，北京大学等 99 所高校被认定为“全国首批深化创新创业教育改革示范高校”。同年 6 月，中国人民大学等 101 所高校被认定为“全国第二批深化创新创业教育改革示范高校”。《实施意见》明确了今后若干年的高校创新创业教育的发展目标：截至 2017 年，形成广泛认同具有中国特色的完善的“双创”教育理念，普及“双创”教育；截至 2020 年，建立健全系统的高校“双创”教育体系，增强学生的创新精神、创业意识和创新创业能力。为实施《国务院关于大力推进大众创业万众创新若干政策措施的意见》，教育部在长春市组织实施了影响深远的首届中国“互联网+”大学生创新创业大赛。至此，国内各高校开始如火如荼地开展“双创”教育。

为贯彻落实习近平总书记关于教育的重要论述和全国教育大会精神，根据新时代全国高等学校本科教育工作会议要求，2019 年，《教育部关于一流本科课程建设的实施意见》（教高〔2019〕8 号）印发，对教育教学改革和课程建设提出了更高的要求。以培养学生综合能力为目标，通过“青年红色筑梦之旅”“互联网＋”大学生创新创业大赛、创新创业和思想政治理论课社会实践等活动，推动思想政治教育、专业教育与社会服务紧密结合，培养学生认识社会、研究社会、理解社会、服务社会的意识和能力，建设社会实践一流课程。根据该实施意见精神和有关通知要求，2020 年认定了 5 118 门课程为首批国家级一流本科课程。其中，社会实践一流课程共 184 门，与生态环境领域相关的课程共计 9 门（表 1-2）。

表 1-2　生态环境类社会实践一流课程

序号	课程名称	负责人	主要建设单位
1	生物学创新创业实践	孟庆繁	吉林大学
2	环境问题观察	张勇	华东师范大学
3	土壤医院	赵海涛	扬州大学
4	植物保护专业综合实践	肖顺	福建农林大学
5	井冈山生物学野外综合实践	葛刚	南昌大学
6	智慧化生态文明服务实践	方朝阳	江西师范大学
7	大学生环境保护实践	周晓明	湖南农业大学
8	作物学综合实践	易镇邪	湖南农业大学
9	走向海洋——海洋国土意识及海洋生态保护宣教行动	孙泽伟	汕头大学

1.4.3 国内典型高校创新创业实践课程建设情况

相较于西方发达国家，我国创新创业教育具有起步晚、发展快的特点。1998 年，首届清华大学创业设计大赛拉开了我国高校创新创业教育的帷幕。随后，国内高校开始以创业大赛为突破口，自发地探索创新创业教育。在此基础上，教育部于 2002 年选择清华大学、北京大学、中国人民大学、复旦大学、上海交通大学等 9 所高校开展创新创业教育试点工作。经过二十多年的发展，特别是 2015 年后，我国高校的创新创业教育取得了巨大的成绩。教育部网站相关数据显示，目前我国高校大学生创业项目超过 10 万个，高校大学生创业者近 55 万人。

近年来，在政府的引导和推动下，我国多数高校都已经开展了不同程度或层次的创新创业教育。典型的创新创业教育模式主要是基于创新教育、实验室和创新基地，以培养学生的能力为中心。通过创新教育培训，依托实验基地、技术孵化器等，为创新创业提供资金、技术和指导等服务，为创新创业实践服务提供平台。高校现开设的各类创新创业教育课程，主要以项目训练、创业竞赛等活动为载体。创新创业实践项目目前主要分为创新训练、创业训练和创业实践三类。创新训练项目注重设计项目的创新能力和创新研究的过程；创业训练项目注重所有计划项目的商业可行性，注重创业培训；创业实践项目侧重于实际操作、市场化经营管理情景和企业经营模拟。这三类项目都需要导师和学生配合完成。该计划旨在改变高等院校的传统观念，培养高等院校创新和创业的模式，有效地提高大学生综合能力。以哈尔滨远东理工学院艺术设计学院为例，从 2016 年开始，每年都组织学生参加黑龙江省大学生创新创业训练项目，如产品设计 3D 打印工作室、绘生活艺术沙龙、校园云打印与产品设计、遇见泥瓦匠——DIY 手工陶艺、室内家居产品代配、线上摄影制作、室内甲醛检测、艺创手工艺首饰工作室、校园文化产品设计等，这些项目很多都取得了较好的成果，学生也通过这些创业项目得到了锻炼，在专业和科研方面都有不错的提高。西安交通大学通过举办“蒲公英”大学生创业计划竞赛、校友创业大赛，培育出“快的打车”等创业团队；上海交通大学举办了“互联网+”“燧石星火”“慧谷”等系列创新创业训练营，且引入了多方参与的机制；北京大学合作共建创业孵化基地，设立众创空间；清华大学、北京大学、复旦大学、南京大学分别拥有华宇学生创业基金、北大系投资基金、复旦创业基金、科创基金，用于支持和孵化学生的创业项目。这说明，国内高校在“双创”实践与孵化平台建设上已取得一定的成绩，重视通过参赛和训练营提升学生的创业素质。

总体来说，在国家创新创业教育政策指导下，我国各高校已经依据自身特点与优势尝试建立了一些独具本校特色的创新创业教育模式。在此选取清华大学、上海交通大学、同济大学、上海海洋大学等典型高校，对创新实践课程建设案例进行介绍。

1.4.3.1 清华大学

清华大学环境学院在多年的探索和实践中，逐步形成了结构清晰、内容丰富、目标明确、管理规范的新型环境学科实践教育体系。该体系包括课程实践体系、教学实验体系、专业实习体系和综合训练体系四个组成部分。

从 2004 年开始，环境学院启动了 Internship 计划，制定了 Internship 项目实施办法，择优安排学生进入企事业单位、科研院所等参与生产实践、科研项目和管理工作，通常历时一个月，覆盖面达到学生总数的 1/3 左右。学生按照接待单位的项目需求，自主制定实施计划和解决方案，大大提高了知识综合运用的能力和解决实际问题的能力。环境学院将 Internship 项目作为学分课程纳入学生培养计划，安排专职教师负责项目建设和实施，进一步健全了项目考核机制，完善了项目实施办法，拓展了项目资源和渠道，扩大了项目实施规模，提高了项目完成质量。Internship 计划的实践表明，这种实践教育形式带来了传统教育模式不能提供的诸多实际而又新鲜的元素，基本实现了“以学生实践教育为主旨，学生、学校和接待单位三方共赢”的目标。

综合训练体系充分利用学校的公共平台，强化或融入实践教育理念和环境学科特点，从而成为实践教育体系的重要部分，包括综合论文训练、大学生研究训练（SRT）计划和社会实践等。本科生导师制是新形势下改进学生教育管理基层体制的一项有效措施和制度。环境学院在 2002 年年底制定了《导师制实施办法》，开始全面实施本科生导师制，在学生自主报名的基础上，将本科一～三年级的所有同学分配到由副教授以上职称的老师担任导师的小组参加活动，一般每个小组 8～10 个同学。实践表明，本科生导师制在培养学生实践能力与创新意识、激发学生专业兴趣、推动学生全面发展、实现本科生与研究生阶段的顺利衔接与过渡等方面发挥了重要作用。

与早期的实践教育环节相比，环境学院新的实践教育体系具有“个性化、灵活性、参与式、综合型”的优点。个性化是指学生可以根据自身特点和兴趣，有选择地参加不同形式的实践教育环节，不像过去以年级或班级为单位“集团式”地参加。灵活性是指各个实践教育环节的时间安排更加灵活，不像过去只在一段时间内“集中式”地安排。参与式是指实践教育环节的时间延长，内容加深，学生可以切实得到锻炼和提高，避免过去走马观花的“参观式”实践。综合型是指实践教育环节的内容更加丰富多样，学生不仅可以提高专业知识技能，还可以广泛接触社会，全面提高综合素质，避免过去“单一式”的专业实践。

1.4.3.2 上海交通大学

上海交通大学成立的学生创新中心坚持以学生为中心，按照“价值引领、知识探究、能力建设、人格养成”四位一体的育人理念，着力培养具有社会责任感、创新精神、实践能力、人文情怀和全球视野的卓越创新人才。在对基础实践课程模块和内容全面改造整合的基础上，提出了全过程、多层次、交叉复合型的创新实践能力培养体系，通过构建基础实践层、交叉复合层、创新创业层的课程体系，达到培养学生创新精神和实践能力的目标，提高学生自我发展能力，使其与创业教育更好地对接，形成贯通的创新创业教育人才培养机制。

（1）课程设置

根据人才培养定位以及创新创业教育目标要求，为了强化实践训练，按照不同教学目标层次设置了如下课程：

①实践训练课程：夯实基础，训练基本能力和综合创新能力。

②挑战探究课程：领略学科前沿，以兴趣引导研究领域的深入探究。

③创新创业课程：激发创业灵感，提供创业基础和就业创业指导。

（2）教学服务

①服务院系课程：支撑实践环节（实践培训、加工服务），为院系理论与实践紧密结合提供教学服务。

②滚动实践培训：以滚动培训方式开展实践技能培训，为课程项目、大学生创新性项目、竞赛项目等提供支撑。

（3）专题辅导

为了保证创新实践的效果，开设“大讲堂”和小班辅导，分阶段进行模拟企业经营，同时邀请校外专家进行辅导。“创新与创业大讲堂”是精英大班系列讲座，主讲教师包括柳传志、王志东等创业成功的著名企业家、市场研究专家、财经节目主持人，以及大学党委书记、专业教授等。授课教师经验丰富，课程安排紧凑、形式活泼、内容丰富。在大班讲座的同时，还以要求学生完成商业计划设计为目标安排了小班形式的辅导。参加课程的学生根据组队情况分为若干个小班采用班主任团队辅导和助教协调模式，以实现学生与导师的全接触。

（4）课外实践

上海交通大学为提高学生创业能力，避免单纯的理论说教，以有组织的社会实践、创新创业竞赛、学生社团活动作为实施创业教育的现实载体，设计了内容丰富多彩的创业比赛活动，倡导自主学习和创新精神，为需要创新模拟训练的大学生提供学习、交流和互动的平台，从而将课堂教学与实践环节紧密结合起来，使创新与创业教育成为上海交通大学教学实践的重要环节，主要包括以下三种：

①开展多层次的创业计划大赛；

②就业服务和职业发展中心组织开展“科技创业实务系列培训”；

③加强创新实践基地建设。

1.4.3.3 同济大学

同济大学在创新创业教育方面做出了有效探索与实践。在健全创新创业教育课程体系、加强校内众创空间建设、加强创新创业实践教育、完善创新创业支撑体系等方面积累了丰富的经验。同济大学以“大学校区—科技园区—公共社区”三区融合、联动发展模式为代表建设“环同济知识经济圈”。在同济大学四平路校区附近的 2.6 km^2 内，集聚了近 2 000 家以设计类为主的企业，其中 80%的企业由同济大学师生创办，“环同济知识经济圈”年产值已超过 300 亿元，成为区域经济增长的发动机。目前同济大学正在建立人才培养“学时、学分、学程、学位”体系与“课程、实践、创业”链条的有效对接机制，努力营造敢为人先、宽容失败、开放合作、良性互动的创新创业土壤，以实现 100%的学生接受创新创业教育，10%的学生有创新创业项目实践经历，1%的学生创办创业企业的目标。总结同济大学创新创业教育经验，对于深化高校创新创业教育改革，助力营造“大众创业、万众创新”的大环境具有一定的参考意义。

（1）加强校内众创空间建设

众创空间的含义是工作空间、网络空间、交流空间和资源共享空间。它具有低成本、便利化、全要素和开放式的特征。广义上的众创空间不仅仅局限于为创业者提供办公场地，更重要的是，众创空间可以通过营造创新创业氛围，激发创意创新潜能，创新创业孵化模式。同济大学向来注重校内众创空间建设，在学校建设中强调留出公共空间，用作咖啡吧、休憩区，促进师生平等交流。同济大学中芬中心和同济大学创业谷是同济大学众创空间建设的典范。

（2）强化创新创业实践教育

创新创业实践活动是营造大学创新创业文化氛围的重要载体，是大学生未来“真刀真枪”开展创新创业活动的训练营。要鼓励学生参加各种创新创业训练项目，支持学生成立创新创业学生社团，举办各类创新创业比赛，提供各类创业见习机会，让学生的创新思维和创新能力在实践中得到锻炼。

同济大学已经构建起国家、上海市、学校、学院（系）级四个层次的创新训练计划体系，覆盖了全校 80%的本科生。同济大学成立了“创业者协会”“创业者俱乐部”等创新创业学生社团，通过举办各类活动，将有志于创新创业的学生凝聚到一起，进行交流互动和学科交叉。学校还举办了各类创新创业大赛，如“同济大学创业计划大赛”“飞利浦大学生创业计划大赛”“同济大学创业梦想大赛”“商业企划大赛”“同济大学MBA 创业大赛”等，让学生模拟创业、尝试创业并最终鼓励一部分人走上创业之路。学校多年来坚持组织开展“大学生创业见习”活动，先后有千余名本科生和研究生在数百家企事业单位见习，提升了学生创业和就业的竞争力。

成立于 2010 年的同济大学中芬中心是同济大学与芬兰阿尔托大学共同建立的国际创新创业教育平台。中心在空间设计上弱化了等级次序，形成了一个开放、灵活、激发创意的物理空间，成为一个由高校、研究机构、企业、创业者、政府及非政府组织等构成的生态系统和多元社区，让创新创业资源产生了集聚效应。资料显示，同济大学中芬中心目前面向全校开设了 8 门跨学科创新课程，其中的“移动课堂”，已有 180 余名来自校内外不同学科背景的学生参与，与 12 个合作企业开展了 20 项创新话题的研究。第一期占地约 400 m^2 的同济大学创业谷成立于 2013 年，旨在弥补大学创新创业链条缺失环节，打通从大学校区到科技园区“最后一公里”。同济大学创业谷遵循创新创意创业空间建造规律，打造了一个激发创意思维、促进开放共享的创新创业空间，“学校、企业、政府、社会、资本”五个要素在这里实现了全方位互动。目前已有超过 20 个项目通过创业谷推介平台实现了实体化运营，争取融资 482 余万元；举办各类创新创业活动近 200 场，服务学生近万人次，吸引社会资金近 4 000 万元。

1.4.3.4 上海海洋大学

上海海洋大学在提高环境类学生创新创业意识、营造创新创业实践氛围、构建创新创业实践教育体系、建立健全创新创业实践教育保障机制几个方面进行了尝试。帮助学生提高创新创业意识，营造校园创新创业氛围，构建创新创业实践教育体系，建立健全了创新创业实践教育保障机制。

（1）营造环境类学生创新创业实践氛围

创新创业实践教育首先是要营造一种普遍的创新创业实践教育氛围，使身处其中的同学受到氛围的感染，能够逐渐自觉地投入实践活动中。上海海洋大学做了不少尝试。一是通过邀请专家讲解历次全国生态环境保护大会重要内容，让学生充分认识到生态环境保护的重要性；二是通过举办生态环境保护主题的辩论赛和知识竞赛，水质安全进社区、垃圾分类宣讲进社区，海边滩涂捡拾垃圾活动等校园文化实践活动等，积极宣传生态文明、环境保护思想；三是通过申请组建“人与自然”等学生社团，发动学生广泛参与其中，启迪学生创新思维，营造校园相关文化氛围，对环境类专业学生进行潜移默化的影响，积极营造渲染创新创业实践教育氛围。

（2）构建环境类学生创新创业实践教育体系

在创新创业实践教育体系构建上，一是充分将环境类相关理论课的第一课堂和第二课堂统筹，加大环境类专业理论课的实践课程管理和指导力度。二是将创新创业第二课堂的各项活动统筹，通过大学生创新活动、学科竞赛、本科生进实验室、暑期社会实践、各类科创赛事、毕业论文指导等，对大学一至四年级学生进行全方位覆盖指导，将创新创业教育贯穿于人才培养的全过程。三是将本科生和研究生统筹，通过研究生带领本科生参与社会实践、学科竞赛等第二课堂，形成研究生带本科生、高年级带低年级层级创新创业实践教育体系。

（3）建立健全创新创业实践教育保障机制

一是主动举办了全国环境友好科技竞赛校内选拔赛，如上海海洋大学首届大学生节能减排社会实践与科技竞赛。二是根据学校的分配方案，将教师指导学生参与创新创业获奖情况纳入年度与聘期内目标责任制考核及教师工作量核算。三是对学生创新创业实践成果予以学分认定，纳入学生应修总学分。

通过对国内外高校创新创业教育现状的比较与分析可以看出，国外创新创业实践平台、项目和资金都相对充足，而我国高校创新创业教育起步较晚，虽然取得了不错的成绩，但与国外还是存在一定的差距，不过目前国家、政府和高校已经开始高度重视。创新创业不能闭门造车，我们要积极借鉴国外创新创业教育的优秀经验，加强与国外高校的沟通与交流，结合学校创新创业实践环境特点、学生需求和自身发展，完善创新创业人才培养目标，构建多元化创新创业人才培养模式，逐步走出一条具有中国特色的创新创业教育之路。

1.5 《创新创业实践活动拓展与训练》课程简介

创新创业人才教育是我国高等教育人才培养工作中的一个重要环节。加强创新创业人才的培养，有利于参与日趋激烈的世界资源市场竞争，提高自主知识产权的核心竞争力；有利于培育新兴产业，催生引领未来发展的新经济增长点；有利于依靠科学技术创新，提高国家保障资源供给的能力。因此，大学生创新创业实践能力提高对当前我国社会经济的可持续发展具有十分迫切的需要。

本课程在大众创业、万众创新的大背景下着眼于深化创新创业实践教育改革，围绕“双一流”和国家一流课程建设要求、“新工科”人才培养目标，通过抓实大学生校外科技立项项目、“青年红色筑梦之旅”、中国国际“互联网+”大学生创新创业大赛、挑战杯大学生创新创业大赛等创新实践大课，将创新创业实践教学贯穿育人全过程。在实践中使学生受教育、长才干、做贡献、树形象，使专业人才培养质量得到明显升级，实现变轨超车与改革创新；通过提高课程的“高阶性”“创新性”“挑战度”，显著提升生态环境类专业大学生的创新实践能力，帮助学生树立科学的生态文明观；构建德智体美劳“五育平台”，培养学生敢闯的素质、会创的能力；助力脱贫攻坚，提升学生社会责任感和担当精神（图 1-12）。

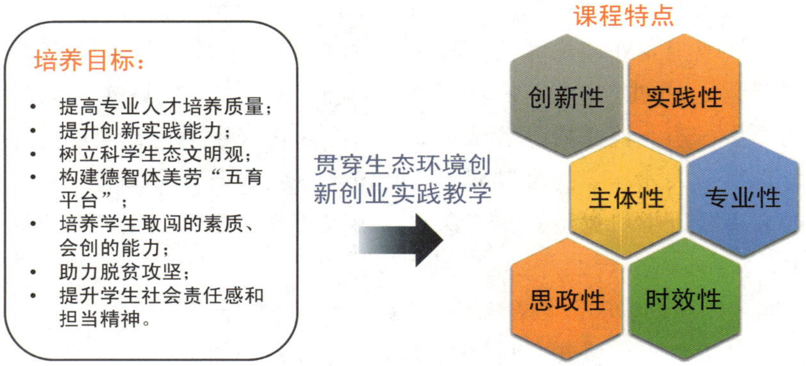

图 1-12　创新创业实践活动课程性质、特点与目标

1.5.1　课程特点与目标

《创新创业实践活动拓展与训练》课程主要针对本科三、四年级及硕士研究生一、二年级的学生开设。此阶段的学生已对所学专业的基础理论知识有了充分的学习，具备了基本的专业实践技能。参与本课程的学习为提高学生的创新实践素养与能力提供了锻炼机会。具体地，本课程具有以下几个方面的特点：

（1）创新性

本课程区别于传统专业课程和通识课程，更注重培养学生的实践能力，强调将理论知识应用到实践环节，并在实践中检验专业知识的真伪。该课程还要求教师应具有丰富的创新创业经验，以增强学生对创新实践活动的直观感受。

（2）实践性

本课程以培养学生的创新精神与思维为本质，在复杂多变的环境中适应社会发展的需要和对高层次人才的需求。

（3）主体性

该课程从选题到最后的考核，奉行“以学生为中心”的主旨，让学生充分参与创新实践活动，发挥其主体性，从而更好地实现自身价值，发挥主体性教育策略来培养具有创新精神和实践能力的人才。

（4）专业性

创新实践活动是一种新型教学组织模式，旨在全面提高学生的综合素质，从而为未来职业生涯及创业发展打下牢固的基础，形成对创业行为的有效驱动。依托本专业的理论知识架构开展，学生可将自身所学知识进行合理运用，使学生的专业知识储备更加扎实，实践能力也得到有效培养。

（5）思政性

课程思政是实现立德树人的关键途径。本课程将思想政治教育与创新实践教育、专业知识教育有机结合，通过言传身教、勇于探索、家国情怀三种方式进行思政元素的融入，把实践育人融入课程实践活动教学的各个环节，引导学生树立正确的理想信念和高尚道德情操。

（6）时效性

本课程根据市场需求及专业发展趋势，及时更新创新实践活动的主题与内容，促进大学生的全面发展。

1.5.2 教学内容与学时安排

本课程教学内容主要分为两大部分：

①结合学生社团——环境与发展协会开展的社会实践活动，建立成体系的、创新性强的教学案例库，以增强学生的创新实践能力和团队协作能力为主要目标。

②依托大学生校外科技立项项目、“青年红色筑梦之旅”、“互联网+”、挑战杯大学生创新创业大赛等创新实践大课，以培养学生的创新创业思维能力为主要目标。基于前期的课程实践基础及经验，形成较为完善的、操作性强的课程考核指标体系。参与本课程教学的教师队伍在课程教学、科学研究、社会实践与创新教育方面积累了丰富的经验，能够为本课程的顺利实施及优化提供充分的保障。

根据课程目标及实践环节要求，结合学生兴趣，每学期开展 4 次以创新创业理论与实践结合的教学活动（含 2 次创新实践活动和 2 次创新思维训练活动），每次活动有 8 个学时，以“理论+实践”的方式进行，包括 2 个理论学时和 6 个实践学时，共计 32 个学时。

1.5.3 课程组织与成效评价

按每次上课人数（一般按每班 30 人计），将同学们分为 2～3 组，每组 10～15 人，由组员推选或自愿等方式确定组长 1 名，副组长 1 名。每次创新实践活动配有 2 个学时的理论教学，由负责此次创新实践活动的校内外专家/教授进行讲授。每组由组长根据主讲教师的讲授内容协调组织撰写创新实践方案 1 份。实践活动结束以后，每组需撰写创新实践报告 1 份，另外，需提交与此次创新实践活动相关的支撑材料，供后期评阅使用。实践活动主题包括科学观察、走访调研、科学实验、科普宣传等，设置不同类型的经典案例、趣味故事和标志性事件等内容。

本课程的目的在于引导学生到实际中去发现和解决问题，提升学生的创新实践能力，因此在选题方面，尽量充分发动学生进行资料的调研与分析，经与课程指导教师讨论确定最终的选题。本教材中所述的案例大部分源于成都理工大学环境与发展协会社团开展的创新实践活动和教师团队指导完成的优秀创新创业大赛项目作品，而具体的选题则在此基础上逐年更新。该社团开展了丰富多彩且影响广泛的创新环保实践活动，在此过程中激发了学生的专业兴趣，为个性化和实践化教学奠定了基础。

课程的考核与教学成效评价标准引导整个创新实践活动的开展，是各个活动的指挥棒。每项评价标准是增量式的，有基本要求，也有扩展要求。另外，依据国家一流课程建设对“高阶性、创新性和挑战度”的要求，评价考核标准特别设置了“高阶创新”评分项并赋予了较高的分值，为能力强的同学提供了更大的施展空间。每次实践活动完成后，作品的宣传采用微信平台晒作品、在线投票、第三方评价等灵活多样的方式进行。最后进行课程成果答辩会，由课程主要指导教师组成专家组，对各个小组的创新实践活动完成情况进行评估与打分。

课程着眼于学生思想上的转变、精神的塑造和实践能力的培养，将创新实践教育贯穿到新时代人才培养和高校教学的全过程中。该课程的考核与教学效果评价更加注重学生的学习过程，突出学生利用专业知识解决实际问题的过程，而不是盲目地为了学习而学习。学生学习过程中产生的成果（如项目、论文、专利、奖励等）是评价体系的重要组成指标。学习态度和学习效果是教学成效的评价指标。该课程的考核与教学成效评价指标体系主要从学习改善、知识获取、能力提升和品质养成四个方面构建（图 1-13），形成了包括所有考核指标的、实操性较强的考核评价标准（表 1-3），对本课程的教学成效进行全面评价。

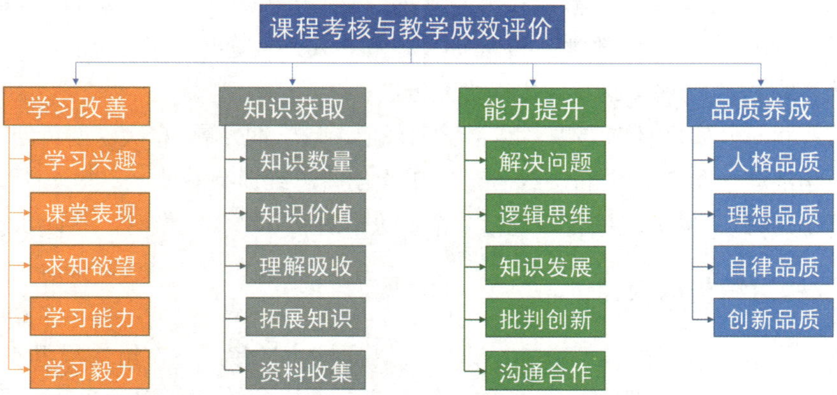

图 1-13　课程考核与教学成效评价

表 1-3 考核评分标准

编号	考评项目	具体要求	分值
1	实践/实验方案	①主题鲜明，内容充实； ②符合学术规范，目标可达、可行； ③预算核算合理； ④分工明确； ⑤创新性与实践性较强	15
2	实践/实验报告	①内容翔实准确，适当运用图形、图片和数据等； ②报告真实可信，现象陈述合理； ③撰写格式规范； ④包含在线宣传部分（头条、公众号、抖音等）； ⑤问题分析深刻，解决措施合理到位； ⑥论文、专利、项目、奖励完成情况； ⑦答辩与检查情况	20
3	组内互评	①每个小组的每位成员需对该小组的其他成员进行打分。最终，每位同学获得的分值由其他成员各自打分的算术平均值决定； ②参与方案与报告撰写； ③遵章守纪，无违纪现象； ④积极参与调查与宣传工作； ⑤能够用专业知识为社会服务，解决实际问题	20
4	平时成绩	①考勤； ②创新实践活动笔记； ③沟通交流与主动性	10
5	团队精神	①小组内部方案、报告讨论与交流情况； ②具有高度的团队合作精神和责任感； ③成员各负其责，效率高	15
6	高阶创新	主要体现“两性一度”，即高阶性、创新性、挑战度。评分点包括： ①担任组长/副组长； ②整个过程体现学生解决复杂问题的能力和高级思维； ③活动方案和报告等有较强探究性和个性化； ④在整个过程中学生有高标准、高要求； ⑤充分体现专业知识学习与社会服务的有机结合	20
总　分			100

课堂活动

1. 拿错的姓名牌

活动目的：

使全体学生在一种热烈的氛围中相互认识。

活动规则：

①在进场的时候给每个人发一张台卡，上面写着别人的名字。

②大家要在 5 min 内找到自己的台卡，并和拿到自己台卡的人进行简单交流。

③每个人都找到自己的台卡后就开始进行小组交流，介绍刚才拿到自己台卡的朋友，介绍的开头句是“我很欣赏我的伙伴×××”。

小提示：

学生彼此间越陌生效果越好，游戏的目的并不是要你记住每个人的名字，关键在创造一种热闹、友善的氛围。

2. 撕纸游戏

活动目的：

①每个人都有属于自己的想法，我们不能把自己的观点强加于人，人与人之间要少一点误会，多一分理解和体谅。

②双向沟通比单向沟通更有效，学习中要多用双向沟通。

活动规则：

①学生坐在各自座位上，老师给每个学生发一张白纸。

②老师宣布让学生闭眼并按照指示对白纸进行对折和撕角（如将纸张对折，再对折，旋转 90°，撕掉纸的右上角，再将纸张旋转 180°，撕掉左上角）。

③最后学生睁开眼睛将被撕的纸张打开，互相对比观察有什么样的不同。

3. 正话反说

活动目的：锻炼学生的反应能力，培养学生的逆向思维。

活动规则：两个人为一组，其中一人正说，另外一人反说。例如，A 同学说“牛吃草”，B 同学说“草吃牛”；A 同学说“良师益友”，B 同学说“友益师良”。可采取分轮说，第一轮 2 个字，第二轮 3 个字，第三轮 4 个字，依次增加难度，说错的直接淘汰，坚持到最后的为胜出者。请各位同学积极参加。

例如，1. 空城计—计城空；2. 狗咬我—我咬狗；3. 硬骨头—头骨硬；4. 乱弹琴—琴弹乱；5. 露马脚—脚马露；6. 好好先生—生先好好；7. 近墨者黑—黑者墨近；8. 七上八下—下八上七；9. 学无止境—境止无学；10. 笨鸟先飞—飞先鸟笨。

延伸阅读

国办印发意见　进一步支持大学生创新创业

近日，国务院办公厅印发《关于进一步支持大学生创新创业的指导意见》（以下简称《意见》）。

《意见》指出，大学生是“大众创业、万众创新”的生力军，支持大学生创新创业具有重要意义。要以习近平新时代中国特色社会主义思想为指导，全面贯彻党的教育方针，落实立德树人根本任务，立足新发展阶段、贯彻新发展理念、构建新发展格局，坚持创新引领创业、创业带动就业，提升人力资源素质，实现大学生更加充分、更高质量就业。

《意见》提出，要深化高校创新创业教育改革，将创新创业教育贯穿人才培养全过程，建立以创新创业为导向的新型人才培养模式。强化高校教师创新创业教育教学能力和素养培训，改革教学方法和考核方式。加强大学生创新创业培训，打造一批高校创新创业培训活动品牌。完善中国国际“互联网+”大学生创新创业大赛可持续发展机制，鼓励各学段学生积极参赛。坚持政府引导、公益支持，支持行业企业深化赛事合作。

《意见》明确，要加强大学生创新创业服务平台建设，优化大学生创新创业环境。校内各类创新创业实践平台面向在校大学生免费开放。鼓励各类孵化器面向大学生创新创业团队开放一定比例的免费孵化空间。提升大众创业、万众创新示范基地带动作用，深入实施创业就业“校企行”专项行动。完善成果转化机制，做好大学生创新项目的知识产权确权、保护等工作，加快落实以增加知识价值为导向的分配政策。加大对创业失败大学生的扶持力度，鼓励有条件的地方探索建立大学生创业风险救助机制。加强大学生创新创业信息服务，及时收集国家、区域、行业需求，为大学生精准推送行业和市场动向等信息。加强宣传引导，总结推广各地区、各高校的好经验、好做法。

《意见》提出，要加强对大学生创新创业的财税扶持和金融政策支持。加大中央高校教育教学改革专项资金支持力度。落实落细减税降费政策，做好纳税服务，强化精准支持。鼓励金融机构按照市场化、商业可持续原则对大学生创业项目提供金融服务，解决大学生创业融资难题。引导创新创业平台投资基金和社会资本参与大学生创业项目早期投资与投智。

《意见》要求，教育部要会同有关部门加强协调指导，督促支持大学生创新创业各项政策的落实。地方各级人民政府要加强组织领导，积极研究制定和落实支持大学生创新创业的政策措施，及时帮助大学生解决实际问题。

（《人民日报》2021 年 10 月 13 日）

练一练

课后思考题

1．我国高等教育肩负着为新时期培养高素质、高能力、创新型人才的时代责任。同学们如何理解高素质、高能力、创新型人才的定义？他们具备哪些特质？

2．我国高等院校为了培养创新型人才，提出了许多重要的改革举措。谈谈你对我国创新创业实践课程建设情况的认识？你认为目前还存在哪些问题？

3．当代大学生肩负着继承和发展民族大业的重要使命，大学生创新创业能力的培养关乎时代发展和社会走向。请同学们谈谈你们对创新创业能力的看法。

第2章
创新实践基础理论

创新是一个民族进步的灵魂，是一个国家兴旺发达的不竭动力，也是中华民族最深沉的民族禀赋。在激烈的国际竞争中，惟创新者进，惟创新者强，惟创新者胜。

——2013年10月21日，习近平在欧美同学会成立一百周年庆祝大会上的讲话

学习目标

【知识与技能】

1．了解创新的概念、原理和基本原则；

2．认识创新思维的类型、特征及培养创新思维的方法；

3．熟悉各种不同创新技法的定义、特点及分类；

4．理解创新文化的意义和科学家精神的内涵；

5．掌握学术道德与学风建设的定义及两者之间的关系。

【过程与方法】

1．通过体验式教学，提高学生自主探究的能力，培养学生的创新意识；

2．通过系统训练，学生能掌握并熟练运用各种创新技法；

3．通过收集整理国内外科学家事迹，学生能够感悟科学家精神的内涵，积极主动向科学家学习。

【情感态度与价值观】

1．正确认识创新，找到训练创新思维的方法；

2．保持和发展了解未知事物的好奇心，乐于探究与发现周围事物的奥秘；

3．遇到问题时能主动使用不同创新技法去思考、分析、解决。

教学建议

教学重点

引领学生主动创新，领悟科学家精神。

教学难点

几种创新思维模式和技法的灵活应用。

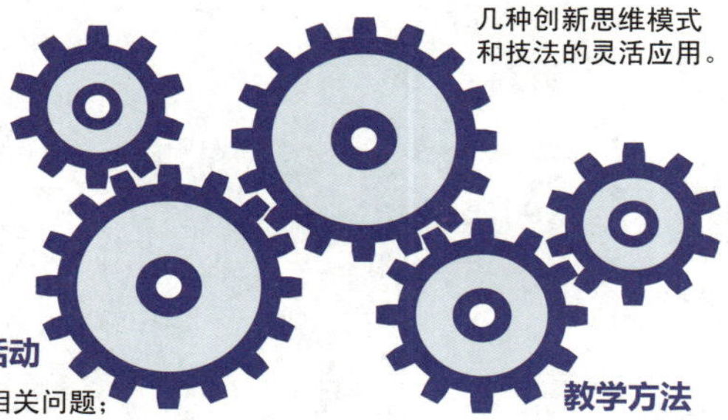

教师活动

重视科学启蒙，充分利用课堂教学引入最新科学信息，激发学生对科学的兴趣，培养学生的科技意识。

学生活动

1. 阅读“新奇•大咖”并回答相关问题；
2. 课前收集国内外科学家事迹；
3. 以小组为单位完成“练一练”和“课后思考题”。

教学方法

任务驱动教学法、情境教学法、小组讨论法、自主学习法。

课前展示 → 任务引入 → 任务训练 → 任务分析 → 自由、合作探究 → 归纳反思

新奇 · 大咖

比尔 · 盖茨与微软的前世今生

比尔 · 盖茨（Bill Gates），全名威廉 · 亨利 · 盖茨三世。1955 年 10 月 28 日出生于美国华盛顿州西雅图，企业家、软件工程师、慈善家、微软公司创始人。曾任微软董事长、CEO 和首席软件设计师，18 岁考入哈佛大学，一年后从哈佛大学退学，1975 年与好友保罗 · 艾伦一起创办了微软公司。

比尔 · 盖茨的父亲是当地著名的律师，母亲是银行系统的董事，他的外公也曾担任国家银行董事。在良好的家庭教育下，盖茨从小就好学、奋进，有远大的志向。小学时，他被称为“神童”；中学时，他迷上了计算机，成了编写程序的高手。少年时代的比尔 · 盖茨最喜欢反复看《世界图书百科全书》。他坚持写日记，随时记下自己的想法，小小年纪常常有成人般的深思熟虑。他很早就感悟到人的生命来之不易，要十分珍惜来到人世的宝贵机会。他在日记里这样写道：“人生是一次盛大的赴约，对于一个人来说，一生中最重要的事情莫过于信守由人类积累起来的理智所提出的至高无上的诺言……那么诺言是什么呢？就是要干一番惊天动地的大事。”他在另一篇日记里又写道：“也许，人的生命是一场正在焚烧的火灾，一个人能做的，就是竭尽全力从这场火灾中去抢救点什么东西出来。”这种追赶生命的意识，在同龄的孩子中是极少有的。

自八年级起，盖茨便利用闲暇时间从事计算机程序设计的工作，并且从中获利。根据盖茨自己陈述：“我在 13 岁时写了我的第一个软件程序，我拿它来玩井字游戏。当时我所用的电脑体积庞大、笨重、速度缓慢，而且相当‘不听话’。”1973 年盖茨进入哈佛大学就读，两年后，也就是 1975 年，他自动办理退学，与保罗 · 艾伦一同写下计算机语言 BASIC 版本，提供给新成立的阿尔它电脑公司（Altair Computer）使用。随后，盖茨与艾伦迁往阿尔它电脑公司所在地新墨西哥州阿尔布奇市（Albuquerque），正式创立微软公司（Micro soft），当时盖茨 19 岁。1977 年，苹果、康懋达（Commodore）和 Radio Shack 进入个人电脑市场，微软提供 BASIC 给大多数早期的个人电脑，当时 BASIC 是最重要的软件元素。根据盖茨自己描述：“在微软草根创业的前 3 年，其他专业人员大多致力于技术工作，而我则负责销售、财务和行销计划。我每把 BASIC 卖给一家公司，就多一份信心。”就这样，在低价授权、以量制胜的促销方式下，微软的

BASIC 很快成了电脑产业的软件标准，当时几乎每一家个人电脑制造商都会使用微软授权的软件。1979 年，盖茨将公司迁往西雅图，并将公司名称从“Micro soft”改为“Microsoft”。1980 年是微软发展史上一个重要的转折点，当时无人不知、无人不晓的 IBM 国际商业机器公司占有大型电脑 80%的市场，也就是在这一年 IBM 决定开始制造个人电脑，并且找到微软公司，向他们购买作业系统的授权，于是个人电脑作业系统 PC·DOS 出现了，IBM 成了微软新软件的第一个授权使用者。随着 IBM 的个人电脑独霸市场，微软的软件也如雨后春笋般不断冒出，从而稳住了 IBM 的江山，也奠定了微软在电脑软件市场上不容轻视的地位。

比尔 · 盖茨是微软集团的创始人。但是很多人都不知道，微软帝国并非比尔 · 盖茨一个人创造的。其中史蒂夫 · 鲍尔默对比尔 · 盖茨的事业发挥了决定性的作用。微软在成立初期，也曾经陷入重重危机。当时，比尔 · 盖茨虽然是计算机方面的天才，但他是一个沉默内向的人，不善于言语，不善于交流。因而他在管理方面有很大的缺陷。比尔 · 盖茨很清楚地认识到自己在管理方面存在的不足，便积极寻找有管理天赋的合作伙伴。而史蒂夫 · 鲍尔默是一位哈佛大学的高才生，他反应敏捷，判断准确，知识面广，尤其善于把握商机，是一个天生的管家。1980 年，比尔 · 盖茨在自己的游艇上以 5 万美元的年薪，说服了当时就读于斯坦福大学商学院的鲍尔默加入微软。就这样两位性格迥异的好友成了合作伙伴，开启了微软的新纪元，书写了一个创造财富的神话传奇！

20 世纪 90 年代是微软发展历程中极为辉煌的一页，相信也是盖茨的人生履历中值得铭记的一段经历。正是在这一段时间内，微软从一个替其他公司编写程序的供应商一跃成为独立开发 Windows 操作系统、横跨多个领域的大型互联网企业。1995 年，微软的销售总额为 59 亿美元，39 岁的盖茨也因此荣登当年的《福布斯》全球亿万富翁排行榜榜首，成为最年轻的全球首富，个人财富为 129 亿美元。此后连续 13 年成为《福布斯》全球富翁榜首富，连续 20 年成为《福布斯》美国富翁榜首富。

（改编自百库文库《关于 IT 名人比尔 • 盖茨的演讲》）

动动脑

1．我国计算机行业发展迅猛，特别是在软件领域。请以小组为单位，谈谈计算机为我们的生活和工作带来了哪些利与弊？

2．“与其做草坪里的一棵小草，还不如成为耸立于秃丘上的一株橡树。因为小草千篇一律，无个性，而橡树则高大挺拔，昂首苍穹。”这是比尔 • 盖茨在四年级时提出的观点，同学们谈谈如何理解这句话的含义。

3．“大成功靠团队，小成功靠个人。”这句话是比尔 • 盖茨的总结语录之一。在通往富豪与辉煌的创业路上，他与中学同学保罗 • 艾伦对计算机编程的探索，始终体现着团队精神的重要性。请同学们讨论创业时应如何组建优秀的团队？

2.1 认识创新

当今世界自然科学技术蓬勃发展，为实现中华民族伟大复兴和建设创新型国家的战略目标，高等学校、国家科研机构和企业等科技创新主体都深刻认识到创新型教育在创新能力培养中的作用，并积极参与到激发创新意识、增强创新能力与培养创新人才的工作中。这一切的出发点首先是对创新及其遵循的原则和原理有深入理解。

创新的含义最早由奥地利经济学家约瑟夫·熊彼特在 1912 年提出。在我国，“创新”一词始见于《南史·后妃传上·宋世祖殷淑仪》：“据《春秋》，仲子非鲁惠公元嫡，尚得考别宫。今贵妃盖天秩之崇班，理应创新。”其中，人、创新成果、创新过程和高效益是构成创新的基本要素。

2.1.1 创新的原理

创新原理可分为基本原理和应用原理，学习和掌握这些原理对进一步提高创新能力有很好的帮助（图 2-1）。

（1）创新的基本原理

①普遍性原理：是指人人都可以具备的一种能力，可经过启发、教育和培训等得到提升的一种潜力，伴随着生命的存在而存在，涉及当今社会各个行业的所有职业。总之，因为有了无处不在的创新，才有了科学技术的快速发展和生活水平的提升。

②可开发性原理：主要是指创新的水平可通过后天的培养、教育、督促和实践等过程锻炼出来，且在一定程度上可得到不断提升。人与人之间在成就和财富等方面的差异一部分是由个体之间的创新能力差异导致的。

（2）创新的应用原理

①需求与可实现原理：是指所从事的创新活动的对象既是现实中所需要的，也是目前的条件可实现和达到的。因为如果没有诉求或者需求，创新的水平再高也毫无意义。因此，一般认为需求是创新的原动力。

②方法与技巧原理：是指创新活动都是有规律和办法可循的，所有的问题都是有途径进行解决的，只是有延后性。

③群体智慧原理：是指在创新活动中要充分发挥团体的力量。特别是在现代，交叉学科的融合发展已经越来越证明团体创新力的重要性。

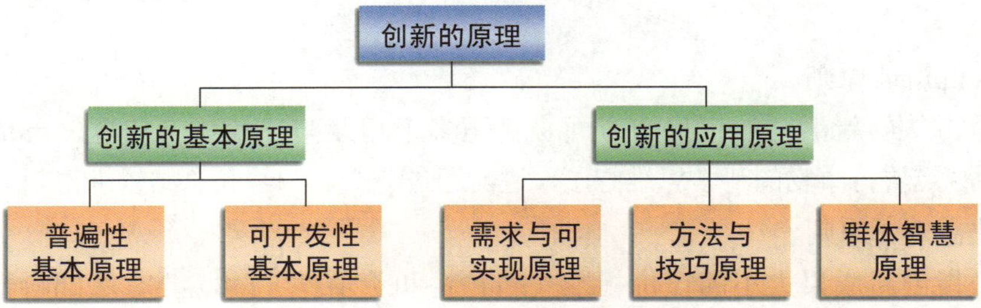

图 2-1 创新的原理

2.1.2 创造、创意、创新

创意与创新、创造语义相近，容易混淆。一般而言，三个概念都是指通过人类创造性的劳动，产生一种前所未有的事物或思想。然而，三个概念在外延上还存在明显的区别。

创造，属于科学技术领域，常常与发明联系在一起，关键在“造”，强调有形实体。指人们在自然科学和工程、技术领域“首创前所未有的事物”（见《辞海》），虽然“创造”一词也常被引申到其他领域，但其核心含义仍是指在科学技术上取得新成果。

创意，属于在社会文化领域的新观念、新思想、新设计，关键在“意”，强调意念、想法、观念，与人类的精神文化活动相联系。尽管在很多情况下，创意也会借助于某种物质载体表达出来，如新颖的服装设计、独特的产品造型等，但其满足的仍然是人类的一种精神文化需求，提供的仍是一种文化体验。

创新，是一个使用频率极高的概念，属于经济商务领域，创新创业连用的情况比较多，关键在“新”，强调理念、方法、措施、策略。按照熊彼特的观点，创新是指“企业家对生产要素的新组合”，这包括引进一种新的产品、采用一种新的生产方法、开辟一个新的市场、获得一种原料或半成品新的供给来源、实行一种新的组织形式等。创新并不等于发明，一种发明只有应用于经济活动并成功时才能算是创新。不难看出，创新更多的是指经济商务层面的创造性活动。

2.1.3 创新的原则

创新的原则是指创新过程中需要遵循的标准和法则。主要包括系统辩证原则、效益效率原则、比较优势原则、简单性原则、不轻易否定和不简单比较原则（图 2-2）。

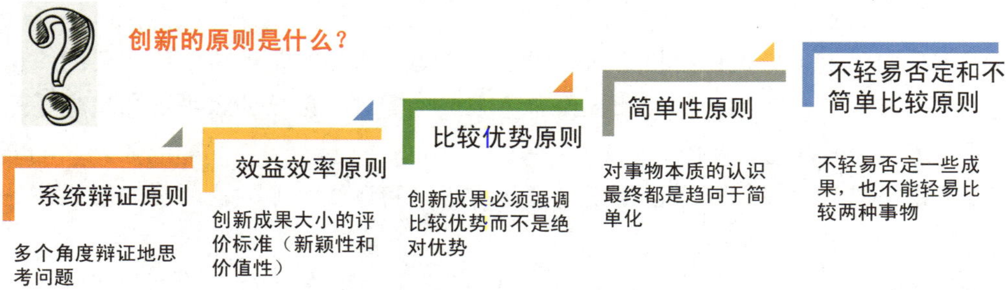

图 2-2 创新的原则

（1）系统辩证原则

主要是指从创新活动的正反两方面，甚至多个角度辩证地思考问题，形成用“正、反、合”的观点看待事物的科学思维方法，进而通过分析、归纳和总结以求得创新的方法。

（2）效益效率原则

主要是指创新成果大小的评价标准（新颖性和价值性），既要有基础科学层面的评价，也要接受市场的检验和评估。以新产品为例，其新颖性主要指新技术、新材料、新工艺和新功能等；而其价值主要体现在市场对该技术的需要程度上。

（3）比较优势原则

主要指创新成果必须强调比较优势而不是绝对优势，这是一条普遍适用且极为重要的原则。

（4）简单性原则

主要指人类对事物本质的认识最终都是趋向于简单化。不为复杂变化所迷惑、找到事物之间简单联系就构成了创新活动的简单性原则。

（5）不轻易否定和不简单比较原则

主要指的是在评价创新成果或方案时，需要避免习惯性思维，不依据经验和常规逻辑轻易否定一些成果。同样地，在避免轻易否定的同时，也要注意不能在两种事物之间进行轻易比较。

2.1.4 创新能力培养关键因素

创新能力是一个人在原有知识经验的基础上，在通过创新活动获得具有经济价值、社会价值、生态价值的创新性成果的过程中所表现出来的综合素质和技能。创新能力是一种多因素共同作用、相互影响而形成的综合能力，是一个人各方面素质的全面展现。国内有学者提出，创新能力的公式是

$$创新能力=K\times（创新人格+创新思维+创新方法）\times知识量$$

式中，K 可视为个体潜在的创新能力，不同人 K 的大小有所不同。由公式可看出，创新能力不仅与个人天赋和知识量有关，还与其是否具备创新人格、是否拥有创新思维和是否掌握创新方法有关。可见，创新能力并不全是先天就有的，而很大程度上是后天训练的必然结果。因此，这三个因素对创新能力的培养至关重要（图 2-3）。

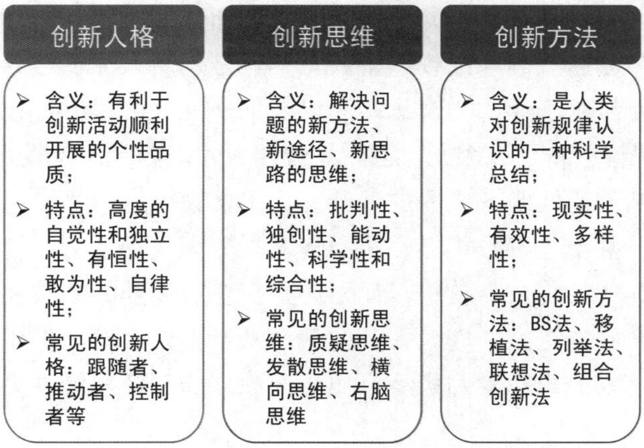

图 2-3 创新能力培养的三大关键因素

（1）创新人格

创新人格是指有利于创新活动顺利开展的个性品质，具有高度的自觉性和独立性，是一个人的品质与德行问题。创新人格作为创新个体相对稳定的心理模式，持续表现出创新意愿和创新倾向的习惯性，坚定的自信、坚韧的毅力、开放的思维、自制的意志等都是创新主体进行创新活动的心智要素。具有创新人格的人，在追求创新目标上的有恒性、在实施创新构想上的敢为性、在克服创新困难上的灵活性和在控制创新行为上的自律性，都为其提升竞争能力、凸显竞争优势、最终形成创新能力提供了极好的基础。

（2）创新思维

创新思维是指解决问题的新方法、新途径、新思路的思维，指思维主体运用已有的知识和经验，创造性地解决问题从而取得突破进展的思维形式。创新思维是在人类思维的基础上深化而来，是人类思维和创新能力的有机结合，属于人类智慧结晶的高级形态。创新思维具有批判性、独创性、能动性、科学性和综合性等鲜明特征。常见的创新思维包括质疑思维、发散思维、横向思维、右脑思维等。

（3）创新方法

创新方法是人类对创新规律认识的一种科学总结，具有现实性、有效性、多样性等特点。创新方法虽然五花八门，但却只有两种最基本的类型，一种是逻辑创新方法，一种则是非逻辑创新方法。逻辑思维负责最终完成创新，非逻辑思维则负责打开视野和开拓思路。逻辑思维与非逻辑思维往往交织在一起，有时候很难将两者区分开来。常见的几种典型易操作的创新方法有头脑风暴法（BS 法）、移植法、列举法、联想法、组合创新法等。

2.2 创新思维训练

人类的创新成果极其丰富，形式多种多样，复杂程度也各不相同，但是有一个共同的特点，就是任何创新活动都离不开创新思维。创新思维的培养是高校教育的一项重要任务。高等教育作为创新型国家建设的重要主体，是创新人才的培养和培训基地、自主创新的主阵地、高新技术产业的“孵化站”以及创新文化的中心，在创新型国家建设中发挥着基础性和全局性的作用。因此，创新思维的人才培养是高校教育的重中之重。

善用创新思维是创造发明者成才的基础。达尔文曾说过：“我忍耐地回想或思考任何悬而未决的问题，甚至连费数年亦在所不惜。”爱因斯坦认为，“发展独立思考和独立判断的一般能力，应始终放在首位，而不应当把获得专业知识放在首位”“提出一个问题往往比解决一个问题更重要”。人类的思想善于把已经有的知识当成亘古不变的真理，这种想法容易使人的思想受到束缚，而培养独立的创新思维能力则是摆脱束缚的重要途径。

2.2.1 创新思维的特征及模式

创新思维主要有以下五大特征（图 2-4）：

（1）独立性

具体体现在提出问题、分析问题和解决问题过程中不迷信权威、不受别人观点左右，敢于冲破陈旧观念的束缚等。但需避免主观随意地凭空臆想。

（2）广阔性

主要指要从深度和广度上去考虑问题，而不是只盯着一点、一线，要注重进行全方位的观察和思考，洞察事物的底蕴，了解发展趋势。

（3）敏锐性

主要体现在能敏锐地发现和解决一般人所不容易发现或容易忽视的那些问题，加快对信息的吸收、筛选和运用。

（4）灵活性

是指能够在创新思维活动中，随机应变、举一反三、多谋善断、善于变通。

（5）预见性

在当今世界，预测未来已成为各行各业发展战略决策中的一个重要问题，只有做到未雨绸缪，才能使创新思维永远走在时代的前沿。

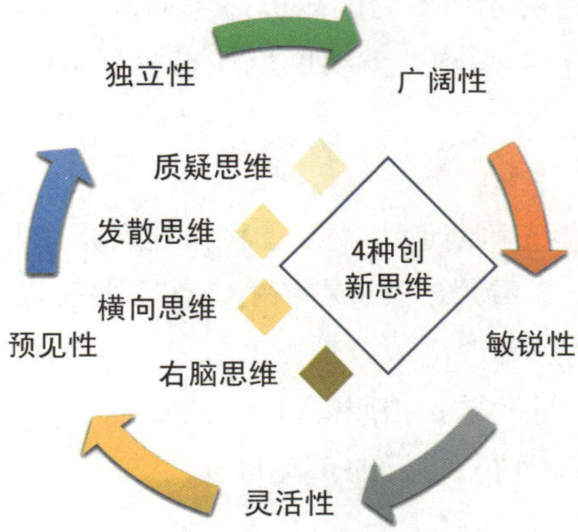

图 2-4 创新思维的 5 大特征与 4 种模式

为了打破传统的思维枷锁，激发创新潜能，锻炼创新能力，我们必须解决创新思维中的许多技术层面的问题。以下介绍几种主要的创新思维模式：

（1）质疑思维

许多创新成果都是从对已知事物提出疑问开始的，这也是创新思维最基本的方法之一。试想，如果总是将别人的理论和方法全盘照搬过来，会有什么进步呢？要创新，就必须有质疑的思维，从前人的成果中，提出自己的疑问，才能发现前人的不足之处，才能增长自己的新观点。

（2）发散思维

从创新的角度来讲，思维的广度是必需的。有了一定的广度，就可能会引出一系列的创新思路，这就是发散思维。培养发散思维的方法有：

①把握万物之间的联系。当我们围绕创新对象来思考的时候，它不是孤零零存在的，而是与其他因素密切联系的。这就需要我们在思考的过程中，扩大范围，把创新对象放到更广阔的背景中加以考察。例如，据德国的一些啤酒公司分析，当气温高于24℃时，啤酒的销量开始上升。在夏天，气温每升高 1℃，啤酒的销量就会增加 230万瓶。

②扩大观察范围。由于受到思维定式的影响，人们可能对常见的事物并不是真的了解。只有当我们换一个角度观察时，才有可能发现原来该事物也有多姿多彩的一面。

③破除思维障碍。思维对象具有无穷多种属性，使得我们的思维广度可以无限扩展。扩展一种事物的用途，常会导致一项新创意的产生。例如，如今比较流行的共享经济，随着互联网的发展，不仅出现了共享自行车，还出现了共享篮球、共享汽车等，创造了无限的商机。

④强制式思维发散。主要指将创新对象与其所不具备的属性结合在一起，思考二者之间的联系，从中找出方向。

（3）横向思维

横向思维主要建议我们从各种不同的角度思考问题，与之相对应的是垂直思维，即“一条道走到黑”。要做到横向思维，就要广泛涉猎多个领域、通过学科之间的交叉等促进创新成果的产生。

（4）右脑思维

人类的右脑主要负责直感和创造力，或者称为司管形象思维。从创新思维的角度来讲，开发右脑功能的意义十分重大。锻炼右脑的方法主要有以下几种：

①经常考虑如何对事物进行改造或改良；

②多做感性的事情，如听音乐、拍照等；

③确信人生的生存意义，树立自己的奋斗目标；

④多做智力练习与测验。

2.2.2 创新思维形成的过程与条件

英国心理学家沃勒斯将创新过程分为四个阶段，形成了目前影响最大、传播最广而且具有较大实用性的“四阶段”理论（图 2-5）。

（1）准备阶段

即资料收集整理阶段。该阶段主要包括对所研究的问题进行知识上的调研以及对收集到的资料进行整理等。如果调研过程不够顺畅，也可暂时停止进行该阶段而转入第二阶段。

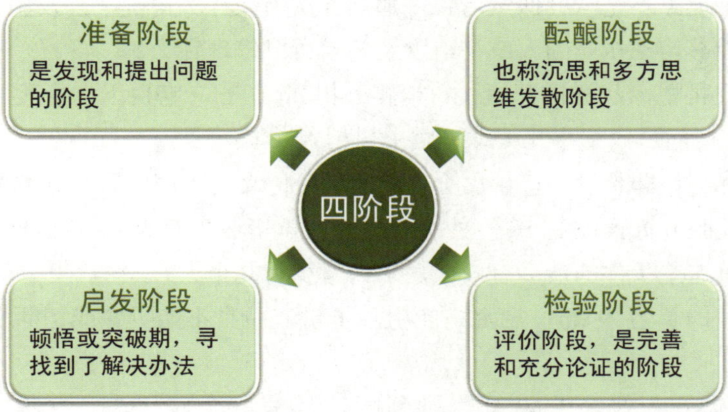

图 2-5 创新的“四阶段”理论

（2）酝酿阶段

当问题暂时无法取得进展时，可将该问题搁置而换另一个题目，最终可能会取得事半功倍的效果。这个阶段的思维看似处于停滞状态，创新活动没有进展，但创新者的思路仍然很活跃。

（3）启发阶段

该阶段是在前两个阶段进行的过程中产生的恍然大悟的时期，往往是在偶然间突然涌现。但要注意的是，这种涌现不是从天而降的，而是量变引起了质变，是长期艰苦劳动的成果。

（4）检验阶段

该阶段主要指的是创新者把前几个阶段的成果进行验证，判断假设成立与否，呈现形式可以是写在纸上、制成图纸或者做成模型等。

同时，沃勒斯也提出了创新思维形成需具备的条件：

①合理的时间安排；

②良好兴趣的培养；

③不为偶尔的进展缓慢而失望；

④有固定的工作地点和整理资料的方法；

⑤能够对灵感进行记录和分类；

⑥能够记录有价值的知识和信息。

2.2.3 创新思维训练与测验

该部分为同学们列举了一些创新思维训练及测验的例子，密切结合学生的日常学习，使学生理解创新学习思维与方法，对提高学生的创新思维提供一定的借鉴和参考。以下为 10 道创新思维训练题。

①在一次语文考试中，居然出现了两张一模一样的答卷，而这场考试是绝不可能作

弊的。如果这种现象不是一种偶然巧合，那么你认为在什么情况下会发生？

②请列举能够修理东西的人或物，以及各自可以修理什么。

③一只蜗牛爬树，从树根开始往树梢爬。树高 10 m，它白天向上爬 3 m，到了夜里又会滑下 2 m，请问这只蜗牛几天才能爬上树梢？

④一个国际会议即将召开，出席会议的有 10 位来自不同国家的知名教授。他们都是男性。其中近视眼 6 人，超过 50 岁的有 7 人，大学毕业生有 8 人，已婚的有 9 人。10 个人中，具备所有这些条件的最多有 6 人，那么最少有几个人？

⑤已知名片的长为 9 cm，规定不能用尺子量，而且不能折叠或切断名片，你能否算出名片的宽？

⑥有一台盘式天平，它没有重量刻度，只有两个砝码，一个是 7 kg，一个是 2 kg。现在要把 140 kg 的盐分成 90 kg 和 50 kg 各一份，能不能只使用 3 次天平就达到目的？

⑦左手握住一条细绳的一端，右手握住它的另一端。你能在两手不松开绳端的条件下给这条绳子打个结吗？

⑧有一辆满载着重物的货车，两个人分别站在车的前后。车前的人用力向后推车，车后的人也拼命向后拉车，但货车不但没有后退，反而向前走了，这究竟是为什么呢？

⑨我们过生日时都要切蛋糕吃。现在有一块大蛋糕，要想只用三刀就把它切成形状相同、大小一样的 8 块，并且不准变动蛋糕的位置，请问：应该如何切？

⑩某人想要在院子里种 10 棵树，而且要排 5 行，每行 4 棵，他应该怎么排这 10 棵树？

创新思维的测验有很多种方法和理论，该部分以《普林斯顿创造力自我评价表》为例（表 2-1）。该表由美国普林斯顿的“人才开发公司”设计，适用于成年人。请根据自身情况快速地回答“是”或者“否”。测试时间不超过 5 min。

表 2-1 普林斯顿创造力自我评价表

序号	问题	答案
1	我的兴趣总比别人产生得慢？	
2	我有相当的审美能力？	
3	有时我对事情过于热心？	
4	我喜欢客观而又有理性的人？	
5	“天才”与成功无关？	
6	我喜欢有强烈个性的人？	
7	我很注重别人对我的看法和议论？	

序号	问题	答案
8	我喜欢一个人独自深思熟虑？	
9	我从不害怕时间紧促、困难重重？	
10	我很自信？	
11	我认为既然提出问题，也就要彻底解决？	
12	对我来说，作家使用华丽辞藻只是为了自我表现？	
13	我尊重现实，不去想那些预言中的事情？	
14	我喜欢埋头苦干的人？	
15	我喜欢收藏家的性格？	
16	我的意见常常令别人厌恶？	
17	无聊之时正是我某个主意产生之时？	
18	我坚决反对无的放矢？	
19	我的工作不带有任何的私欲？	
20	我常常在生活中碰到一些不能单纯以是或否判断的问题？	
21	挫折和不幸并不会使我放弃热衷的工作？	
22	一旦责任在肩，我会排除困难完成？	
23	我知道保持内心镇静是关键的一步？	
24	幻想常给我提出许多新问题、新计划？	
25	我只是提出新建议，而不是说服别人接受我的新建议？	

评价标准：如果答“是”的题目在20题以上，那么被测试者是个富有创新思维的人。大约只有0.7%的人能达到这个水平。

2.2.4 实验教学与创新思维培养

实验教学与理论教学是常规教学体系的两大组成部分，二者应该相辅相成，相互促进。但在多数情况下，许多高校的创新工作主要以教学为出发点，对理论教学的重视程度远高于实验教学，忽视了学生的实验探索能力，使实验教学成了理论教学的简单补充。这对培养大学生创新思维与动手能力具有不利影响，因为实验教学有助于提高创新思维能力，尤其针对专业的学生。近些年，为培养创新型人才，创新创业教育的发展受到国家和整个社会的广泛关注，实验教学在创新思维培养中的重要性研究越来越得到重视。实验教学的重要性主要体现在以下几方面：

①实验过程与创新思维过程比较相似，都是问题解决的过程。

②实验教学能够引导学生立足实验基础，主动探索专业知识与新技术。

③实验教学有利于激发创新动力，培养大学生创新创业的积极性，训练大学生观察现象与发现规律的能力。

④实验教学促进学生树立创新创业与“互联网+”相结合的理念。以学生创新项目为主体，鼓励学生实际参与创业，“互联网+”创新创业大赛、搭建专业化创业平台。

⑤实验教学有利于创新型人格的塑造，帮助大学生突破模式束缚。如对大学生坚韧不拔的品格、严谨认真的科学态度以及敢于拼搏与冒险的精神的培养。

⑥实验教学帮助学生提高创新创业教育的实用性。实验教学可以让学生学习基本实验仪器操作，在教师的指导下，熟练开展实验过程，长此以往，学生的灵感可得到激发。

课堂活动

1．假设有一个池塘，里面有无穷多的水。现有 2 个空水壶，容积分别为 5 L 和 6 L。如何只用这 2 个水壶从池塘里取得 3 L 的水？

2．周雯的妈妈是豫林水泥厂的化验员。一天，周雯来到化验室做作业，做完后想出去玩。“等等，妈妈还要考你一个题目，”妈妈接着说，“你看这 6 只做化验用的玻璃杯，前面 3 只盛满了水，后面 3 只是空的。你只能移动 1 只玻璃杯，就使盛满水的杯子和空杯子间隔起来吗？”爱动脑筋的周雯是学校里有名的“小机灵”，她只想了一会儿就做到了。请你想想看，“小机灵”是怎样做的？

（参考答案）

延伸阅读

狗鱼综合征——拒绝变化

狗鱼富有攻击性，喜欢攻击一些小鱼。科学家们做了这样一个实验：把狗鱼和小鱼放在同一个玻璃缸里，在两者中间隔上一层透明玻璃。

狗鱼一开始就试图攻击小鱼，但是每次都撞在玻璃上。慢慢地，它放弃了攻击。后来，实验人员拿走了中间的玻璃，这时狗鱼仍没有攻击小鱼，这个现象叫作狗鱼综合征。

狗鱼综合征的特点是：①对差别视而不见；②自以为无所不知；③滥用经验；④墨守成规；⑤拒绝考虑其他的可能性；⑥缺乏在压力下采取行动的能力。

这个故事告诉我们，思维定式一旦形成，有时是很悲哀的。这也是我们要不断学习新知识、新观念的原因之一：形势在不断变化，必须关注这些变化并调整行为。

谁刻的老鼠最像？

某国有两位非常杰出的木匠，技艺难分高下，国王突发奇想，要他们三天内雕刻出一只老鼠，谁的更逼真，就重奖谁，并宣布他是技术最好的木匠。

三天后，两位木匠都交活儿了，国王请大臣们帮助一起评判。第一位木匠雕刻的老鼠栩栩如生，连老鼠的胡须都会动，第二位木匠雕刻的老鼠只有老鼠的神态，粗糙得很，远没有第一位木匠雕刻得精细。大家一致认为是第一位木匠的作品获胜。但第二位木匠表示异议，他说："猫对老鼠最有感觉，要决定我们雕刻得是否像老鼠，应该由猫来决定。"

国王想想也有道理，就叫人带几只猫上来。没想到的是：猫见了雕刻的老鼠，不约而同地向那只看起来并不像老鼠的老鼠扑过去，又是啃，又是咬，对旁边的那只栩栩如生的老鼠却视而不见。

事实胜于雄辩，国王只好宣布第二位木匠获胜。但国王很纳闷，就问第二位木匠："你是如何让猫以为你雕刻的是真老鼠的呢？"

第二位木匠回答道："其实很简单，我只不过是用混有鱼骨头的材料雕刻老鼠了，猫在乎的不是像与不像老鼠，而是有没有腥味。"

这个故事告诉我们创新思维是指不受现成的、常规的思路约束，寻求对问题全新的、独创性的解答或方法的思维过程，与通常情况套用经验和书上的规范而求解问题的思路完全不同。

2.3 创新技法训练

在知识经济悄然崛起的今天，创新的重要性不言而喻，无论对个人、企业或国家都具有重要的意义。进入 21 世纪以来，创新设计的例子比比皆是。但我们必须认识到创新是没有定式的，创新在某种程度上意味着打破。创新技法在一定程度上启发人们的创造性思维，对于我们的创新实践会有一定的指导作用，但不可过度迷信。

创新技法主要具有应用性、技巧性、程序性、多样性等特点。后人在大量创新案例的基础上总结了很多创新的技法。目前在生活中用得最多的典型创新技法主要有头脑风暴法、移植法（直接移植、间接移植、原理移植）、列举法（希望点列举法、缺点列举法等）、联想法（自由联想法、相似联想法、强制联想法等）、组合创新法（主体附加法、异类组合法、同类组合法和重新配置组合法等）等，如图 2-6 所示。

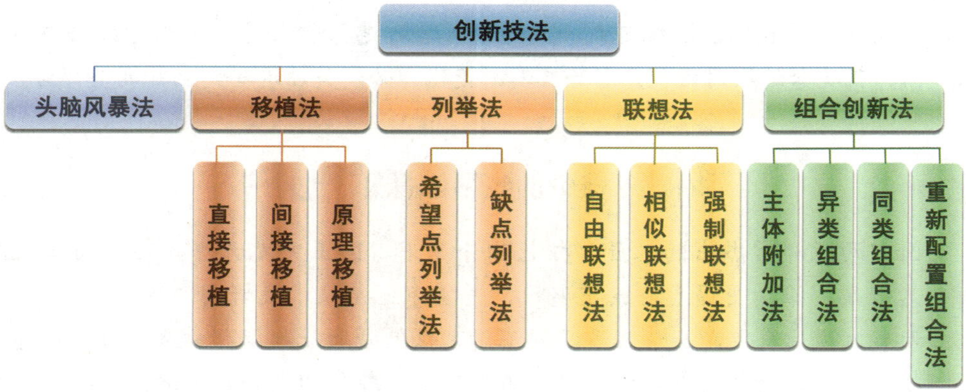

图 2-6　各类创新技法

2.3.1 头脑风暴法

2.3.1.1 概念

头脑风暴法又称智力激励法，是由美国 BBDO 公司总经理奥斯本首次提出并发表的一种激发创造性思维的方法。主要使会议参与者在会议中能够敞开思想，使各种想法和创意在相互交流中激起创造性“风暴”。头脑风暴法是一种通过会议形式，它让所有参加者在自由愉快、畅所欲言的气氛中自由交换想法或点子，也可对一个问题进行辩论。在头脑风暴前，参会人员要提前做好准备，尽可能充分利用所掌握的资源信息。在此类会议中，与会者必须围绕会议主题进行思考，毫无保留地抒发自己的想法，从所有可能的角度思考问题并得出尽可能多的方案。

头脑风暴一般是主题选项存在分歧甚至是没有主题情况的“天马行空”，通过自由探讨迸发最优选择。而这个最优选择不一定是少数服从多数，也不应该是强势压倒群体。其目的在于提高成员学习自主性和效率，拓宽其思维空间，激发其兴趣，促进其创造性思维发展，从而将所学的知识技能应用于现实生活中的情境，解决问题，实现知识迁移。

2.3.1.2 头脑风暴激发创新思维的机理

（1）联想反应

联想是产生新观念的基本过程。在集体讨论问题的过程中，每提出一个新的观念，都能引发他人的联想。相继产生一连串的新观念，产生连锁反应，形成新观念堆，为创造性地解决问题提供更多的可能性。

（2）热情感染

在不受任何限制的情况下，集体讨论问题能激发人的热情。人人自由发言、相互影响、相互感染，能形成热潮，突破固有观念的束缚，最大限度地发挥创造性的思维能力。

（3）竞争意识

在有竞争意识情况下，人人争先恐后，竞相发言，不断地开动思维机器，力求有独到见解、新奇观念。心理学的原理告诉我们，人类有争强好胜心理，在有竞争意识的情况下，人的心理活动效率可增加 50%或更多。

（4）个人欲望

在集体讨论解决问题的过程中，个人的欲望自由不受任何干扰和控制是非常重要的。头脑风暴法有一条原则，不得批评仓促的发言，甚至不许有任何怀疑的表情、动作、神色。这就能使每个人畅所欲言，提出大量的新观念。

2.3.1.3 如何组织一场头脑风暴

（1）组织形式

头脑风暴法又可分为直接头脑风暴法（头脑风暴法）和质疑头脑风暴法（反头脑风暴法）。前者是尽可能激发创造性，产生尽可能多的设想的方法，后者则是对前者提出的设想、方案逐一质疑，分析其现实可行性的方法。

（2）会议类型

①设想开发型：这是为获取大量的设想、为课题寻找多种解题思路而召开的会议，因此，要求参与者善于想象，语言表达能力要强。

②设想论证型：这是为将众多的设想归纳转换成实用型方案而召开的会议。要求与会者善于归纳、善于分析判断。

（3）会前准备工作

会议要明确主题。会议主题提前通报给与会人员，让与会者有一定的准备；选好主持人。主持人要熟悉并掌握该技法的要点和操作要素，摸清主题现状和未来发展趋势；参与者要有一定的训练基础，充分了解该会议提倡的原则和方法；必要时可在会前进行柔化训练，即对缺乏创新思维的与会者进行打破常规思考，转变思维角度的训练活动，防止思维固化，以饱满的创造热情投入到激励设想活动中。

（4）会议实施步骤

①会前准备：参与人、主持人和课题任务三落实，必要时可进行柔性训练。

②设想开发：由主持人公布会议主题并介绍与主题相关的参考情况；突破思维惯性，大胆进行联想；主持人控制好时间，力争在有限的时间内获得尽可能多的创意性设想。

③设想的分类与整理：一般分为实用型和幻想型两类。前者是指如今技术工艺可以实现的设想，后者指如今的技术工艺还不能完成的设想。

④完善实用型设想：对实用型设想，再用脑力激荡法去进行论证、进行二次开发，进一步扩大设想的实现范围。

⑤幻想型设想再开发：对幻想型设想，再用脑力激荡法进行开发，通过进一步开发，就有可能将创意的萌芽转化为成熟的实用型设想。这是脑力激荡法的一个关键步骤，也是该方法质量高低的明显标志。

（5）会议原则

①禁止批评和评论，也不要自谦；

②目标集中，追求设想数量，越多越好；

③鼓励巧妙地利用和改善他人的设想；

④与会人员一律平等，各种设想全部记录下来；

⑤主张独立思考，不允许私下交谈，以免干扰别人思维；

⑥提倡自由发言，畅所欲言，任意思考；

⑦不强调个人的成绩，应以小组的整体利益为重，注重和理解别人的贡献。

应用举例

有一年，美国北方格外严寒，大雪纷飞，电线上积满冰雪，大跨度的电线常被积雪压断，严重影响通信。过去，许多人试图解决这一问题，但都未能如愿以偿。后来，电信公司经理应用奥斯本发明的头脑风暴法，尝试解决这一难题。他召开了一种能让头脑卷起风暴的座谈会，参加会议的是不同专业的技术人员，要求他们必须遵守自由思考、延迟评判、以量求质和结合改善四个原则。

按照这种会议规则，大家七嘴八舌地议论开来。有人提出设计一种专用的电线清雪机；有人想到用电热来化解冰雪；也有人建议用振荡技术来清除积雪；还有人提出能否带上几把大扫帚，乘坐直升机去扫电线上的积雪。对于这种“坐飞机扫雪”的设想，大家心里尽管觉得滑稽可笑，但在会上也无人提出批评。相反，有一工程师在百思不得其解时，听到用飞机扫雪的想法后，大脑突然受到冲击，一种简单可行且高效率的清雪方法冒了出来。他想，每当大雪过后，出动直升机沿积雪严重的电线飞行，依靠高速旋转的螺旋桨即可将电线上的积雪迅速扇落。他马上提出“用直升机扇雪”的新设想，顿时又引起其他与会者的联想，有关用飞机除雪的主意一下子又多了七八条。不到一小时，与会的 10 名技术人员共提出 90 多条新设想。会后，公司组织专家对设想进行分类论证。专家们认为设计专用清雪机、采用电热或电磁振荡等方法清除电线上的积雪在技术上虽然可行，但研制费用高、周期长，一时难以见效。因“坐飞机扫雪”激发出来的几种设想倒是一种大胆的新方案，如果可行，将是一种既简单又高效的好办法。经过现场试验，发现用直升机扇雪真的能奏效，一个久悬未决的难题，终于在头脑风暴中得到了巧妙的解决。

2.3.2 移植法

移植法是人们受到植物学上的启发而总结出的一种思维方法。在植物学上，人们经常出于一定的目的，将植物从一处移植到另一处。这种方法后来被人们应用到更广阔的领域，人们将已发明的某一事物、技术、原理等有意识地转用到新的领域，以解决新的问题或创造新的发明。人们的联想思维是这种思维方法的来源，移植法对于人们具有很实用的价值。英国学者贝弗里奇对这种方法十分推崇，曾说：“移植是科学发展的一种主要方法，许多重大的科学成果都来自于移植。”

常见的移植法有以下几种：

（1）直接移植

即两者的相似性非常大，直接搬用即可。如拉链最初发明时仅仅用于鞋子，后来人们直接将其应用到衣服、口袋、皮包等。

（2）间接移植

这种移植的基础是两者具有一定的相似性，但不完全一样，于是便将一个事物的原理、方法等加以改造后，再应用到其他领域。如海绵橡胶的发明，便是有人将面包的发酵技术应用到橡胶工业中的结果。

（3）原理移植

即将一种宏观而基础性的原理应用到新的领域中。如二进制计数原理在电子学中获得广泛应用后，有人便试着将其应用到机械学中，创造二进制的机械产品。事实上，如今这方面已经取得了进展，二进制液压油缸、二进制工位识别器都属于这类产品。

移植思维的关键有两点，一是在态度层面，要处处留心，善于观察，勤于琢磨；二是在操作层面，要对移植双方的相同和不同之处进行认真分析。需要注意的是，移植是为了创造，毫无创造价值的机械移植是我们应该规避的。

应用举例

案例一

由于制动器的力量太小，早期的火车在紧急情况下由于刹不住车而发生过许多重大的交通事故。有一个叫乔治·威斯汀豪斯的美国青年，他目睹了车祸的发生，于是就萌发了要发明一种更有效的制动器的想法，这就是移植的需要。一天，乔治从当地的报纸上看到用压缩空气的巨大压力开凿隧道的报道，于是他想：压缩空气可以劈石钻洞，为什么不可以用它来制造火车制动器呢？就这样，乔治找到了“可移”之物。通过不断的试验和无数次的改进后，年轻的乔治终于发明了世界上第一台压缩空气制动器。

案例二

鲁班是土木工匠的祖师爷，凭借一双巧手发明出许多实用工具。其中鲁班发明的“锯”更是人们日常生活中离不开的工具。有一次鲁班进深山砍树木时，一不小心，脚下一滑，手被一种野草的叶子划破了，渗出血来，他摘下叶片轻轻一摸，原来叶子两边长着锋利的齿，他用这些密密的小齿在手背上轻轻一划，居然又割开了一道口子。他的手就是被这些小齿划破的，他还看到在一棵野草上有条大蝗虫，两个大板牙上也排列着许多小齿，所以能很快地磨碎叶片。鲁班就从这两件事上得到了启发。他想，要是有这样齿状的工具，不是也能很快地锯断树木了吗！通过他多次试验，终于发明了锋利的锯子，大大提高了工效。

案例三

中国的竹蜻蜓和意大利人达·芬奇的直升机草图，为现代直升机的发明提供了启示，指出了正确的思维方向，它们被公认是直升机发展史的起点。1907 年，在莱特兄弟的“飞行者号”第一次动力飞行四年后，法国人保罗·科尔尼坐着让自己设计制造的直升机，第一次稳定离开地面。这架机器被公认为直升机的诞生。

第一架直升机飞上天空的时候震动非常大，并且当时的直升机安全性能也很差。在进行测试的时候还曾经出现过事故，并且有很多人因为直升机的研究而付出了生命。经过科学家的潜心研究，最终这项科学研究有了好的成果。科学家们善于研究，每天都仔细观察蜻蜓的翅膀是如何震动，如何平稳地起飞。科学家发现在蜻蜓翅膀的上面有一个褐色的角质加厚片，这就是能够保持蜻蜓平稳飞行的原因之一。科学家们像发现了宝物一样，在直升机上面也加了配重。这样直升机在飞到天空之后发生事故的概率大大降低，从此以后，在世界上又多出了一种交通工具就是直升机。从此，直升机成为空中交通的重要工具。它被广泛运用于军事、大地测量、森林防火、农业施肥撒药、海上救援等许多领域。随着科学技术的不断发展，直升机也在不断改进，性能更好。

2.3.3 列举法

法国著名作家巴尔扎克说："没有伟大的愿望，就没有伟大的天才"。列举法是将对象的相关要素逐个列举，并加以改进、创新的一种技法，可以分为两类，一类是希望点列举法，另一类是缺点列举法。

（1）希望点列举法

一个人的希望总是与自己面临的问题或社会需求密切相关。人们在碰到困难时，总是希望找到解决困难的方法。希望点列举法是指以人们提出的种种希望或愿望作为出发点，分类、归纳、列举、整理，得出新的创新方向或目标的创新技法。希望点列举法基本步骤主要有 4 步（图 2-7），即确定对象和目标→尽可能多地列举希望点→分析确定主要的希望点→制定实现希望的方案。希望点列举法又可以分为两种，第一种是目标固定型，也就是"找希望"；第二种是目标离散型，也就是"找需求"。满足需求和希望不仅是一切发明的出发点，也是所有发明的最终目的。西方学术界把当今消费潮流概括为 9 个英文字母（A、B、C、D、E、F、G、H、I）：

A：Amenity（舒适）——追求舒适的生活；

B：Beauty（美观）——追求美的倾向；

C：Culture（文明）——追求文明品味的趋向；

D：Delicacy（优雅）——追求格调的倾向；

E：Economy（经济）——希望实惠的心理；

F：Fashion（时尚）——追求时尚、时髦的心理；

G：Gourmet（美食）——追求美食；

H：Health（健康）——重视健康的心理；

I：Intelligence（知识）——追求知识的心理。

以上 9 点就是消费者提出的希望点，产品创新要满足消费者追求舒适的需求、美观的需求、文明的需求、优雅的需求、经济的需求、时尚的需求、美食的需求、健康的需求、知识的需求等。

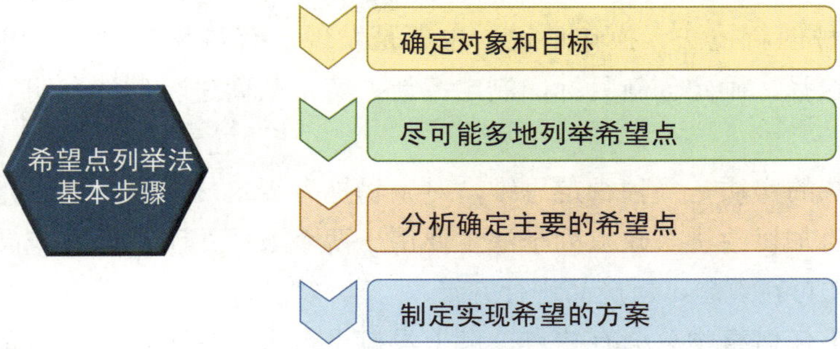

图 2-7 希望点列举法基本步骤

应用举例

案例一

塑料曾以结实耐用、易成型、成本低、耐腐蚀等优点成为人们喜爱的材料。然而，它一旦废弃，便成为不易腐烂的环境污染物。据统计，垃圾中的塑料占 8%左右，在自然条件下，塑料分解起码需要 100 年时间。有效地控制和消除塑料这个“白色污染”源，是人类共同的“希望”。科学家们经过多年的研究，终于发明出可降解的塑料。构成塑料的分子链长度是决定塑料强度的关键，分子链一旦断裂，塑料也就变得易碎和易化解了。当塑料中掺入 3%左右的添加剂（以淀粉为主）后，分子链的长度就会变短，废弃后由细菌进行生物化解，最后变成对环境无害的水和二氧化碳。塑料的分解速度取决于添加剂的含量。目前，可降解塑料的寿命可控制在 2 个月至 6 年。

案例二

警察在黑暗中用手电筒搜索歹徒时，会轻易地暴露自己的位置，往往成了对手的枪靶子。因此，警察迫切希望能有一种只照亮别人又不暴露自己的手电筒。意大利发明家阿尔贝托·卡博尼发明了一种六面发光的手电筒。它由橡胶构成主体，外形为正方体，六面各有一个灯泡和反射镜。使用时，将其投掷到可疑处，手电筒受到碰撞后自动接通电源，六面明亮的灯光便会照耀可疑点的四周。这种方式不仅能让暗藏的人暴露出来，还能有效隐蔽自己。目前，这种手电筒已成了军警人员的好帮手。

（2）缺点列举法

缺点列举法是指通过挖掘、设想、列举现有事物的缺点、问题、不足（如不顺手、不方便、不省力、不美观、不节能、不环保、不安全、寿命短等），有针对性地进行改进和创新的一种创新技法。换句话说，也就是发现已有事物的缺点，将其一一列举出来，通过分析选择，确定创新目标，制定革新方案，从而进行创造发明的创新技法，如图 2-8 所示。

缺点列举法的实质是一种否定思维，对事物抱有否定的态度，继而充分地揭露事物的缺陷，然后再加以改进。缺点列举法主要用于两个方面：①对原有产品缺点、问题、不足的改进；②对新设想、新产品进行完善。

我们都知道任何事物总会有缺点，世上没有十全十美的事物，也就是说世上没有一件事物是不能改变的。采用“吹毛求疵”的态度，去怀疑、去挑刺、去找茬，通过挑毛病的方法找灵感。只要我们注意观察，总能找出事物的不足或缺点。所以缺点的发现都来自于我们的实践过程。

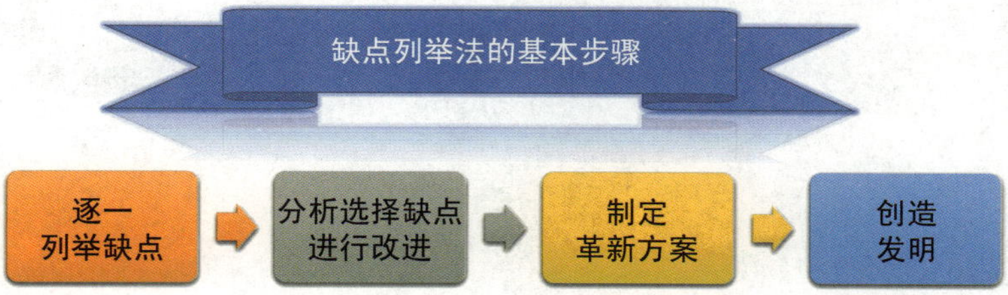

图 2-8 缺点列举法基本步骤

应用举例

案例一

1960 年，艾里克·高思和丹尼尔·拉卡米埃在法国成功申请了铅笔刨的专利。铅笔刨是用于削铅笔的工具，它的特征是刨体上设有角度导槽和有开口的斜面，装有可拆卸磨修或调整切削深度的切削刀片。切削刀片可以多次磨修使用，削修铅笔既方便又不易弄断笔芯（图 2-9）。铅笔刨寿命长、结构简单、易于制造。同时适用于小型竹、木件的制作。可是，清理铅笔刨的笔屑是一件比较麻烦的事情。针对铅笔刨的这一缺点，在铅笔刨周围加上一个封闭盒子，就可以把笔屑集中，同时可以设计不同的形态结构，使铅笔刨既方便又美观。在这个案例中，发明者是在使用铅笔刨的过程中发现原铅笔刨的缺点，即清理笔屑比较麻烦也不美观，从而激发了创新思维。

图 2-9 铅笔刨

案例二

关于热水器的改进过程也使用了缺点列举法，如图 2-10 所示，最初使用的是图中（a）所示的热水器，使用这种热水器必须把暖瓶中的水加满，否则加热管会被烧断，但加满的水在烧开时经常会溢出，很不方便。针对这个问题，改用了沉底式热水器［图 2-10（b）］。然而，这种热水器仍然有缺陷，就是在烧水的初期没有声音提示，不容易引起人们的注意，等水烧开时，人可能已经离开了，同时热水器在沉入暖瓶底部的过程中出现过将壶胆撞破的情况。最后，改为有自动保护的电热壶［图 2-10（c）］，解决了上述提到的问题。

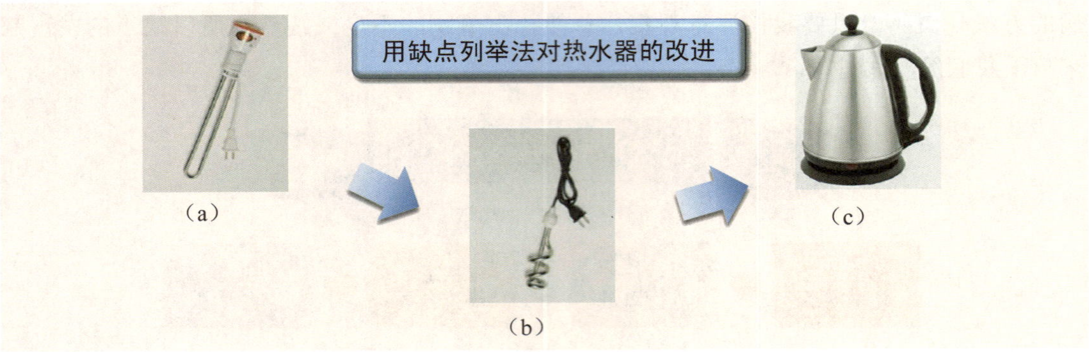

图 2-10 用缺点列举法对热水器的改进

2.3.4 联想法

什么是联想？《辞海》中是这样解释的：“由一事物想到另一事物的心理过程。由当前的事物回忆起有关的另一事，就是联想。”创造和发明离不开联想。联想，是构成艺术的重要环节；联想，是创造之母，是思维大厦的基础！世界上的事物，一环连着一环，环环有着内在的联系，我们在思考问题的时候，也要从一项事物发散开去，通过联想从此到彼，从一种思想延伸到另一种思想，这种创新方法就是联想创新法。

世界上任何事物无不处于普遍联系和变化发展的矛盾运动之中。但人们如果强制地运用类比、近似、对比等联想，那么往往可以无孔不入，把独立无关、大相径庭的不同事物外在地或内在地联系起来。联想法是用事物概念、模式、结构、机理的相似性构思创新方案的一种创新技法，常见的联想法包括自由联想法、相似联想法、强制联想法。

（1）自由联想法

自由联想法是弗洛伊德进行精神分析的主要方法之一。

具体做法：让病人在一个比较安静且光线适当的房间内，躺在沙发床上随意进行联想。治疗医生则坐在病人身后，倾听他的讲话。事前要让病人打消一切顾虑，想到什么就讲什么，医生保证对谈话内容保密。鼓励病人按原始的想法讲出来，不要怕难为情或怕人们感到荒谬奇怪而有意加以修改。因为越是荒唐或不好意思讲出来的东西，即可能最有意义并对治疗方面价值最大。在进行自由联想时要以病人为主，医生不要随意打断他的话，当然在必要时，医生可以进行适当的引导。一般来说，医生往往鼓励病人回忆从童年起所遭遇到的一切经历或精神创伤与挫折，从中发现那些与病情有关的心理因素。自由联想法的最终目的，是发掘病人压抑在潜意识内的致病情结或矛盾冲突，把他们带到意识域，使病人对此有所领悟，并重新建立现实性的健康心理。

应用举例

有一名罪犯在夜间作案时，将一支蜡烛插在一个牛奶瓶内照明进行盗窃。在被拘捕后拒不交代事实经过，于是警方命令他作联想测验。具体方法是检验者说出一个词，罪犯立即回答所想到的另一个词。开始时，先用一些无关的词，如“天”，答以“地”；“父亲→母亲”；“鲜花→草地”；“黑→白”；“巴黎→纽约”等，然后突然提到“蜡烛”，这名盗窃犯即答以“牛奶瓶”；就这样，通过该测验最后侦破了这起盗窃案。这是利用联想测验来进行刑事侦查的一个典型例子。在被试者进行迅速联想时，往往会暴露出内心潜隐的思想。后来荣格受到弗洛伊德学说的吸引，成了精神分析学派中的重要成员之一。弗洛伊德在抛弃催眠术之后，采用自由联想法来治疗病人，很可能受到布楼勒与荣格等人的一定影响。

（2）相似联想法

相似联想是指从对某一事物的感知、认识或回忆而引起与它在性质上接近或相似事物的感知和认识。

相似联想，可以是与所思考的事物或者在形态上接近或相似，或者在属性上接近或相似，或者在时空上有某种联系等。运用相似联想法产生的发明成果很多，其发明创造性稍差。因为，在接近或相似的事物中寻找解决问题的办法，绝大多数人都比较熟悉，容易想得到，很难跳出传统的思维范围，所以普遍缺乏创新之举。尽管如此，相似联想法在创造发明中的运用还是十分普遍的。

应用举例

一行和尚 30 多岁时，唐玄宗把他请到了京城长安，请他主持修订历法。一行发现当时的历法预报日食不准确，需要改进，便认真地担负起这个任务。通过对天文学的研究，一行重新测定了 150 颗恒星的位置，还重新测了 28 宿（由恒星组成的星座）距离地球北极的角度。但他发现，他求得的数据与古代天文书上的记载差距很大。一行原以为自己观察和计算有误。但他反复观察和计算了许多遍，结果都一样。这究竟是怎么回事呢？

有一次，一行在庭院中散步，走到一棵古树前停住了。他偶然看到树枝上挂着冰凌，在阳光下慢慢消融，水缓缓地沿着冰凌往下滴。可是滴了几滴，冰凌的长度似乎毫无变化，只有经过很长一段时间，人们才能明显地看出冰凌变短了。这个普通的现象触动了一行的灵感。他由此想到了恒星也在移动。为什么人们一直认为恒星是不动的呢？因为恒星移动得很慢，所以一年、二年，甚至几十年，人们都看不出它在移动。可是过了几百年，移动的位置就明显了。想到这里一行急忙回到工作室，拿起天文图像分析起来。不久，他进一步发现：古代的记录和现代的观察虽然差距不小，但这些差距的变化也是有规律可循的。这些不同的数据表明，有的恒星星座是由南往北移动的，有的则是自北向南移动。这些恒星完全是按照自己的一定规律在慢慢地运动。

今天讲到恒星也是在运动的，恐怕没有哪个人感到奇怪，但是在 1 200 多年前，用古老的浑天铜仪观察并研究出这一结论，实在是中国人值得重彩的一笔。这个故事告诉我们，在联想过程中掌握下面两点是很重要的。一是思路要灵活多变，善于调整思考的角度，适时地改变思维方向。二是要有敏锐的洞察力，善于从不同事物中找出相同点和相似点。

（3）强制联想法

强制联想法又称焦点法，主要是指强制地运用各种联想，天马行空，把不同的事物和不同的设计联系起来，巧发奇中，甚至歪打正着，开发性地重新组合既有设计，根据实际情况和具体需要加以调整、改造、完善，构成一种崭新的创造性设计。

强制联想法是与自由联想法相对而言的，是对事物有限制的联想。这些限制包括同义、反义、部分和整体等规则。一般的创造活动，都鼓励自由联想，这样可以引起联想的连锁反应，容易产生大量的创造性设想。但是，具体要解决某一个问题，有目的地去发展某种产品，也可采用强制联想，让人们集中全部精力，在一定的控制范围内去进行联想，也能有所发明和创造，在创造活动中，这类创造发明的例子也是屡见不鲜的。例如，悬挂式多功能组合书柜就是采用“书柜”与“壁挂”的强制联想设计成的。壁挂是装饰手段较丰富的室内装饰物。书柜与壁挂强制联想，把书柜按照形式美的规律做成如壁挂一样美观的形式，挂在墙上。

应用举例

日本东芝电器公司设计和制造的旋转万能 X 射线电视透视台，背卧位能够旋转 300° 和−90° ，由遥控任意选定病人的体位，在任何角度上，X 射线管、增强器、电视装置可以和病人紧密地联系在一起。整体格局一反常规的对称平衡设计，以环状框架和平板卧位相结合，作动态均衡设计；局部格局一反常规的动态均衡设计；以环状框架为中心，轴对称布置 X 射线装置、增强器、电视装置，作对称平衡设计。全局和局部之间，以统一的形态、材质、色彩作过渡和呼应。整组设备不仅呈现出稳重感和安定感，而且呈现出轻巧感。不仅方便病人和操纵者，而且渲染了宁静、亲切、安全、精密的环境氛围。该旋转万能 X 射线电视透视台的整体设计运用了强制联想创新法，开发性地重新组合了 X 射线透视机、电视摄像机、可调节手术台三大原本看似毫无关联的主要设计。

运用强制联想法的好处很多：一是有利于克服联想定式和思维定式，把联想从熟悉的领域扩延到陌生的领域，甚至是意想不到的领域；二是不仅充分发挥既有设计及其相互组合的潜力和效益，而且强化和深化开发性重新组合的创造性和新颖性；三是既能够自成一体、连续更新和开发，又能够同其他方法相结合，构成大量非常规的新设想、新设计、新方案。

具体运用强制联想方法时，需要注意以下几个方面。第一，多方面、多角度、多层次地把不同的事物和不同的设计强制联想起来，差异性和跳跃性越大，就越容易打开思路，超常组合。第二，强制联系以发散式联想和思维为主，越广阔越好；强制结合以收拢式联想和思维为主，越集约越好。第三，借助矩阵排列和电子计算机辅助设计，把各种强制联系和强制结合划分成“已有的、平庸的、改进的、新颖的、奇特的”共五大类，去掉第一类、第二类，保留第三类、第四类，变换和修正第五类。

联想，就是要多联系社会已有技术，多联系社会的实际，多设想，多构想，甚至幻想都可以；只要我们平时多观察，多思考，多积累知识，养成独立思考的习惯，并且解放思想，敢于冲破习惯性思考的旧俗，属于我们的技术创新也就为期不远了。

2.3.5 组合创新法

将两种或两种以上的产品、材料、工艺等通过恰当合理的方式组合在一起，使之成为新产品、新材料、新工艺等，从而产生前所未有的效能，这样的创造发明原理，称为组合创新技法。肖克莱说过：“所谓创造就是把以前独立的发明组合起来，组合是客观世界中十分普遍的现象。”

有学者将“组合”归纳为元件组合、功能组合、材料组合和技术并用组合；还有学者将“组合”归纳为主体附加、异类组合、同类组合和重新配置组合。为了方便大家的理解与记忆，本节按照后者的分类分别列举若干案例。

（1）主体附加法

主体附加法是以某特定的事物为主体，通过置换或者插入其他事物或技术，添加另一附属事物，从而产生新的功能或新的意义，以实现组合创新的技法。此方法适用于对产品不断完善、改进时，是对材料、元件、方法和技术等组合方式灵活运用的结果。爱因斯坦说：“找出已知装备的新的组合的人就是发明家。”在上述几种组合创新法中，主体附加法相对而言较为简单。

应用举例

案例一

汽车的发展过程就灵活运用了组合创新法中的主体附加法，首先确定了主体，其次明确了附加目的，最后在原有的技术思想或物质产品上补充新内容、新附加。汽车发展史：诞生于德国；成长于法国；成熟于美国；兴旺于欧洲；挑战于日本。

1866 年，德国工程师奥托成功研制出在动力史上有划时代意义的“活塞式四冲程奥托内燃机”，为汽车的发明解决了最关键的技术难题，为汽车的诞生奠定了坚实的基础。1885 年，德国人卡尔·本茨研制成第一辆三轮机动车，这被公认为世界上的第一辆现代汽车。戴姆勒在 1886 年研制成世界上第一辆汽油发动机驱动的四轮汽车。人们把 1886 年作为汽车元年，本茨和戴姆勒则被尊称为“汽车工业的鼻祖”。

案例二

导电塑料也运用了主体附加法，20 世纪最后的诺贝尔化学奖得主是白川英树。他获奖的原因是在全球首次发明了名为聚乙炔的导电塑料。众所周知，塑料是绝缘体，但白川将其变成了像金属一样可以导电的塑料。1977 年，白川教授在实验中偶发奇想，如果在聚乙炔塑料中添加碘杂质，会出现什么情况呢？实验结果让他大吃一惊：添加碘杂质后的聚乙炔能像金属那样具有导电性。这种材料的制作方法相对比较简单，因此应用范围很广，为产业界做出了巨大贡献。白川至今仍然清楚地记得那天的情形。“我永远也不会忘记，那是 1976 年 11 月 23 日，星期二。我在黑格研究室的地下室与一起做研究的 C.K.Chan 向塑料中添加方便接收电子的物质溴，利用四端子法测定了电导率。我们利用锥形瓶制作了简单的实验装置，试着添加一滴溴后，电导率急剧升高。不是升高 10 倍、100 倍，而是升高到了 1 万倍、100 万倍、1 000 万倍。我非常兴奋。”这一天便是像金属一样导电的塑料诞生的纪念日。

（2）异类组合法

异类组合法就是将两种或两种以上的不同种类的事物组合在一起，以获得新事物的创新方法。异类组合法和主体附加法在形式上很相近，但又有区别，与主体附加法不同的是，异类组合法中的各个元素一般没有主次之分，可以将不同功能、不同物体进行有目的的有机综合，以建立全新的结构方案。该方法在思考时应该有先后主次之分，有基本点也有扩展点，对灵活的创造性思维有较高的要求。

应用举例

案例一

大家耳熟能详的“瑞士军刀”产品，在刀具功能基础之上，巧妙地利用设计和相关工艺，使之具有多种其他工具的功能，如图 2-11 所示，瑞士军刀附有大刀、小刀、螺丝刀、起瓶器、剪刀、电筒、木锯、钳子等功能。这正是一物多用的“功能组合”，多达 31 种工具。

图 2-11 多功能的瑞士军刀

案例二

美国佛罗里达州有个画家，叫李浦曼，他的生活相当贫困，是个穷画家。他穷得连画布、画纸都买不起，手头的笔、画架以及所用的画具都是一些破烂货。然而，他并没有放弃自己的艺术追求，每天坚持画画，常常画到天亮。有一天李浦曼在画画时发现需要修改，便放下笔，在凌乱的工作室中好不容易找到橡皮擦完后，却又找不到铅笔了，十分恼火的李浦曼使用丝线将橡皮系在铅笔上继续画画，这样用起橡皮来就方便了。可没用几下，橡皮就掉了下来。为此，他竟然连画也不画了，发着倔劲儿干了好几天，想了种种办法固定这块橡皮。最后，终于想出了用薄铁皮将橡皮固定在铅笔尾部的办法并申请了专利。不久，著名的 RABAR 铅笔用五十万美元的巨款买下了这个专利。李浦曼由一个穷画家一跃成了发明家和大富翁。而买了这个专利的铅笔厂，每年也因此创造了上千万美元的利润。

（3）同类组合法

将相同或相似的东西重复组合在一起，原来的基本功能可能会发生改变，满足人们更高的要求，产生新的功能，这就是同类组合法。由于组合的角度、形式、方法和目的不同，产生的结果就不同。生活中常见的例子：一把刀加上另一把刀，组合成了剪刀；一个镜片加上另一个镜片，组合成了眼镜；一辆自行车加上另一辆自行车，组合成了双人/多人自行车（图 2-12）。同类组合法与异类组合法相似，只不过组合的要素是相同的事物。

图 2-12 同类组合法

应用举例

案例一

汽车传动轴上的万向联轴节有一个缺点，就是输入轴的转速均匀，输出轴的转速不均匀，这就成了问题。但是，把两个联轴节串起来使用，输出轴的转速就均匀了。所以，汽车传动轴的两头各装有一个万向联轴节，这就是同类组合。再如，熔断丝断了就要停电。要找熔断丝、工具、手电筒，手忙脚乱，很麻烦。新疆有个青年将 12 根熔断丝组合在一个小盘上，发现会熔断丝断了，只需将熔断丝盘中间的旋钮扭一下就接好熔断丝了，非常方便。

案例二

为什么奥运会游泳比赛要戴两个帽子？热衷游泳比赛的朋友们不难发现，其实大部分游泳选手，如孙杨、菲尔普斯和莱德基等他们比赛的时候都会戴上两个泳帽。这可不仅是为了美观，这个小细节更有可能是他们赢得比赛的关键。泳帽分两种，一种是硅胶制成，另一种则是以乳胶所制。首先运动员里层戴的是用传统的乳胶材料制作的。橡胶泳帽由天然乳胶构成，它的特点是柔软、弹性好、舒适。这种泳帽是水滴形状的，不仅佩戴舒适，而且由于形状为水滴状，更有利于把多余的头发收纳，减少阻力。运动员的外层佩戴的是硅胶泳帽。硅胶泳帽相较于橡胶泳帽比较硬，不易皱起，可以在水里保持平滑度，不会增加阻力。而且硅胶泳帽可以把护目镜的带子压在里面，运动员入水的时候，不会轻易把护目镜弄掉。这种做法就运用了橡胶泳帽加硅胶泳帽的同类组合法。

（4）重新配置组合法

任何事物都可以看作是由若干要素构成的整体。各组成要素之间的有序结合，是确保事物整体功能和性能实现的必要条件。如果有目的地改变事物内部结构要素的次序，并按照新的方式进行重新组合，以促使事物的性能发生变化，这就是重组组合。在进行重组组合时，首先要分析研究对象的现有结构特点。其次要列举现有结构的缺点，考虑能否通过重组克服这些缺点。最后，确定选择什么样的重组方式。日本创造学家菊池诚博士说过："我认为搞发明有两条路，第一条是全新的发现，第二条是把已知原理的事实进行组合。"

《史记·孙子吴起列传》中的田忌赛马故事：齐国的大将田忌常同齐威王进行跑马比赛。他们在比赛前，双方各下赌注，每次比赛共设三局，胜两次以上的为赢家。然而，每次比赛，田忌总是输给齐威王。田忌十分郁闷，他把赛马失败引起的不快告诉了孙膑。孙膑是大军事家孙武的后代，足智多谋，熟读兵书战策，深谙兵法，只是曾被魏国将军庞涓谋害造成双腿残疾，不能率兵打仗。他被田忌救到齐国后，很受器重。田忌待他为上宾，请他当了军师。孙膑说看了田忌的马之后，对田忌说："下次赛马时，您照我说的办法派出马匹，一定会取胜的，您只管多下赌注就是了。"田忌听了，大喜。这天，赛马开始了，第一局田忌派出了自己的下等马，对阵齐威王的上等马。结果可想而知，田忌输掉了第一局。齐威王十分得意。第二局，田忌派出了自己的上等马对阵齐威王的中等马。结果，田忌赢了第二局。第三局，田忌派出自己的中等马对阵齐威王的下等马，田忌又赢了第三局。田忌以 2∶1 获胜。同样是这几匹马，只是调整一下出场顺序，便把劣势变成了优势。世界上的事物都是由若干要素构成的，人们往往习惯于原有模式，但是也许只要稍微有所改动，会出现意料不到的效果。

总体来说，组合是任意的，各种各样的事物要素都可以进行组合。不同的功能或目的可以进行组合；不同的组织或系统可以进行组合；不同的机构或结构可以进行组合；不同的物品可以进行组合；不同的材料可以进行组合；不同的技术或原理可以进行组合；不同的方法或步骤可以进行组合；不同的颜色、形状、声音或味道可以进行组合；不同的状态可以进行组合；不同领域不同性能的东西也可以进行组合；两种事物可以进行组合；多种事物也可以进行组合；可以是简单地联合、结合或混合，也可以是综合或化合。

从上述相关例子中可见，组合创新法在人们的生产、生活中随处可见。选择好目标，观察哪些事物能够组合，分析通过组合创新的方法或形式能够解决什么问题，然后通过"头脑风暴"等活动调动大家，充分讨论如何巧妙地设计组合环节、建立组合关系，把组合创新的思想扩展到自己所学的课程中、所处的行业里，渗透到相关领域中，在各种各样的事物中寻找组合对象，研究组合的需要性和可行性，在那些看起来"不合理"的组合中融入创新性的联想与想象，进而产生新意、促生新物、并在新异中开辟出创新的天地，这对理工科实践项目也是极其重要且丰富的补充与完善，而这也正是我们教育的重要意义以及重要目标之一。

课堂活动

游戏规则：

①确定一样物品，如铅笔、报纸等，让学员在 2 min 内列出尽可能多的用途。

②以小组为单位，每个组选出一人记录本组所想出的主意的数量，在 2 min 之后，推选出本组中最新奇、最疯狂、最具有建设性等的主意，想法最多、最新奇的组获胜。

③其余同学不允许有任何批评意见，只考虑想法，不考虑可行性，想法越古怪越好，鼓励异想天开。

游戏目的：

①培养产生创造性的观点；

②理解创新性思维的意义。

总结：

①人的大脑是一个无比神奇的器官，它所蕴藏的力量是无法估量的。在短时间内，聚精会神努力搜索有助于创造性思维的提出。

②不要嘲笑他人想法的异想天开，要知道科技和人类的进步正是建立在一项一项的异想天开的基础上的。试想，如果不是古人一直希望像鸟儿一样在天空飞翔，又怎么会有莱特兄弟历尽艰辛去制造飞机？如果没有千里传音的想象，又怎么会有现在电话的产生？

延伸阅读

米老鼠的诞生

美国的迪士尼曾一度从事美术设计，后来他失业了。原来他和妻子住在一间老鼠横行的公寓里。失业后，因付不起房租，夫妇俩又被迫搬出了公寓。连遭不测，他们不知该去哪里。

二人呆坐在公园的长椅上，正当他们一筹莫展时，突然从迪士尼的行李包中钻出一只小老鼠。望着老鼠机灵滑稽的面孔，夫妻俩感到非常有趣，心情一下子就变得愉快了，忘记了烦恼和苦闷。这时，迪士尼头脑中突然闪过一个念头。对妻子惊喜地大声说道：“有了！我想到好主意了！世界上有很多人像我们一样穷困潦倒，他们肯定都很苦闷。我要把小老鼠可爱的面孔画成漫画，让千千万万的人从小老鼠的形象中得到安慰和愉快”。于是风行全球数十年之久的“米老鼠”就这样诞生了。

在失业前，迪士尼一直住在公寓里，每天从早到晚都同老鼠生活在一起，却并没有产生这样的设想。反而在穷途末路、面临绝境的时候出现了这样的灵感，原因何在？其实，“米老鼠”就是灵感触发的产物。他说：“米老鼠带给我的最大礼物，并非金钱和名誉，而是启示我陷入穷途末路时的构想是多么伟大！还有，它告诉我倒霉到极点时，正是捕捉灵感的绝好机会。”

灵感思维方法是指在对问题已进行较长时间思考的执着探索过程中，需随时留心和警觉，在同某些相关与不相关的事物相接触时，有可能在头脑中突然闪现所思考问题的某种答案或启示。就像迪士尼夫妇通过小老鼠触发灵感一样，许多意想不到的东西都可以成为触发灵感的媒介物。这一点常常使思考者喜出望外，兴奋异常。

2.4 科学研究基本方法与创新文化

2.4.1 科学研究的基本方法

科学研究是进行科学探索的重要部分，掌握科学研究的基本方法能让我们更好地实验，使探索更加精准高效。下面就介绍一下这些方法。

（1）观察法

观察法是要求我们对实验的材料、对象在实验过程中进行观察。例如，对植物进行研究分析时要观察根、茎、叶等各部分，记录它的生长状况。再如观察试剂的颜色变化、溶解情况等。

（2）推测法

推测法是要求我们在一定的观察基础上，结合已有的理论基础，做出大胆的假设，并且想办法证明。最重要的部分是实验验证，不过要有假设的前提。假设可以是对的也可以是错的，假设是否成立是实验需要证明的关键。

（3）模型法

模型法是要求对于一个求解的问题，需要根据它的特点建立对应的模型，将实际的物体着重突出某个方面简化成模型。

（4）实验法

实验法是在进行科学研究使用的各种方法中最重要、最关键、也最核心的部分。“实践是检验真理的唯一标准”，不经过实验验证，所有的东西还仅仅是猜想而已，无法判断对错。

（5）排除法

排除法就是将所有的情况都找到以后，根据实验的条件，对不合适的条件进行逐一的排除，直到找到符合条件的结论。

（6）逆向思维

逆向思维法不是要求我们根据要求去找答案，而是先找到适合的答案，再反向证明它符合条件。逆向思维法在正向思维解决不了的问题上的作用显著。

（7）等价代换法

等价代换法就是抓住问题的本质，对问题的本质采用另一种比较容易理解的方式进行表述。

2.4.2 创新文化

2.4.2.1 创新文化的定义

所谓创新文化，是指在一定的社会历史条件下，在创新及创新管理活动中所创造和形成的具有特色的创新精神财富以及创新物质形态的综合，包括创新价值观、创新准则、创新制度和规范、创新物质文化环境等。创新文化是一种培育创新的文化，能够唤起一种不可估计的能量、热情、主动性和责任感，来帮助组织达到一种非常高的目标。

2.4.2.2 创新文化的意义

（1）创新文化已经成为当今成功企业的核心竞争力

在知识经济时代，创新的作用得到空前强化，并升华为一种社会主题。由于企业文化的独特性越来越表现为企业差异化战略和企业的核心竞争力，创新变成了企业的生命源泉。在剧烈变动的时代，成功者往往是那些突破传统游戏规则、敢于大胆创新、不畏风险、勇于改变游戏规则的人，也就是在思维模式上能迅速更新的人。对知识经济来说，“明天意味着重大事件”，所以企业自上而下，每个“毛孔”都必须充满创新，通过自身主体创新的确定性来应对明天的不确定性。

（2）创新文化对企业本身具有强大的支撑作用

2017—2021 年，我国企业注册数量累计达到 1.23 亿家，数量非常惊人。市场竞争可谓非常残酷，在这样的历史大潮中，并非所有的企业都能激流勇进，一些具有一定历史的老企业，因发展动力困乏已经退无可退。对于这样的企业而言，必须改变陈旧的管理模式、经营理念以及服务方式。在现实竞争中，树立创新观念，剥莠存良的同时，发掘企业的优点、亮点，打破传统的禁锢，充分发挥文化力对企业的支撑作用，方能扭转不利局面。

（3）创新文化能够激发企业的活力

创新的客观要求可以理解为“崇尚创新、宽容失败、支持冒险、鼓励冒尖”，创新文化建设的过程实际上就是一个企业活力激活的过程。创新文化要求员工在工作中创新，同时要求企业管理层在管理中创新，并且以宽容、支持的态度去鼓励创新。创新使得企业的每一个构成元素都活跃起来，以新的构成形式重新组合，形成新的体制，在这场没有硝烟的战斗中更为积极和主动。

延伸阅读

哥伦布的创新精神

哥伦布全名克里斯托弗·哥伦布（Cristoforo Colombo），是我们都很熟悉的大名鼎鼎的历史人物，他的主要历史功绩就是发现了新大陆并开启了航海新时代。但是成名之前，哥伦布只是一个再普通不过的小人物，在年幼时就酷爱冒险，受《马可·波罗游记》的影响，神往印度和中国。长大后，哥伦布越来越深信地球是圆形的假说并立志环游世界，他四处寻求资助却屡屡碰壁，直到西班牙女王与他达成协议并同意资助，他才得以一展宏图，从此踏上了全新的探险之旅。哥伦布说：“即使是简单的事也需要有人去发现，去证实。站在后面指手画脚是无用的，关键在于创先。”当下哥伦布式创新成了创先式创新的代名词，也就是指做某事的第一人，别人没想到或者别人想到了但并没有付诸行动，谁第一次做了此事，那他就是开天辟地的第一人。

一个人的创新精神主要表现为敢于打破常规的首创精神、勇于接受挑战的进取精神、不迷信书本和权威的自信精神、敢为人先的探索精神、不怕失败百折不挠的奋斗精神以及严谨务实的求是精神。创新精神属于信念层面，是极其可贵的，它是我们能够不断披荆斩棘、乘风破浪的内在支撑和潜在动力。

2.4.3 科学家精神

2.4.3.1 基本概念

科学家精神是科技工作者在长期科学实践中积累的宝贵精神财富。科学家精神是胸怀祖国、服务人民的爱国精神，勇攀高峰、敢为人先的创新精神，追求真理、严谨治学的求实精神，淡泊名利、潜心研究的奉献精神，集智攻关、团结协作的协同精神，甘为人梯、奖掖后学的育人精神。

2.4.3.2 科学家精神的内涵

（1）胸怀祖国、服务人民的爱国精神

从李四光、钱学森、钱三强、邓稼先等一大批老一辈科学家，到陈景润、黄大年、南仁东等一大批新中国成立后成长起来的杰出科学家，都是爱国科学家的典范（图 2-13）。殷殷爱国情，拳拳赤子心。广大科技工作者不忘初心、牢记使命，秉持国家利益和人民利益至上，继承和发扬老一辈科学家胸怀祖国、服务人民的优秀品质，弘扬“两弹一星”精神，主动肩负起历史重任，把自己的科学追求融入建设社会主义现代化国家的伟大事业中去，汇聚建设世界科技强国的磅礴力量，创造无愧于时代、无愧于人民、无愧于历史的光荣业绩。

图 2-13 我国近现代涌现出的杰出科学家

（2）勇攀高峰、敢为人先的创新精神

自力更生是中华民族自立于世界民族之林的奋斗基点，自主创新是我们攀登世界科技高峰的必由之路。正如我国高铁装备行业女总工程师梁建英所言：“巨人的肩膀不好站，必须让自己成为巨人。”从港珠澳大桥飞架三地到京张高铁风驰电掣，从“北斗”闪耀到如今的“嫦娥五号”探月、“九章”问世，一个个世界领先的科技创新成果，标注着科技工作者的创新精神，激扬着“中国人民一定能，中国一定行”的民族志气。

（3）追求真理、严谨治学的求实精神

2020 年 9 月 11 日，在科学家座谈会上，习近平总书记指出，“科学家精神是科技工作者在长期科学实践中积累的宝贵精神财富”，并重点阐述了爱国精神和创新精神，强调“科学无国界，但科学家有祖国”，科技工作者要把自己的科学追求融入建设社会主义现代化国家的伟大事业中去，树立敢于创造的雄心壮志，努力实现更多“从 0 到 1”的突破，不断向科学技术广度和深度进军。

（4）淡泊名利、潜心研究的奉献精神

奉献精神是中华民族的传统美德，是人人歌颂的优秀品质。“春蚕到死丝方尽，蜡炬成灰泪始干”是李商隐笔下的奉献精神，“横眉冷对千夫指，俯首甘为孺子牛”是鲁迅先生笔下的奉献精神。而我们这个时代，也有一些人正在用他们的方式传承着奉献精神。

（5）集智攻关、团结协作的协同精神

协同是科学家精神的显著标识，现代科学发展日新月异，没有协同精神很难创造出一个又一个的发展奇迹。大力协同是中国科学界的优良传统，也是推进科学发展的时代需求。无论是“两弹一星”工程、人工合成胰岛素项目、北京正负电子对撞机项目，还是载人航天、北斗导航、中国天眼工程等，都是广大科技工作者在中国共产党的统一领导下团结工作、群策群力的智慧结晶。

（6）甘为人梯、奖掖后学的育人精神

科技和教育是国家强盛之星、民族复兴之源。从新中国成立之初“向科学进军”，到改革开放以来“优先发展教育和科学”，再到实施“科教兴国战略”“人才强国战略”“建设创新型国家”“创新驱动发展战略”，中国共产党对科技和教育事业的认识逐步深入。培养什么样的人是我国教育事业的根本问题，也是中国共产党历代领导人高度重视的重大问题。邓小平指出：“我们的科学家、教师发现人才，培养人才，本身就是一种成就，就是对国家的贡献。”

2.4.3.3 创新文化和科学家精神的关系

文化是孕育人之灵性的胞衣。要不断催生创新型科技人才，必须拥有相适宜的文化氛围。要为创新型科技人才营造适宜成长的文化环境，我们必须在全社会大力弘扬中华民族自尊、自强的优秀文化，摒除不良文化心态。具体来说，就是要使社会群体的文化心理实现以下四个转变：

（1）由“重物轻人”的思想向“人才为本”的思想转变

认清创新型人才投资回报率大大高于物质资本投资回报率的规律，大力强化创新型科技人才资源是我国未来经济社会快速、持续、健康发展的最主要动力和最重要资源的观念，形成有利于创新型科技人才成长的社会共识。

（2）由急功近利的思想向尊重规律的思想转变

要努力使各级领导养成科学思维，尊重科研规律，认清科学研究需要冰冻三尺的积累，科研成果需要十年一剑的磨砺。力戒急于求成的浮躁情绪，支持科技人才的不懈探索。

（3）由权威至上的思想向自由争鸣的思想转变

防止和克服权威和行政垄断干扰科研的现象，鼓励科技人才特别是青年科技人才敢于标新立异、勇于挑战第一、大胆质疑权威、执着追求真理，使他们不因“经典”存在而压抑创新激情，不以一时成败而迟滞探索步履。努力形成允许失败、宽容人才、百家争鸣、共谋创新的生动局面，真正让科技人才拥有舒展自由的心灵空间。

（4）由单独竞争的思想向合作竞争的思想转变

要注意克服只讲竞争不讲协作的狭隘科研观念，认清现代科技只有大协作才能出大成果的道理，努力促进跨学科、跨专业人才的交流与合作，在积极的合作竞争中，激发崭新的创新火花，摘取重大创新成果。

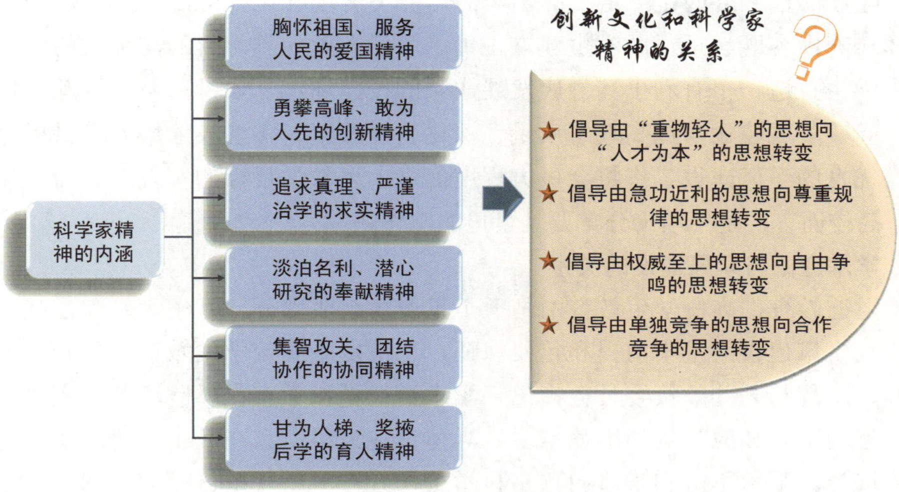

图 2-14 科学家精神的内涵与创新文化的关系

“创新引领未来，人才引领创新”已经成为全社会的基本共识，人才在“增强创新实力，建设创新型国家”这个伟大目标中的核心地位恐怕已没人怀疑。可是，每个科研人员都生活在一定的科学氛围和社会环境中，这个环境的好坏直接关系到人才是否得以发现和重用，好项目能否获得支持。这需要我们努力营造良好的科学氛围和社会环境。

2.4.4 学术道德与学风建设

2.4.4.1 学术道德

学术道德和良好学风是科学事业繁荣发展的前提，是建设创新型国家的基石。科学事业的发展过程，既是学术创新的过程，也是学风建设的过程。加强学术道德和学风建设，对弘扬科学精神、繁荣发展学术事业，净化校园环境、提高人才培养质量，践行社会主义荣辱观、引领社会风尚，具有非常重要的意义。

良好的学术道德是对科研人员素质的基本要求，是高等学校的道德底线和生命线，是科学研究健康发展的重要保证。当代大学生作为未来社会主义事业的建设者与接班人，其学术道德不仅关系个人的前途和命运，而且会影响整个民族乃至国家的发展与未来。一方面，学术道德是衡量一个研究者个人道德水平高低的重要标准。另一方面，对于国家来说，研究者的科研工作直接代表着一个国家的科研水平，只有重视学术道德规范，才能保证高素质的科研工作。高校学生学术道德建设理应成为教育的重中之重。

2.4.4.2 学风建设

学风主要是指在学术研究和知识学习过程中的精神风貌和思想态度。在科研领域学风既包含科技工作者的治学精神、态度和原则，也包括科技工作者的行为规范和思想道德。优良学风是支撑学校高质量发展的无形动力，能够内化为学生的精神需求，指导学生的行为规范，推动学校发展向好。

学风建设的根本目的是立足实际，努力培养契合现代化社会发展建设需求的可用人才，具体培养内容既包括帮助学生建立正确的学习态度、学习目的与强大的学习能力，又包括为学生打造一个有利于其健康发展成长的校园环境，如考风考纪管理、校园文化建设等。高校学风建设与提高教学质量、深化教学改革、实现人才培养等目标存在着紧密联系，优良的学风建设工作将会极大程度促进上述教学目标的实现。因而，加强学风建设对于高校而言，是一项十分重要且紧迫的工作。

2.4.4.3 学术道德与学风建设的关系

学术道德教育在高校学生教育中是一个重要的组成部分，是学术研究发展之根本所在，是推动学风建设的基本前提和重要保证，也决定着高校学生教育质量和育人水平。美国科学、工程与公共政策委员会指出，学术道德是科学家在科研活动中应该遵循的道德规范、行为准则和应具备的道德素质，具体体现为科学家在从事科研活动时的价值追求和行为选择。学术不端和学风问题是科学工作者在科研规范、行为准则、治学精神、治学态度、治学风气、治学原则等方面出现的失范现象。培养学生严谨务实的学术作风，引导学生树立科研诚信意识，提高科学道德素养归根结底还是解决学风问题。从学生的角度来讲，学风是学生思想作风在学习科研上的具体体现，是学生在学习科研过程中所表现的精神风貌，是学生在学习科研方面所展示的精神、态度、风格、方法和习惯等要素的综合体现。学风建设不是个体行为，而是高校作为一个组织内的“利益关系人”的共同作为。高校有责任帮助保持优良的学术研究氛围，建设严谨务实的学风。

2.5 创新成功之路

2.5.1 第一性原理

在创业焦虑和“成功学”横行的时代，关于“第一性原理”的讨论引起了极大的关注。硅谷钢铁侠埃隆·马斯克（Elon Musk）告诉大家，他成功的秘密是运用了第一性原理作为思考的框架：打破一切知识的藩篱，回归到事物本源去思考基础性的问题，在不参照经验或其他的情况下，从物质/世界的最本源出发思考事物/系统。

“我相信有一种很好的思考架构，就是第一性原理，我们能够真正地去思考一些基础的真理，并且从中去论证，而不是类推。我们绝大多数时候都是类推地思考问题，也就是模仿别人做的事情并加以微幅更改。但当你想要做一些新的东西时，必须要运用第一性原理来思考。”埃隆解释说。

“第一性原理”（first principle），是量子力学术语，物理学解释是：采用近似方法求解薛定谔方程，在无任何经验参数条件下计算物质的各种性质。通俗地讲，就是从头算，只采用最基本的事实，不需要任何参数，只需要一些基本的物理常量，然后根据事实推论，得到体系的基本性质的原理。

实际上，“第一性原理”古已有之，在哲学、数学和物理学中都有阐释。两千多年前，亚里士多德表述：在每一个系统的探索中，都存在第一性原理，就是这个系统最基本的命题或假设，这些命题和假设不能被省略或删除，也不能被违反。后来康德将其引申和发展为“假设”；在数学中，著名的“笛卡尔的怀疑”其实就是“第一性原理”，在物理学中，理论工作被认为是“第一性原理”，所有的计算可以直接从已经确立的物理定律开始。其实，它们的内涵是一致的。维基百科对“第一性原理”的解释是：一个基本的、不言自明的命题或假设，不能从任何其他命题或假设推导出来。“第一性原理”不是即插即用的万能定律，它的本质是一种开源的方法论和思维方式，关键在于迁移性地使用，在涉及不同学科的时候，需要针对具体的语境和专业知识，进行特定发挥。

2.5.2 第一性原理的思维方式

第一性原理之所以重要，是因为这个世界充满着不确定性和不连续性。因为任何事物都有一个唯一的、确定性的起源，所以，如果能找到这个确定性的起源，我们就有了认识复杂事物的基础，也就有了应对不确定性的办法。不管是人文学科、艺术类学科还是理工学科，都有它们的“第一性原理”。“第一性原理”，好比树木的根基，没有人会看到繁茂枝干下的树根，但它决定了树的一切。

用“第一性原理”思维方式来思考事物或现象的本质，是解决复杂问题和产生最初解决方案的最有效的策略之一，我们可以将其归纳总结为以下几点：

（1）强调独立思考，而不是人云亦云

旧习俗和过往的形式通常会被毫无疑问地接受，一旦接受，这些根深蒂固的思想就会给创造力设下界限。而创新的最好方法就是要先将事物分解为最基本的原理，运用“第一性原理”思维方式摒弃先前的执拗。

（2）强调开源、想象力、造梦、并置和跨学科合作

“第一性原理”思维能改变改进的方向，从而不断改进事物/系统的可能性，是对生态、简洁、自由和美好生活的竭力追求。

（3）强调批判、颠覆和质疑精神，不轻易妥协和接受成见

其价值在于采用思辨的方式，去挑战狭隘的假设与先入之见，反思日常生活中所接触的事物/系统，进而激发论辩，尤其是超越现有知识框架的思考与对话，从而触发思维方式的改变。

（4）强调用少量的基本数据进行分析

强调事实和少量假设，从问题的本质出发，并将问题简单化。例如，爱因斯坦相对论的基础就是对宇宙本性的两个简单假设。

（5）强调用“第一性原理”思考，而不是类比

类比（analogy）是一种重要的逻辑思维和推理方法，是人们解决陌生问题的常用策略。但是多数人考虑问题时会局限于类比思维，当人们从类比出发时，事物会随着现实的不可测而变得越来越复杂；同样，对一个模型而言，迭代类比会增加不确定性，极易把一个模型的复杂程度增加到难以度测。

（6）强调实践验证

运用原有定律和推理是科学的重要工具，但真理往往掌握在动手做实验或实践的人手中。17 世纪，研究科学的人都信奉亚里士多德和他的论断：两个铁球从高处落下来，重的先着地，但 25 岁的伽利略不相信，在比萨斜塔上做了一个著名的实验，结论是两个铁球同时落地。

科学家们发现，从物理学的这种最“原始”的视角出发，可以简化和仿真很多复杂的自然或生命现象，由此诞生了基于物理学的一系列交叉学科：生物物理学（Biophysics）、天体物理学（Astrophysics）、经济物理学（Econophysics）、信息物理学（Cyberphysics）等。这些交叉学科的诞生无一不是出自“第一性原理”的思维方式。

2.5.3 第一性原理的造物实践

运用“第一性原理”的造物实践，其实就是为了实现一种特殊理想和终极诉求，“不择手段”、打破壁垒、反常规地将材料、手法、事物和思想进行嫁接并置的极限设计。因而结果上呈现出了超越时代的怪诞性和特殊气质。

（1）垂直森林（Bosco verticale）

意大利博埃里工作室（Boeri Studios）负责人斯坦法诺 • 博埃里（Stefano Boeri）认为，如果要实现城市、农业、人口之间的平衡，必须将生态多样性引入城市，在不侵占城市土地的前提下增加城市的绿化率。为此，博埃里团队展开了一项大胆而持久的实践。经过艰难的技术攻关，全球第一对“垂直森林”双子塔在意大利米兰成功对居民开放，它们由高 79 m 和 111 m 的两栋姐妹楼组成，共包含 113 间公寓，容纳了 480 棵大型树木、250 棵小型树木、11 000 棵地被植物和 5 000 棵灌木（图 2-15）。这些植株可以

图 2–15 垂直森林

减少烟雾、产生氧气、减弱噪声、隔离粉尘和阳光直射，有助于随季节变化平衡建筑的温度。工程团队咨询了植物学家和园艺师，以确保结构能够承受植物施加的负荷，并且进行了风洞测试，确保树木不会因狂风而倒塌。在塔楼顶部设置的太阳能光伏板为建筑提供能源。建筑也设置了灰水回收系统，而回收的灰水则用于灌溉建筑本身承载的大量植物。“我认为该项目提供了一种可行的模式，将自然的氛围拓展到高密度的城市区。”在领取了 2014 年国际高层建筑大奖（IHP）之后，博埃里说：“我很高兴，这是对一个创新建筑的鼓励和赞扬，使我们更加憧憬绿色建筑的未来，而不仅仅局限于建筑风格的表达。”

（2）雾霾净化塔（Smog Free Project）

荷兰设计师丹·罗斯加德（Daan Roosegaarde）以创造力和激进的想象力著称。他设计的雾霾净化塔已经安置在了北京 798 艺术园区东北侧的 751 动力广场附近（图 2-16）。罗斯加德认为人们生活的标配并不是那些物质和奢侈品，而是新鲜的空气，这成为创造这个外形奇异装置的动机。这座塔高 7 m，每小时过滤 3 万 m^3 的空气，使用 1 400 W 的能量。以雾霾净化塔为基础，罗斯加德工作室已经推出了衍生项目，如雾霾宝石和减霾自行车。宝石中的结晶石的主要材质是雾霾空气中的碳颗粒。作为一项公益事业，已经在欧洲推广这种饰品。因此，罗斯加德认为雾霾净化塔是个成功的、拥有极强成就感的项目。他说：“作为一个设计师，我着迷于把我的想象与创意结合起来并且融入这个世界中去。无论有多大的困难，说实话，我都不在乎，我在乎的是真实的美好，真实的感受，以及创造未来。这个项目不仅仅是普通的产品，它能够真正地改善全人类的生活。”

图 2-16 雾霾净化塔与其工作原理

（3）真空胶囊高铁（Hyperloop）

如果埃隆·马斯克用比较性思维去研究高铁，那最多是提高目前高铁的参数，如动力更强、流体力学更好等。但他回溯到人类制造交通工具的本质目的——将较多的人或货物从地点 A 运送到地点 B，并没有规定必须用动力牵引的形式进行运送。马斯克用批判性思维和怀疑精神拷问固化认知，他的“Hyperloop”计划再次颠覆了人们的认知。其主要原理是，用“磁悬浮+低真空”模式运送“胶囊”客舱，“胶囊”乘坐的是由直线感应电动机和空气压缩机驱动的空气轴承，相当于“位移”，具有超高速、高安全、低能耗、噪声小、污染少等特点。埃隆·马斯克在 2012 年首次公开提到“Hyperloop”概念，相关资料已经被马斯克和 SpaceX 公司明确“开源”，鼓励其他公司去研究探索。2017 年 8 月 28 日，德国的 30 名学生赢得了 SpaceX 公司举办的 Hyperloop Pod 超级高铁车辆大赛冠军，他们设计的原型车辆时速达到了 324 km（图 2-17）。根据最新的消息，马斯克已经调整了旗下隧道挖掘公司 The Boring Company 的使命，“Hyperloop”计划优先考虑运送汽车，更具体地说是特斯拉。

图 2-17　SpaceX 公司举办的 Hyperloop Pod 超级高铁大赛

（4）脑机融合（Neuralink）

Neuralink 是由埃隆·马斯克和其他 8 家公司共同创建的一家神经科技公司，总部设在旧金山，2017 年 3 月被首次披露（图 2-18）。据报道，它正在开发植入式大脑-计算机接口（BCls）。该公司是马斯克又一次运用“第一性原理的典范——如果我们能够直接向计算机输入指令和信息，为什么还需要键盘鼠标？众所周知，马斯克不止一次宣讲过人工智能（AI）对人类的威胁，视 AI 为一种终极权力，为了规避这种风险，人类只有一个选择：成为 AI！通过发展“脑机接口”，实现超级人工智能，人脑和计算机将融合无间，人类甚至无法察觉自己在运用 AI 思考。尽管马斯克本人号称 Neuralink 项目更多针对医疗领域，但科技作家 Tim Urban 在 Wait But Why 说的这句话已经彰显了这个概念的伟大：“第一次听说 Neuralink 之后仅仅六周，我就确定其工程之大胆、使命之壮丽，简直让特斯拉和 SpaceX 都黯然失色。那两家公司在试图定义未来人类会做什么，Neuralink 则意在定义未来人类是什么。”

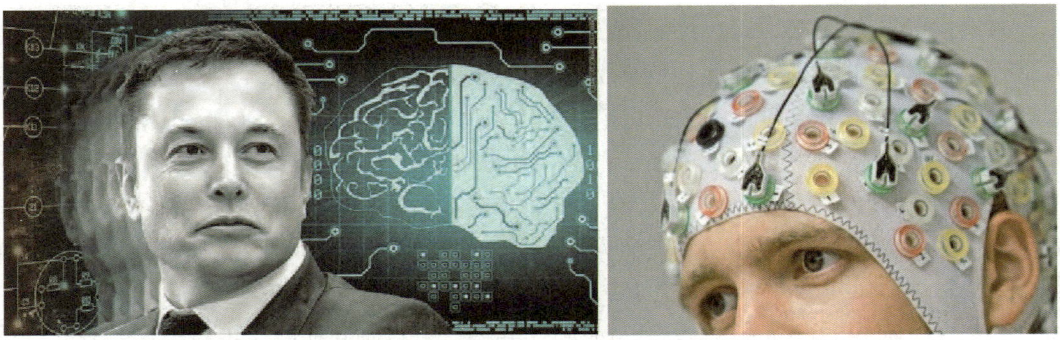
图 2-18　埃隆·马斯克推出 Neuralink 项目

（5）海滩野兽（Strandbeest）

泰奥·扬森（Theo Jansen）毕业于代尔夫特理工大学物理专业，因为有着工科背景，他的作品具备艺术与工程交融之感。垃圾生产已是全球问题，生命进化和人工智能也是关乎人类命运的焦点问题，扬森干脆将二者合而为一。1990 年，他开始用聚氯乙烯管道（PVC）、木材和纤维材料等材料制造一种“能够自己行走”的机械装置，这些装置依靠机械原理和自然风力移动前行，被命名为 Strandbeest（图 2-19）。这些 Strandbeest 能够缓慢进化，生成一种能在一定程度上对环境做出反应的动态“生命”。有媒体评价为：“其行动栩栩如生，犹如真的深海世界里的动物或是任何我们经验上曾见过的生命体，扬森的创作犹如经由上帝之手般的惊艳！”“随着时间的推移，这些 Strandbeest 在风暴和水等环境中的生存变得越来越好，最终我想把这些 Strandbeest 放养在海滩上，这样它们就能活下去了。”

图 2-19　泰奥·扬森的海滩野兽

扬森不断改进他的装置，让它们学会储存气压，以便在没有风的情况下也能产生推进力，让它们通过简单的感应器躲避障碍，风暴来临时，懂得打桩将自己固定在湿沙里。扬森希望它们最终能拥有神经系统、肌肉以及先进的感应装置，自行在海滩上生存进化。扬森仅给予它们一种基本的行动机制，然后将它们彻底交给大自然，结果令人惊奇，引发出了关于生命与物质的复杂思考。这种具备思辨性、概念性、未来感和非实用性的设计也可以称为“思辨设计”。“思辨设计灵活地采纳装置艺术、观念艺术、行为艺术等媒介的呈现手法，其批评力显得颇为生动，不再受限于技术的现实维度，借助青涩、矛盾、粗糙的道具（prop），粗略地描摹出不同于现实的平行世界美学，也迫使观众放下陈见与所谓常识，主动且大胆地调用想象力去勾勒出一幅未敢涉足的理想之境。”

（6）太阳能 3D 打印机（Solar Sinter）

既然沙漠化影响人类生存，阳光又取之不尽，艺术家干脆将二者联系起来，太阳能 3D 打印机因而诞生，这是对沙漠的消耗？还是对永恒的解构？作品充满了哲思。艺术家马库斯·凯瑟（Markus Kayser）用沙子作为原材料，使用太阳能驱动的打印机将沙子转换成漂亮的玻璃碗（图 2-20）。太阳能 3D 打印机由光伏面板、菲涅尔透镜和电池等组成，确切地说应该称之为太阳能烧结机。

图 2-20 太阳能 3D 打印机

太阳和沙漠，前者提供巨大的能量来源，后者是海量的石英。一个大的菲涅耳透镜（1.4 m×1.0 m）在任何时候都可以通过一个电子太阳跟踪装置来面对太阳，这个装置可以在垂直方向和水平方向上移动镜头，并在一天内围绕它的基座旋转整个机器。镜头定位它的焦点在机器的中心，在沙箱顶部的高度，电机驱动两个铝框架移动沙箱在 *X* 轴和 *Y* 轴。箱内是一个平台，可以沿垂直 *Z* 轴移动砂槽，在每层循环结束时降低箱体的设置量，以使新鲜的沙子在焦点上被加载和平整。两个光电板提供电力给电池充电，用来驱动电机和电子设备，这些光电板还能起到平衡镜片的作用。这台机器用键盘和液晶屏来控制，计算机绘制的创作对象模型通过 SD 卡输入机器，这些代码将移动沙箱沿 *X* 轴、*Y* 轴仔细校准速度，而镜头集中的光束产生的温度在 1 400～1 600℃，足以融化砂岩。数小时内，在沙箱范围内，一个“沙制”产品慢慢浮现了。这就是太阳能 3D 打印机的工作原理。

由此引申，马库斯希望未来可以利用太阳能做更多的工作，如太阳能焊接、冶炼等，建立一个全维度的太阳能车间。再进一步，在一个以沙漠为基础的社区中，通过太阳能烧结机来制造各种物品，甚至只依赖沙子和太阳来盖房子，那么世界上将再也没有沙漠，而是一座座城市。“聚沙成塔”不再只是梦想，从黄昏到黎明，在自然循环中工作的机器群呈现出一种新的社会景观。这个项目探索了沙漠作为资源的潜力，对制造业发出了颠覆性信号，并激发了人们充分利用世界上最高效能源的梦想。只要开源 3D 打印机的软件和硬件，马库斯·凯瑟设计的这件作品就可以成为一项恢宏事业的起点和预言。

总之，这些设计师通过挑战物理层面上的技术极限，满足了自我精神上的苛刻诉求。这种挑战的过程是反常规的，是需要大胆运用创新思维的，垂直森林是森林与建筑的结合，雾霾净化塔是空气与装置的结合，太阳能 3D 打印机是太阳能与 3D 打印的结合，海滩野兽是无机材料与自足生命体的结合，胶囊高铁是飞行与铁路的结合，脑机融合是大脑与机器的结合，其中任何一件设计都是创新思维方式的革命，每一件的量产都足以改变我们的生活。通过元素的并置和手法的极端，它们缔造出了“不可能实现”的荒诞气氛和震撼效果。

列奥纳多·达·芬奇、巴克敏斯特·富勒、史蒂夫·乔布斯、埃隆·马斯克、托马斯·赫斯维克……步其后尘，观其尘埃，我们不难发现，文明的发展步伐总是被那些“疯子”和“造梦者”所刺激。他们往往不按常理出牌，设计出了不被时代所理解的“怪物”，而这些设计“怪物”的产出，依靠的恰恰是主创者自觉或非自觉地运用了“第一性原理”。因为“第一性原理”是智慧、是心气、是自由。只有大胆尝试，触碰到事物的本质，才可能反弹出无限的创意和精彩的浪花。

课堂活动

游戏人数：不限，人数太多时将成员若干个由 6～8 个人组成的小组。

目的：培养创造精神和展示同心协力在工作中的作用。

道具：1 个大球（如足球、篮球均可）、2 个小球（如乒乓球）、2 个扫把、3 段 3～6 m 的绳子、4 张 A4 纸。

步骤：将所有材料分配给每个小组，让每个小组利用手中的材料用 30 min 的时间，设计出一个全新的游戏。30 min 后各个小组分别讲述自己设计的游戏。所有小组都讲述完毕后，大家共同选出最佳游戏。最后是大家一起来尝试这个最佳游戏。

分享与讨论：

①在一些游戏过程中出现了哪些问题？怎样分析和解决问题？每个人都做了什么？

②在游戏过程中遇到了哪些困难？是如何克服这些困难的？

③如何将这个游戏和我们的实际工作联系起来？

延伸阅读

开放式创新的典型案例

在知识经济时代，企业仅仅依靠内部资源进行高成本的创新活动，已经难以适应快速发展的市场需求以及日益激烈的企业竞争。开放式创新正在逐渐成为企业创新的主导模式。具体来说，企业把外部创意和外部市场化渠道的作用上升到和封闭式创新模式下的内部创意以及内部市场化渠道同样重要的地位，均衡协调内部和外部的资源进行创新，不仅把创

图 2-21 英特尔商标

新的目标寄托在传统的产品经营上，还积极寻找外部的合资、技术特许、委外研究、技术合伙、战略联盟或者风险投资等合适的商业模式来尽快地把创新思想变为现实产品与利润。

从“由内到外”到“由外到内”，开放式创新的理念和实践正在得到不断的发展和丰富。本文通过以下 5 个案例，具体分析开放式创新的类型有哪些，又有哪些部分值得我们借鉴。

1. 英特尔：应用外部资源

英特尔开放式创新的方法是在创新过程中应用外部资源。英特尔的研发战略由四项构成：大学研究赞助、大学周边的开放式合作研究实验室、公司内部研究项目以及公司收购。整个流程始于扫描环境和有潜力的研究领域。有意向的研究项目通过赞助、实验室研究、内部研究或者英特尔投资发起，直到能够看清成果时再做出是否将这项产品、技术进行商业化的决策。

英特尔赞助了 500 多家大学，并且将其开放性合作实验室布局在相关领域的大学周围。这样的实验室一般有 20 个英特尔研究人员和 20 个来自大学的研究员。尽管这种实验室是英特尔所有的，但是研究的环境相当开放，并且部分项目是公开的。英特尔更加重视从大环境中快速学习，获得大量的新想法并获得知识产权。当然它也有自己的内部研究活动来获得有前景的发明。英特尔鼓励实验室从英特尔内部和各个业务单位角度出发提出有价值的创意。英特尔公司每两年就会更新一次研究开发的战略规划，以此来保护未来的发展。此外，实验室中基本一半的研究人员都是学生。

英特尔在过去 10 年内大幅增加研发投入，每年发布的专利都在增长，2005 年，英特尔在全世界获得的专利数量大约为 5 000 项。这表明，英特尔的探索性研究战略取得了成功。

2. 特斯拉：开源与企业创新联盟

特斯拉的成功被业界归为是互联网思维的成功，而马斯克的开放专利之举也正是体现了互联网“自由、平等、开放、分享”的精神，但他真的就是“活雷锋”吗？

特斯拉开源所有专利的目的就在于，让更多的人或企业，在一个较低门槛上，就可以站在巨人的肩膀上，投入到世界电动汽车发展和普及的浪潮当中。开放专利表面上看，是让竞争对手占了便宜，然而此举却无形中提高了特斯拉技术的普适性，使得它在未来标准制定中抢占了有利的地位。

图 2-22 特斯拉商标

因此，隐藏在这背后的效应便是，倘若特斯拉专利开源一旦达到一定规模，其技术盟友成长到一定体量，他们便不得不兼容特斯拉的充电标准。显然，如果特斯拉建立了一个以特斯拉技术为支持的产业联盟，那么相信超级电池工厂的富余产能将会被特斯拉的盟友所消化，这时特斯拉不仅是一个电动汽车的制造者，更是上游核心电池资源的掌控者。

2015 年 1 月 23 日，马斯克现身底特律北美车展。这一次，马斯克说，特斯拉真正面对的敌人，未必是传统厂商和经销商，而是已经习惯了内燃机车的用户，以及根植于传统业态的庞大产业惯性。要打破这个桎梏，联盟是最好的手段。

因此，特斯拉欢迎其他汽车商进入电动汽车行业，是想形成一个“电动汽车的矩阵”，而不再单打独斗，这样一来，整体的电动汽车行业就会有更大的势能，在市场培育、政策突破、技术积累、电动汽车产业链的形成等方面就会形成群体的生态效应，增大电动汽车体量。

所以，特斯拉需要盟友，而不是敌人。此前特斯拉开放专利，也是出于这一目的。特斯拉迷们认为，特斯拉有望组建类似 Open Handset Alliance 的联盟机构，当初 Google、三星等公司就是靠联盟从“苹果”嘴里掏出大部分“比萨”的。

正如马斯克所说，电动汽车要想成功，需要汽车行业之外、其他很多领域的技术，这种整合、创新的能力，特斯拉比其他任何传统汽车制造商更擅长。特斯拉是个很好的例子，它告诉我们通过开放与合作的形式，可以获得一个产业生态圈的发展，可以建立企业技术创新联盟，从而带动真个电动汽车行业的创新。

3．海尔：搭建开放创新平台

在与阿尔斯蒂尼的对话中，张瑞敏曾经说，“现在，我们变成一种开放式创新，在和用户交互的过程当中，不断迭代，并把各种资源都整合进来。迭代过程是一个试错的过程，重要的是用户要参与，如果没有用户参与，不管是渐进的还是突破性的创新，可能都没有太大的意义”。

图 2-23 海尔商标

仔细分析海尔近期的智能家居产品（海尔星盒、空气魔方、无压缩机酒柜等），无不是开放式创新的产品。例如，空气魔方是全球首款可以模块化组合的智能空气产品，实现了加湿、除湿、净化、香薰等多个模块的自由组合，为每个家庭带来了可定制的专属“空气圈”。空气魔方的最特别之处，在于它是海尔基于开放式创新理念研发成功的一个智能产品。

空气魔方不是企业基于自身能力在实验室里规划和研发出来的产品，而是基于海尔开放创新平台组成的来自 8 个国家的内外部专家和学者团队 128 人，历时 6 个月与全球超过 980 万不同类型用户交互意见，利用大数据分析，最终筛出 81 万粉丝最关注的 122 个具体的产品痛点需求，成为空气魔方核心功能研发的初衷。

在互联网时代，海尔的理念便是“世界是我们的研发中心”，研发的过程要让用户参与进来，也要让全球创新者参与进来。基于此，海尔开放创新平台于 2013 年 10 月正式上线，2014 年 6 月进行了改版升级，新增的海尔生活创意社区也将成为用户全流程参与研发设计的线上互动平台。

海尔开放创新平台遵循开放、合作、创新、分享的理念，整合全球一流资源、智慧及优秀创意，与全球研发机构和个人合作，为平台用户提供前沿科技资讯以及超值的创新解决方案，最终实现各相关方的利益最大化，并使得平台上所有资源提供方及技术需求方互利共享。目前，在海尔开放创新平台上成功达成的技术合作已有 200 余案例。

4．苹果：软、硬件皆开放

对于苹果公司，至少有三条重要的经验特别值得借鉴。

（1）创新既来自企业内部，也来自企业外部

图 2-24　苹果商标

苹果擅长将自己的想法和来自外部的技术结合起来，然后用一流的软件和漂亮的设计进行包装。不要单纯依靠自身的创新，要善于接受外部的创意。苹果的创新特色，经常使人们将它与爱迪生和贝尔实验室相提并论，人们印象中创新是公司将工程师锁起来，大家一起寻找灵感。而苹果的创新是将自己的策划与外界的技术巧妙结合在一起，并在一流的软件和时尚的设计方面进行充分的包装。

比如 iPod 音乐播放器的创意就是由苹果聘用的一个项目顾问首先提出来的，将现货供应的零件与内部优势结合在一起，比如有特色、方便地控制操作系统。通过设计，iPod 音乐播放器与苹果的自动点唱软件 iTunes 紧密结合在一起，而这个软件也是苹果从外部购买的并经过升级改造的。苹果公司成为一个将各种技术综合在一起的管弦乐队，同时不排斥来自外部的创意，并能通过自己的手法将这些技术融合在一起。

（2）苹果阐释了围绕使用者需求而非科技本身的要求来设计新产品的重要性

苹果描绘出了设计新产品应当围绕用户的需要、而不是技术的需要这一观点的重要性。很多科技公司认为自己的技术处于领先地位，这样就让产品畅销了，实际上最后研发出的只是一个工程师为另一个工程师设计的小玩意儿，并不为市场所接受。苹果一直以来就善于将先进的技术和简单的应用结合起来。

（3）苹果公司计划通过 App Store，统一管理 iPhone 应用软件的销售

发送、收费、宣传由苹果公司全面负责，因此，开发者可以专心开发优秀的应用软件。由此可见，iPhone 改变的不是自己一款产品的销售模式，而是突破以往移动平台的四分五裂局面，建立一种全新的统一平台，从而让生态系统中的多方都获益的新模式。

切萨布鲁夫在接受采访时说道：“开放式创新是指在一个人才遍布各地的世界，企业要想在创新上胜人一筹，就必须利用外人的智慧。iPhone小程序现象和开放创新很有关系。苹果手机面市时被看中的是它独特的触摸屏，但后来令它成功的却是小程序。这些小程序的开发不需要很高的编程水平，因此它很快传播开来。苹果手机面市第一年，就产生了20万个小程序。依靠小程序，苹果手机很快拉开了和其他手机的距离。”

通过以上案例，我们可以看出，开放式创新讲求的是充分发挥市场配置资源的作用，最大限度调动和激发技术人才和社会的创新活力。无论是人才流动、创意获取，

还是技术合作、企业联盟，开放式创新作为一个新的发展模式，已经成为科研和创新活动新的游戏规则。

5. 华为公司：一体化、多元化和国际化并举

1987 年，曾经的基建工程兵任正非，南下深圳创建华为，寓意“中华有为”，并愿为中华的崛起而为之！几经沉浮，今日华为已成为世界最大的电信设备制造商，全球第二大手机制造商，并在 5G 等多个技术领域领先世界。华为是怎样一路走到今天的？

（1）懵懂阶段

1987—1994 年是华为创业初期，这时候他们一切的宗旨就是活下来。在 20 世纪 90 年代末，被称为“巨大中华”的四家：巨龙通信、大唐电信、中兴通讯、华为技术。经过市场的洗礼，华为异军突起。任正非在这个阶段，给企业的定位就是活下来，创业维艰，经过业务模式的反复摸索和试错，任正非带领华为跌跌撞撞地闯入通信行业，从代理销售走向自主研发，推出自己的拳头产品，构建了早期的核心经营团队，企业文化围绕创业展开。在此阶段华为自主研发的核心产品——C&C08 数字程控交换机全面商用。

图 2-25 华为商标

（2）二次创业与迈向国际化

企业发展到一定阶段时，一定要协同，内部运营要一体化，中国很多企业都做不到。如何真正基于市场、基于客户去打通流程，实现研产销内部一体化运营，组织运行模式必须要进行变革！经历集体大辞职之后华为开始“二次创业”：搞职能优化，提高总部的专业化管理能力。从那时起开始抓人力资源建设，抓财务建设，抓战略管理。任正非当时提出“狼狈机制”，即狼狈协同，前方打仗的是狼，前腿很发达，后方支持的人是狈，后腿很发达，就是西方企业的“内部客户”，任正非用了一个形象的词叫“狼狈为奸”，就是前后端一体化。

华为所有的变革——人力资源系统、管理体系、流程体系，花了 8 年完成，这一阶段也是华为面临困难最多、差点死掉的时期，通过管理变革，华为销售收入成为国内第一，并开始走向海外，真正成为国际化的公司。

（3）超越阶段

在这一阶段，华为在产品开发战略上采取了纵向一体化、多元化和国际化并举的战略；在市场竞争战略上，采取与“合作伙伴”共赢的战略。公司也由全面通信解决方案电信设备提供商向提供端到端通信解决方案和客户或市场驱动型的电信设备服务商转型。华为这个时期的组织结构，相比成长期的组织结构，进行了渐进式的演变，从原来的事业部与地区部相结合的组织结构，转变成以产品线为主导的组织结构。

这时华为已经是一家多元化企业，形成了运营商业务、企业业务、消费者业务三大业务体系，组织结构在未来依然还会保持这样一种矩阵型的组织结构。而这个巨大的矩阵组织结构也是动态的，是随时会跟随着战略的调整而调整的。

2011年，当华为在运营商业务方面即将成为行业领军者时，它意识到“独善其身”产品战略不是领导者的胸怀，必须走向“兼济天下”生态战略。手握有消费者熟知的终端品牌，一手握有芯片、5G 等领先技术领域的研发能力，这就是美国紧紧盯住华为不放弃的原因——它是高科技企业的排头兵。2020年5月，美国对华为制裁升级后，华为回应：“除了胜利，我们已经无路可走。”

（节选自：新浪网）

练一练

课后思考题

1. 创新思维是一种具有开创意义的思维活动，是指能够提供新颖独特的、具有社会价值的产品的思维。请同学们谈谈在生活或科研活动中使用哪些方式可以提升自己的创新思维？

2. 请同学们以小组为单位，收集国内外优秀科学家的事迹，并向其他同学分享让你印象最深刻的科学家的故事。

3. 学术道德问题是全球学术界、教育界共同关注的热点问题。而大学生的学术道德问题作为其重要组成部分，也受到了相当程度的关注。请同学们收集学术道德失范的案例，整理学术道德失范的行为，并思考我们应该如何遏制这些行为。

第3章
创业实践基础理论

青年人是全社会最富有活力、最具有创造性的群体，也是推动创科发展的生力军。要为青年铺路搭桥，提供更大发展空间，支持青年在创新创业的奋斗人生中出彩圆梦。

——2022年6月30日，习近平考察香港科学园时的讲话

学习目标

【知识与技能】

1. 了解创业的概念、基本类型和必备技能；
2. 理解精益创业的逻辑框架和基本原则；
3. 熟悉蓝海战略的定义、特点与分析工具；
4. 了解大学生创业成功与失败案例；
5. 掌握国家有关创新创业政策、常见问题及应对策略。

【过程与方法】

1. 引导学生发掘自己的潜力与兴趣，探寻适合自身的创业机会；
2. 锻炼并提高学生识别与捕捉市场机遇、分析决策、控制和协调等创业能力；
3. 通过案例分析，学生能够更好地面对创业中可能的困难，提高创业成功率。

【情感态度与价值观】

1. 树立正确的创业价值观和企业家精神，愿意参与创业有关的实践活动；
2. 增强进取心和正当竞争的意识，提高依法经营、依法维权的法制观念；
3. 认识到大学生创业的优势与不足，能够正确看待创业，主动培养创业能力。

教学建议

教学重点

引领学生正确认识创业与精益创业。

教学难点

在创业过程中时刻保持良好的心态。

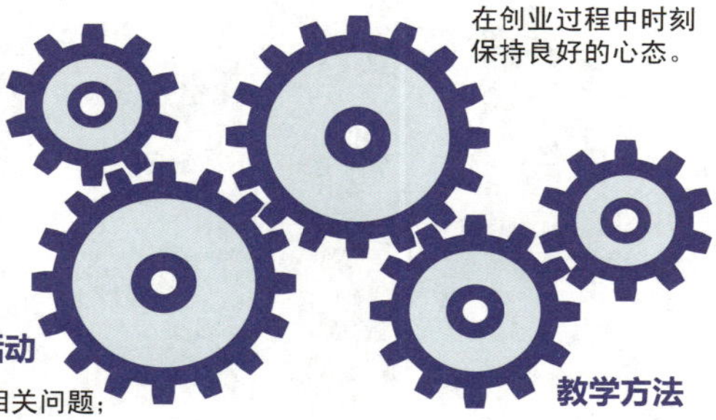

教师活动

教师应扮演学生创业过程中的陪伴者、服务者、学习者、共同成长者与参谋者。

学生活动

1. 阅读“新奇•大咖”并回答相关问题；
2. 课前收集创业的相关政策；
3. 以小组为单位完成“练一练”和“课后思考题”。

教学方法

任务驱动教学法、案例教学法、小组讨论法、自主学习法。

课前展示 → 任务引入 → 任务训练 → 任务分析 → 自由、合作探究 → 归纳反思

新奇·大咖

今日头条 CEO 张一鸣：技术出身，字节跳动

张一鸣，字节跳动创始人、原 CEO，今日头条创始人、原 CEO。张一鸣在 2013 年入选了《福布斯》“中国 30 位 30 岁以下的创业者”，并被《财富》评为商业精英。多次入选《福布斯》全球亿万富豪榜和胡润白手起家富豪榜。

作为一名技术出身的创业者，张一鸣有过多次创业经历，2001 年进入南开大学先后就读于微电子专业和软件工程专业。他在大四时编写的电路板自动化加工软件 PCBS 曾获得过“挑战杯”二等奖。

2005 年大学毕业的张一鸣组成 3 人团队，开发一款面向企业的 IAM 协同办公系统。但由于产品的市场定位失误导致了创业失利。

2006 年 2 月，张一鸣进入旅游搜索网站酷讯。作为酷讯的第一个工程师，他全面负责酷讯的搜索研发，一年后成为技术高级经理，手下管理着 40 多人，最终担任技术委员会主席。成为管理者之后，技术出身的张一鸣很想学习大公司的管理方法，于是在 2008 年离开酷讯去了微软。

在酷讯工作时，有件事让张一鸣感受强烈。他想订一张回家的火车票，但那时候去火车站买票很难，网上也不知道何时会出现二手票。酷讯当时已有的搜索是需要用户主动输入信息去搜，实时查询二手票信息。

于是，张一鸣在午饭时段花了一小时写出一个小程序，把他自己的需求用程序固化、存储下来，让网站机器定时自动帮他搜索，一旦有了搜索结果就短信通知他。在写完这个程序不到半小时，张一鸣就收到了短信提示，然后买到了票。不用买黄牛票，也不用在电脑前一直待着，这个小程序对他的价值非常大。

2009 年 10 月，张一鸣开始了第一次独立创业，创办了垂直房产搜索引擎“九九房”。在九九房，张一鸣开始涉足移动开发，6 个月间推出掌上租房、掌上买房等 5 款移动应用，在当时的移动互联网环境下实现 150 万用户，是房产类应用的第一名。

2011 年年底，张一鸣辞去九九房的 CEO 职位，在 2012 年年初开始筹备“今日头条”。

2012 年年底，张一鸣也察觉到移动互联网的发展趋势，“在这个前提下帮用户发现感兴趣、有价值的信息，机会和意义都变得非常大”。为此他开始了自己的第五次创

业。他成立的这家公司有个很有趣的名字——字节跳动（Bytedance），顾名思义，公司产品和数据相关。Bytedance 开发出名为“今日头条”的手机应用，成为国内增速最快的新闻客户端。除了“今日头条”，字节跳动旗下还有“内涵段子”“搞笑囧图”“内涵漫画”“好看图片”“今晚必看视频”等 12 款应用。总体表现不俗，其中的“内涵段子”在娱乐类排名一度超过“唱吧”。

在张一鸣看来，移动互联网带来的信息爆炸，使人们面对的选择越来越多，面对信息超载，人们常常无所适从。在这种情况下，信息获取方式将不再是传统媒体采用的人工编辑模式，而是更加智能和个性的自动化推荐，推荐引擎便开始展现技术优势，发挥威力。“越是在移动互联网上，越是需要个性化的个人信息门户。我们就是为移动互联网而生的。”张一鸣说。

张一鸣创办的“今日头条”没有编辑团队，不对内容进行人工干预，全靠算法学习进行个性化的机器推荐；也不进行内容的生产加工，只做内容分发渠道。“今日头条”的核心竞争力和优势就在于机器分发，基于大数据和算法进行个性化推荐，它不仅是一个新闻客户端，还是信息分发平台，是一家具有媒体属性的科技公司。这家公司现在的团队有 300 多人，其中有 50%负责技术和后台运营，他们中 90%都有过在百度、腾讯等互联网公司的工作经验，有一半是张一鸣曾经的同事。

“今日头条”短短 5 年时间获得了 20 亿美元的融资，价值超过 200 亿美元。2017 年，今日头条用户量达到 6 亿，活跃用户有 1.4 亿，据大数据统计每人每天平均花费 76 min 在“今日头条”上，“今日头条”成了在国内站上第一阶梯队伍的流量分发平台。

张一鸣 29 岁创办“今日头条”，33 岁又创办抖音这款国民级的应用 App。与美团王兴、雪球方三文，被称为互联网圈的“龙岩三杰”。

如今，字节跳动公司旗下有“今日头条”“悟空问答”“激萌”“内涵段子”“抖音”“火山”等多款爆款产品。这些成功的 App，也开启了张一鸣辉煌的财富之路。2020 年 2 月 26 日，张一鸣以 970 亿元人民币财富名列《2020 世茂深港国际中心 · 胡润全球富豪榜》第 115 位。

（改编自知乎用户浦先生笔记《今日头条、抖音创始人张一鸣的创业故事》）

动动脑

1．张一鸣通过写程序来购买回家的火车票，既不用买黄牛票，也不用在计算机前一直待着。他的创新来自于生活需求，请同学们结合所学专业与生活需求，以小组为单位，谈谈在实际生活中，如何将专业知识学以致用？

2．无论是在酷讯、微软工作，还是在九九房担任 CEO，张一鸣都取得了不错的成绩。可是为什么他在如此成功的时候，却一次又一次选择了离开呢？甚至冒着创业失败风险创办字节跳动公司？请同学们以小组为单位展开讨论。

3．“延迟满足感”是张一鸣推崇的准则：如果一件事情你觉得很好，你不妨再往后 delay 一下，这会让你提高标准，同时留了 buffer（缓冲）。在生活中，我们总是面临各种选择，“延迟满足感”则是主张为了长期满足而放弃即时满足的自我控制能力。请同学们思考我们应该如何培养“延迟满足感”？

3.1 认识创业

1994 年，联合国大会一致通过了一项决议，支持并鼓励所有经济起飞国家和发达国家把创业作为一项国策。1997 年 12 月，欧盟委员会在巴黎召开了有关“创新、新企业建立和就业”的第一次圆桌会议。20 世纪 80 年代开始的改革开放政策使得中国开始酝酿创业的土壤。2014 年 9 月夏季达沃斯论坛上，李克强总理提出“大众创业、万众创新”，“双创”成为中国当下的流行语。在这个“大众创业、万众创新”的时代，创业是加快发展新经济、培育发展新动能、打造发展新引擎的重要抓手。

创业是在风险和不确定性条件下，为了获利或成长机会而创建新兴组织或组织网络的过程；是创业者及创业搭档对他们拥有的资源或通过努力对能够拥有的资源进行优化整合，从而创造出更大经济价值或社会价值的过程。根据杰夫里·提蒙斯（Jeffry A. Timmons）所著的创业教育领域的经典教科书《创业创造》（*New Venture Creation*）中的定义：创业是一种思考、品行素质，杰出才干的行为方式，需要在方法上全盘考虑并拥有和谐的领导能力。创业是一种需要创业者及其创业搭档组织经营管理、运用服务、技术、器物作业的思考、推理和判断的行为。创业活动是一项长期、系统的工程，需要以专业知识、专业技能为基础。

3.1.1 创业的基本类型

创业在广义上指的是创业者在从事各种社会活动，对社会产生积极正面的影响，对国家、集体和群体做出贡献的事业。狭义上则是指从事生产经营活动，开创个人或家庭的家业。创业必须贡献出时间，付出努力，承担财务、精神的或社会的风险，并获得金钱的回报或个人的满足。创业是就业的另一种表现形式，创业不但为自己创造了就业机会，而且也为他人提供了就业岗位。除此之外，根据创业动机中的主动或被动因素，还可以将创业分为两类。

（1）机会型创业（Opportunity business start-up）

机会型创业指那些为了追求一个商业机会而从事创业的活动。已感知到商业机会的人自愿开发商业机会，虽然创业者还有其他选择，但他们由于个人偏好而选择了创业，是自发自动地开创企业。机会型创业是通过发现或创造新的市场机会，为追求更大发展空间，通过新产业的开拓实现对新市场开拓的创业形态，具有创业起点高、市场空间大、就业岗位多、项目利润高、市场风险大等特点。

（2）需求型创业（Necessity business start-up）

需求型创业也叫生存型创业，是指由于没有其他就业选择或对其他就业选择不满意而从事创业的活动，是指那些由于没有其他更好的工作选择而从事的创业。这种类型在我国所有创业活动中占比较大，具有创业起点较低，项目主要集中在餐饮、副食等微利行业。

3.1.2 创业能力

创业者是创业活动的中心，创业者能力与外部环境共同决定了企业的生存与发展。创业能力是一种具有较强综合性程度的能力，主要包括以下几个方面。

（1）识别与捕捉市场机遇的能力

创业的本质是创业者发现市场机会并利用各种资源抓住市场机会的活动过程。因此，对市场机会的识别能力是创业行为能力的重要部分，包括市场机会评估能力和市场机会判断能力。

（2）战略能力

战略能力是创业者在剧烈变化的外部环境下为取得长期生存和发展而进行总体规划的能力，包括战略规划水平、资源整合能力、市场适应能力。战略能力主要体现在及时调整目标和经营思路、快速地重新组合资源以适应环境的变化、制定适宜的战略目标和计划等方面。

（3）分析决策能力

分析决策能力是指创业者对问题及相关关系进行认识、洞察、判断，从而敏锐、果断、准确地选择最佳方案的能力。这是创业者必须具备的诊断复杂情况的心智能力。

（4）控制和协调能力

控制和协调能力是指对企业内部各种资源进行组织、协调、控制的能力。它要求创业者善于开发新创意，开发新产品和新服务，发现新的市场区域，开发新的生产、营销和管理方法；随着企业的发展，能够选择合适的组织结构，领导建立一套完善的管理规则，进行有效的企业文化建设，培养团队精神和创业精神。

（5）社会能力

与创业相关的社会能力包括社会适应能力和社会实践能力。社会适应能力包括忍耐力、抗挫与抗压能力等，社会实践能力包括社交与合作能力、谈判能力、社会洞察力和组织指挥能力等。

（6）信息的收集和处理能力

创业者通过监控环境变化，从环境中获取和分析对于实现既定目标有帮助的信息的能力。

（7）创新能力

创新能力包括学习型组织的建立和企业创新体系的建立，指创业者具备不断打破旧秩序，建立包含新产品、新技术、新市场、新制度和新组织结构在内的新秩序的创新精神和能力。

（8）团队协作能力

团队协作能力是指建立在团队的基础之上，发挥团队精神、互补互助以达到团队最大工作效率的能力。对于团队的成员来说，不仅要有个人能力，更需要有在不同的位置上各尽所能、与其他成员协调合作的能力。

（9）风险管理能力

创业风险是客观存在的，风险管理是创业管理的重要内容。风险管理能力包括风险识别能力和风险防范能力。

3.1.3 创业伦理和企业家精神

3.1.3.1 创业伦理及其重要性

利益是道德的基础，道德的核心内容就是调整利益关系。创业伦理所关注的基本问题是创业行为的动机问题和人们用怎样的方式去从事自己的创业行为。创业伦理要求创业者在开展创业活动的过程中，不仅要追求创业行为的有效性，而且还要追求创业动机、行为合乎道德原则与规范。在创业过程中，诉诸创业行为本身，形成的创业行为所应遵守的道德规范，即创业伦理。

创业伦理存在的必然性在于创业逐利的天性需要受到道德的制约。当今社会，在一些发达的资本主义国家中，随着市场经济的发展也带来了重大的道德问题，贪婪与疯狂成了经济活动的最原始动力。马克思曾经援引登宁的话说：“资本家有50%的利润，他就铤而走险；为了100%的利润，他就敢践踏一切人间法律；有300%的利润，他就敢犯任何罪行，甚至冒绞首的危险。”诚然，市场经济使人必然追求利益，正如马克思、恩格斯所说 “每个人的出发点总是他们自己”，市场机制的实质就在于充分利用每个人对私利追求的本性来激发人的最大潜能，进而为社会进步做贡献。

在我国建立社会主义市场经济体制的过程中，利益驱动也是一项原则。但创业者的活动是离不开政治、人性、道德而独立存在的，所以创业逐利的天性必须制约。我国著名经济学家厉以宁教授认为，道德的力量十分重要，是对社会经济活动的市场调节和政府调解之外的第三种调节力量。市场调节和政府调节都有其局限性，两种调节互补之后仍有空白，这个空白只能依靠道德调节来发挥作用。从这个意义上说，道德约束是社会经济活动调节的最后一道防线。只有按照道德法则行事，获得正当利益，才能真正体现创业活动的意义和价值。创业伦理中各核心要素的重要作用主要体现在三个方面：坚持正义是创业定位的基本前提，诚实守信是创业行为的重要规范，社会责任是创业价值的终极旨归。

3.1.3.2 创业伦理的核心要素

创业伦理是创业者每时每刻都避不开的问题，企业的每一个行为都是创业者道德的反映。创业伦理主要是处理创业组织与客户、股东、员工及社会的利益关系，其核心要素主要有：正义、诚信、责任。

正义是对政治、法律、道德等领域中的是非、善恶做出的肯定判断。作为道德范畴，“正义”与“公正”同义，主要指符合一定社会道德规范的行为。人们的行为是否符合历史发展规律和最大多数人民的根本利益，是判断人们行为是否符合正义的客观标准。

诚信，即诚实守信。诚实，即忠诚老实，就是忠于事物的本来面貌，不隐瞒自己的真实思想，不掩饰自己的真实感情，不说谎，不作假，不为不可告人的目的而欺瞒别人；守信，就是讲信用，讲信誉，信守承诺，忠实于自己承担的义务，答应了别人的事一定要去做。诚信是我国传统道德文化的重要内容之一，“诚信者，天下之结也”，就是说讲诚信，是天下行为准则的关键。在人们的心中，诚信已经成为必不可少的一部分。传统伦理将诚信作为人的一种基本品质，认为诚实是取信于人的良策，是处己立身，成就事业的基石。

责任是分内的事情，也就是承担应当承担的任务，完成应当完成的使命，做好应当做好的工作。责任通常在两个意义上使用。一是指分内的事，如职责、尽责任、岗位责任等。二是指由于没有做好分内的事，而应承担的不利后果或强制性义务。责任有个人的责任和集体的责任。个人的责任指一个完全具备行为能力的人（成年人）所必须去履行的职责。集体的责任是指一个集体必须去承担的职责。责任和自由是对应的概念，事实上，责任以自由为前提，而自由只能存在于责任之中。责任是唯独存在于上帝和邻舍的约束中的人的自由。责任是一种职责或任务。它伴随着人类社会的出现而出现，有社会就有责任，是身处社会的个体成员必须遵守的规则和条文，带有强制性。

3.1.3.3 企业家精神

企业家精神是促使着人们创业的主要驱动力，而企业家精神的研究路径也由个人层面不断拓展到组织层面、社会层面，一直到现在的多维复合层面。企业家精神通常能够维持一家企业的核心竞争力，同时还能够找到行之有效的方式提高企业核心竞争力，做到各项资源的合理配置，并制定科学健全的管理机制。企业的核心竞争力来源于企业家精神，它等同于企业的资本要素或土地要素，只有当这些要素真正地掌握在企业家手中时，企业才能够适应竞争环境，并真正能够获得发展。

19 世纪 70 年代至今，学者们的研究就未曾间断，但企业家精神的定义仍很难有一个统一界定。经济学理论中有三大学派对此有较权威的观点：德国学派重视创新精神，奥地利学派认为应重视企业家识别市场机会的水平，芝加哥学派更加强调风险与应急处理。我国于 2017 年发布的《关于营造企业家健康成长环境弘扬优秀企业家精神更好发挥企业家作用的意见》中明确表示，敬业、创新、风险和担当是企业家精神的四大要素。

在企业家精神的微观研究领域中，心理学与管理学相联系，具体来说，这一层面的企业家精神指的是以创新、创业为主的一系列个人行为倾向、特质。个人层面研究主要基于高层管理团队（TMT）理论、认知理论等强调企业高层管理者特质。当企业家精神描述企业家个人行为时，它就与企业成长相联系起来，进而通过每个企业的成长影响经济达到宏观作用。因此，企业成长是企业家精神作用于经济增长的微观机理。

（1）创新精神

企业家精神在知识创新方面也发挥着重要作用。它不仅能够有利于知识扩散，也能够促进本地区经济绩效的快速提升。经过结构方程模型（SEM）的分析，基于知识扩散的企业家活动通常会受到地方知识创新的影响，同时也会对区域经济绩效产生较大影响。

（2）机会识别精神

机会主要由发展性机会和警觉性机会构成，而机会识别则需要将前者基于现有商业机会拓展以及将后者基于偶然机会捕捉进行识别。其中警觉识别要求企业家善于捕捉机会，它主要体现于现有商业机会的市场和业务的拓展。绝大多数市场上信息其实是不对称的，而机会识别的本质就是对之前未被察觉到的机会的敏感性。

（3）冒险精神

冒险精神是与企业家所愿意承担的风险相挂钩的。科文和斯利文在研究企业家精神时构建了企业家精神概念模型用于分析企业家行为，通过企业家态势来分析企业家精神。从分析结果来看，企业家面临不确定性风险时愿意承担这种不确定性风险的意愿就称为冒险精神。在动态市场中，企业家通常会存在某种不确定的状态，这种不确定，要求企业家必须随时更新自己的决策，它往往是一把“双刃剑”。其实在企业家精神中，创新和风险是相伴随行的，如果只谈创新却无丝毫风险，往往达不到目的，此也非企业家，而仅是一般管理者。

伴随我国改革开放的伟大进程，大批优秀企业家相继涌现，在国内、国际两个市场大展拳脚、纵横捭阖，带领中国企业不断走向世界舞台。中国企业家的精神光彩生辉，爱国情怀、勇于创新、敢于担当、诚信守法、视野宽阔等诸多精神成为中国企业家精神的重要特征。疫情防控时企业家们倾尽全力、不计得失；复工复产时抢在一线、共克时艰；以及慈善救助等承担社会责任的人文情怀如汩汩暖流温暖神州大地，助推中国经济的航船在惊涛骇浪中劈波斩浪奋勇向前。

延伸阅读

大众点评的商业模式

大众点评是中国领先的本地生活信息及交易平台，也是全球最早建立的独立第三方消费点评网站。大众点评不仅为用户提供商户信息、消费点评及消费优惠等信息服务，同时也提供团购、餐厅预订、外卖及电子会员卡等 O2O（online to offline）交易服务。

大众点评对自己假设的产品不断进行测试，反复科学试错，最终确定了产品方向在市场上是否行得通。这种小步快跑、步步为营的方式，在很大程度上节约了公司的成本和时间，为公司的顺利发展提供了有力保证。大众点评月活跃用户数超过 2 亿，收录商户数量超过 1 400 万家，覆盖全国 2 500 多个城市及美国、日本、法国等近百个热门旅游国家和地区。除上海总部外，大众点评已经在北京、广州、天津、杭州、南京等 160 多座城市设立分支机构。

大众点评的商业模式：

1. 产品服务

大众点评网全面整合营销解决方案，其精准营销为商家带来不菲利润。

（1）团购：既是高效的短期营销工具，在与消费者点评天然结合中，使用户获得透明可信赖的团购体验，也使商户在精准的营销中快速积累口碑，获得最大化的商业价值。

（2）优惠券：精确传递优惠信息，持续刺激消费欲望。

（3）关键词：潜在客户找商家，首先看到。

（4）签到：签到推广活动，让顾客帮忙打广告。

（5）城市通：个性化页面，及时市场反馈。

2. 盈利模式

初期的盈利模式为：以点评为核心，打通出版、互联网、无线增值等。

（1）佣金收入

借鉴携程的模式，推出积分卡业务。会员凭积分卡到餐馆用餐时可享优惠并获积分，积分可折算现金、礼品或折扣。大众点评网凭借其渠道平台的优势向餐馆收取佣金，以积分形式返还给会员一部分后，剩下的就是网站收入。

整合电子商务模式，进行网上订餐，也是营业收入来源之一，大众点评网可以凭借为会员提供订餐服务向餐馆收取费用。这些产品广受商户和消费者的欢迎，真正实现了网站、商户、消费者三赢。目前这部分收入占总收入的 80%以上。

（2）出版

把网友评论结集出版为《餐馆指南》，目前分为北京、上海、杭州、南京四个版本，每本售价为 19.8 元，仅上海发行量就达到 10 万本。

（3）无线增值

大众点评网在智能手机风潮之下果断开发各类手机客户端，并与中国移动、中国联通、中国电信、空中网、诺基亚、掌上通等合作，推出基于短信（SMS）、WAP 等无线技术平台的信息服务，为中国近 5 亿手机用户提供随时、随地、随身的餐馆等商户资讯。

2005 年 12 月，大众点评网作为 CP 开始与一家大 SP 合作，为用户提供手机搜索内容。比如，用户发送短信“小肥羊、徐家汇”，就可以获得餐馆地图、订餐电话、网友点评等信息，此项收入每年在 1 000 万元以上。

（4）广告

①餐馆搜索引擎的广告收入：采取了跟普通搜索引擎类似的竞价广告模式，按点击次数收费，不点击不收费，不过因为其极强的针对性，所以价格较高，每次最低点击价格为人民币 1 元。

②网站广告收入：现在推出的有网站横幅广告（如 Google 版的右侧链接广告）、“新店开张”专栏文字链接广告和电子刊物广告链接等。不过考虑到其干扰性，暂规定每网页只一个大横幅，主要投放在搜索结果页面、查看点击页面和上海站等分站页面。右侧链接广告主要投放在搜索结果页面和餐馆介绍页面上。“新店开张”专栏文字链接广告主要针对最近六个月内开张的有规模的或有特色的餐厅，放置在各城市分站首页的“新店开张”专栏。电子刊物广告链接投放在网站发给注册会员的会刊上。

（5）其他

点评模式可以纵向扩张到其他领域，“购物”“休闲娱乐”“生活服务”等各个板块。另外，加入更多提高黏性的内容和功能。比如，部落里会增加奖励、积分、部落之星，也会组织更多的线下活动，形成一个好的社区氛围。

3. 用户特征

用户以 18～45 周岁为主流，以学生、白领居多，这些用户追求方便和物美价廉，不仅在乎商品实用价值，同时注重商品附加价值带来的优越感和自我满足感。

大众点评解决了用户的两个核心需求：一是更加便捷地找到提供服务的商家；二是解决了面临同类服务选择时的选择恐惧问题，消除了用户和商户之间的信息不对称，打造了基于商家分布和用户体验大数据的互联网平台。

3.2 精益创业

3.2.1 精益创业的概念

精益创业的概念是硅谷创业家 Eric Rice 在 2008 年 9 月的一篇文章中第一次阐述的，其中借鉴了很多丰田“精益生产”的理念，他的基本逻辑点就是避免生产没人想要的产品，提高创业成功率。精益创业的核心思想源于“精益生产”的理念，倡导通过“验证性学习”模式，首先向市场推出极简的原型产品。然后积极收集用户的反馈信息，经过不断的试验和改进，最后以最小的成本和最有效的方式验证出原型产品是否符合用户的需求。精益创业理念适合的领域主要有两方面的特征：一是用户需求变化快；二是产品开发难度不高。这些领域包括软件开发、电影电视、金融服务及开发难度不大的其他领域。

3.2.2 精益创业的逻辑框架

精益创业的逻辑框架主要分为四个阶段。精益创业的起点是用户探索，就是通过各种方法来探索用户是谁、用户在哪里并认识客户的痛点和解决方案。第二阶段是用户验证阶段，对于拟初步认知的用户痛点和解决方案进行科学的试错验证。验证的结果，如果是没有用户真正需要，那么就轴转，重新回到最早的用户探索阶段；如果用户验证的结果比较理想，那么就初步验证了一个商业模式，可以进入第三阶段，也就是商业模式的放大执行阶段。这一阶段更多的是用户的积累和用户的运营，基本确立商业模式。最后一个阶段是商业模式的正常执行阶段。前两个阶段是精益创业的核心阶段。

在用户探索阶段，不仅是用户的探索，其实也是商业模式的探索，在这个阶段是发散式的探索，有很高的不确定性。创业者可以尝试多个方向，快速地转向、不停地试错；到了第二个阶段，则是更加聚焦式的探索和验证，进而初步确立创业方向。精益创业的前两个阶段，主要解决用户数量从 0 到 1 的问题。而商业模式的放大阶段，主要解决用户数量如何从 1 到 100 的问题。第四个阶段是解决用户数量如何从 100 到 1 000 的问题。在商业上，现有的大公司是执行一个已经经过验证成熟的商业模式。新创公司不是大公司的缩小版，因此新创公司需要探索一种尚未验证过的商业模式。明白了这个道理，也就明白了精益创业的基本框架。

3.2.3 精益创业的基本原则

精益创业的基本原则如下（图 3-1）：

（1）用户导向

精益创业思维是百分之百地以用户为中心，专注用户导向，进而拉动市场。用户导向是指公司要以满足用户需求、增加用户价值为经营出发点，在经营过程中，特别注意用户的消费能力、消费偏好及消费行为的调查分析，重视新产品开发和营销手段的创新，动态地适应用户的需求。

（2）快速行动

精益创业思维强调产品的投入要快速敏捷，一边研发产品，一边根据用户的体验反馈来改进产品，不断地测试和修正，最终生产出满足用户需求的产品。初创公司要在发现市场需求的第一时间投入最简的可行性产品，及时通过用户的评价进行调整，赢得市场的主动权。快速行动不能只追求速度，还要追求质量。脚踏实地落实到每一个细节，真正做到“零延误”，对在创业阶段的每一个环节上、研发产品的每一个小细节上出现的问题，都要及时进行调整。

（3）单点聚焦

精益创业思维强调单点突破，寻找一个切入点，然后突破这个切入点，攻入市场这个大环境下，根据这个切入点找准自己的目标用户，设计个性化的产品和服务，满足用户需求。切入点要具体清晰、不可模糊，然后把创业的所有激情和精力及有限的资源都用在这个点上，实现突破。

（4）优化迭代

精益创业思维强调对产品进行预测只是一个非常抽象模糊的评估，预测不可能十分精确，只有把产品的模型研制出来，投放到市场后，再根据市场的反馈信息不断地优化迭代，才能最终定型。优化迭代思维要求创业者要对产品进行否定再否定，达到最后肯定的效果这种以人为核心、不断否定的开发方式，允许产品出现残缺，可以通过科学试错，不断地测试验证，从而获得更多的认知，根据认知不断地对产品进行调整，在坚持不懈的修正过程中不断地完善产品。

（5）科学试错

精益创业思维强调，产品可以从不完美的过程走向完美的终点。在这个过程中，产品只有不断地进行科学试错，重复测试和修正，才能接近完美；科学试错就是通过对最简产品的测试来寻求用户的需求，进而锁定产品的方向。对假设的产品方向进行不断地科学试错，循序渐进，在每一次的试错周期中获得认知。进而调整完善产品，最终实现产品与市场需求相呼应、使创业者达到创业初期设定的目标。

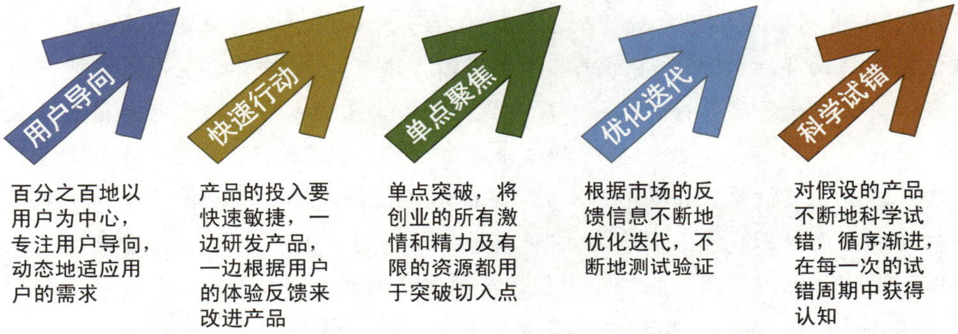

图 3-1　精益创业的五大基本原则

延伸阅读

微信的精益创业

微信（WeChat）是腾讯公司于 2011 年 1 月 21 日推出的一款面向智能终端的即时通信软件。微信为用户提供聊天、朋友圈、微信支付、公众平台、微信小程序等功能，同时提供生活缴费、直播等服务。其用户覆盖 200 多个国家、超过 20 种语言。微信在移动互联网爆发时期诞生。微信的快速发展不仅得益于移动互联网迅猛发展的良机，同时还归功于其秉持着用户体验为王的信念，不断地完善升级产品。

2010 年美国出现一个叫 Kik 的 App，仅一个月就收获百万用户，震惊了全世界。微信创始人张小龙立即发了一封邮件给马化腾，说这个东西我们应该做。这个建议得到了马化腾的同意，并把它命名为“微信”，意为微型的邮件。

2011 年 1 月，微信发布。微信 1.0 到 2.0 版本，几乎没有任何特色。同年 5 月，微信 2.0 版本发布，迎来了语音功能，用户开始显著增长。8 月，发布 2.5 版本，添加了

“查看附近的人”的陌生人交友功能，微信用户达到 1 500 万。两个月后，微信发布 3.0 版本，加入了“摇一摇”和漂流瓶功能，支持繁体中文语言界面，并增加中国香港、中国澳门、中国台湾、美国、日本五个地区的用户绑定手机号。12 月，微信发布 3.5 版本，带来全新二维码社交模式，此时，微信用户已超过 5 000 万。

2012 年 5 月，微信发布 4.0 版本，带来了朋友圈功能、微信开放接口、支持图片、视频、地理位置转发给其他微信朋友，这是一个非常大胆的尝试。同年 7 月，微信 4.2 版本增加了视频聊天插件，并发布网页版微信界面。8 月，微信公众平台上线，微信开始构建内容生态。微信聊天、微信公众号、微信朋友圈，至此形成了一个信息传播的闭环，微信逐渐成为人们生活中必不可少的工具。9 月，微信 4.3 版本发布，增加了“摇一摇”传图功能、语音搜索功能，并且支持解绑手机号码和 QQ 号。此时微信注册用户突破 2 亿。

2013 年 1 月，微信用户数突破 3 亿，成为全球下载量和用户量最多的通信软件。微信仅用短短两年时间就获得如此丰厚的成绩。之后，微信依旧在不断发展，不断完善升级，更新迭代了很多种版本。2 月，微信发布 4.5 版本，支持实时对讲和多人语音聊天，并进一步丰富了“摇一摇”和二维码的功能，此外，还加入了语音提醒和根据对方发来的位置进行导航的功能。8 月，5.0 版本上线，添加了表情商店和游戏中心，扫一扫功能全新升级。这一年，微信发布了微信支付、游戏中心、表情中心三个志在让微信实现商业化的产品。此时，微信注册用户已超过 6 亿。

2014 年 1 月 7 日，微信红包在春节前夕正式上线。3 月，开放微信支付功能。2017 年 1 月 9 日，微信小程序正式上线。同年 5 月，微信支付宣布携手 CITCON 正式进军美国，赴美人群可在美国享受无现金支付的便利。11 月，微信入选中国商业案例 TOP30 榜单。12 月，微信更新的 6.6.1 版本开放了小游戏。2018 年 2 月，微信全球用户月活数首次突破 10 亿大关。

2019 年 2 月，微信官方发布 2019 年春节数据报告：除夕到初五期间，8.23 亿人收发微信红包，微信运动全体用户走出 9.63 万亿步数。同年 12 月，微信正式推出看点直播小程序，主打直播电商。2019 年小程序日活超 3 亿，累计创造 8 000 多亿元的交易额。2020 年以来，微信又更新了一系列关于公众号、小程序、视频号、搜一搜等板块的功能。

到目前为止，微信仅仅经历了 12 年的时光，就发生了如此大的变化。从这 12 年的发展史中可以看出，微信在不断发展和完善自身，通过不断更新迭代，让用户体验到了最优效果，这也是用户之所以会爱上微信的重要原因之一。微信官方开放生态已经涉及微信支付、硬件开放平台、公众平台和企业号等业务，微信正在从一个人与人交流的工具，逐渐进化成一个连接人、硬件和服务的生态系统，通过“连接一切”带来人体的延伸、生产效率的提高和日常生活的便捷。

一个产品的发展历程顺不顺利，除了与产品策略、产品团队的实施过程有关外，还跟产品团队的基因、团队的积累、团队的管理方式、团队的行为方式有非常大的关系。正是因为微信团队经历了邮箱时期的各种功能尝试，不但积累了经验，还锻炼了团队，建立了团队的系统基础，才有可能在很短的时间内做出了一个亿级的明星产品。

（改编自知乎用户哆啦大叔《微信发展史》）

3.3 蓝海战略与红海战略

3.3.1 蓝海战略与红海战略的理论框架

随着全球化竞争的加剧，企业的产品和服务同质化严重，可选的竞争战略往往在“差异化”和“成本领先”中选择其一，但是差异化会增加成本，而成本领先会降低利润。蓝海战略的前提就是将企业的焦点从竞争对手转移至顾客，从为顾客提供价值的角度出发，跨越现有竞争，重新制定和排序产品和服务的价值，达到价值提升和成本降低的双重目的，脱离红海，开创蓝海。

那什么叫红海战略和蓝海战略呢？红海战略是指产业边界明晰、竞争规则已知，且竞争激烈、利润日益微薄的传统市场，就像一群鱼在海里争抢食物，血雨腥风，市场也是同样的道理，企业就在这个已经存在的市场中去争夺市场份额，去和其他企业竞争。而蓝海战略就不一样，是指商业竞争中尚未开垦的未知市场空间，代表着创造新需求以及利润高速增长的机会，这是一片蓝海，海阔凭鱼跃，天高任鸟飞，没有人和你抢，没有人和你争，蓝海战略就是一种打破现在已经存在的市场边界的战略，它的产品和服务是市场上没有的，这样一种市场也是新型的，没有竞争对手，它的核心思想是创新。实施蓝海战略，企业不执着于如何打败竞争对手，而要考虑如何开拓市场，满足客户需求，同时获得合理利润，并在蓝海中胜出。

在 2005 年 2 月由哈佛商学院出版的研究成果《蓝海战略》（*Blue Ocean Strategy*）中，欧洲工商管理学院 W. 钱·金（W.Chan Kin）、勒妮·莫博涅（Renee Mauborgne）为企业指出了一条通向未来增长的新路。蓝海战略的一个经典案例就是太阳马戏团。太阳马戏团与之前的传统马戏团不同之处在于，它所吸引的不是儿童，而是一群崭新的顾客，其中有成年人、也有商界人士，他们为了享受这项马戏娱乐，往往会花费传统马戏表演门票几倍的价钱。他们设想市场空间由两种海洋组成：红海和蓝海，描述了在蓝海中胜出的分析工具和框架，进而给出了开创蓝海的基本原则和方法，最后提出了执行蓝海战略的路径。其实，在我们身边蓝海战略的成功案例比比皆是，星巴克抛弃以往咖啡店仅限于对商品——咖啡的关注，新创了一种全新的营销模式，不仅让人们的目光从咖啡扩展到整个店面布置和氛围营造，更是无形中将对象框定在中、高收入者，提高了营业额，在无数咖啡店中脱颖而出，创造了属于自己的“蓝海”，类似的还有宜家（IKEA）等。

3.3.2 蓝海战略与红海战略的区别

“红海战略”的代表是迈克尔·波特的竞争战略。在迈克尔·波特“竞争三部曲”的引导下，“竞争”成了战略管理的核心。迈克尔·波特认为在对企业所处的产业结构和竞争环境分析的基础上，企业应该单独或组合运用三种基本战略来获取竞争优势：差异化战略、总成本领先战略及聚焦战略。在竞争战略的引导下，企业通常会局限在从总成本领先战略和差异化战略之间进行抉择。然而，追求差异化战略表示会相应地增加成本和定价，并且为满足细分市场需求而必须放弃其他广阔市场。而追求总成本战略意味着企业很难兼顾所提供的产品或服务的质量，同时在产品同质化的环境下，顾客越来越倾向于基于价格做出选择，使企业陷入“价格战”的泥潭中。这种以竞争为核心的红海战略是“零和博弈”，企业和顾客的价值总和并无增长。

而蓝海战略使企业、顾客和社会的价值共同增长，属于“多赢”战略。蓝海战略要求企业把注意力从观察并模仿超越竞争者的一举一动转为探索如何提升买方价值，即关注市场的需求者而非供给者。企业如果能跳出当前产业边界分析市场并重新筛选和排列市场中的不同价值元素，就有可能重新构建市场边界，从而开发庞大的潜在需求，甩脱红海市场的激烈竞争，开创“蓝海”——新的市场空间。企业通过增加和创造当前产业尚不存在的某些价值元素来追求“差异化”，并通过剔除和减少当前产业不必要的某些价值元素来追求“成本领先”，即用较低的成本为买方提供价值上的飞跃。红海战略与蓝海战略的区别如表 3-1 所示。

表 3-1　红海战略与蓝海战略的区别

红海战略	蓝海战略
在当前已有的市场空间中竞争	开创无人竞争的新的市场空间
击败竞争者	摆脱竞争者
满足已知需求	开发和获取新需求
在价值和成本之间权衡抉择	同时追求价值和成本
以差异化或低成本战略为指导，协调企业行动的一系列战略行动	以价值创新为指导，协调企业行动的一系列战略行动

由于蓝海的开发并不是以技术创新为基础而是基于价值创新，并不是臆想未来市场和需求，而是重新构建和排列当前市场的价值元素，所以蓝海战略是系统的、可复制的。同时，蓝海战略并不是要求企业家具有创新精神和冒险精神的呼吁，而是像红海战略一样具有理论基础和一系列的分析工具和框架，尽可能减小企业的战略转变风险。

3.3.3　蓝海战略的分析工具

战略行动是蓝海战略的最佳分析单位。一个战略行动包括一项开发市场的业务所需的一系列管理方法和活动指导；一组战略行动协调作用形成一个完整的蓝海战略。蓝海战略的制定和执行通过其分析工具变得系统化并且易于执行，从而降低风险。这些分析工具有战略布局图、四步动作框架以及“剔除—减少—增加—创造”坐标格。

以红星家居集团成功制定并执行蓝海战略的实例来分别介绍这些工具。

背景：红星家居集团是由车建新 1986 年在常州用 600 元借款起家的，到现在已成为在中国 90 多个城市拥有 130 多家商场的企业，2013 年营业额达到 500 亿元人民币。红星家居集团的成功经验契合了蓝海战略的价值创新的核心，为我国的民营企业运用蓝海战略做出了示范。

（1）战略布局图

战略布局图对指导价值创新和开发蓝海都具有极其重要的作用。它不只是分析框架，还是诊断框架，既能概括当前市场的竞争状况，又能展示经过价值创新的企业的战略轮廓是否另辟蹊径。战略布局图的横轴表示产业竞争重视的各元素，纵轴体现了买方在以上元素中分别获得多少。将各个元素水准所代表的点连接为一条线，就是价值曲线。价值曲线将企业在市场竞争中每个元素的相对能力以坐标图的方式清晰明了地展现出来，是战略布局图的重要构成部分。

当各竞争对手的价值曲线形状相差无几，只是在竞争元素上相对高度不同的情况下，企业如果一味地比超竞争对手，增多或减少一些同样元素的投入，就很可能会陷入“红海”。企业应该把战略中心从竞争者身上转为跨越产业边界重建顾客价值元素，描绘新的价值曲线。

如图 3-2 所示，将红星家居集团和竞争对手的价值曲线进行对比可以看出，相对行业竞争规则，红星家居集团塑造了全新的价值曲线：通过剔除行业中被认为理所当然的物流服务、降低营销费用、自建卖场以及连锁经营四个战略行动达成了低成本，通过剔除销售提成，减轻了商户的成本压力，从而降低定价，为顾客提升了价值；通过“负全责”等举措保证了产品质量，保障了顾客的权益；通过优化服务增强了产品附属价值；通过优化商场环境使顾客产生了愉快的购物体验；通过“品牌捆绑”战略，既培育了自身品牌，又培育了厂家品牌；在产品层面通过包括科技智能、绿色生态环保等举措为顾客实现了新的价值飞跃。

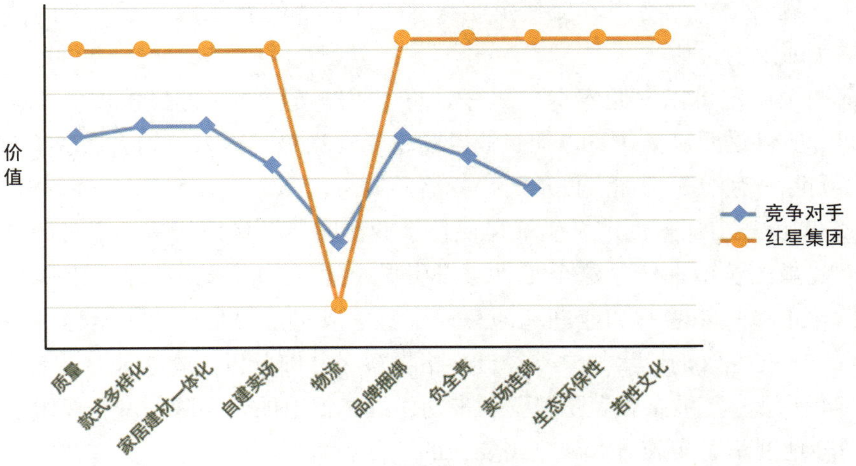

图 3-2　红星家居集团的战略布局

（2）四步动作框架

为了打破在差异化战略和成本领先战略中选择其一的逻辑，塑造新的价值曲线，需要从四个方面来挑战突破产业现有战略逻辑及商业模式，由此构成了四步动作框架，如图 3-3 所示。

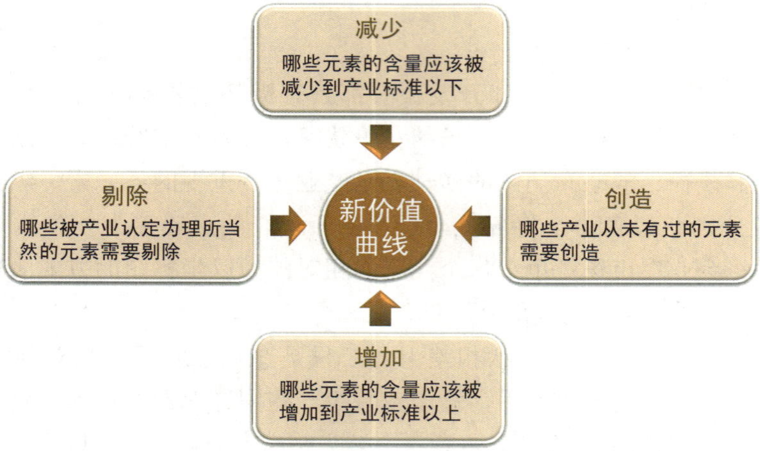

图 3-3　四步动作框架

第一个问题——“剔除”，促使企业剔除产业中惯有的竞争元素，而这些元素常被看作是理所当然却不能为买方提供价值的。

第二个问题——“减少”，促使企业减少一些只为比竞争者更好却对买方作用不大的元素，包括现有产品或服务功能的过度设计，远超过买方需求，这种情况仅仅增加了成本却没有增加效用。

第三个问题——“增加”，促使企业增加一些元素，因为缺乏这些元素买方不得不做出妥协，但是企业却没有意识到，通过这种方式，企业可以提升买方价值。

第四个问题——“创造”，促使企业探索买方价值的新元素，开发新的需求，从而为买方提供实质上的价值飞跃。

回答前两个问题可以降低成本，回答后两个问题可以为买方提供价值飞跃，开创新的市场空间，所以这四步动作可以让企业以超越现有竞争元素为基础去追求价值创新。

（3）“剔除—减少—增加—创造”坐标格

“剔除—减少—增加—创造”坐标格促使企业在四步动作框架基础上对每个方面都采取行动，创建新的价值曲线。这个工具可以引导企业同时探求低成本和差异化，同时随时提醒企业，不能只想着增加或创造却忘记了考虑成本。但是在四个坐标格中都填妥绝非易事，因为一些隐含的元素如果不经过严格考察、仔细分析，就会被企业忽视。

如图 3-4 所示，红星家居集团根据四步动作框架得出的“剔除—减少—增加—创造”坐标格，清晰地展示了实施蓝海战略需要做的工作。

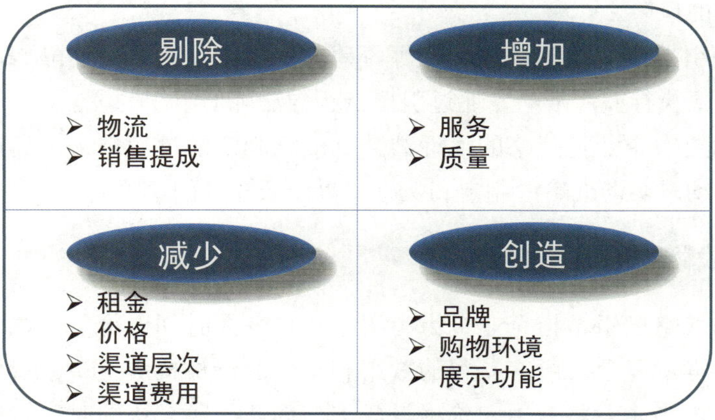

图 3-4　红星家居集团的“剔除—减少—增加—创造”坐标格

（4）蓝海战略的六项原则

在实践蓝海战略时，遵循六项原则可以有效地增大机会和降低风险。表 3-2 罗列了引导蓝海战略的六项原则及其所降低的风险因素。

表 3-2　蓝海战略的六项原则

蓝海战略制定的原则	降低的风险因素
重建市场边界	找寻的风险
注重全局而非数字	规划的风险
超越现有需求	规模的风险
遵循合理的战略顺序	商业模式的风险
克服关键组织障碍	组织的风险
将战略执行建成战略的一部分	管理的风险

第一条原则帮助企业在找寻蓝海时跨越当前边界去观察市场，需要跨越战略集团、他择产业、买方链、产业的功能与情感导向、互补性产品和服务，甚至是跨越时间，从而帮助企业通过重新构建市场边界来开拓蓝海。

第二条原则是降低规划风险的关键，使企业从数字和细节中抽离出来，有全局性认识，通过绘制战略布局图来形成条理清晰的战略。

第三条原则对致力于细分市场以更好满足现有顾客爱好的常规做法提出了挑战，因为这种做法的结果会使目标市场越来越小。该原则通过关注“非顾客”及合并细分市场来整合需求，拓宽蓝海，降低规模风险。

第四条原则帮助企业创建行之有效的商业模式，从而使战略行动获利性增长。企业以买方效用、价格、成本和接受的顺序去评价蓝海战略。通过每一步骤的评估可以显著地降低商业模式的风险。

第五条原则引导企业跨越认知、资源、动力和组织政治方面的障碍，在有限的时间里和有限的资源下执行蓝海战略，通过引爆点领导法降低组织的风险。

第六条原则要求企业把战略的执行结合到战略制定的过程中去，通过公平过程动员基层员工积极行动以协助战略的制定和执行，以降低管理的风险。

3.3.4 蓝海战略的价值创新

价值创新的战略逻辑是指企业全力为买方和自身同时创造价值，进而创造无竞争的蓝海空间，完全摆脱竞争。顾客获得的效用和支付的价格构成了买方价值，价格和成本构成了企业价值，当企业将效用、价格、成本与创新相融合协同时，就可能达成价值创新。如图 3-5 所示，如果企业的战略能够同时促使成本下降以及买方价值提升，则在交叉处可实现价值创新。企业通过减少当前产业不必要的某些元素降低了成本；又通过增加和创造当前产业尚不存在的某些元素达到买方价值的飞跃。随着时间推移，突出的价值达成高业绩，从而形成了规模经济，进一步降低成本。而价值创新的这个过程就是蓝海战略制定和实施的过程。

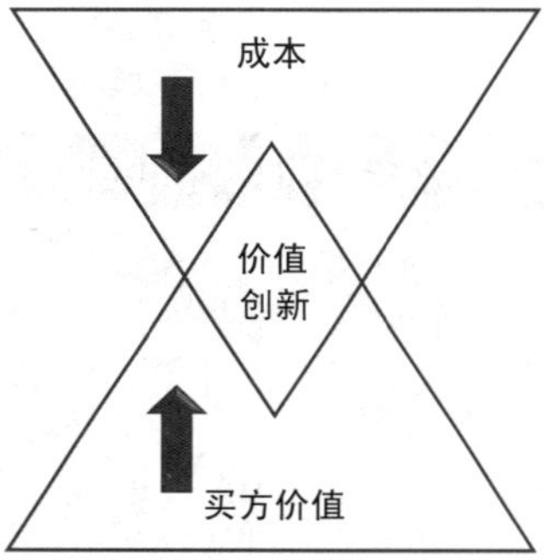

图 3-5　价值创新：蓝海战略的基石

蓝海战略运用的是价值创新“为买方和企业自身同时创造价值飞跃”的战略逻辑：通过剔除、减少的战略行动来降低企业的综合成本和商品价格，通过增加、创造的战略行动来提高买方价值，彻底摆脱竞争。蓝海战略以价值创新为基石。

一个有效的蓝海战略，需避开以下几个方面的误区：

（1）价值创新不是产品创新

后者指的是创造某种新产品或新性能，而前者则是针对产品已有的被忽略了的某些性能进行调整，价值创新将从前不被重视却能够带来买方需求的元素进行重组，又剔除或减少了行业内某些传统却又毫无意义的元素来降低成本，从而扩大市场需求。

（2）价值创新不是技术创新

价值创新包括技术创新，但技术上的创新不是价值创新的必要因素。企业为开拓蓝海而实行的战略行动，并不都是应用了最新技术，技术的更新换代只是为了满足不断更改的客户需求，但技术创新很大程度上能影响蓝海战略的实施。

（3）价值创新不能简单地被理解为市场创新

一般来说，人们把开辟一个新的市场称作市场创新，它是以先后顺序来划分的，这里的市场我们认为是有形市场。而蓝海战略所开辟的是无形市场，它与顺序的先后无关，也不是普通意义上的根据客户购买能力所定义的高端或低端市场，其关键在于对既定准则的重新组合。

（4）价值创新更不是资源配置创新

资源配置创新的最终目的是垄断市场，它要求企业对原材料进行垄断从而控制产品的价值链。而蓝海战略关注的是消费者的需求，这跟原材料并不关联，更不用说垄断。

综上可以看出，蓝海战略的价值创新既不拘泥于单个要素，也不局限于本行业的规则，它要求企业重塑行业的规则，甚至创造出一种前所未有的行业。

延伸阅读

全球创新指数（GII）是由世界知识产权组织与康奈尔大学、欧洲工商管理学院等机构通过 80 项指标广泛探讨了包括政治环境、教育、基础设施和商业成熟度等在内的创新情况，为全世界 130 个国家和经济体的创新表现提供的详细的衡量指标。

2018 年，中国首次跻身最具创新力经济体 20 强，是唯一一个进入 20 强的中等收入经济体。在《2018 全球创新指数报告》（GII 2018）中，中国居第 17 位，与 2017 年相比，排名上升了 5 位。2019 年，中国再上升 3 位，排名第 14 位。2020 年中国排名第 14 位，与 2019 年一致，仍然是 GII 前 30 位中唯一的中等收入经济体。韩国首次成为第二个进入前 10 的亚洲经济体（新加坡排名第 8），前 10 名以高收入国家为主。2020 年 GII 显示，创新核心区域逐渐东移。一批亚洲经济体——特别是中国、印度、菲律宾和越南——逐年在创新排名中取得显著进步。

《GII 2020》显示，中国在数项关键产出指标中保持世界第一的地位，包括本国人专利申请量、实用新型、商标、外观设计和创意产品出口；还在无形资产分支柱的排名中保持世界第一的地位。中国还连续 8 年在中等收入经济体中位居创新质量排名的榜首。中国拥有 17 个全球领先的科技集群，其中深圳—香港—广州、北京和上海分别位居第 2、第 4 和第 9（表 3-3）。而瑞士则在 2020 年中继续独占鳌头，连续 10 年在全球创新指数中荣膺桂冠。它在多个专利和知识产权相关指标中都排在第一位，在高端及中高端技术生产方面排第二位，在研发支出和本地高校质量等方面名列前茅。

表 3-3 2020 年全球集群排名

排名	集群名称	经济体	PCT 申请量/个	科学出版物	在 PCT 申请总量中的份额/%	在出版物总量中的份额/%	共计
1	东京—横滨	日本	113 244	143 822	10.81	1.66	12.47
2	深圳—香港—广州	中国/香港	72 259	118 600	6.90	1.37	8.27
3	首尔	韩国	40 817	140 806	3.90	1.63	5.53
4	北京	中国	25 080	241 637	2.40	2.79	5.19
5	加利福尼亚 圣何塞—旧金山	美国	39 748	89 974	3.80	1.04	4.84
6	大阪—神户—京都	日本	29 464	67 514	2.81	0.78	3.59
7	马萨诸塞州 波士顿—剑桥	美国	15 458	128 964	1.48	1.49	2.97
8	纽约州纽约市	美国	12 302	137 263	1.17	1.58	2.75
9	上海	中国	13 347	122 367	1.27	1.41	2.68
10	巴黎	法国	13 561	93 003	1.30	1.07	2.37

注：PCT（Patent Cooperation Treaty）即专利合作条约，是专利领域的一项国际合作条约。

资源来源：《2020 年全球创新指数（GII）报告》。

由科技部和中国科学技术信息研究所公布的《国家创新型城市创新能力评价报告 2020》显示，全国 78 个创新型城市以占全国 10%的国土面积、33%的人口，汇聚了全国 77.2%的研发经费投入和 70.4%的地方财政科技投入。该报告的构建包括创新治理力、原始创新力、技术创新力、成果转化力和创新驱动力 5 个方面的监测评价指标体系。整体来看，中国创新能力城市排行与各大城市的经济发展水平息息相关，经济发展水平越高的城市，其创新能力也就越强，因此深圳、广州、杭州、南京、武汉等一线城市领跑国家创新型城市名单（表 3-4）。

表 3-4 2020 年国家创新型城市排行榜

排名	城市	总分	排名	城市	总分
1	深圳	87.79	6	西安	71.61
2	广州	78.46	7	苏州	71.54
3	杭州	76.88	8	长沙	70.18
4	南京	75.48	9	成都	68.38
5	武汉	72.33	10	青岛	68.07

资料来源：《国家创新型城市创新能力评价报告 2020》。

3.4 大学生创业案例分析

3.4.1 成功案例

（1）王兴

一提到王兴，很多人脑海里面第一想到的词语就是连环创业者，因为他是校内网、饭否网、美团网这三个中国大名鼎鼎的网站的联合创始人，除此之外，他还有另外一个身份——大学生创业者，在毕业之后，没有丰富的职业履历就开始创业的人。

王兴是人们口中的天才少年，没有参加高考就被保送到清华大学，毕业后拿到全额奖学金去了美国特拉华大学师从第一位获得 MIT 计算机科学博士学位的大陆学者高光荣，随后归国创业。在前一两次不算成功的创业项目之后，王兴创立了中国版 facebook——校内网，并很快风靡于大学校园圈之中。校内网于 2006 年 10 月被千橡以 200 万美元收购。2007 年 5 月 12 日，王兴又创办了“饭否”。这是中国第一个类 Twitter 项目——饭否网，但“饭否”却在发展势头一片良好之际被关闭，让王兴事业受挫。之后王兴于 2010 年 3 月上线新项目——美团网，并在千团大战之中脱颖而出，稳居行业前三，先后获得红杉和阿里的两轮数千万美元的融资，这个连环创业客的事业正逐渐走上正轨。

（2）戴志康

康盛创想的创始人戴志康是无数互联网人的偶像，他创建的“Discuz！”开源模板与“Wordpress”并称为世界上最伟大的两个开源网站模板，被数以百万计的站长所使用，深刻地改变了中国互联网，而戴志康也是一位大学生创业者。

戴志康出生于一个知识分子家庭，父亲是大学教授，亲属中也有很多人是老师。因为这种家庭背景，戴志康从小就接触计算机。在计算机性能不断升级的过程中，他的编程技术也日益提高。1995 年戴志康小学毕业后开始初步尝试编制软件。初中、高中时期，他几乎参加了所有的计算机大赛。2000 年，戴志康考上哈尔滨工程大学，2001 年便在校外创业，他在外面找到一间月租 300 元的房子，一天差不多 15 个小时都坐在计算机前面，最终他创造的“Discuz！”成为中国最成功的建站开源模板。“Discuz！”于 2010 年被腾讯以 6 000 万美元的价格收购。

（3）陈鸥

聚美优品的 CEO 陈鸥也是一名标准的大学生创业者，他的大学生创业经历要追溯到他的上一个创业项目 GG 游戏平台。陈鸥 16 岁的时候考上了新加坡南洋理工大学，作为一个资深游戏爱好者，在大四的时候陈鸥决定在游戏领域创业，凭着有限的资源做出了后来影响力巨大的 GG 游戏平台。作为当时没有任何资源的大学生创业者，创业经历是非常艰苦的。据陈鸥回忆，那时候他为了节省成本，不得不每天都吃最便宜的鱼丸面，最后吃得都有些“脑残”了。

后来，陈鸥出售 GG 平台，获得了千万元级别的收益，也为自己后来的创业道路做了极好的铺垫。而他创造的 GG 游戏平台仍然是现在东亚地区最受欢迎的游戏平台之一，全球拥有超过 2 400 万用户。

（4）蒋磊

铁血网创始人蒋磊也是典型的大学生创业者，16 岁保送清华大学，创办铁血军事网，20 岁保送硕博连读，中途退学创业。如今，铁血网稳居中国十大独立军事类网站榜首，铁血军品行也成为中国最大的军品类电子商务网站，年营收破亿元，利润破千万元。

2001 年，16 岁的蒋磊初入清华园，那个电脑还没盛行的年代，他去学校机房发布了“虚拟军事”网页，吸引了大量用户，也为之后的创业做好了基础。2004 年 4 月，蒋磊和另一个创始人欧阳凑了十多万元，注册了铁血科技公司。其间蒋磊还被保送清华大学硕博连读学习。2006 年 1 月 1 日，蒋磊最终顶住了家庭以及学校的压力毅然决定辍学创业，以 CEO 的身份正式出现在铁血科技公司的办公室里。经过 12 年的努力，蒋磊的公司拥有员工 200 余人，他创办的网站已成为能够提供社区、电子商务、在线阅读、游戏等产品的综合平台。据透露，截至 2012 年 12 月，网站已有 1 000 万注册会员，月度覆盖超 3 300 万用户，正处于稳步且高速的增长中。

（5）黄恺

曾风靡全国的桌游——《三国杀》，其创始人黄恺也是一位标准的大学生创业者。黄恺 2004 年考上中国传媒大学动画学院游戏设计专业，他在大学时期就开始“不务正业”，模仿国外桌游设计出了具有中国特色、符合国人娱乐风格的桌游《三国杀》。2006 年 10 月，大二的黄恺开始在淘宝网上贩卖《三国杀》，没想到大受欢迎，而毕业后的黄恺并没有任何找工作的打算，而是借了 5 万元注册了一家公司，开始做起《三国杀》的生意，2009 年 6 月底《三国杀》成为中国被移植至网游平台的一款桌上游戏，2010 年《三国杀》正版桌游售出 200 多万套。

粗略估计，《三国杀》迄今至少给黄恺带来了几千万元的收益，并且随着《三国杀》品牌的发展，收益还会继续增加。

（6）黄一孟

电驴（VeryCD）之父黄一孟是一名中途离开大学的创业者。2003 年，verycd.com 只是爱好计算机的大学新生黄一孟陆续注册的众多个人网站中的一个。当时，因为不满于网络上质量不高且需收费的电影资源，VeryCD 很快聚集起了一批和黄一孟有着类似热情的用户，他们在下载的同时也愿意上传自己的资源。这让黄一孟意识到，这个所谓的个人网站不再只对他一个人有价值。VeryCD 是 2004 年黄一孟中途离开学校专心创业而成立的一个工作室。

黄一孟除了是 VeryCD 的创始人，也是心动游戏的创始人。2012 年，心动游戏的收入达到 10 亿元人民币，从入不敷出的 VeryCD 到年收入 10 亿元的网页游戏公司。黄一孟依靠自己的感觉和摸索去创业。

（7）王学集

王学集出生于浙江温州，毕业于浙江理工大学。大学时和两位同学一起创业，大三时正式发布 Phpwind 论坛程序，2004 年大学毕业的王学集成立公司，公司命名为 Phpwind，中文名“杭州德天信息技术有限公司”，专门提供大型社区建站的解决方案。目前，Phpwind 已成为国内领先的社区软件与方案供应商，PW6.3.2 版本的推出更在社区软件领域树立起一个极高的技术壁垒，Phpwind8.0 系列版本则推动了社区门户化。

Phpwind 于 2008 年 5 月被阿里巴巴以约 5 000 万元人民币的价格收购，现在隶属于阿里云计算有限公司，为阿里云计算提供了强有力的支持。

（8）舒义

舒义 19 岁开始创业，是国内最早的 Web2.0 创业者之一，创办过国内第一批博客网站 Blogku、Bolgmedia，还创建了一个高校 SNS 和一家校园电子商务公司。

2006 年舒义第三次创业，创办了成都力美广告有限公司，后发展为中西部最大的专业网络广告公司之一。2009 年舒义成立北京力美广告有限公司（i-Media），两年内发展为国内领先的移动营销解决方案公司，并于 2011 年获得 IDG 资本投资。目前舒义开始尝试天使投资，投资创办过多家移动互联网公司。

3.4.2 失败案例与反思

近年来，在“大众创业、万众创新”的感召下，涉世未深的高校大学生们经常怀抱着对未来的美好渴想加入创业大军中来，但现实的洪流却经常无情地把他们美好的渴想摧垮。据统计显示，90%的新生创办企业都会在 5 年内“夭折”。幸存下来的 10%的企业中，又有 90%会在第二个 5 年内结束“生命”。也就是说，大约 99%的新创企业活不过 10 年，大学生创业的企业尤其为甚。

刚出校门的大学生满腔热情进行创业，有的成功，有的失败，但以失败居多。分析原因却具有普遍性，这里作个深度分析，给即将创业的大学生引以为鉴。图 3-6 基于美国科技市场研究公司 CB Insights 的一项调查，总结了常见的 19 个创业失败的原因，其中无市场需求占 42%，位居第一，这意味着创业者在创业之前没有充分地进行市场调查。什么是市场调查？市场调查的概念可以理解为市场需求调查，就是对某一项目技术或者产品、服务的行销，即该项目技术或产品的潜在购买或使用者以及市场营运过程中可能遇到的问题进行调查，以便创业者做出正确决策。所以可以这样说，一次科学的市场调查可以决定某个项目（产品）的生死，也可以决定创业者此次创业的成与败。第二大原因是财政耗空，创业者想要维持公司正常的运营，必不可少的条件就是要确保公司有钱，尤其是在最初的发展阶段。CB Insights 的一份研究报告显示，近 1/3 的创业公司是因为资金短缺而破产的。创业教父 Paul Graham 也说过，创业失败最常见的原因不是来自竞争，而是自杀。资金耗尽的公司必然走向死亡。合适的团队也是创业过程中必不可少的一环，因为没有合适的团队而导致创业失败的案例占 23%，位居第三。合适的团队成员对于高效团队管理的建立、维持、发展是至关重要的。只有团队成员选择适当，团队才能够产生积极的协同作用，使团队的成效远大于个体成员成效的总和。一个成功的创业之路离不开一个成功的创业团队，“一个篱笆三个桩，一个好汉三个帮”，团队精神的力量在大学生创业中发挥着举足轻重的作用。

一个创业公司可能会因各种原因破产。但从另一个角度来看，失败是最好的老师，研究表明，组织从失败中学到的东西比从成功中学到的东西还要多，甚至能把知识保存得更久。如果想要成为一名企业家，那么最好习惯失败，它将成为你生活中不可避免的一部分。不要逃避它，去拥抱它，看看你可以从中吸取哪些教训。

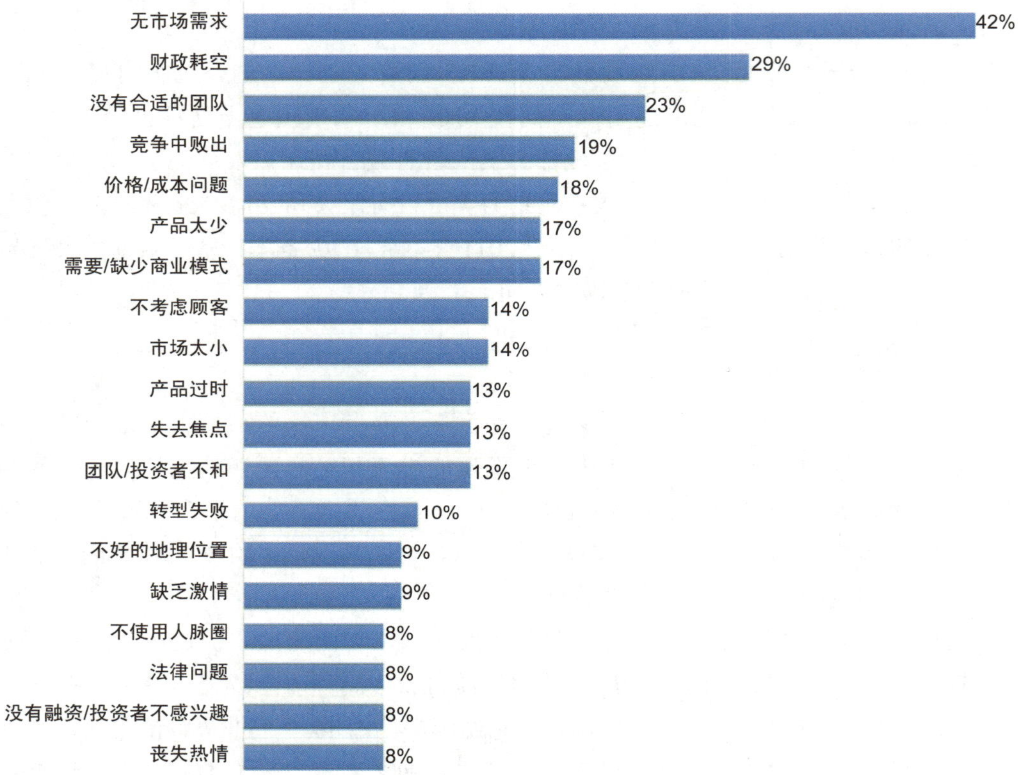

图 3-6　常见的 19 个创业失败的原因

应用举例

案例一

大学生小刘毕业后准备在自己的小区里开一家副食店。选择开副食店主要有两点原因：一是小区里面有一家副食店，生意一直都很好，小刘觉得自己开店后生意应该也不错；二是小刘考虑到在自家小区做点生意离家近，不用到处跑。

随后小刘联系了物业，租了小区边缘一个库房做店面，筹集了一万多元作为启动资金，进了一些货品，开了一家食品杂货店。这个小区是一个普通居民区。小刘为了突出自己食品杂货店的特色，区别于小区已有的那家副食店，没有像邻居一样进茶、米、油、盐等大众用品，而是将经营范围锁定在沙司、奶酪、芝士等一些早餐、西餐调味食品上。开业前，小刘利用传单和在店门口做活动的方式来提升小店的推广力度，忙得不可开交。小刘平时没事的时候就将店铺开张，有事的时候就将店铺关闭，颇为随意，经营了两个月后，小刘的食品杂货店就撑不住了，不得已关张。

经验教训

小刘没有进行充分的市场调查，该小区是一个普通居民区，一味地求新求异而忽略了小区居民的日常需求。经营需要有自己的特色，但是更要符合市场环境的需要。同样地，创业者没有做市场调查，就不能对某个项目技术或者产品妄加评论，对自己的创业就没有指导意义。如果说创业是分阶段、分步骤进行的话，那么市场调查就是第一阶段，但它却决定了创业的成与败。要么瞎打误撞地闯一闯，碰得头破血流，要么像寒号鸟一样，天天喊“创业”，却永远在创业门外徘徊。市场调查包括：①市场需求调查。如果你要生产或经销某一种或某一系列产品，应对这一产品的市场需求量进行调查。也就是说，通过市场调查，对产品进行市场定位。②顾客需求调查。例如购买该产品的顾客大致有哪些人？大致的年龄范围、性别、职位、消费特点。他们希望得到哪方面的满足和需求？另外，小刘按照自己的生活作息时间，导致营业时间很不固定，再加上店面的位置是小区边缘的一个库房，因此很多居民都不愿意专门绕道过去，所以生意不红火。

案例二

23 岁的大学生小李要当“窝头大王”的消息被媒体广泛报道，但仅隔不到一个月的时间，这位大学生创业者的食品厂由于创业销路不畅面临停产。23 岁的小李今年大学毕业，他看好创业杂粮窝窝头市场。在家人资助下，他投资近 20 万元，在某市北郊建了一家食品厂，专门生产、销售杂粮窝窝头。小李曾满怀信心，“我要像三全、思念一样做品牌！将来在北方百万人口以上的城市包括北京在内都要建分厂……”带着这样的憧憬，小李注创业册商标、改造厂房、做宣传、雇人员，颇有当“老板”的气势。但是，由于一没经验、二没人脉，加上给销售商的返点不高，小李的窝窝头每天只能卖 300 袋左右，而维持工厂运转的基本销售数量就得 1 000 袋。“现在已经坚持不下去了，所创业有的资金都用完了，我有点想放弃了。”小李说。

经验教训

销售才是企业生产的最终目的，销售环节对于企业来说非常重要，只有销售才有利润、才能生存。缺乏实力搞“低价充量”会吃亏，有实力才有资格以低价取胜。这种做法适合于资金雄厚的大公司，通过低价运行、大量的宣传来占领市场。最后，通过占有高的市场销售份额，以高销售量来弥补低价、低利润的损失，最终达到赢利的目的。“如果企业没有足够的资金来倒贴的话，那么往往就会在销售量提高之前陷入资金无法运转的状况。”小李应该首先解决生存下去的问题，采取特色主打，用高利润弥补销售量不足带来的损失。

案例三

由 5 名大学生创办的“小超之家”水果购物网站宣布倒闭，距离网站创办仅 9 个月。“创办之初是在中科院周围，6 月搬到了北京大学南门，主要针对北京大学在校学生和周边人群。”小朱说，他们在附近租了房，用于货物中转和储存。从四道口的农贸市场批发水果，按照网上的订单骑自行车送货。“后来订单逐渐增多，每天的营业额达到 2 000 多元，几个人忙不过来了，雇了 4 名员工送货。”尽管如此，刨去员工工资、房租等费用，每个月仍然是亏损的。对于网站的亏损，小朱把主要原因归为经营模式没有选择好。“这种区域性的购物网站，根本算不上‘商对客’模式，只能说是一个实体的连锁超市。管理成本太高，前景不好。”小朱说，还有一个重要原因是同学们对水果的质量要求太苛刻。“一次送出去两个苹果，可能因为路上颠簸了一下。导致上面稍微有两个碰痕。但用户就会说是我们的问题，要求退换。”“想要自己创业的大学生，一定要选好经营模式。”小朱说，他和伙伴们会继续寻找好的项目，有机会还要尝试自己创业。

经验教训

这些大学生在创业过程中虽然营业额看似不错，但是去除成本仍是亏损。经营一家店铺的目的应该是获利。“营业额-成本-费用=利润”是每个商店获利的基本公式，增加营业额是开源，控制成本与费用是节流，必须制定一套最佳开源与节流的合理控制方法，二者结合才可谓是经营。关于“成本”一环节，创业者可以考虑以下六个方面：①找出成本相关的各项相关因素，并逐条细细列出；②制定标准手册，按照规范行事；③建立良好的库存管理，包括仓库物品出、入库管理表格，各物品摆放位置、温度控制等；④多看、多听、多比较，所谓“货比三家”不吃亏，多了解同行的竞争形势；⑤引入激励、奖惩制度；⑥同行可以为师，学习其他店如何合理控制成本，进而取长补短地让自己获取更大的利益。

案例四

自古君子远庖厨，2013 年 12 月 24 日，成都市另一所高校食品科学系 6 名研究生声称自筹资金 20 万元，在成都著名景观——琴台故径旁边开起了“六味面馆”。第一家店还未开张，六位股东已经把目光放到了 5 年之后，一说到今后的打算，他们六位异口同声地说：“当然是开分店啦！今年先把第一家店搞好，积累经验，再谈发展。我们准备两年内在成都开 20 家连锁店，到时候跟肯德基、麦当劳较量较量。”而目前，由于面馆长时间处于无人管理和经营欠佳的状况，投资人已准备公开转让。这家当初在成都号称“第一研究生面馆”的餐馆仅仅经营了 4 个多月，就不得不草草收场。

经验教训

6 位高学历研究生为什么会创业失败呢？团队的自身建设对于大学生创业团队的成功组建尤为重要，一个优秀的创业团队应该是各方面优秀人才的集合。“尺有所短，寸有所长”形容团队内部成员最为合适。在艰难复杂的创业过程中，将任务与资源合理化分配，发挥团队内部互补协作的优势，达到“1+1 > 2”的成效。当时，该面馆长时间生意不红火，管理上也出现混乱，6 位研究生自称功课繁忙，致使店内无人管理，生意惨淡。并且每个月支出庞大，入不敷出。另外，店铺选址也很重要，在创业之初进行市场调查时，就应该对预备开店的地点进行人流、车流、客户群体的评估，避免选在冷僻的小巷、角落。该面馆所在街道非繁华商业市区。最后，做好产品品质才是创业的关键，高质量的产品能够帮助你吸引更多的客户，也能收获更多的回头客，因此，创业者必须要有一样拿得出手的东西使顾客流连忘返。而该面馆的质量没有得到认可，“味道不好，分量不足，吃不饱。”这是大部分客人的评价。

案例五

23 岁的舒正义是“陕西正氏科技发展有限公司”的创办人，西安工程大学电子信息专业毕业，和许多大学毕业生一样，他跑过招聘会、托过家人找工作。后来虽然有一份不错的工作，但却选择了辞职，他想在自己的专业上有所发展。于是舒正义和同学、朋友等 8 人筹资 7.8 万元，开始创办自己的公司。“把一件平凡的事做好就不平凡，把一件普通的事做好就不普通，这是我和我们公司的宗旨。”公司成立当天，舒正义信心十足。

公司先后招聘了 20 多名员工，而且大多数都是在校大学生，他们代理的产品也在不断地拓宽市场。但是经营公司和上学完全是两回事，短短几天时间，舒正义就感到了压力，而且当初承诺办理公司注册手续的代理公司拿走 1 万元后杳无音讯，一时资金短缺成了这家刚刚起步的公司的绊脚石。舒正义为了贷款，奔波于学校和银行之间，但没有如愿以偿，他说“原因很简单，现在我没有房子、汽车做抵押，也没公司当担保”。

在这个困境中，舒正义没有跳出来，他通知媒体，召开记者招待会让公司“破产”。开业时的鲜花还在绽放，但仅仅坚持 9 天，公司却要宣告“破产”。面对媒体镜头，舒正义有种说不出的滋味。

经验教训

舒正义陷入了缺乏足够资金的困境，资金对创业公司来说就是血液，一旦血流光了或者供血不足，那么公司就会失去生机或者关门倒闭。“把钱花在刀刃上”，许多大学生创业失败都是因为资金断裂而无法继续维持营业。首先，做好财务规划与预测是创业计划过程的关键一环。一份科学合理、严格谨慎的财务规划书有助于提高创业者的自我认识、增强创业者的自信心、更可以帮助创业者获得融资。其次，招聘合适的员工也是创业过程中十分重要的因素，创业者应该合理评估每一位候选员工，让合适的人到合适的岗位，舒正义招聘的员工大多数都是在校大学生，缺乏工作经验。最后，创业者一定要具备防骗知识。

课堂讨论

（1）年轻人难免眼高手低，但是创业前需要对自己有一个清醒的定位，不然很容易误入歧途。同学们能够客观认识自己吗？

（2）创业是美好的，也是残酷的，残酷在于大学生创业的失败率实在是太高了。你认为上述创业者失败的主要原因有哪些？我们应该如何避免？

（3）如果你正在创业，你会看重你的合作伙伴吗？你对合作伙伴有哪些性格、特征、能力方面的需求？你认为一个成功的团队需要具备哪些素质？

（4）很多大学生在创业之初都有“求新求异”的心理，这是优点但也是致命的缺点。同学们如何看待创业之路的“求新求异”心理？

3.5 大学生创新创业政策问答

近几年，社会对于大学生创新创业的关注度越来越高，各地的政府部门加大了对大学生创业的支持力度，积极鼓励和引导大学生创业，为有效改善“就业难”的局面，各地政府出台了一系列优惠扶持政策，支持高校毕业生、鼓励在校大学生创业。

以《四川省大学生就业创业扶持政策清单（2020 年）》为例，列出一些大学生创业扶持政策的常见问题，供大家参考（图 3-7）。

（1）问：我已经毕业一年了，参加过工作，办理过“五险一金”，现在想创业，还属于大学生创业的范畴吗？

答：属于。毕业 5 年内、处于登记失业状态的普通高等学校全日制毕业生（含国家承认学历的留学回国人员）都属于创业扶持对象。

（2）问：我一直有想要创业的想法，但是启动资金不够，想请问可以申请贷款吗？申请的贷款有利息吗？

答：目前在四川省，关于大学生创业申请贷款主要有两种：①创业担保贷款贴息（有一定的利息，具体请见附录二）；②青年创业贷款（免息、免担保）。

（3）问：那么关于贷款的额度和期限是多久呢？

答：①创业担保贷款贴息：贷款额度最高不超过 20 万元、贷款期限最长不超过 3 年。②青年创业贷款：申请额度不超过 10 万元、期限不超过 3 年。

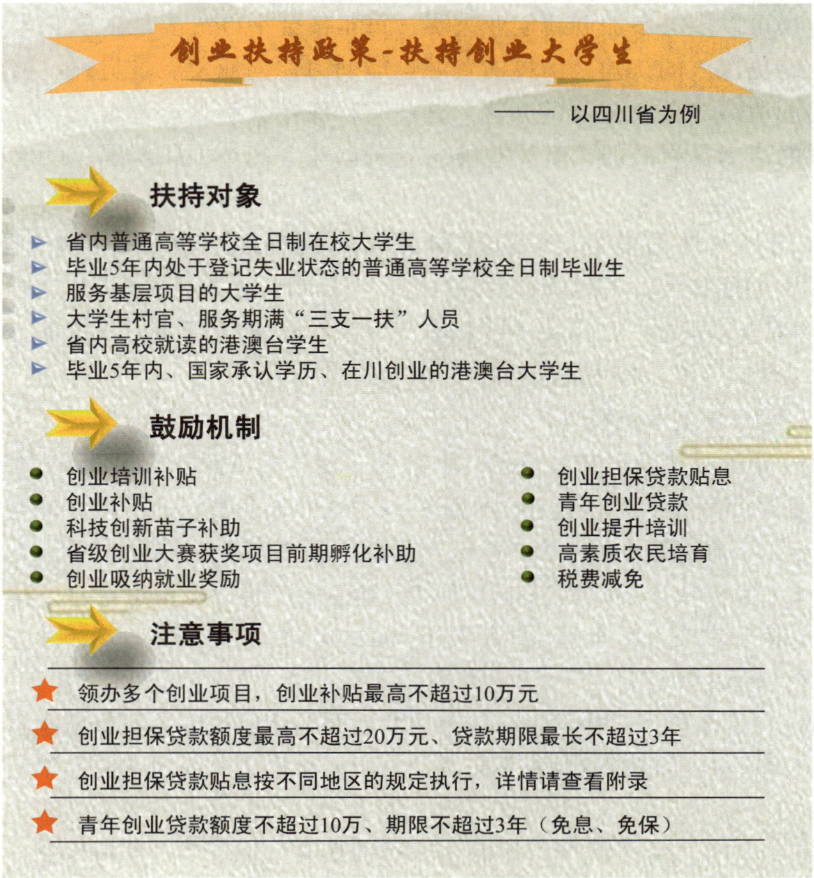

图 3-7　大学生创业扶持政策

（4）问：我想开一家奶茶店，预计可能需要 10 万元启动资金，想请问大学生创业可以直接拿到手的创业补助和奖励有哪些？大概一共有多少钱？

答：四川省关于大学生创业补贴和奖励有 4 类，分别是：①创业补贴（对大学生创业实体和创业项目，给予 1 万元补贴）；②科技创新苗子补助（重点项目补助 10 万元/个，培育项目补助 2 万～5 万元/个）；③省级创业大赛获奖项目前期孵化补助（可享受 5 万～20 万元的补助）；④创业吸纳就业奖励（≤3 人，每人 2 000 元；>3 人，每增加 1 人给予 3 000 元奖励，总额最高不超过 10 万元）。

（5）问：我的户籍是湖南省，毕业于四川省某高校，想和同学们一起在四川省创业，请问可以享受四川省这边的扶持政策吗？

答：可以。目前已经取消户籍限制。农村户籍、异地户籍离校未就业高校毕业生，可凭本人居民身份证、毕业证、居住证（暂住证），在常住地公共就业服务机构办理失业登记，领取《就业创业证》，享受相关扶持政策。

（6）问：我现在还是在校大学生，没有能力马上创业，有什么方式能积累创业经验呢？

答：建议可以多去参加创新创业大赛，每年都会举办很多创新创业大赛，比赛会让你对创业有更深入的认知，学校的资源也能助力你创业发展。另外，也可以多参加各地组织的创业路演会、创业训练营，这些活动现在大都是免费对大学生开放的，通过参加这样的活动，有心的大学生也能感受到创业者的精神和氛围，学习他们思考问题的方式。

（7）问：我今年本科毕业，不是成都本地人，那我可以在创业城市落户吗？

答：根据《成都市人才落户政策 2021》，全日制普通大学本科及以上学历毕业生，年龄在 45 周岁及以下的，带相关材料来蓉即可申请办理落户手续。对毕业 5 年内在川内创业的大学生，也有很多相关的创业补贴和贷款。

（8）问：大学生创业免税吗？

答：2019 年 1 月 1 日—2021 年 12 月 31 日，在人力资源社会保障部门公共就业服务机构登记失业半年以上且持《就业创业证》或《就业失业登记证》的高校毕业生人员，从事个体经营的，自办理个体工商户登记当月起，在 3 年（36 个月，下同）内按每户每年 14 400 元为限额依次扣减其当年实际应缴纳的增值税、城市维护建设税、教育费附加、地方教育附加和个人所得税。纳税人在 2021 年 12 月 31 日未享受满 3 年的，可继续享受至 3 年期满为止。

（9）问：我是在校大四的学生，即将毕业后面临就业的压力，想创业但缺乏创业的相关技能，想参与技能培训但负担不起学费，国家对像我这样的在校大学生有什么扶持政策吗？

答：有的，四川省对在校大学生有创业培训补贴。大学生可在常住地（在校生可在就读高校）参加创业培训并取得培训合格证的，可享受培训补贴。在校大学生可以利用周末、节假日和晚自习等时间，在 40 天内完成规定的培训内容。

（10）问：我今年本科毕业，很看好将来农业的发展，打算毕业后返乡从事农业就业创业，想了解对返乡入乡大学生有什么优惠政策？

答：在项目区域内，将符合政策条件的从事农业就业创业的大学生纳入高素质农民培育计划。对于年满 16 周岁，正在从事或有意愿从事农业生产、经营、服务的务农农民和返乡入乡创新创业者，应列为培育对象。

（11）问：我在大学期间就创办了企业，但创业经验还不足，想进一步提高创业能力，对于我这样的大学生有没有扶持政策？

答：有创业提升培训扶持政策。对创办企业或从事个体经营的大学生，以及在大学生创新创业园区（孵化基地）内有创业项目的大学生，每年组织一定数量的人员免费参加全省“我能飞”大学生成功创业者提升培训。

（12）问：请问针对在川内高校读书的台湾学生创业有什么优惠政策？

答：毕业 5 年内，国家承认学历、在川创业的港澳台大学生，同等享受创业扶持政策。

（13）问：我是创业小白，关于公共就业人才服务机构具体可以给予我们什么样的帮助呢？

答：公共就业人才服务机构为大学生提供免费的就业失业登记、职业指导、职业介绍、就业见习、人事档案管理等公共就业服务，以及项目选择、开业指导、投（融）资等公共创业服务。

（14）问：大学里就业创业指导教师的师资力量如何？我真的能学到有用的知识吗？

答：为了确保大学生在就业创业指导课程中学到知识，四川省专门建设职业化、专业化、专家化的就业创业指导工作队伍，建立相关专业教师、创新创业教育专职教师每 2 年至少 2 个月到行业企业挂职锻炼制度。

（15）问：大学课程也不少，如果再花时间学习创新创业的课程，我担心会导致自己正常学分无法修满，怎么平衡呢？

答：不用担心。因为现在四川省高校将就业创业课程列入必修课或必选课，纳入学分管理。

（16）问：我是一个正在创业的在校大学生，大学课程和创业都需要大量的时间，但是我无法同时兼顾创业与学业，请问可以保留学籍休学创新创业吗？

答：可以。高校将就业创业课程列入必修课或必选课。建立创新创业档案和成绩单，实施弹性学制、保留学籍休学创新创业等具体措施，优先支持参与创新创业的学生转入相关专业学习。

课堂活动

活动目的是给大家提供一个展现自我的平台，丰富大家的生活，放松心情。同时有利于增进同学们之间的感情与默契，在增加大家生活乐趣的同时提高学生团队协作能力、交流沟通能力以及思维活跃度。

队员需要轮流接力绘画，每个参赛组三个成语，分别画三次。而绘画方的目的就是把绘出的图形传递给下一位猜词者，下一位参与者根据所画图形猜测词义并依次接力绘图后。

①自行组队以小组为单位参赛（建议 5～8 人为一组），每小组第一个人打开写有成语的小纸条并且按照成语画出相应的图像，绘画按照接力的方式进行（除最后一个猜词人以外每一个人均猜测词义并绘画出相应图形）；

②图画中任何人均不能提供词中的任何一个字（读音相同也不可），不能说拼音或英文单词；

③所有人绘图完成后，除第一位知道词语的绘图人外，其他绘图者可以与最后一位参与者一起猜测词义（时长不超过 20 秒）；

④每组第一个选手抽签决定词语内容，共三个词语，正确猜对词语的小组获胜并积一分，答错不得分；

⑤参与游戏的第一位画图者不能提供词语中任何的文字以及相同读音，否则算作弊取消游戏成绩并扣一分。

（参考成语：拔苗助长、画蛇添足、坐井观天、虎头蛇尾、鸡飞狗跳、鼠目寸光、如鱼得水、三头六臂、蹑手蹑脚、眉开眼笑、一刀两断、丢三落四）

延伸阅读

教育部：全国 2015 届至 2020 届毕业生中共有创业学生 54.1 万

教育部举行发布会介绍第七届中国国际“互联网+”大学生创新创业大赛的有关情况。教育部高等教育司司长吴岩表示，7 年来，大赛规模与质量逐年攀升，成为覆盖全国所有高校、面向全体大学生、影响最大的高校“双创”盛会。同时，大赛秉持教育的本色，将思想政治教育、专业教育和创新创业教育相结合，以赛促学、以赛促教、以赛促创，破除大学生创新创业教育端与实践端的壁垒，形成了以下四个方面的重要成果：

一是组建了一支声势浩大的“双创”青年大军。七届大赛累计有 603 万个团队 2 533 万名大学生参赛，实现了基础教育、职业教育、高等教育的贯通。2020 年，通过对市场监管总局登记注册的创新数据与全国高校学生学籍学历数据对比，2015—2020 届大学生中共有创业学生 54.1 万人，据统计，仅 6 届大赛的 400 多个金奖项目就带动就业达 50 多万人。

二是开出了一堂最有温度的国情思政金课。经过 5 年的实践探索，450 余万大学生参与“青年红色筑梦之旅”活动。广大青年学生走进革命老区、贫困地区和城乡社区，接受思想洗礼，加强实践锻炼，将激昂的青春梦融入伟大的中国梦。

三是打造了一个融通中外的“双创”交流平台。自第三届大赛开始，大赛积极推进国际交流合作。据统计，第五届、第六届、第七届，这三届大赛共有来自五大洲 120 多个国家和地区，10 314 个国际项目，30 592 名国际大学生报名参赛，实现了“百国千校万人”参赛，大赛的“国际范”“含金量”再创历史新高。

四是促进了一场立体推进的“双创”教育改革。大赛以创新引领创业、创业带动就业，推动高校人才培养范式发生深刻的变革。目前，全国高校已普遍开设创新创业教育课程，累计开课 3 万余门。各高校聘请行业优秀人才担任“双创”教师，专职教师近 3.5 万人、兼职导师 13.9 万余人。大赛与创新创业教育伴生成长，为新时代大学生绽放自我、展现风采、服务国家提供了新平台，为世界创新创业教育提供了中国智慧和中国方案。

（人民网　记者温璐、孙竞　2021 年 10 月 9 日）

练一练

课后思考题

1．创业与创新之间的关系是什么？你认为创新创业需要具备哪些条件？

2．企业家精神是社会宝贵的财富，是激发市场活力的主体。我们可以从诸多优秀的企业家身上总结出一些共性特质。请同学们以小组为单位收集 2～3 名企业家的奋斗史，并向其他同学们分享你认为值得大家学习的地方。

3．创业成功的案例很多，但是创业失败才是常态。面对创业的失败，我们应该如何调整自己的心态？

4．以小组为单位，模拟创办餐馆、学校、超市、医院、IT 公司等企业，请每人选择一个自己希望扮演的角色，写出其职责，并回答以下问题：①你在企业里希望扮演什么角色？②该角色的重要性如何？③你希望能得到怎么样的回报？④该角色与企业中其他人员之间的关系是怎么样的？⑤为什么想扮演该角色？⑥如果再给你一次机会，你会不会改变角色？

第4章
创新创业实践活动必备技能

要造就规模宏大的青年科技人才队伍，把培育国家战略人才力量的政策重心放在青年科技人才上，支持青年人才挑大梁、当主角。

——2021年9月28日，习近平在中央人才工作会议上的讲话

学习目标

【知识与技能】

1. 掌握常见的中文/外文数据库检索方法；
2. 掌握数据整理与分析的基本技能；
3. 熟悉各类创业项目选择分析方法；
4. 掌握团队的组建与分工方法；
5. 了解新企业选址、注册、创办的基本流程。

【过程与方法】

1. 通过探究性学习，提高学生自主创新选题、收集资料和设计实践方案的能力；
2. 通过必备技能学习，使学生能快速地吸收新知识、适应新事物、获取新信息。

【情感态度与价值观】

1. 培养学生求真务实的科学态度，树立正确的学习与探索导向；
2. 树立追求真理、热爱科学、尊重规律的科学精神；
3. 培养独立自主的思考能力，增强与团队成员之间思维的交流。

教学建议

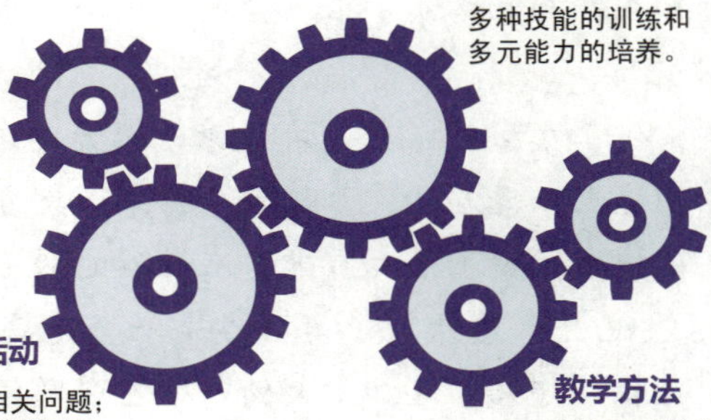

课前展示 → 任务引入 → 任务训练 → 任务分析 → 自由、合作探究 → 归纳反思

新奇 · 大咖

李彦宏：百度的 AI 先生

李彦宏，百度创始人、董事长首席执行官（CEO），1968 年出生在山西省阳泉市一个普通的家庭。父亲是一名锅炉工，母亲是一名普通的工人。少时的李彦宏，非常喜欢戏曲，而且颇有天分，山西阳泉的戏剧团都想录取他，不过由于父亲的阻挠未能完成心愿。小时候李彦宏最终听从了父亲的安排，专心学习。

李彦宏的 20 岁与很多人并无二致，唯一可能不同的是，李彦宏选择了自己喜欢和擅长的职业，并成了这个领域中的专家。1987 年李彦宏参加高考，以本市第一名的成绩考取了北京大学。然而北京大学的生活并没有让李彦宏感到快乐，因为他感到所学专业枯燥无味。经过深思熟虑，李彦宏决定出国留学，并成功考取了美国纽约州立大学计算机系。在那里学到了全世界最先进的计算机技术。

李彦宏的第一份工作是去华尔街做实时金融信息检索，这份工作让他获得很高的收入，才 26 岁就可以租得起一套公寓，并买了属于自己的新汽车。李彦宏在华尔街待了三年，不仅系统地学习了金融知识，而且结识了很多金融大佬，对百度后来的融资起到了很大的作用。

硅谷是所有学计算机技术人才的胜地，1997 年李彦宏离开华尔街，来到硅谷，进入一家著名的搜索引擎公司。在这里李彦宏的计算机天分得到了充分的发挥，很快成了技术骨干，并对搜索引擎的基础技术做出了很大贡献。在硅谷的两年中，李彦宏不仅在计算机技术上得到了提升，眼界也变得更开阔了。硅谷是一个充满商业气息的创业者天堂，李彦宏创业的野心一点点积累起来。在加拿大的一个互联网技术大会上，李彦宏向 Mirosoft、infoseek 等硅谷公司的高级技术人员讲解了自己的“超链分析技术”，让这些 IT 巨头们看到了李彦宏的价值。最终李彦宏选择去了 Infoseek 公司，在 Infoseek 李彦宏受到重用，成为当时硅谷最年轻的产品经理，并获得 Infoseek 公司的股票，在 30 岁那年成为了百万富翁。

1999 年李彦宏毅然决定回国，创立百度，熟悉金融的李老板迅速融到了 120 万美元天使投资，在百度成立第 9 个月，又融到了 1 000 万美元资金，有钱、有技术的百度从此平步青云。2018 年 1 月李彦宏登上了美国《时代周刊》，作为中国互联网行业第一个登上《时代周刊》封面的人物，李彦宏的成就得到了世界的认可。

通往成功的道路有千万条，有陡峭险峻的捷径，快速但危险，有光明正大的大路，稳妥但漫长。李彦宏天资聪颖，勤奋好学，没有背景的他走了一条由学霸到技术高手到老板的创业之路。这是一条阳光大道，堂堂正正，很多创业的朋友都可以效仿。

（改编自知乎用户 Mute 2800《创业史：百度创始人李彦宏的故事》）

动动脑

1．硅谷是一个充满商业气息的创业者天堂。李彦宏在硅谷工作的两年中，不仅提升了专业技术，而且创业之心也源于硅谷。请同学们谈谈我们所处的环境对一个人的影响究竟有多大？

2．成功的创业者除了需要具备商机、资金、人脉等客观条件外，还需要具备一定的创业素质和创业能力等主观条件。李彦宏的成功绝非偶然，请同学们查阅相关资料，并讨论创业者需要具备哪些创业素质和创业能力？

3．过去 10 年，李彦宏和他创办的百度经历高光，也遭遇低谷。不论外部形势如何，这位技术信仰者都在寻找适合自己的“最优解”。请同学们思考如何理解“创始人的态度决定了企业的性格”？

4.1 资料收集

创新创业实践活动过程中资料收集的方法主要有观察法、访谈法和文献法。其中文献法是进行创新实践活动高效、简洁的一种方法。

4.1.1 文献检索方法

文献检索方法是为了完成检索方案中所提出的检索目标而采取的具体操作方法或步骤的总称。具体可分为浏览法、工具法、追溯法和循环法。

1）浏览法：主要是指对相关研究领域的期刊进行逐期阅读，找出目标文献的过程。

2）工具法：主要是指利用检索工具查找文献的方法。

3）追溯法：主要是指利用已知文献的参考文献查找相关文献的方法。

4）循环法：主要是指通过“追溯法”和“工具法”的交替使用实现检索的方法。

4.1.2 常见的中文数据库及检索方法

常见的中文数据库主要有中国知识资源总库、万方数据知识服务平台和维普期刊资源整合服务平台。

（1）中国知识资源总库

中国知识资源总库（简称中国知网，CNKI）由清华大学和清华同方共同始建于 1999 年，网址为 http://www.cnki.net，其中的题录数据都可免费获取，但全文数据采用收费服务的方式。其中主要包含学术期刊网络出版总库、中国博士学位论文全文数据库、中国优秀硕士学位论文全文数据库、重要会议论文数据库、专利全文数据库等。

中国知网的检索方式主要有简单检索、高级检索和专业检索等。在简单检索方式中，用户可直接输入想要检索的关键词等信息完成检索，可进行单库检索，也可同时进行跨库检索。在高级检索方式中，可以通过下拉菜单选择检索字段，还可以根据具体情况通过点击右侧的加号或减号对检索内容进行增减，适用于比较复杂的检索，但命中率一般较高。下拉菜单中可供选择的内容有"主题""关键词""篇名""摘要""全文""被引文献""中图分类号"等信息，在检索框中输入相应的内容后，点击"检索"即可获得相应的检索结果。在该界面，我们还可以对检索结果进行排序、二次筛选等操作，直至最终找到目标文献为止。另外，在该界面，我们还可以将选定的参考文献通过"导出/参考文献"按钮导出到文献管理软件中进行阅读等操作。

（2）万方数据知识服务平台

万方数据知识服务平台网址为 http://www.wanfangdata.com.cn。北京万方数据股份有限公司是国内较早以信息服务为核心的股份制高新技术企业，是在互联网领域，集信息资源产品、信息增值服务和信息处理方案为一体的综合信息服务商。该数据库与 CNKI 数据库相似，包括中国学术期刊数据库（截至 2021 年 11 月总数量超过 1.4 亿篇论文）、中国学位论文全文数据库（截至 2021 年 11 月总数量超过 697 万篇学位论文）等一系列子数据库，检索方式同样包含简单检索、高级检索和专业检索等，使用方法较为类似，在该部分不再赘述。

（3）维普期刊资源整合服务平台

重庆维普资讯有限公司前身为中国科学技术情报研究所重庆分所数据库研究中心，是全球第一家从事中文期刊数据库研究的机构，登录网址为 http://lib.cqvip.com/。经过 20 多年的不断发展，维普资讯已拥有国内外近万家机构客户，覆盖近千万的个人用户，核心产品——中文科技期刊数据库被纳入国家长期保存数字战略计划。目前维普的核心产品包括中文期刊服务平台、维普论文检测系统、维普考试服务平台、智立方知识资源服务平台、机构知识库、智慧门户、智慧图书馆整体解决方案和知识管理与科技创新服务解决方案等。检索方式主要包括基本检索、高级检索和检索式检索。基本检索提供的检索项包括题名、关键词、文摘、作者、第一作者、机构、刊名、分类号、参考文献、作者简介、基金资助和栏目信息。高级检索的过程与 CNKI 和万方数据库的类似，检索结果同样可以进行二次检索以定位所要查找的文献，在此不再赘述。

4.1.3 常用的外文数据库及检索方法

常用的外文文献数据库主要包括 Web of Science、ScienceDirect、Springer LINK 等。本部分主要向同学们介绍最常用的两个外文数据库及其检索方法。

（1）Web of Science

Web of Science（WoS）是世界上认可度最高的引文数据库之一，登录网址为 https://www.webofscience.com/wos/alldb/basic-search。在世界上第一个引文索引的发明者 Eugene Garfield 博士的指引下，该数据库已经成为最有实力的研究引擎。内容涵盖自然科学、工程技术、生物医学、社会科学、艺术与人文等领域，最早回溯至 1900 年。Web of Science 核心合集收录了论文中所引用的参考文献，并按照被引作者、出处和出版年代编成独特的引文索引。主要包括科学引文索引扩展数据库（SCIE）、社会科学引文索引数据库（SSCI）、人文与艺术引文索引数据库（AHCI）、新兴来源引文索引数据库（ESCI）、图书引文索引数据库（BKCI）和会议论文引文索引数据库（CPCI）。主要的检索方式有基本检索、被引参考文献检索和高级检索。其中，基本检索与中文数据库的高级检索过程相类似，可通过“添加行”操作可增加检索项，下拉菜单中包括主题、标题、作者、出版物名称、出版年、地址、作者识别号、DOI 号、编者和团体作者等选项。“被引参考文献检索”主要用于查找引用个人著作的文献。高级检索方式与 CNKI 等中文数据库的专业检索方式较类似，涉及专业布尔运算符与字段标识的使用，一般适用于专业的文献检索人员使用。

在外文数据库检索过程中，需要经常用到一些运算符，如双引号、问号、星号等（图 4-1）。Web of Science 的初步检索结果同样可以继续进行二次结果筛选，而且可根据需要对所得结果进行排序。更加值得注意的是，Web of Science 具有非常全面的检索结果分析功能，可在科研选题过程中提供一些非常宝贵的、具有指导意义的信息。

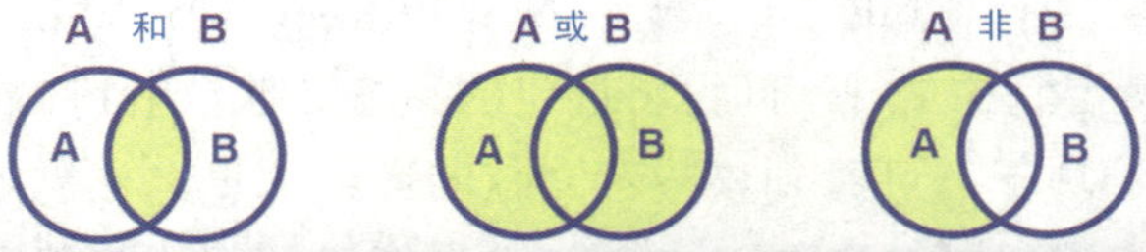

运算符（英文）	检索结果	检索式	作用
″ ″	moral risk	″moral risk″	精确检索短语
*	gene, genetics, generation 等	gene*	代表≥0 个字符
?	women, woman 等	wom?n	代表 1 个字符
$	color, colour 等	colo$r	代表 0 或 1 个字符

图 4-1 运算符的使用规则介绍

（2）ScienceDirect

ScienceDirect 数据库是著名公司 Elsevier Science 出版的全文数据库，数据库收录的资源包括期刊、图书、参考工具书、手册等。其中期刊达 4 156 种，图书达 29 593 种。

包括的学科有物理科学与工程、生命科学、健康学和社会与人文科学四大类。每个类别下又分为若干个小类。ScienceDirect 的检索方式主要有简单检索、高级检索、专业检索和资源浏览。简单检索方式可直接根据 Keywords（关键词）、Author name（作者姓名）、Journal or book title（期刊或书名）、Volume（卷）、Issue（期）和 Pages（页码）等信息进行检索。高级检索（Advanced search）中，还包含对 ISSN（国际标准期刊编号）、ISBN（国家标准图书编号）、Affiliation（机构）等的检索。另外，title、abstract or author-specified keywords（特定标题、特定摘要或者特定作者关键词）是指检索词必须出现在同一个标题、摘要或者人名中。检索结果中仍然可以进行二次筛选，从而实现更加精确定位目标文献的目的。

4.1.4 文献管理软件的使用

数据库可为我们查找和定位所需要的文献提供较为便捷的方法，但当研究某一课题或者领域时，常常需要阅读大量的文献，仅仅依靠记忆是不可能实现的。另外，撰写论文或者研究报告时，常需要录入大量的参考文献。如果仅凭人力，既费时又费力，还增加了出错的风险。而文献管理软件的出现为这些问题的解决提供了方法。常用的文献管理软件有 Endnote、Mendeley、Zeotero、Reference Manager 等，其中 Endnote 是最好用、最受欢迎的软件。以下以 Endnote X8 为例介绍其使用方法。

（1）导出参考文献信息

该步骤以“Web of Science”为例进行讲解，首先将选定的参考文献添加到标记结果列表中，打开标记结果列表。点击“导出”按钮，并选择“Endnote Desktop”选项，即可将所选参考文献导出到桌面，此时的文件格式为“.ciw”。

（2）新建参考文献目录（Library）

打开“Endnote”，点击“File”，选择“New”选项，即可新建新的参考文献目录。用 Endnote 软件打开所得到的文件，即可将选定的参考文献导出到 Endnote 软件中去。在右侧的“Reference”选项下，可看到该参考文献的详细信息。如需下载某一参考文献，右键单击该参考文献，选择“Find Full Text”选项即可从网络下载该文献。但需注意的是，该功能仅在用户所连接的网络购买了特定数据库的下载权限后才可下载。当文献下载完成后，文献名称左侧会出现“曲别针”标志。

（3）在 Word 中插入参考文献

首先在 Word 中将光标移至需插入参考文献的位置，然后在 Endnote 中选定该参考文献，最后点击“Insert Citation”按钮，即可将所选文献插入 Word 中。该步骤也可同时插入多个参考文献。如需对参考文献的格式进行调整，可在 Endnote 中选取目标期刊的参考文献格式。若默认列表中没有所要找的期刊，可点击该下拉菜单中的“Select Another Type”，在弹出的新窗口中选取目标期刊即可。

（4）新建参考文献

如需新建一个新的参考文献，则需在 Endnote 界面点击“New Reference”按钮，在弹出窗口的相应项中填入必要信息即可。

（5）查重复

另外，当参考文献过多时，Endnote 也可提供查找重复参考文献的功能。该功能是在“References”选项卡下的“Find Duplicates”。查到重复出现的参考文献时，可选择性地将多余的删除掉，只留下最完整的那一条文献。

另外，Endnote 软件还提供多数据库在线检索功能、离线检索功能、分组功能、文献阅读与批注功能等。当用户拥有 Endnote 的账号以后，还可以将文献目录 Library 保存到云端，实现实时同步，以防数据丢失。同时用户可以将 Library 分享给其他使用者。该软件还有很多其他特别方便的功能，不同的文献管理软件功能和使用方法大同小异，同学们可在实际使用过程中加以理解和熟悉。

4.2 创新研究设计与数据处理

实验设计与数据分析是数理统计学中的一个重要分支，它是以概率论、数理统计及线性代数为理论基础，结合一定的专业知识和实践经验，研究如何经济、合理地安排实验方案以及系统、科学地分析处理实验结果的一项科学技术。

4.2.1 创新研究设计

创新项目设计是指一种有计划的研究，包括一系列有意图性地对过程要素进行改变与其效果观测，对这些结果进行统计分析以便确定过程变异之间的关系，从而改变这一过程。广义的实验设计指科学研究的一般程序的知识，它包括从问题的提出、假说的形成、变量的选择，一直到结果的分析、论文的写作一系列内容。它给研究者展示如何进行科学研究的概貌，试图解决研究的全过程。狭义的实验设计特指实施实验处理的一个计划方案以及与计划方案有关的统计分析。狭义的实验设计着重解决的是从如何建立统计假说到做出结论这一段。

4.2.1.1 实验设计类型

根据是否设置控制组（对照组）划分的两种基本设计类型：

（1）单组设计

在选择被试编组时不设置控制组，其基本模式是前测—处理—后测，通过前后两次测量的差异检验实验处理的效果。统计结果一般采用 t 检验法。单独使用这种类型的实验设计已不多见。因为在前测与后测中间有许多因素，如成熟、前测对后测的影响、测量工具的变形、情境的改变等，与实验处理的效果相混淆，从而降低实验的内在效度。

（2）对比设计

对比实验把被试分为两组，一组为实验组，施以实验处理（也称处理）；另一组为控制组，不加实验处理。为使两组被试尽量同质，便于比较，一般采用随机分派法分组，通过测量两组的差异检验实验处理的效果。

根据分组与处理方式划分的两种基本设计类型：

（1）完全随机化设计，又称被试间设计或独立组设计

它起源于抽样理论，即依据概率统计的原则，把被试随机分派到各组，接受各组应进行的处理。由于是随机分派，所以在理论上各组接受处理前各方面是相等的。如果在同样条件下对两个或两个以上组施以相同处理，则各组效果的平均数在统计上应没有显著差异；如果对两个或两个以上组分别施以不同的处理，所得效果平均数的差异可被断定是由于处理的不同而造成的。这种设计的实验结果一般采用独立样本的 t 检验或方差分析。

（2）随机区组设计，又称被试内设计

它先把被试按某些特质分到不同区组，使各区组内的被试更接近同质，而区组间的被试更加不同。然后将各区组内的被试随机分派接受不同的处理，或按不同顺序接受所有的处理。这样，对于一个区组来说是接受所有处理的。这一点与完全随机化设计不同。完全随机化设计中各组只分别接受各自所应该接受的处理。与完全随机化设计相比，它能把由个别差异造成的变异估计出来。划分区组的依据与要考察的反应变量密切相关。因此，随机区组设计的统计方法一般用相关样本的 t 检验或方差分析。另外，如果随机区组设计中的每一区组都进行所有的处理，便称为完全区组设计；如果每区组所进行的处理数小于总的处理数，则称为不完全区组设计。后者虽然每一区组不进行所有的处理，但每一处理所在的区组数须相同。

4.2.1.2 实验设计应遵循的原则

（1）重复原则

可重复实验是减少和估计随机误差的基本手段。

（2）随机化原则

随机化原则可有效排除非实验因素的干扰，从而可正确、无偏地估计实验误差，并可保证实验数据的独立性和随机性。

（3）局部控制原则

局部控制是指在实验时采取一定的技术措施方法，减少非实验因素对实验结果的影响。用图形表示如图 4-2 所示。

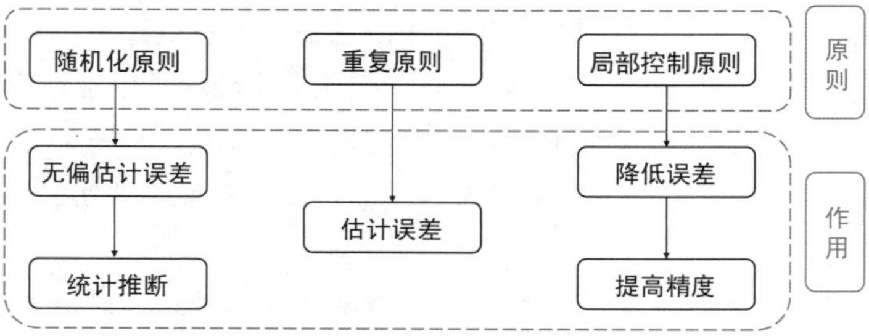

图 4-2 实验设计与数据处理原则

4.2.1.3 实验设计的作用

①有助于研究者掌握实验因素对实验考察指标影响的规律性，即各因素的水平改变时指标的变化情况。

②有助于分清实验因素对实验考察指标影响的大小顺序，找出主要因素。

③有助于反映实验因素之间的相互影响情况，即因素间是否存在交互作用。

④能正确估计和有效控制实验误差，提高实验的精度。

⑤能较为迅速地优选出最佳工艺条件（或称最优方案），并能预估或控制一定条件下的实验指标值及其波动范围。

⑥根据实验因素对实验考察指标影响规律的分析，可以深入揭示事物内在规律，明确进一步实验研究的方向。

实验设计能够科学合理地安排实验，从而减少实验次数、缩短实验周期，提高经济效益。再从众多的影响因素中找出影响输出的主要因素，分析影响因素之间交互作用影响的大小，分析实验误差的影响大小，提高实验精度。然后找出较优的参数组合，并通过对实验结果的分析、比较，找出达到最优化方案进一步实验的方向，进而对最佳方案的输出值进行预测。

4.2.1.4 实验设计方法

（1）单因素实验设计

单因素实验设计是指在实验中只有一个研究因素，即研究者只分析一个因素对效应指标的作用，但单因素实验设计并不是意味着该实验中只有一个因素与效应指标有关联，其目标之一就是如何控制混杂因素对研究结果的影响。它的自变量只有一个，其他能影响结果的因素均作为无关变量而加以控制。单因素设计或成组设计是将同质的受试对象随机地分配到各处理组进行实验观察，或从不同总体中随机抽样进行对比研究。该设计适用面广，不受组数的限制，且各组的样本含量可以相等，也可以不相等，但在总体样本量不变的情况下，各组样本量相同时的设计效率最高。

例如，为了研究煤矿粉尘作业环境对尘肺的影响，将 18 只大鼠随机分到甲、乙、丙 3 组，每组 6 只，分别在地面办公楼、煤炭仓库和矿井下染尘，12 周后测量大鼠全肺湿重（g），通过评价不同环境下大鼠全肺平均湿重推断煤矿粉尘对作用尘肺的影响，具体的随机分组步骤如下：

第一步：将 18 只大鼠编号：1，2，3，…，18；

第二步：可任意设置种子数，但应作为实验档案记录保存（本例设置 SPSS11.0 软件的种子数为 200）；

第三步：用计算机软件一次产生 18 个随机数，每个随机数对应一只老鼠（本例用 SPSS11.0 软件采用均匀分布最大值为 18 时产生的 18 个随机数）；

第四步：最小的 6 个随机数对应编号的大鼠为甲组，排序后的第 7 个至第 12 个随机数随因编号为乙组，最大的 6 个随机数对应编号的大鼠为丙组（表 4-1）。

表 4-1 单因素实验设计分配结果

编号	1	2	3	4	5	6	7	8	9
随机数	3.75	8.75	16.29	11.12	5.49	3.98	13.64	16.71	1.69
组别	甲	乙	丙	乙	乙	甲	丙	丙	甲
编号	10	11	12	13	14	15	16	17	18
随机数	13.62	16.36	2.12	4.74	11.54	3.98	0.13	17.35	16.38
组别	丙	丙	甲	乙	乙	甲	甲	丙	丙

（2）双因素实验设计

双因素实验设计又被称为多因素设计，是指自变量为两个或两个以上的实验设计。常用的多因素设计有完全随机化、随机区组和拉丁方等。

①完全随机化多因素设计根据自变量及每个自变量的变化水平（处理）的多少进行随机分组。在 2×2 因素设计中，有两个自变量因素 A、B，每个因素又有两种水平，共有 4 种可能的处理，即 $A1B1$、$A1B2$、$A2B1$、$A2B2$。这就必须随机地把被试分为 4 组，每组接受一种处理。通过独立样本的 2×2 因素方差分析，可以分析出因素 A 或 B 的单独作用及 A 与 B 的交互作用。

②随机区组多因素设计则需在 2×2 因素设计中选一组被试，让每个被试都接受 4 种处理，在次序上哪个人先接受哪种处理用随机法决定，每个人的 4 种处理结果就是一个区组。该设计所采用的统计方法用相关样本的方差分析。

③拉丁方实验设计能以较少的实验次数完成实验目的。例如，A、B、C 3 种因素各有 3 个水平，需做 $3^3=27$ 次实验。若采用拉丁方设计就不必做那么多次，只需要做 9 次实验。拉丁方以表格的形式被概念化，其中行和列代表两个外部变量中的区组，然后将自变量的级别分配到表中各单元中。简单地说，就是某一变量在其所处的任意行或任意列中只出现一次。

（3）正交实验设计

正交实验设计（Orthogonal experimental design）是研究多因素多水平的又一种设计方法，它是根据正交性从全面实验中挑选出部分有代表性的点进行实验，这些有代表性的点具备了“均匀分散，齐整可比”的特点。正交实验设计是分析因式设计的主要方法，具有高效率、快速、经济等优点。

正交实验设计利用正交表即可对实验进行合理安排，挑选少数具有代表性的组合处理实验（以少代多）；又可对实施的少数个组合处理结果进行科学的分析，做出正确的结论（以少求全）。设 A 是 $n×k$ 的矩阵，它的第 j 列元素由 1、2、j 构成（也可用别的符号），如果矩阵 A 的任意两列元素都搭配均匀，就称 A 是一个正交表。

正交表的性质：每一列中，不同的数字出现的次数是相等的。例如在两水平正交表中，任何一列都有数码“1”与“2”，且任何一列中它们出现的次数是相等的；如在三水平正交表中，任何一列都有“1”“2”“3”，且在任何一列的出现数均相等。

任意两列中数字的排列方式齐全而且均衡。例如在两水平正交表中，任何两列（同一横行内）有序对子共有 4 种：（1，1）、（1，2）、（2，1）、（2，2）。每种对数出现次数相等。在三水平情况下，任何两列（同一横行内）有序对共有 9 种：1.1、1.2、1.3、2.1、2.2、2.3、3.1、3.2、3.3，且每对出现数也均相等。

以上两点充分地体现了正交表的两大优越性，即“均匀分散性，整齐可比”。通俗地说，每个因素的每个水平与另一个因素各水平各碰一次，这就是正交性。

4.2.1.5 实验设计评价标准

评价一个实验设计可以有许多标准，但主要是看其能否充分发挥以下功能：

①恰当地解决研究者所要解决的问题，即实验设计必须与研究问题匹配；

②有较好的“内在效度”，即能够有效地控制无关变量，使反应变量的变化完全由自变量决定；

③实验结果应具有一定的科学性、普遍性，能够推论到其他被试或其他情境，即有较高的“外在效度”。把数学上优化理论、技术应用于实验设计中，科学地安排实验、处理实验结果的方法。以最少的人力和物力消费，在最短的时间内取得更多、更好的生产和科研成果的最有效的技术方法。

4.2.2 实验数据记录和处理

4.2.2.1 实验数据记录

科学实验要得到准确的结果，不仅要求正确地选用实验方法和实验仪器测定各种量的数值，而且要求正确地记录和运算。实验所获得的数值，不仅表示某个量的大小，还应反映测量这个量的准确程度。一般地，任何一种仪器标尺读数的最低一位，应该用内插法估计到两刻度线之间间距的 1/10。因此，实验中各种量应采用几位数字，运算结果应保留几位数字都是很严格的，不能随意增减和书写。实验数值表示正确与否，直接关系到实验的最终结果以及它们是否合理。

在不表示测量准确度的情况下，表示某一测量值所需要的最小位数的数字即称为有效数字。有效数字的位数决定于测量仪器的精确程度。例如用最小刻度为 1 mL 的量筒测量溶液的体积为 10.5 mL，其中 10 是准确的，0.5 是估计的，有效数字是 3 位。如果要用精度为 0.1 mL 的滴定管来量度同一液体，读数可能是 10.52 mL，其有效数字为 4 位，小数点后第二位 0.02 才是估计值。

有效数字的位数还反映了测量的误差，若某铜片在分析天平上称量得 0.500 0 g，表示该铜片的实际质量为 0.500 0±0.000 1 g，测量的相对误差为 0.02%，若记为 0.500 g，则表示该铜片的实际质量为 0.500±0.001 g，测量的相对误差为 0.2%。准确度比前者低了一个数量级。“0”在数字中可以是有效数字，但也可以不是。当“0”在数字中间或有小数的数字之后时都是有效的数字，如果“0”在数字的前面，则只起定位作用，不是有效数字。但像 5 000 这样的数字，有效数字位数不好确定，应根据实际测定的精确程度来表示，可写成 5×10^3、5.0×10^3、5.00×10^3 等。

对于 pH、lg*K* 等对数值的有效数字位数仅由小数点后的位数确定，整数部分只说明这个数的方次只起定位作用，不是有效数字，如 pH=3.48，有效数字是 2 位而不是 3 位。

4.2.2.2 实验数据的处理

实验数据的处理方法主要有列表法和作图法。

（1）列表法

列表法是表达实验数据最常用的方法之一。将各种实验数据列入一种设计得体、形式紧凑的表格内，可起到化繁为简的作用，有利于对获得实验结果进行相互比较，有利于分析和阐明某些实验结果的规律性。设计数据表总的原则是简单明了。要注意以下几个问题：

①正确地确定自变量和因变量。一般先列自变量，再列因变量，将数据一一对应地列出。不要将毫不相干的数据列在一张表内。

②表格应有序号和简明完备的名称，使人一目了然，一见便知其内容。如实在无法表达时，也可在表名下用不同字体作简要说明，或在表格下方用附注加以说明。

③习惯上表格的横排称为“行”，竖行称为“列”，即“横行竖列”，自上而下为第 1、2、…行，自左向右为第 1、2、…列。变量可根据其内涵安排在列首（表格顶端）或行首（表格左侧），称为“表头”，应包括变量名称及量的单位。凡有国际通用代号或为大多数读者熟知的，应尽量采用代号，以使表头简洁醒目，但切勿将量的名称和单位的代号相混淆。

④表中同一列数据的小数点对齐，数据按自变量递增或递减的次序排列，以便显示出变化规律。如果表列值是特大或特小的数时，可用科学表示法表示。若各数据的数量级相同时，为简便起见，可将 10 的指数写在表头中量的名称旁边或单位旁边。

（2）作图法

作图是将实验原始数据通过正确的作图方法画出合适的曲线（或直线），从而形象直观，而且准确地表现出实验数据的特点、相互关系和变化规律，如极大、极小和转折点等，并能够进一步求解，获得斜率、截距、外推值、内插值等。作图法可以最醒目地表达物理量间的变化关系。从图线上还可以简便求出实验需要的某些结果（如直线的斜率和截距值等），读出没有进行观测的对应点（内插法），或在一定条件下从图线的延伸部分读到测量范围以外的对应点（外推法）。此外，还可以把某些复杂的函数关系，通过一定的变换用直线图表示出来。例如，半导体热敏电阻的电阻与温度关系为取对数后得到，若用半对数坐标纸，以 lg*R* 为纵轴，以 $1/T$ 为横轴画图，则为一条直线。

4.2.3 误差的基本概念、分类与表达

4.2.3.1 误差的概念

误差是一个量的观测值或计算值与其真实值之差，特指统计误差，即一个量在测量、计算或观察过程中由于某些错误或通常由于某些不可控制的因素的影响而造成的变

化偏离标准值或规定值的数量。数学上称测定的数值或其他近似值与真值的差为误差。

4.2.3.2 误差的分类

根据误差产生的原因及性质可分为系统误差与偶然误差两类。

（1）系统误差

系统误差又称可测误差，它是由分析操作过程中的某些经常发生的原因造成的。主要来源有以下几个方面：

①仪器误差：是由使用的仪器本身不够精密所造成的；

②方法误差：是由分析方法本身造成的；

③试剂误差：是由所用蒸馏水含有杂质或使用的试剂不纯造成的；

④操作误差：是由操作人员掌握分析操作的条件不成熟、个人观察器官不敏锐和固有的习惯造成的；

⑤主观误差：是由操作人员主观原因，如观察判断能力的缺陷或不良习惯造成的。

（2）偶然误差

偶然误差是指在相同条件下，对同一物理量进行多次测量，由于各种偶然因素，会出现测量值时而偏大，时而偏小的误差现象。

产生偶然误差的原因很多。例如读数时，视线的位置不正确，测量点的位置不准确，实验仪器由于环境温度、湿度、电源电压不稳定、振动等因素的影响而产生微小变化等。这些因素的影响一般是微小的，而且难以确定某个因素产生的具体影响的大小，因此偶然误差难以找出原因加以排除。

但是实验表明，大量次数的测量所得到的一系列数据的偶然误差都服从一定的统计规律，这些规律有：

①绝对值相等的正的与负的误差出现机会相同；

②绝对值小的误差比绝对值大的误差出现的机会多；

③误差不会超出一定的范围。

实验结果还表明，在确定的测量条件下，对同一物理量进行多次测量，并且用它的算术平均值作为该物理量的测量结果，能够比较好地减少偶然误差。

4.2.3.3 误差的表达

（1）绝对误差

设某物理量的测量值为 x，它的真值为 a，则 $x-a=\varepsilon$；由此式所表示的误差 ε 和测量值 x 具有相同的单位，它反映测量值偏离真值的大小，所以称为绝对误差（测量值与真实值之差的绝对值）。绝对误差可定义为

$$\varDelta = X-L$$

式中，$\varDelta$ —— 绝对误差[①]；

① 绝对误差有正负性，正性表示测量值大于真实值，负性表示测量值小于真实值。

X—— 测量值；

L—— 真实值。

（2）相对误差

误差还有一种表示方法，叫相对误差，它是绝对误差与测量值或多次测量的平均值的比值。并且通常将其结果表示成非分数的形式，所以也叫百分误差。绝对误差可以表示一个测量结果的可靠程度，而相对误差则可以比较不同测量结果的可靠性。

4.2.4 方差分析

方差分析，又称变量分析，是用来检验两个或两个以上样本的平均值差异的显著程度，并由此判断样本究竟是否抽自具有同一均值的总体。其实质是关于观察值变异原因的数量分析，是科学研究的重要工具。

方差分析的基本思路是一方面确定因素的不同水平下均值之间的方差，把它作为对由所有实验数据所组成的全部总体的方差的第一个估计值；另一方面再考虑在同一水平下不同实验数据对于这一水平的均值的方差，由此计算出对由所有实验数据所组成的全部数据的总体方差的第二个估计值。比较上述两个估计值，如果这两个方差的估计值比较接近就说明因素的不同水平下的均值间的差异并不大，就接受零假设；否则，说明因素的不同水平下的均值间的差异比较大。

方差分析的最大作用在于：①它能将引起变异的多种因素的各自作用一一剖析出来，做出量的估计，进而辨明哪些因素起主要作用，哪些因素起次要作用。②它能充分利用资料提供的信息将实验中由于偶然因素造成的随机误差无偏地估计出来，从而大大提高了对实验结果分析的精确性，为统计假设的可靠性提供了科学的理论依据。

4.3 创业项目选择

4.3.1 PEST 分析法

PEST 分析理论 1999 年由美国学者 Johnson • G 与 Scholes • K 提出，他们将 PEST 理论应用于企业所处宏观环境分析当中，认为政治（Political）、经济（Economic）、社会（Social）、技术（Technological）这些不受企业掌握的外部环境要求是企业管理层应具备相关的能力及素养。作为一种综合分析方法，PEST 分析法可针对此四大类环境因素进行分析，探讨面临的外部宏观环境给企业和拟建项目带来的机遇和威胁，为企业和拟建项目的相关领域发展战略的制定提供分析决策和借鉴依据参考。如图 4-3 所示。

政治要素：在政治环境分析方面，PEST 分析法主要包含对企业所处国家的社会制度、执政方性质、政府策略、法律、法规等方面的分析。从某种程度上来说国家政策对企业经营行为影响深远，在市场经济较为发达的国家中，国家政策对市场以及企业的干涉力度仍然巨大，这包括最低工资政策、劳动法等方面。

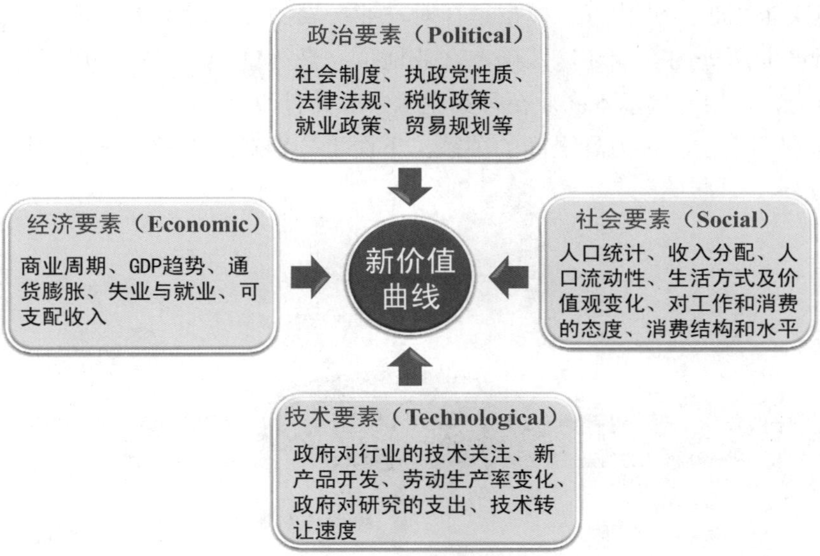

图 4-3 PEST 模型图

经济要素：在经济环境分析方面，PEST 分析法主要包含宏观经济环境层面的分析与微观经济环境层面分析两个方面。宏观经济环境层面分析的主要内容包括国家人口、国家人口变化趋势、国民收入状况、经济结构、经济制度等能够反映国民经济发展、行业发展的各项指标。微观经济环境分析主要包含企业所处地区消费群体的收支情况及储蓄状况等方面，如企业和项目所在地民众的需求、收入、消费等。综合来看，宏观经济因素和微观经济因素都决定着企业未来市场的大小。

社会要素：在社会环境分析方面与当地民俗文化和自然资源条件有关，PEST 分析法主要包含了国家或地区的人民群众接受教育的程度与水平、信仰、习惯、审美、人口规模及构成、气候、生态环境等，这些因素在很大程度上影响企业及拟建项目发展方向和速度。

技术要素：在技术环境因素的分析中，一方面指的是企业及拟建项目自身的能力定位或自身能力在社会中的发展趋势，另一方面则指的是与创新和技术有关的宏观环境。企业和项目需要了解技术发展现状，提升自身技术，保持企业核心竞争力。

4.3.2 波特五力模型分析法

20 世纪 80 年代初，“竞争战略之父”迈克尔·波特（Michael Eugene Porter）在他第一部在管理学领域广泛传播的经典著作《竞争战略》（*Competitive Strategy Techniques for Analyzing Industries and Competitors*）提出了波特五力分析模型。波特五力分析模型是众多战略分析工具中重要组成部分。由行业内竞争情况、供应商议价能力、购买者议价能力、新进入者的威胁和替代品的威胁五种影响因素构成，用以揭示行业竞争本质，分析产业结构，描述产业基本竞争形态，估计产业平均利润率，识别企业面临的机会和威胁。

一定意义上来说，波特五力模型是针对产业所属的外部环境的微观分析方法，能够有效地分析产业所处的竞争环境，确定产业地位，是衡量一个产业发展形势的指标，不是企业的能力，适用于揭示本产业在行业竞争中所具有的上升空间。

图 4-4 展示了这五种力量之间的关系，下面将分别对这五种力量进行详细的解释与分析。

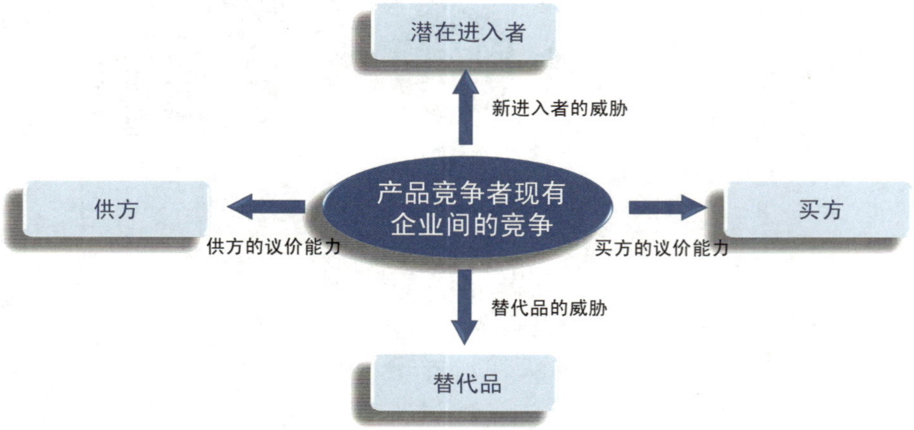

图 4-4　波特五力分析模型图

（1）供应商的议价能力

供应商（供方）主要通过提高投入要素价格与降低单位价值质量的能力来影响行业中现有企业的盈利能力与产品竞争力。供应商所提供给买家的投入要素是影响其议价能力的关键，当供方所提供的投入要素其价值构成了买方产品总成本的较大比例时，供方对于买方的潜在讨价还价的力量就大大增强。

（2）购买者的议价能力

购买者即消费者，主要通过其压价与要求提供较高要求的产品或服务质量的能力。

（3）新进入者的威胁

新进入者在进入该行业的同时会带来新生产力和新的资源，希望可以在已经趋于成熟的市场上找到自己的位置，与同一行业内的其他企业对于原材料的竞争以及市场份额的竞争是必然会发生的，最终可导致行业中现有企业盈利水平的降低。

（4）替代品的威胁

即使两个企业不处于同一个行业，但仍有相互生产替代品的可能，从而存在相互竞争的关系，这种源自替代品的竞争会以各种形式影响行业中现有企业的竞争战略。

（5）同行业内的竞争程度

大部分行业中的企业，相互之间的利益都是紧密联系在一起的，作为行业整体战略一部分的各企业竞争战略，其目标都在于使得自己的企业获得相对于竞争对手的优势，所以在实施中就必然会产生冲突与对抗现象，而这些冲突与对抗就构成了现有企业之间的竞争。

波特五力模型中蕴藏着成本领先、差异化、专一化三大成功的管理学战略思想，是对企业的吸引力和竞争规律的深刻认识。无论是国际企业还是国内企业，不论是销售产品还是提供服务，都存在这五种力量综合作用的竞争力形势，是联系管理学和经济学思想、制定企业竞争战略的重要的分析工具。

4.3.3　SWOT 分析法

SWOT 分析法最早是由美国旧金山大学的管理学教授韦里克在 20 世纪 80 年代初提出的，又称态势分析法，是市场营销的基本分析方法之一。它简单实用，受到普遍欢迎并广泛应用于各个领域。所谓 SWOT（态势）分析的四个英文字母，S（Strengths）是指对企业内部的优势或长处，W（Weaknesses）代表企业内部的劣势或弱点，O（Opportunities）代表外部环境中存在的机会，T（Threats）是指外部环境所构成的威胁，SWOT 是首字母的合写。现在先从以下几方面对 SWOT 分析进行介绍：

首先分析环境因素，环境因素分为外部环境因素和内部环境因素。外部环境因素包括机会因素和威胁因素，它们属于客观因素，是外部环境对发展有直接影响的有利与不利因素，主要归属为经济、政治、社会、市场、人口、产品、服务、技术、竞争等不同范畴；内部环境因素包括优势因素和弱点因素，它们属主观因素，是组织机构在其发展中自身存在的积极因素和消极因素，主要归类为管理、组织、经营、财务、销售、人力资源等不同范畴。

其次是构造 SWOT 矩阵并确定发展战略。将各种因素根据轻重缓急或影响程度等排序构造 SWOT 矩阵。在此过程中，将那些对组织机构有直接、重要、大量、迫切、久远影响的因素优先排列。

确定发展战略的基本思路是：发挥优势因素，克服弱点因素，利用机会因素，化解威胁因素；考虑过去，立足当前，着眼未来。运用系统分析的综合分析方法，将排列与考虑的各种环境因素相互匹配起来加以组合，得出一系列组织机构未来发展的可选择对策。SWOT 矩阵如图 4-5 所示。

	优势 （S：strengths）	劣势 （W：weaknesses）
机会 （O：opportunities）	利用机会，发挥优势	利用机会，克服弱点
威胁 （T：threats）	利用机会，避开威胁	回避威胁，克服弱点

图 4-5　SWOT 矩阵

利用以上 SWOT 矩阵，企业可以对内外部环境所存在的机会、威胁、优势、劣势进行战略匹配，就形成了 SO、WO、ST 和 WT 四种不同类型的发展战略。每一种战略类型都有具体的市场营销对策与之对应，这些就是机构组织可行的市场对策。应根据具体情况来选择适合自己的市场对策。

需要注意的是：第一，SWOT 矩阵是把组织机构所面临的机会与威胁、优势与劣势进行匹配，从而形成了四种不同类型的发展战略；第二，SWOT 矩阵的作用是通过匹配，产生了各种可行的市场对策，组织机构所面临的内外部实际情况根据实际而发生变化，就要不时地调整 SWOT 矩阵，修正营销对策；第三，用 SWOT 矩阵进行战略匹配时，必须列出组织机构所面临的关键的机会、威胁、优势、劣势因素，而这些因素是根据对企业内部分析（找出关键的优势和劣势）和外部分析（找出关键的机会和威胁）得出的。

4.4 团队的组建与分工

4.4.1 团队协作的重要性

团队是由少数愿意为了共同目标而相互承担责任的人们组成的群体。团队协作指的是一群有能力、有信念的人在特定的团队中，为了一个共同的目标而相互支持、相互帮助、努力奋斗的过程。一个团队的成功不是仅仅依靠其中的某一个人，更需要整个团队成员之间的相互配合。在这个世界上，没有完美的个人，只有完美的团队。一个团结协作的团队可以调动队员的所有资源和才智，产生一股强大而持久的力量，每个队员都会产生一种强烈的团队归属感，会把自己融入集体之中，这会提高团队成员的主人翁意识和工作效率。

（1）团队协作利于提高工作效率

众人拾柴火焰高，一件事若用集体的力量去解决将会比仅凭个人的效率更高，团队协作也有利于降低一个人战斗时产生的孤独感。由于一个团队具有相同的目标，大家都会往同一个方向去努力，进而产生一种整体的归属感。正是这种归属感使得每个成员感到在为团队努力的同时，也是在为自己实现目标，与此同时也有其他成员在一起为这个目标而努力，从而激起更强的工作动机。一个人的力量是有限的，个人单打独斗难以把事情做尽、做全、做大。但是多人分工合作就会有人多力量大的优势，我们可以把团队的整体目标分割成许多小目标，然后再分配给团队的成员去一起完成，这样就可以缩短完成大目标的时间从而提高效率。

（2）团队协作利于取长补短

“三人行，必有我师焉。”从团队的定义出发，一个团体至少由两名及以上的成员组成。在团队中，每名成员都有自己的优缺点以及自己独创的想法。因此，面对同样的问题时，团队协作往往能产生新颖的创意。这是因为成员组成的多元化有助于产生不同想法，从而有利于在决策时集思广益，产生一种较好的方案，进而达到取长补短的目的。

团队协作既可以实现“人多好办事”，也能克服个人力量的局限，完成依靠个人无法独立完成的大项目。在团队内部，团队内部所形成的那种观念力量和氛围会对这个人施加一种有形和无形的压力，会致使他在心理上产生一种压抑和紧迫感。在这种压力下，团队成员会在不知不觉中随同大众，在意识判断和行为上表现出与团队中大多数人相一致，团队从而达到约束规范和控制个体的行为的目的。一个人的力量是渺小的，但如果我们将自己融入集体，分工协作，那么力量就是无穷的。一根筷子能轻易被折断，十双筷子则能牢牢抱成团，团结才能发挥更大的作用。

（3）团队协作利于价值实现

个人的力量是渺小的，融入团队与团队成员一起奋斗，能实现个人价值的最大化，能成就卓越的人生。对团队中的成员来说，当融入一个团队后，会把自己渺小化，把团队要达到的目标当作自己努力的方向，将团队的整体目标分解成各个小目标，在每个队员身上都得到落实。团队是为了实现一个共同的目标而集合起来的一个团体，团队的分工协作、优势互补能实现更多的人生价值。第一，现在不是一个单打独斗的时代，一个人再厉害也抵不过三个人的小团队。单从时间叠加的表面现象来说，一个人一天工作 16 个小时，抛开工作效率不说，长此以往身体得不到良好的休息，最终会撑不下去。而三个人的团队，每个人每天工作 6 个小时，叠加起来也有 18 个小时，且身体也得到了充沛的休息，第二天依然精神抖擞。第二，经验获取方面，每个人必须要积累到一定的时长，才会获得熟练的技能，如果团队分工，每个人专注于某一个方面，集中所有精力研究这一部分，很快就能将工作完成。一个团队合作能够达成，需要有人为团队、为合作赋予意义，让人们能够看到，通过团队合作我们可以离梦想更进一步。

4.4.2 团队组建与分工的原则

团队的意义在于合理化分工，其原则如下：

（1）合作原则

创新团队需要招的是“合伙人”，因为合伙人做的是一件事，“心往一处想、劲往一处使”才有成功的可能，一个团队把每一位成员都当作“合伙人”才有机会迅速成长，所以，创新团队要先去找自己的“合伙人”。

（2）激情原则

激情是衡量一个人是否能够成功的基础标准。创新团队一定要选择对项目有高度热情的人加入，并且要使所有人在设计项目之初就要有每天长时间参与研究的准备。任何人，不管其专业水平的高低，如果对项目的信心不足，将无法适应创新的需求，而这种消极因素对团队所有成员产生的负面影响可能是致命的。项目初期，整个团队可能需要每天十几个小时不停地工作，并要求在高负荷的压力下仍能保持自己的激情。

（3）团队原则

团队是创新组织凝聚力的基础，成败是整体而非个人，成员能够同甘共苦，团队就会形成坚强的凝聚力。团队中没有个人英雄主义，每一位成员的价值，表现为其对于团队整体价值的贡献。每一位成员都应将团队利益置于个人利益之上，个人利益是建立在团队利益基础上的，因此成员必须愿意牺牲短期利益来换取长期的成功果实，将利益分享放在成功后。这样的团队是不可能不成功的。

（4）互补原则

建立优势互补的团队是项目申报成功的关键。“主内”与“主外”的不同人才，耐心的队长和具有战略眼光的领袖，各方面的人才都不可偏废。参赛者寻找团队成员，首先要弥补当前资源能力上的不足，要针对创新目标与当前能力的差距寻找所需要的配套成员。好的创新团队，成员间的能力通常都能形成良好的互补，而这种能力互补也会有助于强化团队成员间的合作。此外，创新团队还要注意个人的性格与看问题的角度，团队里必须有总能提出建设性意见和不断发现团队问题的成员，一个都喜欢说好话的组织绝对不可能成为一个优秀的团队!

4.4.3 优秀团队的主要特征

（1）较强的团队凝聚力

创新创业团队是一个整体，成败关系到每个成员切身的利益，若成员能够同甘共苦，经营成果能够公开合理地分配，团队就容易形成较强的凝聚力。

（2）完美的专业技能搭配

优秀的创新创业团队应是其成员才华各异、各有所长、相互补充、相得益彰，即领导能力、科研能力、公关能力、市场开拓能力、谈判能力、财务能力和协调能力等相互补充，才能使团队的各项工作井然有序、完美无缺。良好的合作精神和品质很重要，没有良好的合作精神和品德，即使具有精湛的技能也很难形成合作的团队。高效的团队往往由一群具有精湛技能和良好品德的成员组成。

（3）良好稳定的信任关系

信任是解决分歧、达成一致的唯一途径。创新创业团队成员的目标与团队的目标一致，成员之间的个人愿望与基本利益是一致的。在此基础上形成良好稳定的信任关系，每个成员对其他人的品行和能力都确信不疑。相互信任有助于形成良好和高效的工作氛围，实现团队目标。

（4）成员间的有效沟通

创新创业团队内部建立良好的沟通基础、渠道与形式，包括各种语言和非语言信息的沟通。在成员之间和管理者与团队成员之间形成了规范的、经常的沟通。这种有效的沟通，有助于指导和协调团队成员的行为和清除误解，使成员之间能够迅速而准确地了解彼此的想法和情感，增进成员之间的互信，避免内部矛盾，消耗创新创业的资源。

（5）经营成果的合理分享

创新创业团队通过恰当的形式将经营成果与团队成员进行合理分享，这是成功创新创业团队的重要特征之一。团队成员的个人努力需要通过经营成果的分享得到企业的认可，这种认可是个人目标和企业目标相一致的体现，也是对成员的一种激励措施，能够促使成员更加努力地工作，在实现团队目标的同时实现自我价值。

（6）带头人的正确领导

正确的领导能够不断鼓舞团队成员的自信心，带领成员克服困难，帮助团队成员发掘自己的潜力，朝着共同的创新创业目标前进。正确的领导能抓住机遇，实施变革，促使团队实现目标。这样的领导不是专断独裁式的领导，他们往往是团队的教练和后盾的角色，通过合理的授权与分工，领导团队实现目标。

4.4.4 贝尔宾团队角色理论

团队是由两个或者两个以上的成员构成，且他们之间优势互补、相互配合来完成工作，对一个共同目的或绩效目标等做出承诺并彼此负责。“团队角色理论之父”贝尔宾认为：有限的一些人为了同一个目标，每个人担任不同的角色，有不同的贡献，这样一个群体就是团队。

贝尔宾团队角色理论（Belbin Team Roles），也被称为贝尔宾团队角色表（Belbin Team Inventory）。由英国剑桥大学雷蒙德·梅瑞狄斯·贝尔宾博士（Dr. Raymond Meredith Belbin）提出，1981 年首次出现在他的书作《管理团队：成败启示录》（*Management Teams：Why They Succeed or Fail*）中。贝尔宾团队角色模型用以描述各具特征的团队成员角色，借此对团队成员的行为产生更为深刻的认识。贝尔宾团队角色模型通过对团队成员所表现出来的角色特征进行判分，从而辨识出每一个成功团队都必须具备的 9 种角色。贝尔宾提出团队中存在 8 种角色——创新者（Plant）、信息者（Resource investigator）、主席（Chairman）、推进者（Shaper）、监督者（Monitor evaluator）、凝聚者（Team worker）、公司工人（Company worker）、完美者（Completer finisher），1993 年他又添加了一个新的角色：专家（Specialist），并改动了两个角色的名称：用协调者（Coordinator）代替了主席（Chairman）；用实干家（Implementer）代替了公司工人（Company worker）。9 种角色的详细特征描述如表 4-2 所示。

表 4-2 贝尔宾团队角色概述

角色名称	主要特征	强项	弱项
协调者 CO（Coordinator）	①成熟，办事有条理，自信并信任于他人； ②清楚地知道团队其他成员的长处和不足，并能在完成任务时加以恰当的利用，同时能看到工作中的漏洞，并及时采取措施弥补； ③时刻想着目标，能激发团队成员对共同目标的忠诚和热情； ④不借助权威而使人信服，是宽松和谐气氛中的支配者； ⑤民主，能客观地听取各种意见； ⑥智力和创造力一般，但很有眼光，视野宽广	成熟、值得信赖、自信、乐意授权。能很快发现别人的过人之处并加以利用；高瞻远瞩、受人尊敬；能一直把握住主要目标	缺乏活跃的思维和创造力

角色名称	主要特征	强项	弱项
推进者 SH（Shaper）	①性格开朗，感性，充满活力，任性且急躁； ②任务型的团队成员，善于把团队的工作任务具体化，并做出计划和方案，然后付诸行动； ③喜欢带头并推动别人去行动，容不得低效率，是团队的推进器和火车头； ④能在压力很大的时候产生动力，引领团队，特别是当团队处于复杂的环境中，工作难以进展时，他们会义无反顾地将事情向前推进； ⑤对赢有强烈的渴望，为此有时可能与其他团队成员发生争执，伤害别人的感情，另外，还给团队内部的成员一种被驱使的不适感	精力充沛、善于交际、充满活力；随时对懒散、效率低下、骄傲自满和自欺欺人发起挑战，喜欢领导别人且推动其进入工作状态最终取得成功	易怒，脾气急
创新者 PL（Plant）	①智力超群，学识渊博，是团队基本思想、创建和提议的源泉，并善于解决困难、棘手的问题； ②为团队带来突破性思想和见解，解决团队所面临的主要问题； ③有创造力和想象力，不受习惯或传统的约束，喜欢与团队的其他成员保持一定的距离而用自己的想象力单独开展工作； ④沟通技巧欠佳，很难接受别人的批评； ⑤过于关注创新，有时想法可能比较激进，不大估计团队的需要和目标； ⑥忽略细节和礼节	创造力、想象力、才智、知识	脱离实际，经常忽视实际情况或规程
监督者 ME（Monitor evaluator）	①头脑冷静，不易激动，有很强的思维和分析能力，能冷静、慎重地对问题进行分析； ②善于解释、评价、分析大量复杂的情况和评估他人的意见，善于对方案进行利弊分析，从而确保决策制定的均衡，避免使团队误入歧途； ③稳重、可靠，判断几乎很少失误，很少从众； ④缺乏热情和想象力，过于具有批判精神，不能也不想激励他人	严谨、理性、判断力、慎重、冷静	缺乏对别人进行激励的灵感或能力
信息者 RI（Resource investigator）	①外向，充满活力，善于与各类人进行沟通； ②能够把组织外的思想、信息带回到组织之中，是团队对外建立联系人的最好人选； ③善于发现新的机会，具有创新精神，为团队提供新的思想，使团队不至于停滞、僵化； ④过于乐观；“三分钟”热情：新鲜感过后容易对工作失去兴趣	能够发掘有用的人力资源、想法或机会，充满活力和朝气	有时会虎头蛇尾

角色名称	主要特征	强项	弱项
实干家 IM（Implementer）	①守纪律、可靠、有责任感； ②工作的实际组织者，将各种决定、决策和想法变成明确的、易于管理的具体任务，并将之转变为实际的步骤去执行； ③组织能力强，具有自我约束和控制能力，能有计划、有系统地解决问题； ④对团队十分忠诚，总是把工作放在第一位，个人利益放在后面； ⑤保守，缺乏变通和灵活性，出现新机遇时反应慢	组织能力强，富于实际经验和判断力，工作努力，严于律己	缺乏灵活性，拒绝采纳那些没有得到验证的想法
凝聚者 TW（Team worker）	①喜欢社交，性情温和，具有很强的灵活性； ②团队中最敏感的人，温和且善解人意，是团队内部信息的积极沟通者，是团队的黏合剂； ③善于沟通，喜欢倾听，是团结与和谐的促进者，防止和抵消了由监督者、推进者和专家偶尔引起的矛盾与摩擦； ④能鼓舞士气，培养团队合作精神，提升团队士气； ⑤在关键时刻缺乏果断决策能力，容易受别人的影响	能够针对个人及各种情况做出相应的反应，并推动团队合作精神	在危急时刻优柔寡断，有时无法起到很好的带头作用导致他人迷失方向
完美者 CF（Completer finisher）	①勤恳、有条理，小心谨慎； ②努力工作，尽职尽责，确保所有工作都按计划完成，并维护工作秩序； ③严格按日程办事，遵守规则、纪律和时间； ④经常担心的是：可能会出什么差错，善于寻找错误和疏漏，坚持高标准，是能坚持到底的完美主义者； ⑤没有耐心，也不能容忍团队中那些漫不经心和稀里糊涂的成员； ⑥过于注重细节，不太喜欢授权和放权	兢兢业业，有条不紊，认真负责，信守承诺，按照最高的标准来完成工作	常常为一些琐事感到担心，不愿意“授权”
专家 SP（Specialist）	①做事专一、投入； ②解决技术问题，提供专业意见； ③依赖技术，能提供稀缺的知识和技术； ④只对本领域的知识感兴趣，具有知识局限性	提供知识和技能	只能在狭窄的专门领域做出贡献

根据角色的定义，团队角色基本可以定义为这个团队中的全部个体为了推动整个团队的发展、提高团队整体效能与除自己之外的个体接触时所显现出来的一种特有的行为表现。团队角色是根据团队中每个成员自身的人格特性，个人技能特长以及天赋爱好等

自然习惯形成的，是在整个团队面对不同的问题时与其他团队成员相互合作的方式来处理这些问题的过程中慢慢形成的。

贝尔宾作为英国的组织行为学家是团队角色理论的最早倡导者。经过大量的数据统计发现在一个团队中，不同成员之间通过一系列互补的技能及知识所创造出来的团队总体效能，绝对大于单个个体所产生效能相加之和。不同角色团队成员之间相互配合才能组成一个成功的团队，其中每个成员都有着独一无二的性格特征，这不仅会影响到个人的效绩而且会影响整个团队的最终效绩。只有在全部的团队成员之间不断地磨合、冲突、适应和完善过程中才能形成一个成熟且高效的团队。在高效的团队中，其成员具备并能够充分发挥自己的最大技术能力，完成自己的任务，且能够很好地配合其他团队成员来共同达到整个团队的最终目的。

从表 4-2 可以看出，团队中的每个角色都发挥着其独特的作用。团队若想高效，必须具有多元化和平衡的团队角色。

贝尔宾团队角色理论的主要观点如下：

①对单个角色分析可以发现，每个角色的特征并非是排他性的，可能两三种角色之间存在一定的特征重合或互补。

②在一个成功的团队中，应根据每个团队成员独一无二的性格特点同时扮演一个或多个团队角色来尽自己最大的努力对团队贡献自己的力量。

③团队中每个人所扮演的角色由于性格特征以及个人特点等的不同，有的个体在担任某个角色时可能更适合。

④高效率的团队需要各个团队成员之间相互合作，且团队规模大小并不会给这 9 种角色带来太大的差异，在多数情况下一个团队成员同时扮演两个甚至更多的团队角色。

⑤每个团队角色的个性特点在一定程度上不但影响着个人的效能，而且还会影响到整个团队的效能。单个团队成员在清楚地认清自己的位置后能够很好地促进整个团队的快速良好发展。

⑥团队中的领导力主要从协调者、推进者、监督者身上得来。协调者在实现团队共同目标的过程中将团队团结在一起，最为适合领导稳定型的团队；推进者善于打破团队内部的平衡，激发成员们的行动，最为适合领导开拓变革型团队。监督者善于分析和评价。

⑦团队的创造力主要从创新者、信息者、专家身上得来。前两种角色是团队中最有主意的，后一种角色提供了准确的判断力，他们的结合为团队提供了良好的创新能力。

⑧团队的执行力来源于凝聚者、实干家、完美者。他们凝合团队成员，确保任务的完成。

课堂小测试

团队角色自测问卷（Belbin Team Roles 测试）

【说明】对下列问题的回答，可能在不同程度上描绘了您的行为。每道题有 8 句话，请将 10 分分配给这 8 个句子。分配的原则是：最体现您行为的句子分最高，以此类推。最极端的情况也可能是 10 分全部分配给其中的某一句话。请根据您的实际情况把分数填入后面的表中。

1．我认为我能为团队做出的贡献是：

A. 我能很快地发现并把握住新的机遇。

B. 我能与各种类型的人一起合作共事。

C. 我生来就爱出主意。

D. 我的能力在于，一旦发现某些对实现集体目标很有价值的人，我就及时把他们推荐出来。

E. 我能把事情办成，这主要靠我个人的实力。

F. 如果最终能导致有益的结果，我愿面对暂时的冷遇。

G. 我通常能意识到什么是现实的，什么是可能的。

H. 在选择行动方案时，我能不带倾向性，也不带偏见地提出一个合理的替代方案。

2．在团队中，我可能存在的弱点是：

A. 如果会议没有得到很好的组织、控制和主持，我会感到不痛快。

B. 我容易对那些有高见而又没有适当地发表出来的人表现得过于宽容。

C. 只要集体在讨论新的观点，我总是说得太多。

D. 我的一些想法，使我很难与同事们打成一片。

E. 在一定要把事情办成的情况下，我有时使人感到特别强硬以至于专断。

F. 可能由于我过分重视集体的气氛，我发现自己很难与众不同。

G. 我易陷入突发的想象之中，而忘了正在进行的事情。

H. 我的同事认为我过分注意细节，总有不必要的担心，怕把事情搞糟。

3．当我与其他人共同进行一项工作时：

A. 我具有在不施加任何压力的情况下去影响其他人的能力。

B. 我随时注意防止粗心和工作中的疏忽。

C. 我愿意施加压力以换取行动，确保会议不是在浪费时间或离题太远。

D. 在提出独到见解方面，我是数一数二的。

E. 对于与大家共同利益有关的积极建议我总是乐于支持的。

F. 我热衷寻求最新的思想和新的发展。

G. 我相信我的判断能力有助于做出正确的决策。

H. 我能使人放心的是，对那些最基本的工作，我都能组织得井井有条。

4. 我在工作团队中的特征是：

A. 我有兴趣更多地了解我的同事。

B. 我经常向别人的见解进行挑战或坚持自己的意见。

C. 在辩论中，我通常能找到论据去推翻那些不甚有理的主张。

D. 我认为，只要计划必须开始执行，我有推动工作运转的才能。

E. 我有意避免使自己太突出或出人意料。

F. 对承担的任何工作，我都能做到尽善尽美。

G. 我乐于与工作团队以外的人进行联系。

H. 尽管我对所有的观点都感兴趣，但这并不影响我在必要的时候下决心。

5. 在工作中，我得到满足，因为：

A. 我喜欢分析情况，权衡所有可能的选择。

B. 我对寻找解决问题的可行方案感兴趣。

C. 我感到，我在促进良好的工作关系。

D. 我能对决策有强烈的影响。

E. 我能适应那些有新意的人。

F. 我能使人们在某项必要的行动上达成一致意见。

G. 我感到我的身上有一种能使我全身心地投入工作中去的气质。

H. 我很高兴能找到一块可以发挥我想象力的天地。

6. 如果突然给我一件困难的工作，而且时间有限，人员不熟：

A. 在有新方案之前，我宁愿先躲进角落，拟定出一个解脱困境的方案。

B. 我比较愿意与那些表现出积极态度的人一道工作。

C. 我会设想通过用人所长的方法来减轻工作负担。

D. 我天生的紧迫感，将有助于我们不会落在计划后面。

E. 我认为我能保持头脑冷静，富有条理地思考问题。

F. 尽管困难重重，我也能保证目标始终如一。

G. 如果集体工作没有进展，我会采取积极措施去加以推动。

H. 我愿意展开广泛的讨论，意在激发新思想，推动工作。

7. 对于那些在团队工作中或与周围人共事时所遇到的问题：

A. 我很容易对那些阻碍前进的人表现出不耐烦。

B. 别人可能批评我太重分析而缺少直觉。

C. 我有做好工作的愿望，能确保工作的持续进展。

D. 我常常容易产生厌烦感，需要有激情的人使我振作起来。

E. 如果目标不明确，让我起步是很困难的。

F. 对于我遇到的复杂问题，我有时不善于加以解释和澄清。

G. 对于那些我不能做的事，我有意识地求助于他人。

H. 当我与真正的对立面发生冲突时，我没有把握使对方理解我的观点。

【重要提示】本量表是专业量表，仅供咨询过程使用或参考，无职业咨询师指导下的个人请勿擅自使用！

自我评价表

大题号	CW	CO	SH	PL	RI	ME	TW	FI
1	G	D	F	C	A	H	B	E
2	A	B	E	G	C	D	F	H
3	H	A	C	D	F	G	E	B
4	D	H	B	E	G	C	A	F
5	B	F	D	H	E	A	C	G
6	F	C	G	A	H	E	B	D
7	E	G	A	F	D	B	H	C
总计								

例如，第一题选 A 对应 RI、第二题选 A 对应 CW……最后找到选得最多的字母组合即得到答案（有的人在两三个角色的分数一样多，这是允许的）。

执行者：CW（Company Worker，后来改称为 Implementer）

协调者：CO（Co-ordinator）

鞭策者：SH（Shaper）

智多星：PL（Plant）

外交家：RI（Resource Investigator）

审议员：ME（Monitor Evaluator）

凝聚者：TW（Team Worker）

完成者：FI（Completer Finisher）

4.5 创办企业基本知识

4.5.1 企业选择策略

（1）正确认知自身的兴趣并规划自己的未来方向

进企业的人有两种：一是靠工资吃饭；二是将来自己创业。在选择企业前，应届生首先要准确了解自身的长远规划，是做技术专家、高级管理人员，还是进入与将来自己创业所属的行业相似的企业？

每一位求职者都应该明确自身的兴趣是什么，是研发、技术、测试、（硬件、软件）市场、销售、投资、人事还是财务？这个因素将决定求职者最初的岗位。做任何工作，如果对其失去了激情，很容易导致被迫受到煎熬或者是浪费自身的时间，但最终的结果都导致员工和企业双方利益受损。

这里所说的兴趣涉及两个方面的内容：一是由于自身性格特点所形成的兴趣；二是在学习过程中形成的关于专业知识方面的兴趣。相对而言，前者影响可能更大一些。

（2）了解行业发展前景及行业回报率

良好的行业发展前景是公司光明前途的基础；较高的行业回报率是企业利润的保障。判断行业发展前景及行业回报率非常重要，可以通过网络查阅相关行业的资料，结合多方面的建议，选择发展前景较好的、行业回报率较高的行业。

但是，大家在选择不了朝阳产业中发展前景好的企业时，也可以选择行业回报率一般甚至较差中实力较强的企业。其实，生活中在这种情况下成功的例子也数不胜数。前面一种选择相对长远利益来说风险收益率高一些。

（3）企业的地域、规模及前景

求职者去比较发达的地域或比较大型的企业，能够得到更好的配套，如比较好的平台、比较好的培训、更宽广的视野……大城市和大企业的机会较多，而且激烈的竞争更能够激发个人潜能，容易达到更高的职业高度等；若缺了某个环节，如得不到培训等，就很难得到发展。单纯地说，经常更换工作地域或企业，以及固守一隅都是不对的。在职业发展的初期要尽可能在比较发达的地方或企业工作，等已经在职业发展上达到相当的程度之后再考虑生活上更能接受的城市。

4.5.2 企业注册流程

企业注册是开始创业的第一步。一般来说，企业注册的流程为企业核名→提交材料→领取执照→刻章，具体流程如图 4-6 所示。

流程说明：

①业务员网上申请名称核准（并打印通知书及表格）[①]；

②刻股东私章，开设验资账户；

③验资，各股东按比例投入注册资本（中国银行、中国工商银行、中国建设银行由银行询证出具验资询证函即可，其他银行由会计师事务所询证出验资报告，认缴制直接到流程 4）；

④整理材料设立文件，去辖区市监局办理设立登记；

⑤领取营业执照；

⑥到刻章店办理刻章，印章刻好后取刻章登记卡；

⑦办理组织机构代码；

⑧办理税务登记证；

⑨到银行申请基本账户；

⑩取开户许可证、转账；

⑪后续如有进出口业务的，按流程图办理后续业务。

---

① 如经营范围涉及前置审批，按要求办理前置审批（如食品流通/餐饮许可、酒类批发、环保等）。

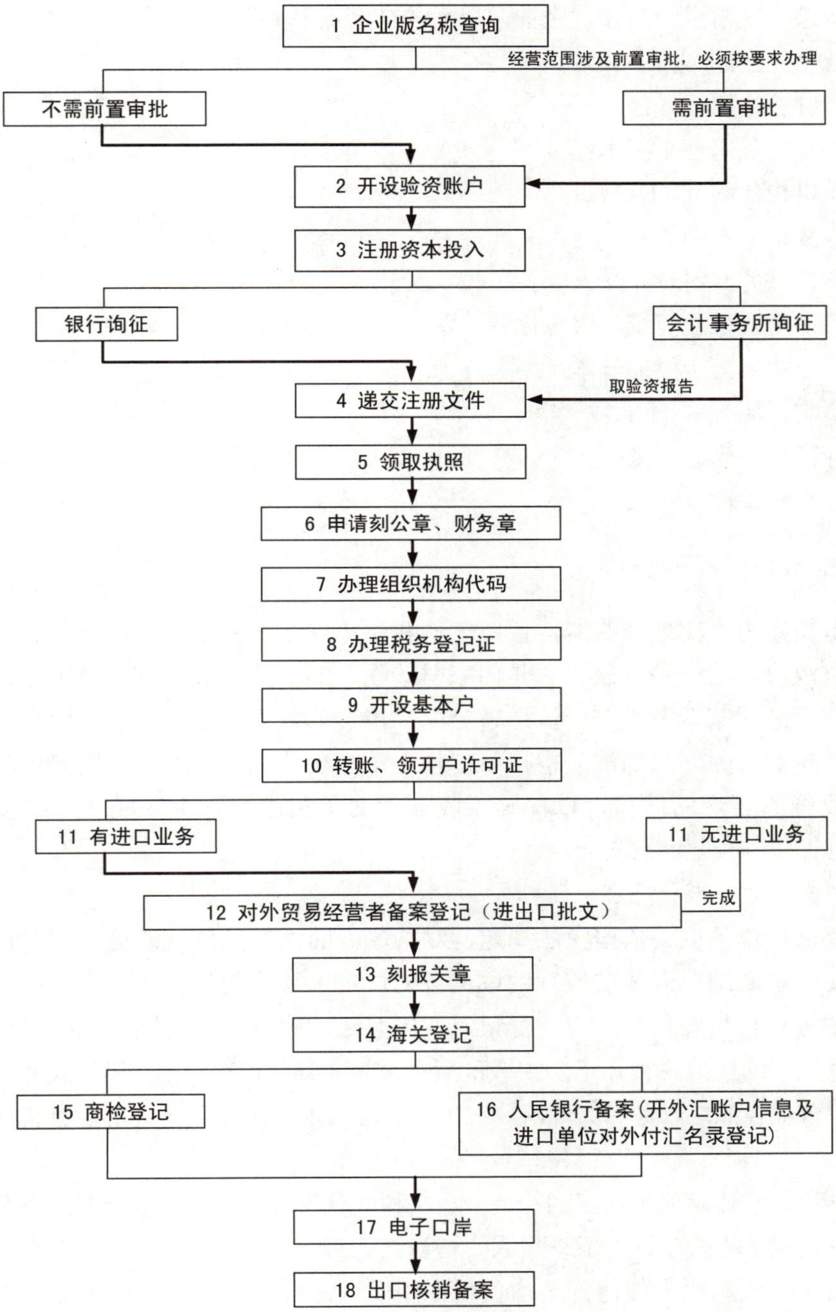

图 4-6 企业注册流程

完成以上步骤，创业者就可以完成企业注册，进行开业了。但是，不同的地方，在注册流程上有细微的差别，企业想要正式开始经营，创业者还需要按照当地的规定办理其他事项，如四川省企业注册流程具体情况见附录（二维码资源）。

当企业进入正常经营阶段，企业注册后的全套证照如下：

①营业执照正副本；

②电子营业执照一张；

③组织机构代码证正副本；

④组织机构代码 IC 卡一张；

⑤税务登记证正副本；

⑥公章、财务专用章、法人章各一枚；

⑦发票：增值税、商统、服务性各一本；

⑧私营企业协会会员证一本；

⑨发票购买簿一本；

⑩银行开户许可证一张；

⑪银行账户管理卡一张。

4.5.3 税务登记和变更

税收是国家为了实现其职能，依照宪法和法律规定，向企业事业单位和公民个人无偿地取得财政收入的一种手段。它是国家财政收入的重要组成部分，是国家建设资金的重要来源，又是国家调节生产、流通、分配和消费的重要经济来源。我国宪法规定，公民有依法纳税的义务。《刑法》中也专门规定了涉税的犯罪，同时，国家还制定了一系列有关税收征收管理的法律，以保障税收征管的顺利进行。企业成立后必须要开通税务，就要进行税务登记和变更。

（1）新办企业办理税务登记流程

税务登记是税务机关依据税法规定，对纳税人的生产、经营活动进行登记管理的一项法定制度，也是纳税人依法履行纳税义务的法定手续。税务登记是整个税收征收管理的起点。税务登记种类包括：开业登记，变更登记，停业、复业登记，注销登记，外出经营报验登记，纳税人税种登记，扣缴税款登记等（具体情况见附录八中网址）。

①领取营业执照之日起 30 日内，在生产、经营地或纳税义务地的主管税务机关办理税务登记。

②新办企业预计年应税销售额符合一般纳税人认定标准的，应在办理税务登记后的 3 个月内向主管税务机关申请一般纳税人资格认定。

③增值税一般纳税人如需开具增值税专用发票，可向主管税务机关提出申请，经批准纳入防伪税控系统管理。具体包括防伪税控专用发票最高开票限额的审批和发票领购资格的审批两个流程。

（2）办理变更税务登记等事项的流程

变更税务登记是指纳税人办理设立税务登记后，因税务登记内容发生变化，向税务机关申请将税务登记内容重新调整为与实际情况一致的一种税务登记管理制度，分为工商登记变更和非工商登记变更两个内容。

延伸阅读

从大学时代的创新思维到世界 500 强——联邦快递创业之路

联邦快递创始人弗雷德·史密斯（Frederick W. Smith），他开创了隔夜快递这个崭新的行业，创立了物流乃至商业世界的传奇公司、全球最大快递企业——美国联邦快递公司（FedEx）。联邦快递在全球拥有 148 000 名员工，拥有大约 1 200 个服务中心，超过 7 800 个授权寄件中心，435 000 个投递地点，45 000 辆货运车，662 架货机，服务机场覆盖全球 365 座大小机场，服务范围遍及全世界 210 多个国家，日平均处理的货件量多达 330 万份。联邦快递以其无可比拟的航空路线权以及强固的信息技术基础设施，在小件包裹表速递、普通递送、非整车运输、集成化调运系统等领域占据大量的市场份额，成为全球快递运输业泰斗，并跃入世界 500 强企业。

1962 年弗雷德·史密斯进入耶鲁大学攻读经济学和政治科学。1965 年他通过研究分析美国的运输体系，设想用货运飞机来运输包裹以提高时效，为客户提供更高效、更快捷的运输服务。他将自己的构想写成一篇不到 15 页的论文，这篇论文后来成为联邦快递创业的指导文件。论文提出了一个超越传统上通过轮船和定期的客运航班运送包裹而建立一个纯粹的货运航班，用以从事全国范围内的包裹邮递的设想。这是一个开创性的创业设想。可是老师并未认可这个创新理念，这篇论文只得了个 C。弗雷德在论文中提出，在小件包裹运输上采纳“轴心概念”理念，并利用寂静的夜晚通过飞机运送包裹和邮件。后来的实践证明，弗雷德的“轴心概念”的确能为小件包裹运输提供独一无二、有效的、辐射状配送系统。

弗雷德的出奇之处不仅在于小件包裹运输采纳“轴心概念”的营销模式创新，更在于他能够把人们忽略的时间运用起来，把本来是低谷的时段变成一种生意的高峰期。

弗雷德专门用于包裹邮递的货运航班，为全国以及后来为全世界客户提供了方便、快捷、准时、可靠的服务，创新的营销模式为其提供了低成本、高效、安全和全天候的物流系统，因而联邦快递迅速发展，从创业到成长为世界 500 强企业只用了短短 20 多年。

练一练

课后思考题

1. 社交能力看似是一种较为抽象的素质，就大学生而言，从创业的角度出发，你认为社交能力主要包括哪几个方面？

2. 常见的中文、外文数据库有哪些？利用所学的知识检索生态环境类某一主题的相关文献，请写出所能查到的文献数量，并列举部分文献的简要信息（题目、年份、期刊、作者、摘要等信息）。

3. 标志是以特殊的图形或文字组成的并表达一定含义的视觉语言，在生活中起到识别、示意和传递信息的作用。请你为学校、班级、本课程或个人设计一个有特点的标志，该标志应该具备以下特征：易懂、形象简洁、色彩单纯而强烈、具有美感。

评估标准：设计意念是否具有原创性，同时能表达其特点以及用心程度。

4. 小组讨论：如何创立一家独具特色的公司？

第5章 创新创业实践成果展示技能训练

保障时间就是保护创新能力！要建立让科研人员把主要精力放在科研上的保障机制，让科技人员把主要精力投入科技创新和研发活动。

——2021年5月28日，习近平在中国科学院第二十次院士大会、中国工程院第十五次院士大会和中国科协第十次全国代表大会上的讲话

学习目标

【知识与技能】

1．了解撰写学术论文和调研报告的基本方法；

2．熟悉申请发明专利的流程；

3．掌握创业计划书和科技作品竞赛申报书的编写步骤；

4．学习制作成果展示海报和幻灯片，掌握路演的基本要素。

【过程与方法】

1．提高学生的概括整理能力和写作能力；

2．培养学生抓住、提炼和精简重点的能力；

3．增强学生的表达能力和沟通能力。

【情感态度与价值观】

1．引导学生积极思考与讨论，激发学习动机，使学生主动参与学习过程；

2．创设情境，逐步养成乐于探索的精神，增强诚实守信、科学管理的观念。

教学建议

教学重点

学习各种创新创业实践成果展示的技能。

教学难点

培养成果展示过程中的思维逻辑性。

教师活动

及时关注学生的学习情况，耐心倾听，仔细分析，鼓励学生勇敢战胜困难。

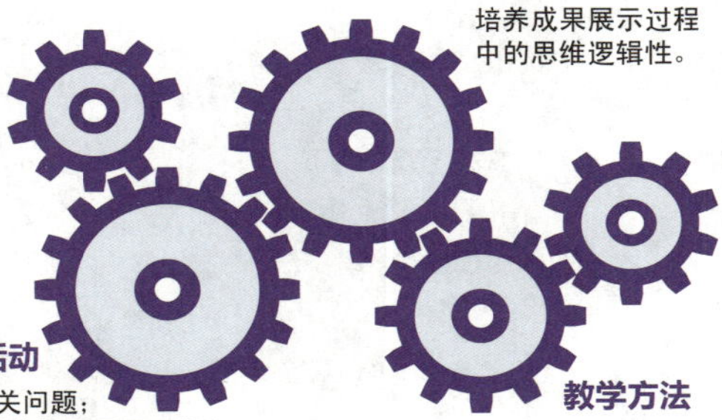

学生活动

1. 阅读“新奇•大咖”并回答相关问题；
2. 课前查阅将创新创业实践活动进行成果展示的相关途径；
3. 以小组为单位完成“练一练”和“课后思考题”。

教学方法

任务驱动教学法、小组讨论法、目标教学法、自主学习法、直观演示法、问题探究式教学法。

课前展示 → 任务引入 → 任务训练 → 任务分析 → 自由、合作探究 → 归纳反思

新奇·大咖

硅谷钢铁侠埃隆·马斯克——创业是九死一生的坚持

全球首家纯电动汽车生产商特斯拉（Tesla），2013 年表现优异，其第一季度的销量位居美国电动汽车行业之首，用户的满意度也破纪录地达到 99%，使其创始人兼 CEO 兼产品架构师埃隆·马斯克（Elon Musk）再度成为媒体的焦点。而这只是马斯克庞大商业版图中最为人熟知的部分。其实他还将大量的资金投入到了很多不为人知但又极富有前瞻性的高科技领域。比如全球市场占有率最大的太阳能发电公司（SolarCity），速度可以达到 1 200 km/h 的超回路列车，人工智能开发领域的非营利机构（OpenAI），致力于研发人脑与电脑之间实现交互，上传下载知识的神经科技公司，以及一个专门搞地下隧道建设的名叫“无聊”的公司。有评论称，乔布斯的故事是一段“传奇”，马斯克的则是一段“史诗”，前者缔造了一个王国，后者则试图开辟一个新世界。

（1）年轻的实践者

埃隆·马斯克，1971 年出生在南非一个普通家庭，父亲是工程师，母亲是模特。马斯克从小酷爱读书，在 10 岁的时候拥有了自己的第一台计算机，然后开始自学编程，12 岁的时候把自己做的一个太空小游戏软件卖掉了。马斯克从小便很独立，怀揣着一个“美国梦”，努力地寻找机会逃离南非，最后如愿以偿地转学到美国的宾夕法尼亚大学，在拿到经济学和工程学双学士学位后，马斯克获得奖学金前往斯坦福读博士，学习材料科学和应用物理。

（2）不安分的创业者

1995 年正值美国互联网浪潮蓬勃的开始，雅虎（Yahoo）和网景（Netscape）公司均于前一年创立。就在此时，马斯克看到了传统媒体进入互联网时代的机会，于是在进入斯坦福学习的第二天，便决意退学创业。没有朋友帮忙，马斯克同弟弟一起夜以继日地开发了 6 个月的程序。马斯克创立的“Zip2”网站是美国第一家在线城市列表网站。4 年后，这家公司以 3.07 亿美元的现金加上 3 400 万美元的股票期权被康柏电脑公司（Compaq）收购。1999 年，马斯克在他 28 岁的时候收获了人生的第一桶金——2 100 万美元。

（3）敏锐的行业洞察力

马斯克对 Zip2 的成功并不感到满足，在他看来，这对人类的影响太小了。于是，马斯克马不停蹄地开始了第二次创业——Paypal。马斯克发现当时的金融业在互联网领域缺乏创新，用户之间的支付极不方便。于是他结合自己的互联网经验，创立了 x.com，后更名为 Paypal。3 年后，Paypal 被 eBay 以 15 亿美元的价格收购，2002 年的这次收购，他赚了 2 亿美元。

（4）理想主义的梦想家

卖掉 Paypal 以后，马斯克开始思考太空领域的探索和能源领域的创新——可再生能源的生产和消费，于是先后于 2002 年、2003 年创立了全球首家私人航天公司 SpaceX 和全球首家纯电动汽车 Tesla，并投资成立了太阳能全服务供应商 SolarCity。

（5）孤注一掷的冒险家

马斯克孤注一掷地把他所有的钱投入他深信不疑的事业。终于，所有的付出换来了 SpaceX 第三次火箭发射成功，别的公司要花二三十年做的事情，SpaceX 只用了 6 年，同时也换来了美国航天局（NASA）16 亿美元的订单。2009 年 3 月 Tesla 的家庭用车 ModelS 原型实现，同年 6 月获得了美国能源部 4.65 亿美元的贷款用于量产，并于 2010 年 7 月在纳斯达克成功上市。SolarCity 也在快速成长，成了全美最大的太阳能服务提供商，为美国东西部数以万计的家庭提供服务。与常人不同，马斯克敢于挑战那些不可能的目标。当他开发 PayPal 时，人们认为银行业是一个禁区；当他创立 SpaceX 时，人们认为私人发射火箭简直是痴人说梦；当他投资特斯拉时，人们不相信电动汽车可以造得快速、性感和便宜。马斯克今天的成就源自最初的相信。

创业就是一种生活状态，马斯克享受着其中的痛苦和快乐。马斯克用独特的硅谷创业模式一步一步地实现了在别人看来遥不可及的梦想。

（改编自豆瓣用户榴莲咖啡空间《特斯拉创始人：创业成功是场九死一生的坚持》

动动脑

1. “没有人能阻挡马斯克的魔鬼步伐”，马斯克是一位敢于“改变世界”的梦想实践家，结合马斯克的故事，谈谈如果你的创业梦想在别人眼里遥不可及，你会采取怎样的方式坚持并实现梦想？

2. 创业就是一种生活状态，马斯克享受着其中的痛苦和快乐，如果我们也创办了企业，在企业成功之前的黑暗之际，我们是否也能和马斯克一样坚定地相信企业的未来，并为之坚持奋斗？应以怎样的心态度过这一时期？

3. 传统观点认为，为了成为顶级人才，我们应该专注于一个领域。而马斯克反其道而行之。他的专业知识覆盖了火箭科学、工程学、物理学、人工智能、太阳动力能源等领域。请同学们以小组为单位，思考并讨论跨专业领域学习的重要性。

通过文献阅读、室内及野外实验研究，在前人已有工作的基础上有所创新和发现，通常需要将研究成果以文字的形式表达出来并进行发表。在研究成果的写作过程中，可以锻炼作者的思维能力与逻辑能力，在论文报告修改的过程中可以使作者清醒地认识到之前的研究有哪些不足。同时研究成果的发表是对研究人员工作的极大肯定，还可以分享自身的研究成果，为其他学者的相关研究提供依据，推动科学研究的发展。因此，创新研究成果的写作与发表是评价一位科研人员能力的重要指标。创新研究成果的表达方式有多种，包括学术论文、学位论文、调研报告以及专利等。

5.1 如何撰写学术论文

学术论文是对某个科学领域中的学术问题进行研究后表述出来的理论文章。通俗来讲，学术论文就是用系统的、专门的知识来讨论或研究某种问题或研究成果的理性文章，具有学术性、科学性、创造性、学理性。学术论文的写作对一个科研工作者来说是非常重要的，不仅是将科研工作进行成果展示，也是衡量一个人学术水平和科研能力的重要标志。

在学术论文撰写中，选题与选材是头等重要的问题。一篇学术论文的价值关键并不只在于写作的技巧，还在于选择了什么课题，并在这个特定主题下选择了什么典型材料来表述研究成果。科学研究的实践证明，只有选择了有意义的课题，才有可能收到较好的研究成果，写出较有价值的学术论文。所以学术论文的选题和选材，是研究工作开展前具有重大意义的一步，是必不可少的准备工作（图 5-1）。

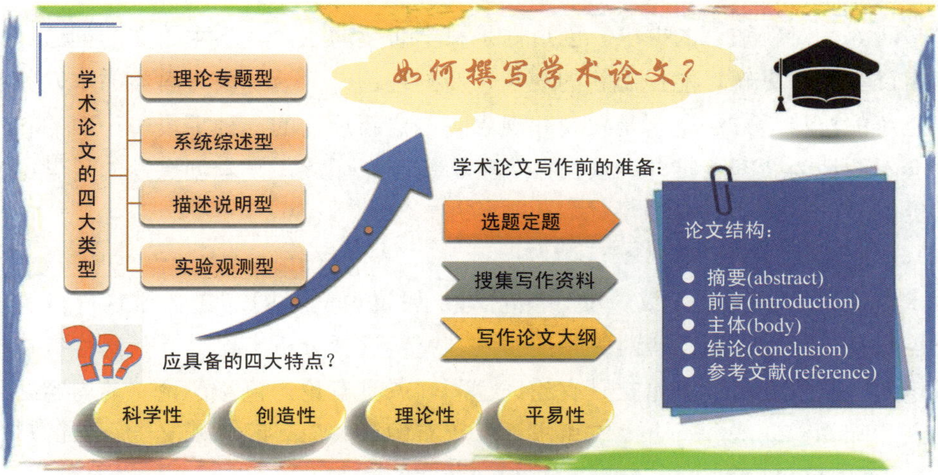

图 5-1 学术论文的选题和选材

5.1.1 学术论文的类型与特点

广义上学术论文按照种类可分为科学论文、调研报告、实验报告和学位论文。狭义上学术论文特指科学论文，科学论文又称一般性学术论文或者研究论文，是对科学领域中的问题进行探讨研究、表达科学研究成果的文章。

学术论文按照其研究的内容和方法可分为：

①理论专题型：针对某一学科领域内某个问题，运用有关原理、方法，进行系统性的分析，建立自己的观点。

②系统综述型：针对学术界尚未解决的某一课题，通过系统总结前人的研究情况、研究进展，分析问题的症结所在，提出进一步的研究方向和内容。

③描述说明型：主要运用描述的方法，抓住研究对象的特征，进行深入的对比研究以及论证，文字表达要求朴实精准，描述说明型常见于生物、地质等学科研究领域。

④实验观测型：主要是对实验过程、数据进行观测、分析，以实验成果的展示为论文的主要内容。实验观测型论文具有固定的结构格式，既有过程、成果的描述，又有理论的提炼分析，常见于自然科学的研究。

学术论文应具备以下四个特点：

（1）科学性

科学论文的科学性要求作者在立论上不得带有个人好恶的偏见，不得主观臆造，必须切实地从客观实际出发，从中引出符合实际的结论。在论据上，应尽可能多地占有资料，以最充分的、确凿有力的论据作为立论的依据。在论证时必须经过周密的思考，进行严谨的论证。

（2）创造性

科学研究是对新知识的探求。创造性是科学研究的生命。学术论文的创造性在于作者要有自己独到的见解，能提出新的观点、新的理论。“这是因为科学的本性就是革命的和非正统的，科学方法主要是发现新现象、制定新理论的一种手段……旧的科学理论就必然会不断地为新理论推翻”（斯蒂芬•梅森）。因此，没有创造性的科学论文就没有科学价值。

（3）理论性

学术论文在形式上属于议论文，但它与一般议论文不同，它必须有自己的理论系统，不能只是简单地罗列，应对大量的事实、材料进行分析、研究，使感性认识上升到理性认识。一般来说，学术论文具有论证色彩，或具有论辩色彩。论文的内容必须符合唯物主义和唯物辩证法，符合“实事求是”“有的放矢”“既分析又综合”的科学研究方法。

（4）平易性

学术论文的平易性指的是要用通俗易懂的语言表述科学道理，不仅要做到文从字顺，而且力求准确、鲜明、和谐、生动。

（5）规范性

文字表达上，要语言准确、简明、通顺，推理恰当；技术表达上，要正确使用名词、量和单位，正确表达数字、符号和数学式，正确设计插图。

5.1.2 学术论文写作前的准备

学术论文在写作之前需要经历选题定题、搜集整理资料、开题报告等环节，我们将这些过程统称为论文写作前的准备工作。

（1）选题定题

研究计划，前期没做好后期就无法进行。短阶段的确定方向是根据学校安排的撰写毕业论文开始确定方向，较长时间上来说是进入大学学习开始就从自己的学习特点、学科优势和课程爱好等方面考虑并广泛收集相关资料，最后确定选题的范围与方向。建议与指导教师沟通，但是之前一定要有所准备，陈述自己的特长，跟导师商定好研究方向。

（2）搜集写作资料

在确定方向的时候一定会海量下载和浏览文章，但是在确定好方向之后一定要对资料进行去粗取精、去伪存真。资料可分为三类：基础性资料，就是有关这一课题的一切研究成果，包括有关著作、论文、资料辑录、工具书等已有的研究成果；论据性资料，就是用来立论或论证选题的一切材料，包括各种事实材料、公式定理、调查报告等；关联性资料，就是一切与课题相关的其他材料。

（3）提交开题报告

鉴于之前的很多学生在学术论文的撰写中并没有及时地与指导教师进行沟通，导致学生交给指导教师的论文初稿存在着很多问题，譬如论文进度缓慢，论点论据不当等，使得学生的论文质量不过关，也会大大增加指导教师修改的难度。所以学生在撰写学术论文前交给指导教师一份开题报告是至关重要的。在开题报告中应论述选题的原因、实验的初步结果、学术论文的撰写价值与其应用，最好将论文的时间安排也写在开题报告中，方便指导教师指点学生的不足之处，提高论文的整体水平。

5.1.3 学术论文的写作过程

在完成准备工作后，首先要对收集的文献资料进行整理分析，按照逻辑关系进行组合，服务于学术论文的论点。论文在结构上一般分为摘要（abstract）、前言（introduction）、主体（body）、结论（conclusion）、参考文献（reference）。

摘要部分是整篇学术论文的高度概括，因此摘要最重要的是必须用凝练的句子概括出全文的中心，让读者在最短的时间了解学术论文。摘要凝练了学术论文的研究背景、研究方法与手段，主要的研究结论。

前言部分统领全文，其中包括相关的研究背景、问题的由来、主体结构、分析方法以及文献资料的特性等，当然还要包括最重要的论点，在前言中要充分论证学术论文开展的必要性与价值。前言部分可以反映作者对研究背景的了解程度和熟悉水平，需要指出的是，学术论文的内容一般是在前人的研究工作基础之上，需要对近几年的研究工作进行总结概括，提炼出学术论文的创新之处。

主体部分主要包括材料与方法、结果和讨论。是用丰富的文献资料、充足的实验数据和个人的陈述与分析来证明和发展论点及选题合理性。在正文的写作过程中要尊重实验数据与客观事实，对实验结果与自然现象做出客观合理的解释，不要带有过多的主观意识。在主题部分的写作中要保证全文逻辑结构的严谨性、连贯性和完整性。

结论部分是概括全文要点或重申全文的论点，是学术论文价值的体现。因此，在结论部分应是十分肯定的语句，写作中尽量不要有“可能”“大概”等模糊不清的词汇。

参考文献部分是学术论文为了佐证论点而引用的已经发表的文献、书籍等。作为学术论文重要的论据，参考文献的引用需要注意以下几点：①引用参考文献时必须严谨，参考文献应是作者认真阅读后的文献，不能为了学术论文的发表而进行罗列；②参考文献尽量引用权威期刊的学术论文，权威期刊的学术论文整体质量较高，作为论据更有说服力；③参考文献的年限必须有最近几年发表的论文或者书籍，学术论文最看重创新性，而创新的必要条件是要“新”，研究的内容要站在学科专业的前沿，这就需要最新的研究资料作为依托。

值得注意的是，各个部分的写作顺序并不是按照最终论文的排列顺序。前言部分最先写作，通常在论文的选题、资料的收集时就应当开展，有了陈述较全面的前言，正式的论文提纲自然会修改得更充实，结构更严谨。这就为撰写全文打下了坚实的基础；其次是论文的主体部分；参考文献的引用是伴随着前言和主题部分的书写而完成；再者是结论部分；虽然摘要在学术论文的最前端，但在学术论文的写作过程中，摘要通常是最后完成的，这是因为摘要是整篇学术论文的高度概括。

在完成论文所有部分的写作后并不代表着学术论文的完成，这时的论文只能算是草稿（初稿）。论文一般至少需要三易其稿：草稿、修改稿、终稿。学生在写草稿时需要注意以下几个方面的常识：

①留出足够行距，以便后来增加或更改内容；

②为了不影响思路，遇到长段引用的文献资料无须立即抄在论文中，可以简明标清出处，后来再补；

③每引一处参考资料都须及时标明出处，以免遗忘造成抄袭的嫌疑。

修改草稿包括：

①调整全篇组织结构；

②修改段落；

③修改句子；

④修改措辞等。

将论文稿放置一段时间再修改不失为一种好办法，这样修改起来能更客观、更具批评性。终稿之前还需要最后修改一些明显的形式与格式方面的错误，使论文整洁、规范。

5.1.4 学术论文的规范格式

每个期刊、杂志社或者网站对学术论文的格式均有自己严格的规范和要求，有些期刊也会将论文模板上传到其期刊主页以供作者查阅。只有严格按照要求，论文才能通过检索。下文以环境领域知名国内期刊《中国环境科学》的投稿须知为例，帮助同学们了解期刊的规范格式。

延伸阅读

《中国环境科学》投稿须知

《中国环境科学》是中国环境科学学会主办的学报级综合性学术刊物。本刊的任务是紧密围绕我国重大的环境问题开展学术研究与讨论，包括环境自然科学基础理论、环境战略思想、环境管理的理论与方法、区域性环境污染综合整治等。本刊欢迎全国各地、各部门环境科学工作者、大专院校从事环境科学领域研究的教师、学生和科技人员踊跃投稿。

题名 简明、具体、确切，概括文章的要旨，符合编制题录、索引和检索的有关原则并有助选择关键词，避免使用非公知公用的缩略语、字符、代号、结构式和公式。中文题名一般不超过 20 个字（超过 20 个字的中文题名，需拟一个 20 个字以内的简短题名供书眉刊用；必要时可加副题名），相应的英文题名不超过 10 个实词。

作者、工作单位、地址 按国家相关标准署名，有中、英文工作单位全称、所在省市名及邮编。英文摘要中的邮编之后要加国名。中国作者姓名的汉语拼音写法：ZHANG Ying（张颖），WANG Xi-lian（王锡联），ZHUGE Hua（诸葛华）。

摘要 具有独立性和自含性，不出现图、表，冗长的数学公式和非公知公用的符号、缩略语。包含要素：目的、方法、结果、结论、其他。字数：100～300 字。

关键词 3～5 个（最多不超过 8 个），中英文关键词一一对应。

中图分类号、文献标识码、文章编号 中图分类号和文章编号由编辑部给定。文献标识码本刊分 A、B、C 三种，请按要求标出：A——理论与应用研究学术论文（包括综述报告）；B——实用性技术成果报告（科技）、理论学习与社会实践总结（社科）；C——业务指导与技术管理性文章（包括特约评论）。

正文 论文按引言（不单列标题；用 200～300 字阐述开展本工作的目的，理论基础和与本题有关的国内外进展情况及本工作的创新及特色，但无需对主题开展全面回顾，也不要述及研究的数据和结论）、方法、结果、讨论与结论的格式书写；研究报告、成果报道需加盖单位公章。文章标题层次为：一级标题 1，二级标题 1.1，三级标题 1.1.1；与本题目无关及无实验依据的论述与结论、常规的数理公式及化学方程式不应包括；使用国家法定计量单位，同一单位在全文中写法一致，使用单位的国际符号表达量值；用铅笔标出公式中符号的文种，并写清字母、符号的大、小写，正、斜体；注出上、下角的字母、数码和符号。

表 有表序、中文表题、英文表题；使用国家法定计量单位及单位的国际符号；只附最必要的表，置于文中提出的段落处。

图 提供计算机绘制、激光输出图，最好用 Excel 作图。双栏图的横坐标为 3.5～4 cm，纵坐标为 2.2～2.5 cm；有图序、中文图题，英文图题；横、纵坐标要有说明文字及单位的国际符号；照片要黑白清晰、层次分明；只附最必要的图，置于文中提出的段落处。

参考文献 按在正文中出现的先后编文献序号，在引用处的右上角用方括弧 [ ] 标出；列出主要参考文献。

格式：

a. 专著、论文集、学位论文、报告：[序号]主要责任者. 文献题名[文献类型标识]. 出版地：出版者，出版年，起止页码（任选）.

b. 期刊文章：[序号]主要责任者.文献题名[J].刊名，年，卷（期）：起止页码.

c. 论文集中的析出文献：[序号]析出文献主要责任者. 析出文献题名[A]. 原文献题名[C]. 出版地：出版者，出版年. 析出文献起止页码.

d. 报纸文章：[序号]主要责任者. 文献题名[N]. 报纸名，出版日期（版次）.

e. 国际、国家标准：[序号]标准编号，标准名称 [S].

f. 专利：[序号]专利所有者.专利题名[P]. 专利国别：专利号，出版日期.

g. 电子文献：[序号]主要责任者.电子文献题名[电子文献及载体类型标识]. 电子文献的出处或可获得地址，发表或更新日期/引用日期（任选）.

h. 各种未定义类型的文献：[序号]主要责任者. 文献题名[Z]. 出版地：出版者，出版年.

作者简介 姓名（出生年），性别，（民族，汉族可省略），籍贯，职称，学位，研究方向，承担过主要项目名称（获奖情况），发表论文总数。

致谢 只对协作者和提供材料的相关人员表示谢意。

其他 ①版面费标准：400 元。提前发表的论文的版面费另议。

②论文在《中国环境科学》首次发表后，除一次性支付稿酬并赠送当期刊物 2 本以外，以其他形式出版该论文时不再需要支付稿酬和使用费。

③投稿视为论文作者同意将论文的翻译权、汇编权、发行权及其印刷版和电子版的复制权、网络传播权转让给《中国环境科学》，适用于世界各地。

④投稿前请确认您的论文是原创性的，而且没有在其他刊物或以其他任何方式公开发表过（包括任何文种）。

⑤投稿前请确认您论文中的作者及作者单位署名顺序已经得到所有作者的确认。

投稿方式 网上投稿。

5.2 如何撰写调研报告

调研报告是指以研究为目的，根据社会或工作的需要，制订出的切实可行的调研计划，即将被动的适应变为有计划的、积极主动的写作实践，从明确的追求出发，经常深入社会第一线，不断了解新情况、新问题，有意识地探索和研究，写出有价值的调研报告（图 5-2）。

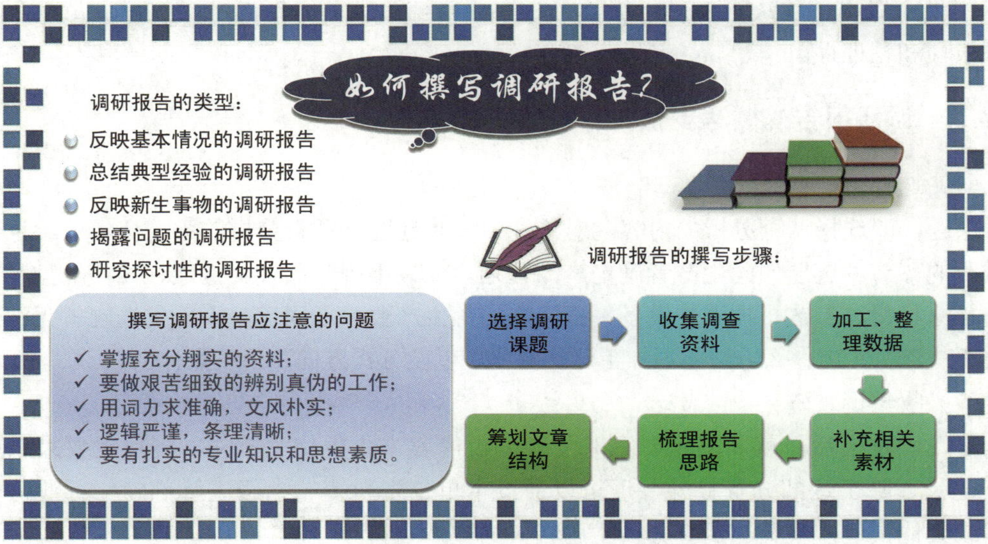

图 5-2　撰写调研报告的要点

5.2.1 调研报告的类型与特点

调研报告按照其研究的内容和方法可以分为以下 5 种：

（1）反映基本情况的调研报告

主要用于反映某一地区、某一领域或某一事物的基本面貌，目的在于报告该地区（领域）全面的真实情况，为决策者制定方针政策、规定任务、采取措施提供决策依据和参考。

（2）总结典型经验的调研报告

主要用于对先进典型进行深入调查分析后，提炼出成功的经验和有效措施，以指导和推动面上的工作。因此，这类调研报告的格式主要包括基本情况、突出成绩、具体做法、主要体会等。

（3）反映新生事物的调研报告

主要用于报告和评价新生事物，帮助人们提高对新生事物的认识。新生事物往往代表着事物的发展趋势，因此，在写作这类调研报告格式时要抱着满腔热情的态度给予充分肯定和积极支持。

（4）揭露问题的调研报告

又可细分为两种：一种是为了研究解决工作中存在的缺点和问题以及不良倾向等而撰写的调研报告，其目的在于揭示问题、反映情况，而不在于追究责任者；另一种是为了处理违法乱纪事件或严重事故等而撰写的调研报告，这一类调研报告格式的写法不仅要以确凿的事实分清是非，而且要弄清性质、分清责任，提出解决和处理的具体意见。

（5）研究探讨性的调研报告

主要用于研究探讨某项政策或工作，以统一认识，提出解决问题的办法。当然，也可以用于在做出某项决策之前，进行可行性调研，这类调研报告格式的特点是具有较强的探索性和论证性。

5.2.2 调研报告的撰写步骤

（1）选择调研课题

选题，即选择调查分析的内容、对象和角度。选题是调查分析的第一个环节，也是非常重要的环节。选题如同生产者确定产品计划，如果不确定品种、性能、规格、型号，就不清楚原材料、工艺、技术、设备、投资方向等生产要素。同理，不确定选题就无法确定需要哪些资料？用什么方法整理加工这些资料？以及分析方向和角度是什么？

（2）收集调查资料

选题确定之后，就要根据研究对象和分析内容来收集相关资料。资料主要来自原始数据记录，除了这部分资料外，还可以通过本单位资料室、上级主管部门、行业协会、媒体或其他渠道，收集与调查分析主题相关的数据资料。

（3）加工、整理数据

加工、整理调查资料，特别是数据资料，是调查分析产品从原材料到半成品的关键步骤，也是从半成品到成品的关键铺垫。第一步：数据分组整理，“单元”归纳描述。即根据数据素材的构成情况、分析视角（选题）及信息需求对资料进行分组整理；第二步：选择分析方法，具体加工计算。在完成了数据分组整理，“单元”归纳描述之后，按照分析研究角度，选择专业的分析方法，对分析指标进行加工、计算。

（4）补充相关素材

通过对数据的整理、加工，会得到初步的研究印象和结论，为了支撑、印证这些印象和初步观点，还要搜集一些必要的补充素材：生产经营的相关数据或信息，如市场占有率、订单、决策记录（会议、总结、简报、销售方案、管理制度等）；宏观经济形势信息；行业情况信息；相关层面的群体反映情况等。

（5）梳理报告思路

根据对数据及其他资料的加工、整理情况和相关补充素材所反馈的各种信息，围绕研究主题，对报告思路进行梳理，对研究观点和结论进行归纳。如：分析对象运行的趋势、特点是什么？需要从几个方面来描述“情况”？现象背后的原因是什么？经验、启示、教训是什么？对策和建议是什么？

（6）筹划文章结构

文章的结构，就是调查报告的布局和组合。其要素是层次、段落、过渡、照应、开头、结尾。当把报告思路梳理清楚之后（有时在梳理过程中），就要筹划文章结构。筹划原则应该是：主题突出、层次清晰、条贯有序、布局得体。

5.2.3 撰写调研报告应注意的问题

第一，要写好调研报告首先要掌握充分翔实的资料，资料可分为第一手资料和第二手资料。第一手资料是指作者亲自考查获得的，包括各种观察数据、调查所得等，这是调研报告的生命。第二手资料主要来源是图书馆和资料室的文献资料以及书报、杂志和互联网上发布的资料。掌握大量的符合实际的资料，是写好调研报告的前提。

第二，对于获得的大量的直接和间接资料，要做艰苦细致的辨别真伪的工作，从中找出事物的内在规律性。调研报告切忌面面俱到。在第一手材料中，筛选出最典型、最能说明问题的材料，对其进行分析，从中揭示事物的本质或找出事物的内在规律，得出正确的结论，总结出有价值的东西，这是写调研报告时应特别注意的。

第三，用词准确，文风朴实。调研报告一般是针对解决某一问题而产生的，报告需要陈述问题发生发展的起因过程、趋势和影响。写调研报告应该用概念成熟的专业用语，不要盲目追求用词新颖，把简单的事物用复杂的词语来表达，把简单的道理说得云山雾罩、玄而又玄。如果用词概念不清，读者就难以了解事物的本来面目，也就达不到解决问题的目的。尤其是政策调研报告，用词准确有助于政策决策者迅速准确地理解调研报告的内容，有利于政策制定和调整的正确性。

第四，逻辑严谨，条理清晰。调研报告要做到观点鲜明，立论有据。论据和观点要有严密的逻辑关系，条理清晰。论据不单是列举事例，讲故事。逻辑关系是指论据和观点之间内在的必然联系。如果没有逻辑关系，无论多少事例也很难证明观点的正确性。结构上的创新只是形式问题，不能把主要精力放在追求报告的形式上，调研报告的结构可以不拘一格。

第五，扎实的专业知识和思想内涵。好的调研报告，是由调研人员的基本素质决定的。调研人员既要有深厚的理论基础，又要有丰富的专业知识。一项政策往往涉及国民经济的许多方面，并且影响到不同的社会群体，只有具备很宽的知识面才能够深刻理解国家的大政方针，正确判断政策所涉及的不同群体的需要：才能看清复杂事物的真实面目。事物的产生和发展都遵循一定的规律，调研报告的写作过程实际上也是探索事物发生发展规律的过程。报告的论点和论据一定要符合自然规律和社会规律，而不是追随潮流，迎合某些群体的需要。

5.3 如何申请发明专利

多数国家的专利法没有给发明下定义，至于学者对发明的定义则是众说纷纭。了解和分析各国专利法对发明的规定，可以认为，发明是发明人运用自然规律而提出解决某一特定问题的技术方案。《中华人民共和国专利法实施细则》中指出“专利法所称的发明是指对产品、方法或其改进所提出的新的技术方案”，其中规定可以获得专利保护的发明创造有发明、实用新型和外观设计三种，其中发明专利是最主要的一种。

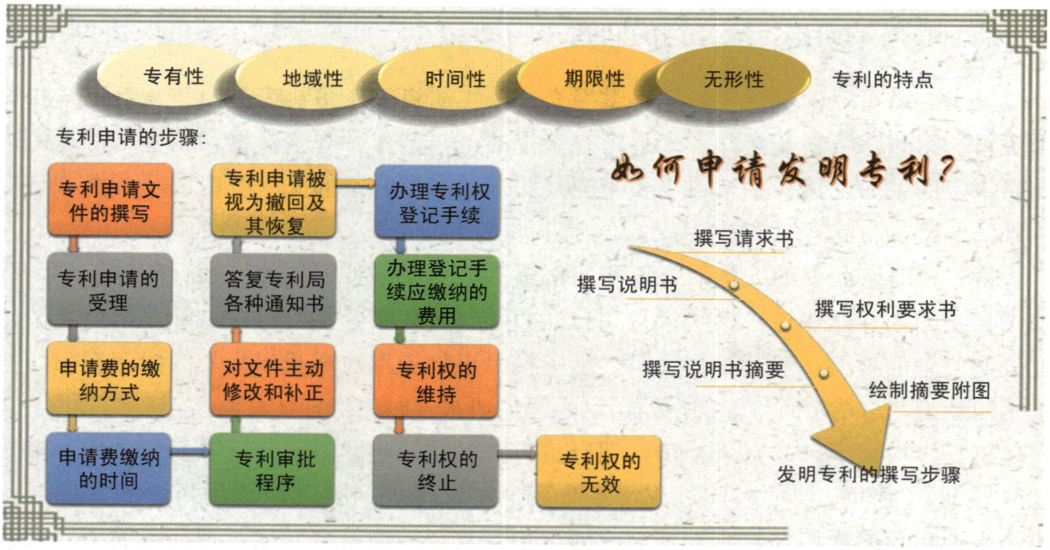

图 5-3 撰写发明专利的要点

5.3.1 专利的特点

（1）专有性

专有性也称“独占性”，是指专利权人对其发明创造所享有的独占性的制造、使用、销售和进出口的权利。也就是说，其他任何单位或个人未经专利权人许可不得进行以生产、经营为目的的制造、使用、销售、许诺销售和进出口其专利产品，使用其专利方法，或者未经专利权人许可为生产、经营目的的制造、使用、销售、许诺销售和进出口依照其方法直接获得的产品。否则，就是侵犯专利权。

（2）地域性

根据《巴黎公约》规定的专利独立原则，专利权的地域性特点是指一个国家依照其本国专利法授予的专利权，仅在该国法律管辖的范围内有效，对其他国家没有任何约束力，外国对其专利不承担保护的义务，如果一项发明创造只在中国取得专利权，那么专利权人只在中国享有专利权或独占权。如果有人在其他国家和地区生产、使用或销售该发明创造，则不属于侵权行为。搞清楚专利权的地域性特点是很有意义的。这样，中国的单位或个人如果研制出有国际市场前景的发明创造，就不仅仅是及时申请国内专利的事情，而且还应不失时机地在拥有良好的市场前景的其他国家和地区申请专利，否则国外的市场就得不到保护。

（3）时间性

所谓时间性，是指专利权人对其发明创造所有拥有的法律赋予的专有权只在法律规定的时间内有效，期限届满后，专利权人对其发明创造就不再享有制造、使用、销售、许诺销售和进口专有权。至此，原来受法律保护的发明创造就成了社会的公共财富，任何单位或个人都可以无偿使用。

（4）期限性

各国专利法都有明确的规定，对发明专利权的保护期限自申请日起计算一般在 10～20 年不等；对于实用新型和外观设计专利权的期限，大部分国家规定为 5～10 年，中国现行专利法规定的发明专利、实用新型专利以及外观设计专利的保护期限自申请日起分别为 20 年、10 年、10 年。

（5）无形性

专利权是无形的，不少人往往把专利权的这一特点视为其保护对象——专利权保护的技术，其实无形性是专利权本身。否则如对商标来讲，其对象是图案，显然不是无形的。

5.3.2 发明专利的撰写步骤

申请发明专利所需文件包括发明专利请求书、说明书、权利要求书、说明书摘要、有附图的可同时提交说明书附图和摘要附图。以上文件一般要求一式两份，并且一律采用专利局规定的表格格式。各个文件的撰写要求如下：

（1）请求书的撰写。按照表格的内容及提示填写。

（2）说明书的撰写。按照发明或实用新型名称、所属技术领域、背景技术、发明创造的目的、技术方案、有益效果、结合附图做进一步说明、具体实施方式这些步骤逐一进行论述。

（3）权利要求书的撰写。应以说明书为依据，分独立权利要求和从属权利要求。当有多项权利要求时，应以阿拉伯数字按顺序编号，一般情况下第 1 项权利要求即为独立权利要求，余下为从属权利要求，需要对独立权利要求中的技术特征做进一步限定的，即为从属权利要求。

①独立权利要求通常分前序部分和特征部分：

前序部分，写明要求保护的主题名称以及与现有技术共有的必要技术特征；

特征部分，使用“其特征是……”或类似的用语，写明区别于现有技术的独到技术特征。前序部分与特征部分一起，构成了该专利申请要求保护的范围。

②从属权利要求的撰写包括引用部分和限定部分：

引用部分：写明引用的权利要求的编号及其主题名称；

限定部分：写明要求保护的附加技术特征。

（4）说明书附图的绘制。实用新型专利必须要有附图；发明专利一般有附图，但如果仅用文字就足以清楚、完整地描述技术方案的，可以没有附图。

①附图可以采用多种形式：

对于机械领域的发明创造可以采用各种视图反映产品的形状和结构；

对于电器领域的发明创造可以是电路图、框图、示意图；

对于化学领域的发明创造可以用化学结构式作为附图；

对于方法发明，附图可以是表示该方法各步骤的工艺流程图。

②附图的要求：

附图应当符合机械制图国家标准，即应当使用绘图工具（或电脑绘图），用黑色墨水绘制，线条均匀清晰，图面不着色，图周围不加框线，附图不用标注比例和尺寸数据。

附图的大小和清晰度，应当保证图缩小到 4 cm×6 cm 时，仍能清晰地分辨出图中的各个细节，并符合照相制版的要求；

同一专利申请的几幅附图，可以绘制在同一张专用格式的纸上，并用阿拉伯数字按顺序编号，用“图××”的形式来表示。

同一专利申请有多页附图的，应用阿拉伯数字连续编写页码；

同一专利申请中使用的附图标记必须前后一致，在说明书中未提及的标记不得在附图中出现；

附图中除必要的词语外，不应当含有其他注释。

（5）说明书摘要的撰写。

①摘要应当写明发明或者实用新型所属的技术领域、需要解决的技术问题、主要技术特征和用途。对申请实用新型的产品应写出其形状、构造或者其结合的特征。不应写成广告或单纯产品的功能介绍；

②摘要不应加标题，可以连续书写；

③对于化学领域的发明，摘要可以包括申请的化学式中最能说明发明特点的一个化学式。摘要也可以包括数学式或反应式。

④摘要不用分段，全文不得超过 300 字。

（6）摘要附图的绘制。对于说明书中有附图的，应单独提交一幅从说明书附图中选出的、最能说明技术特征的一个附图，作为摘要附图，附图的大小和清晰度应保证在该图缩小到 4 cm×6 cm 时，仍能清晰地分辨出图中的各个细节。

5.3.3 专利申请的步骤

（1）专利申请文件的撰写

专利申请文件的填写和撰写有特定的要求，申请人可以自行填写或撰写，也可以委托专利代理机构代为办理。尽管委托专利代理是非强制性的，但是考虑到精心撰写专利申请文件的重要性，以及审批程序的法律严谨性，对经验不多的申请人来说，委托专利代理是值得提倡的。

（2）专利申请的受理

专利局受理处或各专利局代办处收到专利申请后，对符合受理条件的申请，将确定申请日，给予申请号，发出受理通知书。

（3）申请费的缴纳

申请费以及其他费用都可以直接向专利局收费处或专利局代办处面交，或通过银行或邮局汇付。目前，银行采用电子划拨，邮局采用电子汇兑方式。缴费人通过邮局或银行缴付专利费用时，应当在汇单上写明正确的申请号或者专利号，缴纳费用的名称使用简称。汇款人应当要求银行或邮局工作人员在汇款附言栏中录入上述缴费信息，通过邮局汇款的，还应当要求邮局工作人员录入完整的通信地址，包括邮政编码，这些信息在以后的程序中是有重要作用的。费用不得寄到专利局受理处。

（4）申请费缴纳的时间

面交专利申请文件的，可以在取得受理通知书及缴纳申请费通知书以后缴纳申请费。通过邮寄方式提交申请的，应当在收到受理通知书及缴纳申请费通知书以后再缴纳申请费，因为缴纳申请费需要写明相应的申请号，但是缴纳申请费的日期最迟不得超过自申请日起两个月。

（5）专利审批程序

依据专利法，发明专利申请的审批程序包括受理、初审、公布、实审以及授权五个阶段。实用新型或者外观设计专利申请在审批中不进行公布和实质审查，只有受理、初审和授权三个阶段。

（6）对专利申请文件的主动修改和补正

对专利申请文件的主动修改和补正也是申请人可以视需要选择的一项手续。实用新型和外观设计专利申请，只允许在申请日起 2 个月内提出主动修改；发明专利申请只允许在提出实审请求时和收到专利局发出的发明专利申请进入实质审查阶段通知书之日起 3 个月内对专利申请文件进行主动修改。

（7）答复专利局的各种通知书

①遵守答复期限，逾期答复和不答复后果是一样的。针对审查意见通知书指出的问题，分类逐条答复。答复可以表示同意审查员的意见，按照审查意见办理补正或者对申请进行修改；不同意审查员意见的，应陈述意见及理由。

②属于格式或者手续方面的缺陷，一般可以通过补正消除缺陷；明显实质性缺陷一般难以通过补正或者修改消除，多数情况下只能就是否存在或属于明显实质性缺陷进行申辩和陈述意见。

③对发明或者实用新型专利申请的补正或者修改均不得超出原说明书和权利要求书记载的范围，对外观设计专利申请的修改不得超出原图片或者照片表示的范围。修改文件应当按照规定格式提交替换页。

④答复应当按照规定的格式提交文件。如提交补正书或意见陈述书。一般补正形式问题或手续方面的问题使用补正书，修改申请的实质内容使用意见陈述书，申请人不同

意审查员意见，进行申辩时使用意见陈述书。

（8）专利申请被视为撤回及其恢复

逾期未办理规定手续的，申请将被视为撤回，专利局将发出视为撤回通知书。申请人如有正当理由，可以在收到视为撤回通知书之日起 2 个月内，向专利局请求恢复权利，并说明理由。请求恢复权利的，应当提交“恢复权利请求书”，说明耽误期限的正当理由，缴纳恢复费，同时补办未完成的各种应当办理的手续。补办手续及补缴费用一般应当在上述两个月内完成。

（9）办理专利权登记手续

实用新型和外观设计专利申请经初步审查，发明专利申请经实质审查，未发现驳回理由的，专利局将发出授权通知书和办理登记手续通知书。申请人接到授权通知书和办理登记手续通知书以后，应当按照通知的要求在两个月之内办理登记手续并缴纳规定的费用。在期限内办理了登记手续并缴纳了规定费用的，专利局将授予专利权，颁发专利证书，在专利登记簿上记录，并在专利公报上公告，专利权自公告之日起生效。未在规定的期限内按规定办理登记手续的，视为放弃取得专利权的权利。

（10）办理登记手续应缴纳的费用

办理登记手续时，不必再提交任何文件，申请人只需按规定缴纳专利登记费（包括公告印刷费用）和授权当年的年费、印花税，发明专利申请授权时，间距申请日超过两年的，还应当缴纳申请维持费。授权当年按照办理登记手续通知书中指明的年度缴纳相应费用。

（11）专利权的维持

专利申请被授予专利权后，专利权人应于每一年度期满前一个月预缴下一年度的年费。期满未缴纳或未缴足的，专利局将发出缴费通知书，通知专利权人自应当缴纳年费期满之日起 6 个月内补缴，同时缴纳滞纳金。滞纳金的金额按照每超过规定的缴费时间 1 个月，加收当年全额年费的 5%计算；期满未缴纳的或者缴纳数额不足的，专利权自应缴纳年费期满之日起终止。

（12）专利权的终止

专利权的终止根据其终止的原因可分为：

①期限届满终止：发明专利权自申请日起算维持 20 年，实用新型或外观设计专利权自申请日起算维持满 10 年，依法终止。

②未缴费终止：专利局发出缴费通知书，通知申请人缴纳年费及滞纳金后，申请人仍未缴纳或缴足年费及滞纳金的，专利权自上一年度期满之日起终止。

（13）专利权的无效

专利申请自授权之日起，任何单位或个人认为该专利权的授予不符合专利法有关规定的，可以请求宣告该专利权无效。请求宣告专利权无效或者部分无效的，应当按规定缴纳费用，提交无效宣告请求书一式两份，写明请求宣告无效的专利名称、专利号并写明依据的事实和理由，附上必要的证据。对专利的无效请求所做出的决定任何一方如有不服的，可以在收到通知之日起三个月内向人民法院起诉。专利局在决定发生法律效力以后予以登记和公告。宣告无效的专利权视为自始即不存在。

5.3.4 注意事项

（1）申请发明或者实用新型专利的，应当提交请求书、说明书及其摘要和权利要求书等文件。请求书应当写明发明或者实用新型的名称，发明人或者设计人的姓名，申请人姓名或者名称、地址，以及其他事项。

（2）说明书应当对发明或者实用新型做出清楚、完整的说明，以所属技术领域的技术人员能够实现为准；必要的时候，应当有附图。

（3）摘要应当简要说明发明或者实用新型的技术要点。权利要求书应当以说明书为依据，说明要求专利保护的范围。申请外观设计专利的，应当提交请求书以及该外观设计的图片或者照片等文件，并且应当写明使用该外观设计的产品及其所属的类别。

（4）专利局收到专利申请文件之日为申请日。如果申请文件是邮寄的，以寄出的邮戳日为申请日。申请人自发明或者实用新型在外国第一次提出专利申请之日起 12 个月内，或者自外观设计在外国第一次提出专利申请之日起 6 个月内，又在中国就相同主题提出专利申请的，依照该外国同中国签订的协议或者共同参加的国际条约，或者依照相互承认优先权的原则，可以享有优先权。

（5）申请人自发明或者实用新型在中国第一次提出专利申请之日起 12 个月内，又向专利局就相同主题提出专利申请的，可以享有优先权。申请人要求优先权的，应当在申请的时候提出书面声明，并且在 3 个月内提交第一次提出的专利申请文件的副本；未提出书面声明或者逾期未提交专利申请文件副本的，视为未要求优先权。

（6）一件发明或者实用新型专利申请应当限于一项发明或者实用新型。属于一个总的发明构思的两项以上的发明或者实用新型，可以作为一件申请提出。一件外观设计专利申请应当限于一种产品所使用的一项外观设计。用于同一类别并且成套出售或者使用的产品的两项以上的外观设计，可以作为一件申请提出。申请人可以在被授予专利权之前随时撤回其专利申请。申请人可以对其专利申请文件进行修改，但是，对发明和实用新型专利申请文件的修改不得超出原说明书和权利要求书记载的范围，对外观设计专利申请文件的修改不得超出原图片或者照片表示的范围。

（7）发明专利是指对一种从创造活动中产生的对现有技术问题的崭新的解决方案所授予的专利。发明人对自己的发明可以依法向专利机关申请专利。因此，就需要填写发明专利申请书。填写发明专利申请应当注意的问题有：申请发明专利，应当提交发明专利请求书、说明书、权利要求书和说明书摘要等文件，申请文件一式两份，允许使用复印件，但申请人或者代理机构签章不得复印；填写申请书必须使用中文，外国人名、地方如无统一中文译文时应注明原文：本表填写不下时，可以另附白纸填写，但必须与本表规格大小、质量相同，续写时，应当注明栏号；其他注意事项按照专利局的要求办理。

5.4 如何写好创业计划书

成功的创业离不开前期的充分酝酿和精心准备。作为创业的前奏，一份谋划周密、论证严谨、计划周详、质量上乘的创业计划书是参赛必不可少的一环。创业计划书是创业者叩响投资者大门的“敲门砖”，不仅对于创业成功具有十分重要的意义，还可以吸引投资者的资金注入，为创业助力。一份优秀的创业计划书往往会使创业者达到事半功倍的效果（图 5-4）。

图 5-4　撰写创业计划书的要点

5.4.1　创业计划书的基本要素与特点

创业计划书是一种吸引投资者的工具，其主要用途是递交给投资商，以便于他们能对企业或项目做出评判，从而使企业获得融资。同时，它也是公司长远发展和企业管理和操作的行为指南，可以用以描述与拟创办企业相关的内外部环境条件和要素特点，为业务的发展提供指示图和衡量业务进展情况的标准。通常创业计划是结合了市场营销、财务、生产、人力资源等职能计划的综合。

如何使创业计划书受到风险投资者的青睐呢？想要写出具有吸引力的创业计划，我们首先得了解撰写创业计划书时会涉及的一些基本要素。

（1）市场商机

商机主要体现在以下几点：①足够广的市场规模。创业者需要明确项目的市场规模，是国际型的？全国范围的？还是某个区域范围？②足够大的消费需求。创业者需要分析消费者的需求在哪里？分析本项目是否满足了消费者的真实需求？是否能解决当前的问题？③足够好的发展趋势。创业者在创业之前需要了解目前政策趋势、消费趋势、行业趋势等。④足够良好的竞争态势。例如，市场竞争对手不如你，你有自己的独特性，这就是商机。⑤足够可观的盈利空间。论证并计算出项目能有多少盈利，用数字说明商机。我们应该去哪里找市场商机？有需要就是商机，有缺点就是商机，别人不愿意干的就是商机，别人干不了的就是商机，别人没想到的就是商机……

（2）市场分析

市场分析包括行业分析、客户分析和竞争分析。项目的发展离不开对行业、市场的深入研究和分析，分析中必须全面掌握行业的基本特点、发展历史、发展现状、发展程度、发展动态和趋势等。项目的发展壮大，离不开详细的客户分析。根据不同的市场、不同的客户，采取有针对性的营销手段，实施合理的上市、促销、定价等策略，以获取最大经济利益。每一家公司、每一个创业项目都不可避免地面临着同类项目的市场竞争。一般情况下，可以通过分析比较产品、价格、市场份额、地区、营销方式、管理手段、特征以及财务力量等要素，选准同行业的竞争者，并分别分析自身、竞争者的优势和劣势，取长补短，寻求在激烈的市场竞争中脱颖而出的发展策略。

（3）产品服务

产品服务需要合理定位，突出特色。其实就是要解决“卖什么”的问题，是做好市场定位之后的一种重要的营销措施。产品、服务是项目发展的核心要素，需要做好全方位、多角度的考察论证，选准产品、服务，明确其分类、名称、规格、型号、产量、价格、产品商标注册情况等基本信息，如此才能在市场上占有一席之地。比如沃尔沃汽车，它的主要定位就是满足人们对安全的需求，而奔驰宝马的定位主要就是让驾驶人体验驾驶的乐趣，这些企业在进行营销的时候，都是通过满足消费者某种需求来进行定位的。

（4）营销战略和实施步骤

企业营销战略是企业市场营销管理思想的综合体现，也是企业市场营销决策的基础。制定正确的企业市场营销策略，是研究和制定正确市场营销决策的出发点。不同的营销策略会产生不同的结果，带来不同的经济效益。企业的营销战略就是企业管理层对如下关键业务问题的答案：究竟是建立单业务组合还是建立多元化业务组合？究竟是满足广泛范围的顾客需求还是聚焦于某一个特定的小市场？究竟是将企业的竞争优势建立于低成本之上，还是建立于产品质量的优越性上？究竟覆盖多大面积的地理区域（国际化的战略）？如何对新市场和环境做出反应？因此，市场营销战略实际上反映了公司管理者所做的各种选择，表明这家公司将要致力于某些特定的产品、市场、竞争策略。

（5）风险与机遇

SWOT 工具是用来分析企业自身的内部因素和外部因素的，从四个方面对企业的内部因素的优缺点和外部因素的机会和威胁进行系统的分析，是一种合理科学而且简单易用的分析方法。其中四个方面的要素为优势（S）、劣势（W）、机会（O）、威胁（T）。分析过程是通过对企业的内部因素的优势和劣势分析，以及对外部因素的机会和威胁分别进行分析，然后得出一个综合评估的结论，这个分析方法是将内部因素和外部因素结合起来凸显被分析企业的优劣势在哪里，能够帮助企业清晰了解所要面对的机遇和困难是什么，由此可以让企业提前做好应对措施，从战略方面发挥自身优势抓住机遇，从战术角度出发规避风险，从而为企业实现目标提供有效且可操作的实施方案。

在上述四个方面单独分析的基础上，下文将以四种组合方式来进行综合分析，便于得出公司创业项目的综合分析结论。

第一种组合：S+O 维持策略（发挥优势，抓住机遇）

公司自身有着一定的优势，即内部优势，同时在公司外部环境中也存在着有利于公司的因素，即外部机遇。结合公司实际，发挥内部优势并抓住外部机遇。

第二种组合：W+O 强化策略（利用机会，克服劣势）

在发挥优势抓住机会，利用机会的同时，运用借力打力原则，在很大程度上尽可能地弥补公司内部劣势因素和不足之处，公司需要提供一些资源来促进内部劣势因素向优势方向转变，以此来更好地接受和吸收融合外部机会。

第三种组合：S+T 防御策略（利用优势，化威胁为机遇）

当外部环境威胁因素影响公司优势因素时，不能充分发挥优势资源，那么此时，我们必须将这种有威胁和不利的因素转化为机遇，危机也是机会，就看我们如何转化。

第四种组合：W+T 避险策略（减少劣势，规避威胁）

在公司内部的不利因素（即短板）与公司外部不利因素（即威胁）相遇的情况下，对公司非常不利的局面就出现了，此时如果不及时有效地应对，很有可能会将公司逼入绝境，所以必须将已知的内部劣势和外部威胁放在一起进行分析，并做出相应策略，做到未雨绸缪，化解危机于无形当中。

（6）组织管理

公司想要长久健康的发展，科学合理的管理机制是非常必要的。我们需要建立自己的管理专业及相关背景，要清楚自己的弱势，创业团队之间如何互补，创业团队之间的强弱势，彼此间职务及责任如何分工，职责是否界定明确，除了团队本身是否有其他资源可分配等。经研究发现，中小企业 98%的失败来自于管理的缺失，其中 45%是因为管理缺乏竞争力，没有明确的解决之道。另外，20%是因为公司内部专业不均衡，这要加强自己的专业。还有 18%是缺乏管理经验，要找互补性的事业伙伴来弥补。另外还有 9%是没有相关产业的经验、3%是经营者掉以轻心、2%被人家诈欺背信，最后 1%是来自天然或人为的灾难。组建和健全管理团队，制订人员招聘与培训计划，完善人员管理制度、薪酬体系与激励机制，建立高效的管理队伍。一些吸引投资的创业计划书，需要介绍创业者、主要管理者的基本情况，如姓名、性别、年龄、籍贯、学历、学位、毕业院校、政治面貌、从业年限、主要经历和经营业绩等，这些信息便于投资者对核心管理层有所了解，做出投资选择。

（7）财务规划

在撰写创业计划书的过程中，财务规划是极其重要的一环。不仅创业者关心项目的财务状况，相关的利益方也会关注财务数据。投资者关心投入资本的保值增值，银行关心能不能按期还本付息，供应商关心能不能及时付款等。为此，在编写财务规划书时，要重点关注几个主要财务数据：第一，项目什么时候产生盈利？第二，项目什么时候可以回收投入资本？第三，项目什么时候需要筹措资金？要回答这些问题，就需要从以下内容进行深入分析：财务规划的假设条件、资金的取得和运用、预计资产负债表、预计利润表、预计现金流量表和财务指标的分析评价。拟定财务规划有助于创业者的自我认识，增强创业者的自信，帮助创业者获得融资。

5.4.2 创业计划书的基本准则

一份精心构思和前景良好的创业计划书，能够极大地激发投资者的兴趣。正如美国创业管理专家约瑟夫·R. 曼库索所言："没有商业计划你不能筹集到资金……就它本身而言，一份商业计划就是一项艺术性的工作。它是表达企业和赋予企业人格化的证明。每个计划都如同雪花，个个不同。而每个都是一个独立的艺术品。每个都是企业家个性的反映。就像不能复制别人浪漫的方式，你也需要寻求你的创业计划的与众不同之处。"创业计划书在创业过程中起指路导航的作用。撰写创业计划书应遵循的几点基本准则：

（1）言简意赅，论述清晰

阅读创业计划书的人往往都惜时如金，他们可能会有意无意地通过你对自己企业的描述作判断。所以，创业计划书中的概要应该带有一定的魅力，从而能够凝聚投资者眼球，看到企业长期发展使命，同时对职员、技术与经济市场地位有全面性的认识。通常情况下，创业计划书阅览者在极短的时间捕获实施概要中新企业面貌以后，若认为该计划具有可执行与可拓展性特征，那么其继续阅读的兴致就被激发出来。企业计划书中的实施概要可以被比作个体的面容，而封面、目录及企业名称可以被视为个体五官，首先映入阅读者眼帘的是后者，五官是否被装饰得美观得体，直接关系到阅读者对创业计划书质量的"首要印象"。所以，撰写实施概要之时应该力争做到言简意赅，论述透彻。

（2）排版规范，装订美观

创业计划书内的封面、目录、实施概要、附录、图表等部分编排的合理性、美观性与整洁性，与阅读者对创业计划书初始评价效果之间存在密切的关联性。换句话说，排版、装订与印刷均应该体现出精细性特征，只用订书器装订的创业计划书看起来随意性色彩更为显著，会使阅读者产生计划书撰写者不重视计划书撰写工作的印象。所以创业计划书撰写的基础准则之一为排版规整，装订美观。

（3）客观真实，切合实际

创业计划书其实不仅仅是写给投资者看的，它首先必须是真实情况的反映，一份好的创业计划书是对自己或企业未来计划的真实反映，而不是编造出来的。高质量的创业计划书应该凭借客观真实的内容引领投资者思想，强化其与创业团队之间思想的匹配性。也就是说，被撰写的创业计划书应该具有一定的感染力，紧贴企业发展实况，避免出现天马行空的现象。若计划书中陈述的内容乐观过度或预获目标过大，将会降低其自体的信度系数。企业营销潜力、收入预测估算、增长潜力均应该与现实情况贴近。现实中，部分风险投资者经常应用一类“计划折扣系数”，主观地认为获得成功的新企业一般只会实现其规划财务目标的 50%左右。所以相关人员在编写创业计划书的过程中，应该秉持脚踏实地准则，切忌夸大事实。

（4）洞察风险，危局处理

阐述新企业在运转进程中有很大概率遇到的关键风险因素，是创业计划书内不可或缺的成分，也是投资者与银行家关注的焦点。辨识与探究新企业中存在的风险，可以间接地体现出创业者的整体素养，强化投资者对创业者团队的信任度。积极指出并探究风险，能够向投资者证明其有一定的能力管控与应对这类风险，从而达到协助项目投资者消除“疑团”的目标。所以在对创业计划书撰写的过程中，阐述创业者对危局处理的能力是极为必要的，从而使投资者洞察到创业者团队具有管控相关风险能力的信息。创业计划书内只有清晰地表述新企业后续发展问题，编制应急或变通规划，才能得到源于投资者和银行家的肯定。

（5）凸显优秀，团队优先

撰写创业计划书为企业内部管理的一部分，其运行的目的之一是使投资者接收到创业团队具备一定管理能力与资源合并能力的信息，这类信息是其迫切需要的资源。风险投资者存在一种共识，即宁可投资产品创意薄弱、创业团队强的项目，也不愿投资产品创意强、创业团队薄弱化的项目。所以，创业者在构建创业队伍时，要分析团队成员的整体能力、生活阅历、教育背景、志向、爱好与品德等因素，从而使投资者看到创业团队的热情、专业性、人脉资源宽广性、创新能力高超性、优势互补等信号。

（6）数据精准，操作性强

创业计划书中不能用过多的形容词表达企业自身和竞争对手的好坏，应用精准的数据表达，如企业占地面积、员工数量、预计销量、销售额等，量化的数据让人易于清晰地理解创业计划书本身的价值和是否能够实现。精确的设备数量、所需金额、流动资金以及这些数据对应的设备是否能满足预计销量的需求，人员安排能否完成销售任务所需产量，如何促销，如何针对目标顾客满足他们的需求，这些都要在计划书中认真体现，计划书的可操作性才有一定保证，才能在有足够资金的支持下把计划书真正转化为真实的企业。

5.4.3 如何介绍自己的公司和团队

一个公司的发展离不开每一个团队成员的努力，甚至可以说团队合伙人是一个创业项目的核心。创业者在撰写创业计划书的过程中，首先是要介绍自己的公司和团队，以便让投资人在短时间内了解你的公司和团队。

介绍公司——用简洁明了的话让别人对公司有个大体的了解，明白你们公司是做什么行业，在行业的竞争力如何，以及是否有较好的发展前景。公司介绍内容通常包括：

①公司名及成立时间；②公司品类；③注册资本；④核心能力/技术/商业模式；⑤产品/服务；⑥目标客户；⑦产品价值；⑧公司文化；⑨公司框架；⑩公司标语。

介绍团队——要让人明白创业团队真正的硬实力，团队的从业经历与行业是否匹配，专业技能的突出情况以及团队成员之间的能力是否相对互补，并给予投资人信心。团队介绍内容：①核心团队人员；②团队结构；③创业经历；④从业经历；⑤专业技能。

为了写好公司介绍和团队介绍，创业者在写创业计划之前，应该多看看同类公司的官方简介，了解他们的框架结构，分析他们的优点与不足，进而写好自身的特点与优势。

那么，怎样介绍自己的公司和团队呢？以下是 3 种常见的办法：

（1）模板法

创业新手在写公司基本介绍时，可能不知道如何凝练重要的信息，往往导致篇幅过长、无重点、信息不完整等问题。对于创业新手而言，公司基本介绍的完整度比完美度更重要。因此找到一个优秀的模板，学习并套用，是一个方便又省时的选择。同时，在运用模板法的时候，你也在学习与思考，可以快速带你进入到公司基本介绍中。当你熟悉大致写法后，创业者不妨再尝试加入自己公司的特点与优势的信息。

________________公司成立于_______年______月______日，位于____________省_______市，是一家长期从事____________的___________企业。在__________方面有着很深厚的底蕴和丰富的经验。公司注册资金________万元，营业额已达________万元。公司自成立以来，充分发挥自身优势，秉承“科技领先，服务市场，诚信待人，追求完美”的宗旨和“产品就是人品”的企业理念，不断进行技术创新、设备创新、服务创新和管理方式创新来继续研发出更多满足未来发展需要的_________产品，推动我国的__________事业的发展。

公司人才结构合理，始终把人力资源放在优先位置，核心就是建立一支具有高素质、充满热情的人才队伍。公司现有员工_________人，平均年龄_________岁，骨干员工以“_______________后”为主，均为______________（985/211 高校，海龟）博硕士，研究生学历以上人数占_____%，本科学历占____%。本地员工___________人，外地员工______人。公司组织体系完善，下设__________等部门（业务部、研发部、销售部、管理部、办公室、财务部等）。目前，在行业主管的指导下，中小企业（个人）客户的关心支持下，我公司业务开展顺利！公司联系方式____________________。

雄厚的技术力量，优质低价的产品，一流的营销售后服务，是您最佳的选择！

课堂讨论

老年人是社会的宝贵财富，尊老敬老、爱老助老是中华民族的传统美德，关爱老年人也是全社会义不容辞的责任。假如你是一家服务老人相关企业的 CEO，请尝试用上面的模板写出一份公司/团队介绍。

提示： 作为创业初手，你只需要用上述模板套入自己公司的信息，将你公司的基本信息、业务描述、营业范围、员工情况填写到制定的空格，就可以得到一份可用的公司基本介绍。当然，同学们需要灵活使用各类模板，不适合自己公司的内容可以任意删减调整。

（2）标杆法

想要写好公司介绍，可以利用标杆分析法。标杆分析法是通过在行业内的一流公司、企业中获得有价值情报，以改进本企业的内部经营。在撰写公司介绍时可以去相关网站和书籍中收集本行业内优秀公司、企业的公司介绍，分析其介绍思路，模仿其内容结构，综合本企业的实际情况，写出自己的公司介绍。

例如我们为成立一家服装公司，可以去书籍和网站上收集服装行业的优秀公司介绍，搜索出如下一段成熟的服装企业的公司介绍。

××服饰股份有限公司创建于 1983 年，注册资金 500 万元，坐落于福建莆田，是一家集研发、设计、生产、销售为一体的综合性服装公司，涉及衬衫、西服、夹克、T 恤、毛衫、西裤、休闲裤等全系列产品，在全国各省（区、市）拥有 2 000 多家专卖店，××男装以中国精英为群体定位，以国际品牌路线为主导，全力打造中国文化第一品牌，以满足社会各界精英对服饰文化价值的追求。同时，我们不断改进产品品质，海外市场供不应求，赢得了大批国外服装进口商的青睐。公司自成立以来，荣获省级以上荣誉 100 多项，成为中国最受消费者欢迎男装品牌之一，先后获得国家免检产品、中国名牌产品、2012 年度十大男装品牌、中国最具价值品牌 500 强、全国“守合同、重信用”企业等荣誉。实力见证品牌，历经 30 年淬炼，××服饰股份有限公司成功荣跻中国服装行业百强之列，成为全国服装行业重点生产企业。

成熟企业的公司介绍往往经过了市场的检验，有内在的合理性，我们可以直接将其改造成公司介绍模板来填空。

__________服饰有限公司创建于______年，注册资金______万元，坐落于______，是一家集__________为一体的综合性服装公司，涉及________等全系列产品，在全国各省（区、市）拥有______多家专卖店，__________服饰以__________为群体定位，以__________为主导，全力打造中国文化第一品牌，以满足社会各界精英对服饰文化价值的追求。同时，我们不断改进产品品质，在__________市场供不应求，赢得了大批______________（合作伙伴）的青睐。公司自成立以来，荣获省级以上荣誉__________多项，成为中国最受消费者欢迎男装品牌之一，先后获得________等荣誉。

课堂讨论

1. 假如你是投资人，你喜欢怎样的公司介绍？你想从公司介绍中获取公司的哪些信息？

2. 请用标杆法完成一家虚拟的校园餐饮服务公司的介绍，并相互讨论是否将公司介绍清楚，使人印象深刻，以及哪些信息能够引起投资者的兴趣？

（3）框架法

如果无法找到令自己满意的公司介绍，你可以借助一些简单的商业思维框架写出自己的公司介绍，如我们可以用简化版的“5W2H”框架写出公司介绍。

①When——公司的成立时间。

②Where——公司的成立地点。

③Who——公司的目标客户，确定客户群体，包括年龄、性别、职业、消费能力的区分。

④Why——公司产品为什么有竞争力，消费者为什么要选择该公司产品。

⑤What——公司的产品/服务、核心能力/技术/商业模式，品类是什么。

⑥How——公司以怎样的方式吸引并留住顾客，采取怎样具体的行动满足顾客的需求。

⑦How much——公司的注册资金、盈利情况及投资回报。

课堂讨论

假设你是一家校园传媒公司的一员，能否用“5W2H”框架写一段公司介绍？

公司介绍常见问题：

①避重就轻。应选择最能打动人的关键点，强调公司竞争优势点，其他内容在没有明确要求的情况下尽量一带而过，不要挤占重点内容介绍时间。如可以介绍的内容一般是规模、地位、实力、客户数、行业经验、规范性、服务能力、研发能力、完整的解决方案、自主版权、公司发展速度、最新情况通报等内容。

②缺少激情。介绍公司时要从容自信，充满一种在此从业引以为荣的自豪，让客户从你个人身上感觉到你所在公司的成就。

③介绍定位过于自恋。公司介绍材料需站在公司能为客户提供什么产品和服务内容的角度去组织，不能充满自我炫耀，自我膨胀，自我肯定。

团队介绍注意事项：

①内容展示应有选择和取舍。大学生写《创业计划书》时，公司介绍要突出重点，内容务实，不要过度务虚。团队介绍的重点在于突出团队优势，体现公司组织框架，凸显公司团队的专业性。不展示与团队专业无关的成员内容，任职经历上，挑选对项目有利的重点经历。

②文字表述要简略。避免陈述性完整句子，重点展示关键词。

③关于展示照片。团队介绍中避免使用生活照，凸显团队专业、负责的态度。

大学生《创业计划书》的团队介绍一般介绍投资人或者全职入伙人。

比较好的团队介绍是：

a. 朱××：公司创始人，占股 50%，负责公司整体运营。

工作背景：北京大学 MBA，曾在××知名企业担任经理职位 4，系统管理过 1 000 人以上的团队，组织和策划能力出众，眼光长远独到，拥有丰富的企业管理经验，尤其对互联网行业有很深刻的理解。

b. 田××：总经理，占股 20%，负责产品研发和技术总策划。

工作背景：清华大学计算机系博士，曾任××公司总工程师 7 年，专业能力出众，申请了多项专利技术，其主导研发的××产品在国内的市场占有率最高。

c. 刘××：上海财经大学市场管理系硕士，副总经理，占股 15%，负责市场策划和市场营销。

工作背景：曾任××公司市场总监 5 年，3 年内将公司年销售额从 500 万元提升到 3 000 万元，市场渠道建设经验丰富。

d. 王××：中国人民大学经济管理系硕士，财务总监，负责公司会计、报表、预算工作。

工作背景：曾任××公司财务总监 5 年，对公司的财务和管理有丰富的经验，工作期间公司财务运营状况良好。

e. 附件：我们公司的外部顾问清单：××院士、××校长、××博导。

5.4.4 如何介绍自己的商业模式

企业因能够创造价值而具有存在的合理性，价值创造是企业一切活动的核心，也是商业活动研究的核心。商业模式是创造价值、实现价值的过程。

亚历山大·奥斯特瓦德认为有 4 个关于商业模式的维度，包括产品（价值资源）、客户界面（目标、客户结构、客户关系）、基础管理（价值配置、核心能力、合作网络）、财务方面（成本、收入模型）。约翰逊等认为商业模式的构成包括 4 个方面：客户价值战略、利益方案、关键资源、关键流程。原磊提出了商业模式的 4 个网络构成，包括价值威胁、价值、价值维护、价值实现，具体的组成要素包括目标顾客、价值内容、网络形态、业务定位、伙伴关系、规则方针、模式、成本管理。

其实商业模式就是要表达公司模式如何盈利，听上去很简单的问题，好像每个员工都可以说上几句，却又说不完全。尤其对于中小企业来说，它们也许没有一份全面的、系统的创业计划书，但当它们描述自己的商业模式时，总是能兴奋到语无伦次，有说不完的理念。不过，他们总是忽略很多细节且关键的问题，需要我们不断地去提问，才能表达得更全面。

想要整理出一份较有逻辑性的商业模式，也许你需要进行如下问题的思考：

①一句话说明你的产品和服务。（这是商业机构生存的基础条件）

②一句话说明目前市场及市场潜力。（市场前景，这是商业机构运作空间的价值表现）

③一句话说明你们团队的组成？（人才资源，包括特点、能力、互补性等）

④一句话说明你们准备卖给谁？（客户群体，这是商业机制的命根）

⑤一句话介绍你的同行？（竞争对手，要记住生于忧患死于安乐）

⑥一句话说明你们的优势？（创新点，这是商业机制发展壮大的必需品）

⑦一句话说明你们的优势与市场需求之间的关系？（避免盲目创新）

⑧一句话说明你们如何让客户了解你们的产品。（市场推广）

⑨一句话说明你们准备赚多少？（盈利能力）

⑩一句话说明你们计划分多少股份，换多少投资，准备做什么？（融资需求）

⑪一句话说明计划让投资人得到怎样的回报？（退出机制）

根据上述的逻辑框架，创业者可以更加了解创业细节、整理创业思路、调节创业模式，从而初步形成《创业计划书》大纲。当然，创业者可以根据自己公司的需求和特点，对大纲进行调整。

沿着这样的思考框架，就可以逐步形成完整的《创业计划书》大纲。

创业家 Alex Osterwalder 发现商业模式的构成要素可以分为 9 点，即客户细分（CS）、价值主张（VP）、渠道通路（CH）、客户关系（CR）、收入来源（RS）、核心资源（KR）、关键业务（KA）、重要伙伴（KP）和成本结构（CS）（图 5-5）。商业模式画布的设置类似于人的左右大脑，左侧偏重理性思维，反映商业模式的效率。右侧偏重感性思维，是商业模式的价值体现。它们彼此相互影响、相互作用，所有模块都可以以可视化的形式列出，并且可以通过一张图清晰地呈现出来，即商业模式画布（BMC，Business model canvas），通过商业模式画布分析可以确定创业项目的具体业务模式，并分析项目具体的业务内容、运营和战略发展。商业模式画布是会议和头脑风暴的工具，它通常由一面大黑板或干脆一面墙来呈现。包括 4 个视角：为谁提供、提供什么、如何提供和如何赚钱；9 个模块：客户细分、价值主张、渠道通道、客户关系、收入来源、核心资源、关键业务、重要伙伴和成本结构。画布能够帮助企业家快速、清晰地描述商业模式。

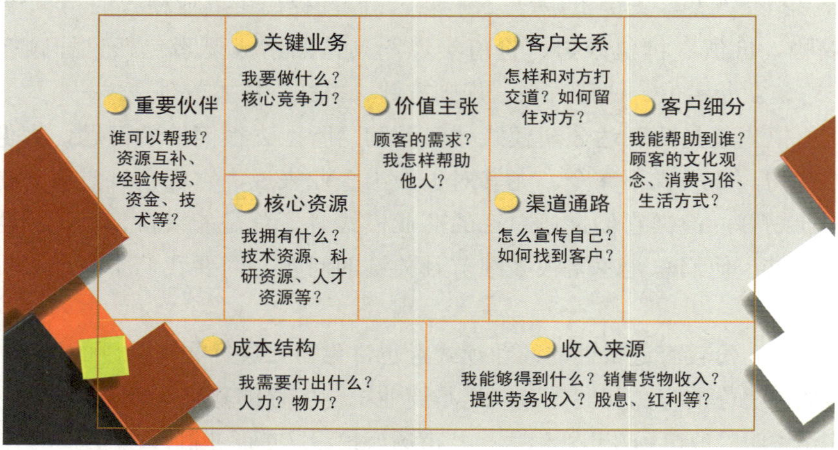

图 5-5 商业模式画布

9 个模块的内容如下：

①客户细分——此模块描述了一家企业机构想要获得和期望服务的不同的目标用户群和机构。

②价值主张——此模块描述的是为某一客户群体提供为其创造价值的产品和服务。

③渠道通路——此模块描述的是一家企业如何与它的客户群体达成沟通并建立联系，以向对方传递自身的价值主张。即你和客户如何产生联系，不管是你找到他们还是他们找到你，如实体店、网店、中介。

④客户关系——此模块描述的是一家企业针对某一客户群体所建立的客户关系类型。客户接触到你的产品后，你们之间应建立怎样的关系，一锤子买卖或长期合作。

⑤收入来源——此模块描述的是一家企业从每一个客户群体获得的现金收益。

⑥核心资源——此模块描述的是保证商业模式顺利运行所需的最重要的资产。为了

提供并销售这些价值，你必须拥有的资源，如资金、技术、人才。

⑦关键业务——此模块描述的是保障其商业模式正常运行需做的最重要的事情。

⑧重要伙伴——此模块描述的是保证一个商业模式顺利运行所需的供应商和合作伙伴网络。也就是哪些人或机构可以给予你战略支持。

⑨成本结构——此模块描述的是运营一个商业模式所发生的全部成本。即你需要在哪些项目付出成本。

课堂活动

请同学们依据商业模式画布 9 大知识要素，尝试为一家环保公司做出他们的商业模式画布。

提示：创业者在向投资人提交《创业计划书》时，也要对投资人的背景做充分的了解，我们建议在如下 3 种情况下，你给投资人的《创业计划书》要适当有所保留。

1. 如果投资人投资过类似的公司。
2. 他的投资公司能搜索到负面口碑。
3. 你的原创核心创意很容易被复制且无竞争壁垒。

5.4.5 创业计划书基本框架

创业计划书首先是写给自己看的，首先要说服的不是投资人，而是创业者自己。做创业计划书时，通过客观的数据分析影响创业成功的关键因素，可以让创业者保持清醒的头脑，明白需要克服的问题和将来可能遇到的困难，同时是否愿意付出时间、资金、人力、生活方式等代价去克服这一切。所以，创业计划书最重要的是要说服自己相信这是可行的，如果自己都不相信，别人凭什么相信你。其次创业计划书是给合作伙伴看的，创业计划书是创业行动大纲，合作伙伴需要知道项目全过程，包括产品、市场、优势、风险、运营模式等信息，然后再决定是否要加入本项目。创业计划书最后才是给投资人看的，是让投资人认识到项目的价值，让投资人看到价值是创业计划书表达技巧的关键。也就是说，要让投资人明白为什么这个项目和团队值得投资，而不应该投资给其他团队。

那么现在我们要详细分析一份好的创业计划书，需要让合作伙伴和投资人看懂哪些内容？我们归纳总结了 10 个关键性问题。

①你要做什么？——需要用最短的时间让对方知道你要做什么？

②准备卖给谁？——有了产品以后，接下来是要卖给谁？哪些群体是你的顾客？你需要明确顾客范围。例如，性别、年龄、顾客的消费能力、消费习惯、兴趣爱好等。

③为什么要做这个？——你了解过该行业的前景吗？市场需求如何？国内外发展现状如何？目前还存在哪些缺点和不足？相应的国家政策如何？

④你的竞争对手是谁？——谁是市场上的主要竞争对手？竞争对手的市场地位如何？你有了解过同行的竞争对手吗？

⑤你的优势是什么？——你的独特之处在哪里？竞争对手的特点和优势是什么？你的特点和优势相较于他们而言是什么？是否有击败他们的把握？胜算如何？

⑥这些优势有门槛吗？——你的竞争优势对方真的无法短期复制吗？

⑦你如何让“优势”与“需求”对接？——你有打开市场的渠道吗？

⑧团队的组成与分工？——团队是否优秀？执行力够不够强？核心成员的组成及其职责是什么？他们之间的能力是否互补？如何让大家相信你们团队的实力？你们团队靠谱吗？

⑨你满足这些需求能赚多少？——你的成本核算盈利模式成立吗？

⑩你能给我的回报以及可能的风险？——我投资你靠谱吗？

如果一份《创业计划书》能有理有据回答清楚上面的 10 个问题，那我们认为就是写合格了。

一般来说，一份完整的创业计划书应该包括图 5-6 中的 11 个大板块。

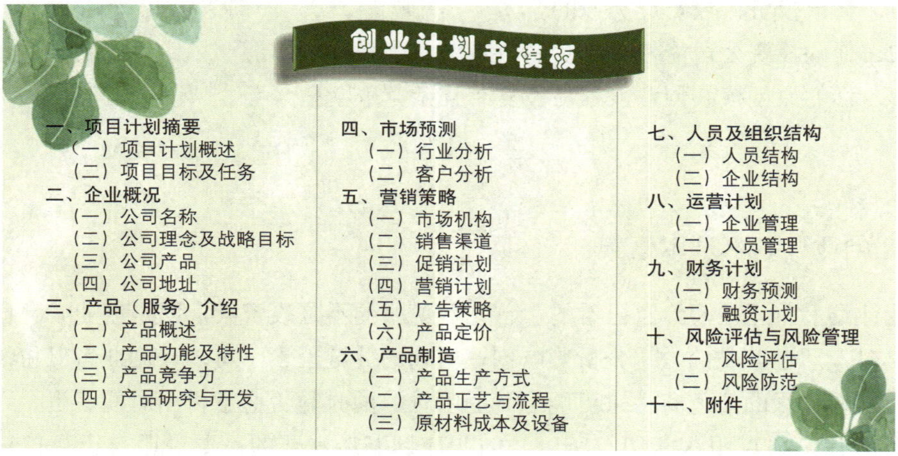

图 5-6　创业计划书模板

模板内容说明：

第一章　项目计划摘要

项目计划概述：项目计划概述要尽量简明，特别要说明自身企业的不同之处以及企业获取成功的市场因素。要涵盖计划的要点，以便投资人能在最短的时间内评审计划并作出判断。主要包括以下内容：项目概况、公司介绍、管理者及其组织、产品竞争力和业务范围、市场机构和广告策略的选择、营销策略、生产管理计划、融资需求等。

项目目标及任务：始终把顾客价值与投资回报作为项目最主要的目标和任务，此内容应该从这两方面入手。

第二章 企业概况

创业计划必须提供企业的基本信息：名称、性质、地址、产品，以及重点回答企业的理念和如何制定企业的战略目标。

第三章 产品（服务）介绍

这部分应对产品进行详细的描述，准确且通俗易懂，一般应附上产品原型、照片。主要包括以下内容：产品概述、产品与同类产品比较的主要功能和特性、产品的竞争力、产品的研究与开发、产品的发展前景。

第四章 市场预测

行业分析包括行业的发展前景、过去3～5年各年全行业销售情况，未来3～5年各年全行业销售收入预测、决定和影响行业与项目发展的因素、行业的发展程度与发展动态、市场上竞争者和竞争环境的分析。

客户分析包括目标客户、客户的痛点、客户的购买力、客户的喜好。

第五章 营销策略

营销策略包括市场机构、企业的销售及销售网络、定价策略以及广告促销、设立代理商和售后服务方面的策略和办法等。

第六章 产品制造

产品制造包括产品生产方式、产品制造和技术设备现状、产品工艺流程、产品品质管理体系等。

第七章 人员及组织结构

人员结构：在企业的生产活动中，人力资源管理是其中很重要的一个环节。在创业计划书中，必须要对主要管理人员加以阐明，介绍他们所具有的能力，他们在本企业中的职务和责任，他们过去的详细经历及背景。

企业结构：在这部分创业计划书中，应对公司结构做简要介绍，包括：公司的组织机构图；各部门的功能与责任；各部门的负责人及主要成员；公司的报酬体系；公司的股东名单，包括认股权、比例和特权；公司的董事会成员；各位董事的背景资料。

第八章 运营计划

企业管理：企业管理包括企业的管理模式、企业管理制度。企业管理制度大体上可以分为规章制度和责任制度。规章制度偏重于工作内容、范围和工作程序、方式，如管理细则、行政管理制度、生产经营管理制度。责任制度侧重于规范责任、职权和利益的界限及其关系。一套科学完整的公司管理制度可以保证企业的正常运转和职工的合法利益不受侵害。

人员管理：包括人事计划，薪资、福利方案，股权分配和认股计划。

第九章 财务计划

财务预测：这一部分主要包括企业3～5年营业额和市场份额的预测以及相应的财务指标。可制备现金流量表、资产负债表以及损益表。

融资计划：包括资金需求说明、资金使用计划及进度、投资者权利、投资回报率、投资者退出机制。

第十章　风险评估与风险防范

风险评估：提出企业未来可能遇到的风险。

风险防范：避免和控制这些风险的手段和措施。

第十一章　附件

附件包括个人简历、合同、法律文件等与计划相关的文件。

5.5 如何写好科技作品竞赛申报书

5.5.1 申报书填写规范

科技作品竞赛申报书撰写需要注意以下几点：

（1）申报者应当在认真阅读大赛申报书说明各项内容后按照要求详细填写。

（2）注意申报形式，个人作品和集体作品的申报要求以及流程往往有所区别。

（3）申报者填写申报作品情况时需要根据个人项目或集体项目填写个人或集体的基本情况，再根据不同大赛的项目类别填写申请的项目所属类别的项目表。

（4）表内项目填写时一律用钢笔填写或打印，字迹要端正，清楚，申报书可以复制。

（5）申报书的序号由竞赛的组委会填写。

（6）注意各项赛事要求，部分赛事需要在申报书后附上有关材料，并且对字体、字号以及字数、版面有要求。

5.5.2 申报书的主要内容

申报书的具体内容大致如下：

（1）申报者情况

申报者指的是申报该项目的第一负责人，一般来说是参与科技作品竞赛的负责人。该同学可以是研究生、本科生、高中生等身份。申报者一般只有一人，且应该满足所申报的科技作品竞赛对于负责人的基础条件要求。

（2）其他作者情况

其他作者指的是申报项目的主要参与者，可以是研究生、本科生、高中生等身份。根据所申报的科技作品竞赛的要求，其他作者人数可以有 5～7 人。且其他作者在申报书里的排名应该根据在申报和开展工作中承担的工作量、贡献量从多到少排名。

（3）指导教师、院系负责人以及学校部门等的意见

①指导教师指的是该项目的技术指导教师，且该教师应该对团队的组建、团队成员的培养、科技实验的开展实施、科技成果的申报及认定、科技竞赛的比赛过程等环节承担主要责任。指导老师在申报书内意见一栏应填写对该项目申报意义、开展思路、预期成果等方面的意见，如同意申报应明确说明，并签字确认。

②院系负责人意见主要由项目申报者所在教学系部的负责人签署。院系负责人同意申报则表示同意该同学在参赛时署名院系，并对参赛过程负行政管理职责。院系意见签署之后需加盖院系行政章。

③学校部门意见一般由学校主管此类科技作品竞赛的部门签署同意，并加盖部门行政章。

（4）作品创新性叙述

科创竞赛作品分为自然科学类学术论文、哲学社会科学类社会调查报告和学术论文、科技发明制作 3 种形式。而作品的创新点往往在以下两个方面体现：

①发明式的研究：发展一种新的技术来处理某种问题。对于科技发明制作类作品，往往需要体现在其领域的创新性、独特性、实用性，若研究出的某个装置或是某种材料无法打破现有的技术壁垒或减少污染及能耗，那产品的研发是无意义的。

②发现式的研究：出现了一个全新的想法或解释。对于社科类作品，创新性体现在理念创新，对某个真理、某种现象、某个研究提出新的见解。

在作品申报书中应涉及说明本研究与前人研究的区别在哪里，前人研究的不足是什么，本研究做了哪些改进。再查阅一下近期有没有相关的文献发表，有的话可以引用。必要时修改作品简介部分，再次明晰一下研究创新性。如“四川省大学生生物与环境科技创新大赛”的评分标准就体现了对创新和实用性的重视。

（5）作品简介

作品简介部分是申报书中最为重要的部分之一，决定了审核专家对项目的总体评价。作品简介更像是项目的缩影，无论项目是否参与评审，阅读者最先接触的部分就是作品简介，其不仅能让阅读者了解到项目主要内容，还能提供整体思路。作品简介主要包括作品目的、基本思路和主要技术，其次可适当再加上部分的背景介绍及未来预期。

①作品目的：说明项目是基于何种技术现状或是某个自然现象而开展的研究，建议目的明确，简明扼要，切忌含糊不清，模棱两可。

②基本思路：项目研究的基本方向或是产品实施的基本方法、操作步骤等，要让读者能从中了解到项目计划书的整体研究思路，做到概括有逻辑，切忌东拼西凑。

③主要技术：对于科技发明类项目，除了介绍整体思路外，还需要强调现阶段产品使用的技术，也起到项目支撑的效果。

综合来看，作品简介可用如下模式“简单说明项目背景—作品需要达成的目标（作品目的）—作品的整体研究方向或是产品的实施方法（基本思路）—主要技术支撑—研究进展—效果预期”。

（6）作品已取得的成果

在成熟的项目中，展示项目所获奖项属于点睛之笔。其与示范案例不同之处在于获奖能反映项目的整体优越性和项目质量，同时说明已有比赛的评委专家对项目表示认可，并且项目在经历很多专家指导后，其完善程度也不是一般项目能够媲美的，而示范案例强调了项目的运用情况，也能体现项目价值，但参与比赛的项目几乎都实际运用过，无法体现其额外的参赛竞争力。具体的填写内容大致为何时、何地、何种机构举行的评审、鉴定、评比、展示等，活动中获奖以及鉴定成果。

但对于部分竞赛，如挑战杯、大学生创新创业训练计划、某学科类比赛等需要项目后期继续研究的比赛来说，往往不适合成熟且获奖的项目参与，并且赛制也明确规定不允许获奖的“成熟”项目参与比赛，其参赛对其他队伍来说无疑是不公平的。

（7）专利申报情况

专利是技术的载体，技术是项目的支撑。在“互联网＋”大学生创新创业大赛中，每个赛道对专利所属情况都有说明，如在创意组中，项目成员需要具有本项目的至少一项专利作为支撑材料，或是出具相关专利授权证明。其他综合性科创竞赛同样对项目的专利十分重视，因此，项目申报书中需要强调项目专利现阶段的具体情况，若专利正处于申报阶段，最好拥有署名第一的发明专利作为支撑，在比赛答辩时在项目 PPT 注明发明人和专利名，以便评审专家确定该成果是否与参赛内容相符，以及判断参赛资格等（图 5-7）。

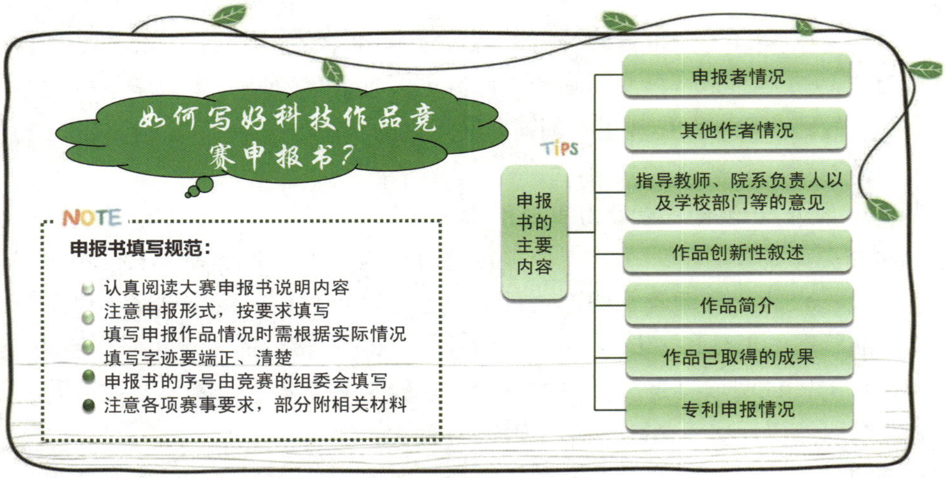

图 5-7　撰写科技作品竞赛申报书的基本事项

5.5.3　申报书填写要求

（1）参考赛事官网的申报书格式

不同类型的比赛对申报书的格式也有不同，如科创类竞赛往往要求统一以 1.5 倍行距、小四号楷体 GB2312 打印在 A3 纸上，双面印制、中缝装订。所有表格不够，可加附页。对于中国国际“互联网＋”大学生创新创业大赛，首先要求字数在 10 000 字以上，其次要求确定核心内容，如产品/服务介绍、市场分析及定位、商业模式、营销策略、财务分析、风险控制、团队介绍及其他说明等。除此之外，大赛组委会提供了申报书大致框架：①策划书摘要；②项目背景市场机会分析；③市场分析与项目定位；④产品（服务）设计与商业模式；⑤发展战略与行动计划；⑥竞争分析与营销策略；⑦研发、生产、经营安排；⑧团队与组织结构；⑨资金规划与财务需求；⑩关键风险认识。最后，要求表述条理清晰，应避免拖沓冗长，力求简洁、清晰、重点突出、条理分明；专业语言的运用要准确和适度；相关数据科学、翔实。

（2）注意页面排版

排版方面要简洁大方、美观整洁，文字脉络的排版，做到分点描述，分层次描述。一级标题采用黑体三号，二级标题采用黑体小三号，三级标题采用黑体四号，正文采用宋体小四号；标题顶格，正文首行缩进两个字符。

（3）展示的作品内容力求准确

作品项目内容分类有：自然科学类学术论文、哲学社会科学类社会调查报告和学术论文、科技发明制作 3 种形式。自然科学类学术论文作者限本科生。其中，自然科学类学术论文和科技发明制作的类型包括机械与控制（包括机械、仪器仪表、自动化控制、工程、交通、建筑等）、信息技术（包括计算机、电信、通讯、电子等）、数理（包括数学、物理、地球与空间科学等）、生命科学（包括生物、农学、药学、医学、健康、卫生、食品等）、能源化工（包括能源、材料、石油、化学、化工、生态、环保等）；哲学社会科学类社会调查报告和学术论文所属的领域包括哲学、经济、社会、法律、教育、管理等。项目形式为“自然科学类学术论文或科技发明制作”的，申请者在申请书中的“作品类型或所属领域”栏内填写作品类型；项目形式为“哲学社会科学类社会调查报告和学术论文”的，申请者在申请书中的“项目类型或所属领域”栏内填写项目所属领域。无论是优势还是困难都要讲到位，体现出自己的作品的实际状况，隐瞒实情、过分乐观或夸大其词往往会适得其反。

（4）填写的内容逻辑清晰

内容不用面面俱到，但也不能忽视应有的侧重点，最好做到直奔主题、开门见山，让组委会评委觉得每阅读一句都是有意义的。申报书内容的撰写往往遵循一定的逻辑分类，大致为项目简介—背景介绍—行业痛点—项目介绍—技术支撑—项目进度—市场营销—风险评估—未来规划。

（5）申报书的语言生动准确

良好的语言水平并不能挽救作品不成熟的创作理念，但一个好的创作理念却可能因为语言水平不高而导致比赛的最终落选。因此，需要对申报书的语言进行锤炼，一方面，作品申报书不是学术论文，应该力求语言生动；另一方面，要让读者容易理解申报书的内容，尽量避免使用过多的专业词汇。

（6）主体内容图文并茂

没有图片只有说明的申报书十分单调，说服力低，只有图片没有说明的申报会被视为凑页数。首先，图片出现的位置往往在项目背景、行业痛点、项目介绍和技术支撑，项目背景中可以放进当前的环境影响、政策文件、行业数据等与项目相关的背景图。其次，行业痛点同样可以放上当前行业的各种处理技术造成的环境问题、社会问题、经济损失等，以达到发人深省的效果，从而更好地吸引读者阅读。最后，在项目介绍和项目支撑方面，清晰的技术路线图、动画视频、专利文件能更好地帮助阅读者了解到项目的实施路径，若完全用文字介绍，不仅重点无法体现，还容易造成视觉疲劳。

（7）研究成果的展示

由于审核人很大部分都是依据申报书和 PPT 来做判定的，当项目研究有初步成果时，要尽可能全部展现出来，展现的形式有表格、图片、相关已发表论文、专利、基础实验的对比数据、竞品优势等。

5.6 如何制作成果展示海报

海报的主要目的是直截了当地展示自己的成果与观点，在科研人员的学术生涯与工作过程中，总有机会被邀请撰写科研海报（poster）。科研海报是向同行们展示你研究成果的绝佳方式。会议上，一张准备充分的科研海报是吸引人们谈话的重要媒介，制作海报是一名科研人员的必备技能。

在制作海报前，首先我们必须清楚自己制作的内容主题是什么，不同研究方向的会议海报应该标准不同，这将决定海报的具体制作的风格和倾向，在此基础上明确海报的尺寸和海报上需要展示内容的详细材料。虽然每个人对优秀海报的定义不一样，但都要围绕着海报的内容贵精而不贵多的原则。图 5-8 是我们整理的关于海报制作与展示的要点。

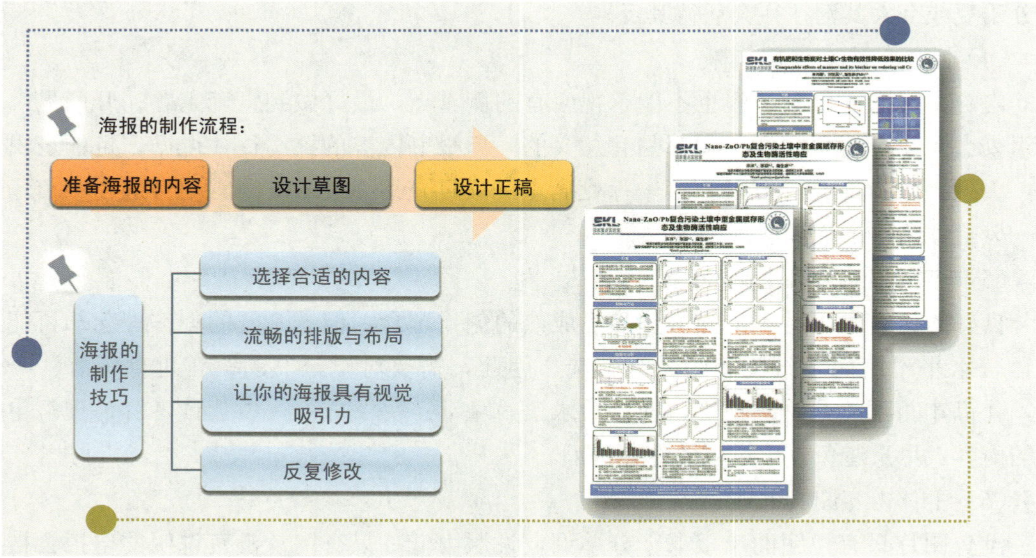

图 5-8 制作成果展示海报的要点

5.6.1 海报的制作流程

海报通常具有如下要素：第一个要素是画面要有美感，但是海报不只是一张图片，还要传递关键信息，这往往会用到文字，这就是第二个要素。只要运用好这两个要素就是一幅成功的海报。最为常见的海报制作软件为 Photoshop（PS）及 PowerPoint（PPT）。其中 PS 不仅能够完成海报的制作，还能依照设计者的想法对海报的整体布局和内容进行调整，下面是成果展示海报制作的流程。

（1）准备内容

制作海报时需要设计者具有初步的想法，如海报样式、主题、内容、大小等。而成果展示海报需要进一步提供成果的相关信息。但过多的细节等内容反而会显得展示内容没有重点，引起阅读者的不适。因此，应当略述研究过程，突出取得的成果及获得的奖项，让阅读者一目了然，以此达到宣传效果的最大化。

（2）设计草图

首先要确定海报的版式即决定长宽比（比如 5∶3 或者 10∶7），然后选择一个符合长宽比的背景。准备一些与海报画幅同一比例的缩小画纸，一般只有 1/8～1/4 大小。这种缩小比例的小图称为小草图。用这些小草图式征求旁人的意见，从中选出数张较好的，依此作为进一步参考。小草图主要表现整体构图效果，而不必表现各构成要素的种种细节。从小草图中选定两三张放大至海报画幅原大，并注意画幅中各种细节的安排及表现手法，这种图样被称为设计草图。它一般要表示出标题、插图等的粗略效果，正文则采用画直线的方式代表字数和段落，直线与直线之间的距离代表着字的大小。应该注意的是，设计草图虽是实验品，但却是个重要阶段。有些小草图放大至设计草图后，效果上即有了显著变化，甚至失去了画面平衡。这时须对放大的稿子再做调整，重新安排画面各构成要素的比例、大小、位置、色彩、形态等。

（3）设计正稿

通过电脑设计草图已是快速而有效的方法。从数张设计草图中选定一张作为最后方案，然后做设计正稿。海报中最基本的一种尺寸是 30 英寸×20 英寸（508 mm×762 mm），相当于国内对开纸大小，依照这一基本标准尺寸，按照纸张开度又发展出其他标准尺寸，如全开、四开、八开。常用的尺寸是大度的四开和对开。

5.6.2 海报的制作技巧

制作海报看似简单，但要完成一张优秀的科研海报并不容易。学术会议少则几十人，多则几百人参会，这其中有 10%～30%会做海报展示。如果每幅海报耗时 5 min，全部看完要好几个小时。而且学术会议中海报展示不是重点，往往在茶歇期间才会被关注，所以学者们的目光在每幅海报上只停留几秒，除非是海报主题特别契合学者的研究方向，学者才会停下来认真阅读。只有掌握海报制作技艺、具备快速的可读性及较高的学术造诣，才能吸引读者阅读。

（1）选择合适的内容

在科研海报上所能传递的信息是比较有限的。因此展示的内容一定是精华部分，选择的内容应当用少量文字和图片充分展示研究成果，并且保持简单。

（2）流畅的排版与布局

做海报时，要让你的读者感到你海报的流程非常自然、明显，毫无刻意的痕迹。建议在网上查找一些国际会议的科研海报，很多作者会将自己的海报存放在上面。看看他们的海报设计，特别是那些获奖的海报，然后找出你认为效果好的布局类型，加以借鉴。

在选择布局时，需要避免以下错误：不要使用夸张的配色方案。坚持使用几个中性色调，并使用一个重点颜色来突出细节。不要使用两种以上的字体类型。不要让所有的字体加粗。不要使用夸张的艺术字。图片一定要清晰明了，能用图片表达就不要用文字。

（3）具有视觉吸引力

你的精彩标题已经引起了路人的注意。现在，路人会想“我需要多长时间才能读懂这东西？”为了保持他们的兴趣，请确保你的科研海报主要使用数字和图片来讲述你的故事，并避免使用大块的文字。

你需要让你的数字和图片在视觉上具有吸引力，并且具有一定的内在逻辑。如果你的路人必须阅读大量文字才能弄清每个数字代表什么，他们也很快会成为真的路人。

（4）确保实际展示效果

在打印海报之前，最好是采纳一位不熟悉具体主题领域的科学家对海报可读性和整体吸引力的意见。另外，请打印出海报的测试版，确保海报的实际效果；有时在电脑屏幕上看起来一切都很好，但当它被打印出来时，颜色可能看起来更亮，文字和图片等元素可能会移动。人们总是更容易在实物上发现错误，而不是电脑屏幕上。

海报示例如图 5-9 所示。

5.7 如何制作成果展示演示文稿

5.7.1 制作软件选择

“磨刀不误砍柴工”，有了良好的前期准备，后续的制作才会得心应手，所以在多媒体制作之前我们需要先关注制作演示文稿的软件。使用最普遍的演示文稿制作软件是微软的 Office PowerPoint（PPT）。在 PPT 中可以轻松创建专业和动态的关系、工作流程或层次结构图。使用数十个“SmartArt”布局可以创建多种类型的图表，如组织系统图、列表和图片图表，可将文字转换为令人印象深刻的、可以更好地说明想法的直观内容。创建图表就像键入项目符号列表一样简单，或者只需单击几次就可以将文字和图像转换为图表，这些功能为展示 PPT 中图标的制作提供了很大的方便。

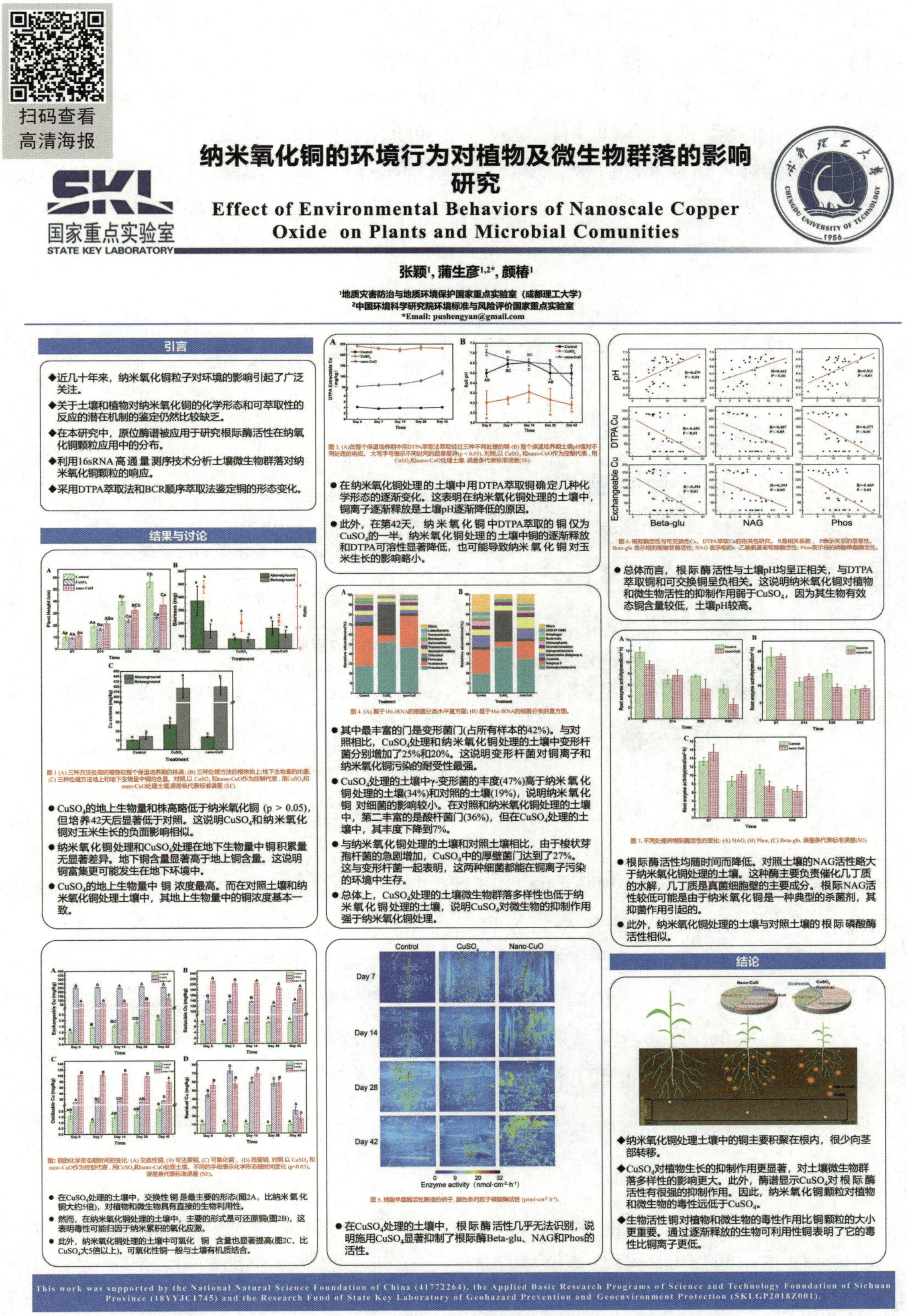

图 5–9　优秀展示海报示例

借助用户界面中的上下文相关“SmartArt”图示工具，可以方便地使用丰富的格式设置选项，使得做出精美的图表不再困难，同时也提升了展示效果。另外，还可以直接嵌入和编辑视频文件，添加个性化视频体验。使用视频触发器，可以插入文本和标题以引起评委和观众的注意，还可以使用样式效果（如淡化、映像、柔化棱台和三维旋转）。再比如用新的幻灯片切换和动画吸引观众和评委的眼球。如动作路径与 TV 图形相似的动画效果，还可方便地访问、发现、应用、修改和替换演示文稿（图 5-10）。

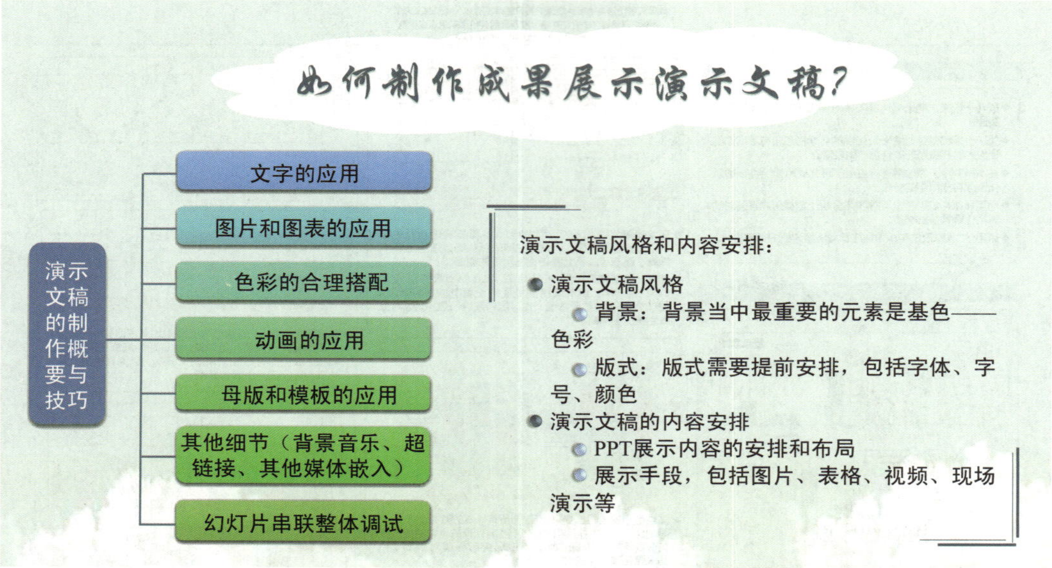

图 5-10 制作成果展示演示文稿的要点

虽然说高级的版本能够实现更绚丽的展示效果、更方便的 PPT 制作，但有一点是要切记的，因为展示地点的设备并不是你自己所用的电脑设备，软件的情况可能有所不同。有时为了获得更好的效果，人们通常会在幻灯片中使用些非常漂亮的字体，可是将幻灯片拷贝到演示现场进行播放时，这些字体变成了普通字体，甚至还因字体改变而导致格式变得不整齐，严重影响演示效果。所以 PPT 在最后使用的时候还是需要经过仔细的检查和细心的修改，以保证 PPT 在最终展示过程中发挥它应有的效果。

5.7.2 演示文稿的制作概要与技巧

5.7.2.1 文字的应用

文字是信息表达最基本的一种手段，要想表达清楚讲述者的叙述意图，文字的描述必不可少。但是在制作过程中必须严格控制单页演示文稿中文字的数量，要尽量使用提纲挈领性的若干关键字词来代替大段的文字。通常文字字号应在 20 以上，一段文字不宜超过 3 行，全页段落不宜超过 3 段，否则文字会显拥挤，评委可能无法看清 PPT 中的内容。所以建议重点部分可以加粗或者用带颜色的字体标注，尽量使用图片或表格来代替文字，既可使计划展示生动，也让表述更为形象、直接，也更能吸引评委和观众的注意力。

5.7.2.2 图片和表格的应用

图片和表格的应用应注意以下几点：

（1）图片和表格的选择

图片和表格是最直观、最形象化的表达媒体，尤其在展示产品技术原理和各种数据中起着重要作用。在 PPT 的制作中要注意的就是图片的选择必须切合主题，不能喧宾夺主。在需要进行对比说明时，表格会让你的展示更容易在评委心中留下深刻印象，所以在 PPT 的安排上合理地利用好表格会使团队的展示效果增色不少。参赛团队需要注意对数据表格的处理，重点数据应该用强烈的色彩标明或圈出来，强调其重要性，并引起评委的重视。

（2）图片的修饰

图片最简单的插入方式是使用菜单“插入”→“图片”。采用这种方式插入的图片没有任何修饰，外观略显简单。我们可以通过为图片添加外框线条来简单地对图片进行修饰，但是这样插入的图片只能是简单的矩形外表，如果想让图片的外形更加美观，可以选中图片后点击“格式”菜单选择各种效果，这样就可以使我们展示的图片更加精致。如果有必要，还可以使用专业的图像处理软件 Photoshop、Illustrator 等对照片进行处理。

（3）图片的压缩

为了使制作出来的 PPT 更美观，团队在展示 PPT 时往往在其中加入大量的图片，而这一操作导致的直接后果是文件快速“膨大”，这样导致展示 PPT 时容易出现反应过慢的问题。解决这一问题的方法是将图片压缩：点击“格式”工具栏上的“压缩图片”按钮，在弹出的对话框中将“更改分辨率”设定为“屏幕”（适用网页和投影仪）即可。修改后的 PPT 既可以满足投影仪播放的需要，又可以使文件大大缩小，有时甚至压缩为原文件的 10%左右。这样不但缩小了文件的大小，也使 PPT 在播放时更加流畅，保证了展示的效果。

5.7.2.3 色彩的合理搭配

色彩的合理搭配是制作任何一个高品质 PPT 的最基本的要求，合理的色彩搭配不但能够表达信息并提升展示的效果，同时还可以有效地感染评委的情绪，给评委们留下一个深刻的印象。色彩上的赏心悦目不是指颜色的过量堆砌，而是指色彩的运用是否能给观看者带来愉悦的感受。通常在一个 PPT 中所使用的主要色彩应该在 3 种以内，文字的颜色与背景的颜色应该有相对较大的反差，并且要注意色彩对人心理的影响和一些颜色的惯用意义，如红色具有兴奋的作用，蓝色能使人平静等。如果 PPT 的制作者对色彩的把握不够准确，可以通过以下三条途径来解决这一难题：

合理地使用 PPT 中预定义具有的配色方案。在 PPT“设计”任务窗格中有许多的颜色可供选择，并允许用户对配色方案进行编辑。

此外，选择颜色时要注意以下几点：

①挑选一种颜色为主色调，然后调节它的亮度或饱和度产生新的色彩用于展示 PPT

当中。这样制作出的 PPT 色彩统一并且层次分明，而且色彩间融合自然。虽然颜色上只有细微的差别，但也可以使信息的格调和感觉发生变化。

②选用对比色系，在色相环中每一种颜色与对面（180°对角）的颜色互为对比色（如蓝色和橙色、红色和绿色），对比色的应用可以给人的视觉带来强烈的冲击，当需要突出 PPT 的个性或者某个部分需要特别强调时，就可以适当地应用对比色来进行强调。例如：紫色和绿色、黑色和白色、黄色和紫红色以及红色和蓝绿色等就形成强烈对比，可用于强调和突出某部分内容。

5.7.2.4 动画的应用

在 PPT 中插入丰富的动画可以增加 PPT 的展示效果，如“飞入”“升起”“百叶窗”“弹跳”等，可以使图片、表格的展现更具风格，一些重要的提示语加上动作可以充分地吸引评委们的眼球。在此也提供一个容易被忽略的小技巧，虽然 PPT 中的图表是一个完整的图形，但是也可以将图表中的各个部分分别用动画展示出来。只需右击图表，选择“组合”中的“取消组合”就可以将图表拆分开来了，接下来就可以对图表中的每个部分分别设置动作。

与这些简单动画效果不同的是，PPT 还带有一种动画效果——“动作路径”。动作路径可以使对象沿着作者预先设定的运动轨迹进行移动，让参赛队伍可以更灵活地调节动画效果。除使用 PPT 中的动画效果以外，还可以通过在页面中插入 gif 动画和 Flash 动画为展示 PPT 添加活动的内容。但是需要注意的是，同一张幻灯片内的动画效果不宜太多，否则会让评委感觉到比较复杂花哨，抓不住重点，而且在运用过多的动画时，要注意其是否影响 PPT 播放的流畅性。

5.7.2.5 母版和模板的应用

在 PPT 的制作中经常需要在每个页面的相同位置显示相同的内容，如公司的标志、页码等，可以应用母版实现该效果。具体的操作步骤是：首先，执行菜单“视图”中的“幻灯片母版”。其次，在打开的幻灯片母版视图中插入需要添加到每个页面的对象并调节好位置。最后，点击“视图”工具栏上的“普通视图”按钮，回到普通视图可以在母版当中，根据需要对每个文本框中文字大小、字体、颜色、位置等进行设定，这样就可以在文本框中直接输入文字。这样制作出来的展示 PPT 不但看上去专业，而且有统一的风格，会提升展示的效果。

然而，有时候作者希望某些幻灯片的设置和母版不一样，比如说当需要全屏演示一个图表或者照片的时候。此时可以进入“格式”菜单，然后选择“背景”，选择“忽略母版背景图形”选项，这样就可以让当前幻灯片不使用母版背景。

此外，作者可以直接利用 PPT 软件中的模板或是下载网上的 PPT 模板，在综合各种模板优势的基础上进行创新。与配色方案类似，PPT 自带几十种风格各异的整体模板，用户可以根据展示的内容套用合适的模板。除自带的模板外，网络上还提供了大量的 PPT 模板供用户下载使用。当需要套用某个 PPT 模板时，首先打开“设计”的任务窗格，然后在菜单中直接就有许多模板可供选择，同时还可以登录相关的设计类网站下载各种风格的模板，这样可以使展示的 PPT 的格式更加多元化。如果技术可行且时间允许，作者还可以自己制作个性化的模板。

5.7.2.6 其他细节（背景音乐、超链接、其他媒体嵌入）

细节决定成败，一个高品质的 PPT 要从各个细节上考虑评委们观看的效果，可以从多个角度下功夫，吸引评委们的注意力，从而使评委更好地了解创业计划中的亮点。具体有以下手段可供参考：

（1）添加背景音乐

长时间的展示会使评委产生视觉和听觉上的疲劳，在 PPT 中添加淡淡的背景音乐有助于缓解评委们的疲劳，这样有助于提高展示的效果。也可以在展示过程中，添加特别的音效，起到强调和突出的作用。但是音乐的风格选择非常关键，要与展示内容相匹配。同时音乐播放的时间、声音的大小都要经过认真斟酌和仔细考量，以免弄巧成拙。

（2）添加辅助说明 PPT

参赛者要充分利用 PPT 这样一种很好的展示手段，为项目陈述和答辩服务。在可能产生疑问的部分添加相应的超链接，用于更好地解释创业计划的细节。这些 PPT 在 15 min 的展示阶段可以不用，但是如果在答辩环节需要，可以通过超链接连接到这些用于辅助说明的 PPT 上。

（3）制作展示导航栏

在观看 PPT 时评委还有可能翻阅其他的资料，这样就有可能跟不上展示者的节奏，不知道展示者讲过什么，要讲什么。为了避免这样的问题，参赛者可以在 PPT 上添加导航栏，这个导航栏就可以清晰地告诉评委你们讲到哪里，而且这样也更容易让评委跟上你们的展示思路，获得更好的展示效果。

（4）设置修改权限密码

在比赛的过程中，有可能由于工作人员或是其他队员错误操作，而损坏或误改 PPT 从而造成展示不便，所以参赛队伍可以在完成最终版 PPT 后，在 PPT 中点击“工具—选项—安全性”，然后设置“修改权限密码”，即可防止 PPT 文档被人修改。另外，还可以将 PPT 存为 PPS 格式，这样双击文件后可以直接播放幻灯片。

5.7.2.7 幻灯片串联整体调试

在 PPT 制作完成之后还有一个非常重要的工作要做，这就是整体的调试。PPT 的调试主要有以下 3 个目的：

（1）检查 PPT 的内容是否准确无误

在检查过程中一定要仔细审阅每一张 PPT 和每一个动画，最基本的是要检查文字，保证没有错别字，其次要仔细读每一句话、每一个词语，保证用词准确到位，没有病句，不会产生歧义。

（2）检验 PPT 整体运行的流畅性

在 PPT 的播放过程中往往会因为各种各样的链接从而导致在播放中出现卡壳的现象，为了整个 PPT 能够顺利流畅地播放，最后制作人员需要将每一个动画、每个链接都进行调试，要及时发现问题、解决问题，保证整个展示的效果。

（3）结合展示地点的设备情况做出合理的调整

PPT 播放的环境不同（不同的计算机、不同版本的软件）有可能造成 PPT 出现各种各样的问题，在最后的展示设备上要从头到尾地检查 PPT 里面的每个元素，包括文本、字体、图片、动画、PPT 文件格式、超链接、超链接源等，以确保最终的展示万无一失。

PPT 展示是最关键的部分，也是必不可少的部分，对整个展示的效果都是起着非常重要的作用，所以对于 PPT 展示的策划不能掉以轻心。

5.7.3 演示文稿风格和内容安排

5.7.3.1 演示文稿风格

演示文稿的风格要符合整个展示的主基调，要与之前的创业计划书和所有的宣传品统一。所以最初在选定项目整体风格的时候，要注意选择与行业、产品性能优势、企业文化特点等相符合的风格。例如，在第六届“挑战杯”中国大学生创业计划竞赛中，天行健团队一直保持着清新、大方的风格，并且以绿色为主的基调与其绿色环保的产品性能相一致。保持整份创业计划当中的所有元素都有一致的风格、一致的基调，可更好地反映团队的精神风貌，也可以体现项目特点，这样能给评委一个比较专业的印象。总的来说，就是要实现形式和内容的统一，使其既符合行业、公司的特点，又增添一些创新性元素。幻灯片的风格主要有两个部分：背景和版式。

背景当中最重要的元素是基色——色彩，它能够反映很多的思想，例如，红色能展现激情，蓝色能表现专业，绿色能体现环保等。需要根据团队和项目的特点选择种适合表现该项目和团队的颜色。建议背景当中不要选用太多的色彩，免得评委会眼花缭乱，一般1～2 种比较合适。如果一定要采用多种色彩，请考虑使用近似色，构成近似色的颜色可以柔和、自然过渡并且不会影响前景文字的可读性。此外，你也可以使用补色进一步突出前景文字。其次是背景图案，参赛团队可以尝试将公司或是团队标志做成暗纹应用于背景当中。但要特别注意的是图案的选择要尽量简单、大方，这样才不至于给人喧宾夺主的感觉，否则还不如不用背景图案，因为最终还是要将评委的注意力集中到 PPT 的内容上。

第一，PPT 的版式需要提前安排，明确每一个展示部分统一使用怎样的字体、字号、颜色；第二，图片和表格的式样也要有一定的规范。有了统一的展示模式和模板，整个 PPT 才会给人规范专业的感觉，也会加深评委对作品的好感。在 PPT 上，参赛团队可以加上公司或者是团队的标志，一来可以增强展示的独特性，避免大众化；二来也可以加深评委对项目或是团队的印象。

5.7.3.2 演示文稿的内容安排

内容安排主要是指每一张 PPT 展示内容的安排和布局。有几点需要引起参赛队伍注意：首先，PPT 首页设计要美观，在一致性的基础上，增添团队和项目个性设计，参赛队伍也可以直接将创业计划书封面设计成 PPT 的首页。其次，需要确定的是一个整体展示的思路，按一般的展示顺序进行，通常有以下几个部分：问题引出、产品（服务）介绍、公司战略、市场分析、营销组织、财务分析、风险控制。通常情况下，需要在每部分之前加入一张提纲型 PPT，便于向评委展示一个清晰的思路。

有了这样的展示思路，再根据前面所设计的 PPT 风格和版式，结合具体要展示的内容，将所有的内容落实到每一张 PPT 上，这样就可将所有需要展示的内容根据展示的模块来分类。同时还要根据需要安排展示手段，如图片、表格、视频、现场演示等，来辅助展示的进行，给评委留下深刻印象。

5.8 如何参加路演

路演是创业项目获得社会和投资人认可的重要方式。越来越多的创业者通过创业项目路演在投资说明会上推介自己的创业计划、在创业大赛中展示自己的创业方案。创业项目路演可以给创业者提供将其所描绘的“空中楼阁”转化、落实到产业实际的机会，是创业者与政府、投资者之间进行交流的桥梁，可以帮助创业者展示创业机会、加强资源整合、获得投资者青睐、实现创业梦想（图 5-11）。

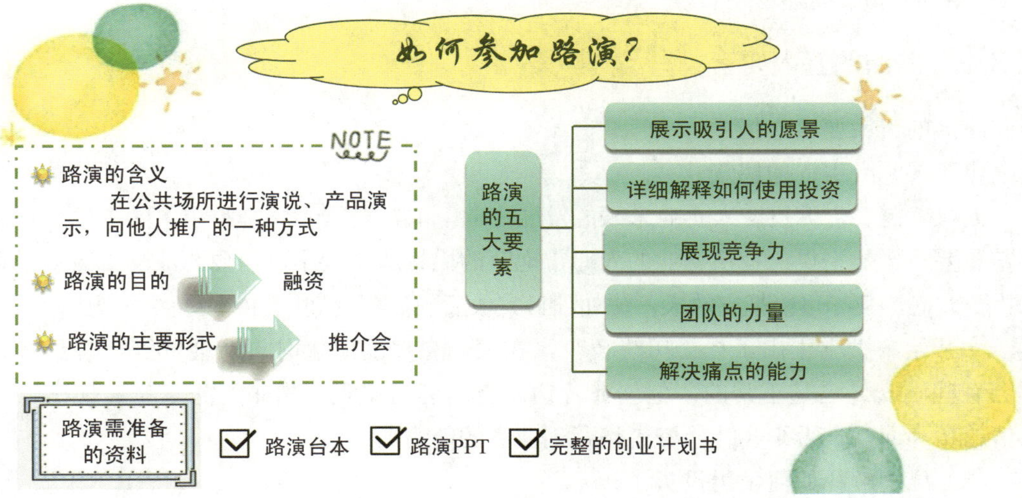

图 5-11 参加路演的要点

5.8.1 路演概述

5.8.1.1 路演的含义

路演（Roadshow）起源于商业，具体方式是指在路边、街头等公共场所进行演说、产品演示，借此向他人推广自己的公司、团队、产品或者想法的一种方式。通过路演，可以让投资者、观众直截了当地读懂企业或团队项目，从而做出更为准确的判断。路演的最初用途是国际上广泛采用的证券发行推广方式，证券发行商通过投资银行家或者支付承诺商的帮助，在初级市场上发行证券前针对机构投资者进行的推介活动。在投资、融资双方充分交流的情况下促进股票成功发行的重要推介、宣传手段，促进投资者与股票发行人之间的沟通和交流，以保证股票的顺利发行，并有助于提高股票潜在的价值。

5.8.1.2 路演的目的

路演的优势在于可以同时让多个投资者认真倾听创业者的讲解和说明，同时还可以让他们有一个思考和交流的过程。通常情况下，投资者每天看到的计划书和接触的项目很多，有的投资者甚至一天就要阅读上百份项目计划书，所以在筛选项目时只能凭借一些市场份额、盈利水平等硬性指标，很难了解项目的独特之处，进而导致很多优秀的创业设想都与投资者擦肩而过。所以，路演是为了促进投资者与创业者之间的沟通和交流，让创业企业达到融资的目的。路演不是目的，融资才是目的。

5.8.1.3 路演的主要形式

路演的主要形式是举行推介会。在推介会上，创业者需要向投资者就公司的产品、发展方向、盈利模式等作详细介绍，充分阐述企业的投资价值，让投资者能深入了解具体情况，并能准确回答投资者所关心的问题。随着网络技术的发展，这种传统的路演被搬到了互联网上，出现了网上路演，即借助互联网的力量来推广。网上路演现已成为上市公司展示自我的重要平台。

5.8.2 路演的五大要素

路演的五大要素包括：

（1）展示吸引人的愿景

创业者需要告诉投资人企业未来的发展方向，通常会展示一个吸引人的大愿景，这点非常重要。一般来说，首次创业的人通常抱有的愿景都比较小，但要想成功，吸引投资者的投资意愿，应尽可能把它放大，比如项目完成后的后期规划，让它变得更加吸引人。

一开始，大学生由于社会历练较少，在表达自己的愿景时可能会感到一些紧张，甚至会有些不安，这是正常的。但创业者切忌将这些情绪表现出来，应尽量表现出自信、热情的精神面貌，否则会让投资者怀疑创业者的能力。

（2）详细解释如何使用投资

当投资者打算出资时，会询问创业者会如何使用这笔投资，此时就需要一个详细、合理的财务规划，在时间上至少应涵盖未来 2～3 年，其中不仅包含项目的运营成本，还应包含项目的收入增长率、利润等。

当投资者评估创业企业时，如果企业已制定了一个较为精确的财务预测，那么投资者会认为这份精准的财务预测体现了创业者在前期进行了充分的市场调查、评估，开展了大量的相关工作，对项目的收益以及可能存在的风险进行了全方位的考量，这些会显著增加投资者的意愿。特别是在寻求天使投资时。初创企业能规避掉的风险越多，获得投资的机会也就越大。

（3）展现项目核心竞争力

无论创业项目的产品或服务是否已经开展，创业者都需要在路演时向投资者展示该产品或服务已经拥有或潜在的竞争力。如果项目已经开展，且已经存在一定的收益，那么一定要在路演的 PPT 里展示出来。如果暂时还做不到这一点，创业者可以从所有的业务指标里找一个最具发展潜力的指标来进行展示，如用户总量、访问总量等，让投资者认为项目的收益期望很高。

（4）充分展示团队的优势

所有投资者很清楚，一个强大的团队是推出最好的产品和品牌的基本保证，带领产品最终赢得市场。创业者如果拥有一支强大的团队，就应该毫不犹豫地将其展示出来，创业者在进行路演时，至少要用一张 PPT 来介绍创业团队，告诉投资者该团队在本领域的优势的与众不同之处。最好是给团队中的创始人及骨干人员做一个简单的个人介绍，内容包括创始人的相关工作履历以及具体的工作内容等。但对于团队中的缺点也不要刻意回避，一笔带过即可。

（5）解决行业痛点的能力

所有出色的路演，几乎都是围绕某个行业痛点展开的，先描述该痛点，再给出自己的解决方案，说明项目开展的必要性。因此，创业者在路演时，一定要表述清楚自己的产品或服务是如何解决这一行业痛点的。

5.8.3 路演需准备的资料

路演需准备的资料包括：

（1）路演台本

在项目介绍部分，利用几句话阐述项目：第一句说明项目是做什么的；第二句阐述市场有多大；第三句说明项目的增长潜力究竟有多大。在项目展示部分，围绕自己的项目，阐明项目解决的痛点、竞争优势，并介绍团队成员，提出融资需求。注意在项目介绍部分所参考的资料必须是最新的研究资料或报告。

梳理演讲内容并标注重点，对演讲台本的逻辑关系、核心数据进行梳理，切忌表述前后矛盾、数据错误。同时，还可以在台本上标注重点，概括核心内容，做到详略得当。另外，在优化语言表述时，力求简洁明了，切忌废话连篇、表述不清。

最后对提问环节进行准备，路演前进行角色互换，假设创业者自己是投资者，想一想有哪些问题是投资者提问概率较大的，提前准备这些问题的回答。投资者常问的问题有以下几种：①你们的产品凭什么吸引顾客？②为什么是由你的团队来做？③你们会面对怎样的市场？④为什么目前没有做这样的事？⑤为什么我要向你们公司投资？⑥融资后的钱你们打算怎么用？⑦项目完成后有没有进一步规划？

（2）路演 PPT

路演 PPT 的篇幅控制在 15～20 页为宜。创业者根据路演台本上标注的重点，把最想要强调的关键词内容，比如产品或服务、市场状况、竞争分析、商业模式、团队介绍、融资需求等醒目地展示给投资者。

PPT 的版式设计、色彩风格要统一。色彩使用切忌超过 3 种、字体最好统一。当然，创业者所要展示的项目跟艺术相关或者是创业者本身就有高超的设计能力除外。能用图就尽量不用文字，切忌使用大篇幅的文字。路演更多的是演讲，如果 PPT 中内容太多，会占据大部分投资者的注意力，让听众感到疲劳，影响演讲效果。在话题承接的关键地方，可以使用过渡页或使用问句引入下一个话题，吸引听众的注意。在做 PPT 过程中的细节问题如下：

①项目名称页，主要包含项目名称和 LOGO。创业者可以用一句话把项目说清楚，用最大的亮点吸引投资者关注。

②痛点（需求）与时机页，展示创业者发现了什么样的需求，目标用户有哪些需求，为什么现在是进入的最好时机等内容。在讲述该页时应尽量营造真实的应用场景，引起投资者的共鸣。例如，创业者可以提问："出门手机没电了怎么办"？

③解决方案页，向投资者讲述目前针对该痛点（需求）的解决方案是什么，有哪些弊病，是不是还有更好的方案等内容。

④市场规模页，向投资者讲述他们最关心的市场问题。如果是人尽皆知的市场，创业者可略讲，否则需要详细解释。此外，创业者也可以拿已成功的案例来类比自己的项目。

⑤产品或服务展示页，进行产品或服务展示，突出其核心竞争力，把产品或服务的特色转化为投资人的利益。

⑥竞争优势页，详细说明自己的竞争优势，尽量用表格、图表直观展示自己的竞争策略，或相较于竞争对手的优势。

⑦商业模式页，参考商业模式画布，梳理业务逻辑与消费者、合作伙伴之间的关系，说清楚具体的盈利模式。

⑧团队页，主要说明这是一个专业背景强、志同道合、互信互补、凝聚力超强的团队。同时，要突出团队核心骨干成员的亮点，如名校高才生、名企高管、连续创业者、拥有独占资源、对项目的准备工作等，介绍团队成员在规划中是如何帮助项目更好发展的。

⑨融资计划页，主要说明企业将以什么方式分配股权，出让多少股权，融资数量多少等内容。如果路演 PPT 非融资型，此页可以忽略。

⑩结束页，最后一次强调项目的亮点，如项目愿景，或者再次展示企业联系方式等。

如何让创业路演 PPT 展示更出彩？在创业路演时，你往往需要一个 PPT 配合你的演讲。有人做过调查，WORD、PPT、PDF、思维导图几种格式中，绝大多数投资人更喜欢 PPT 而不是 WORD，使用 PPT，图文排版更方便、表现更丰富，方便讲清楚创业项目。PPT 一般是按页查看，让人更有耐心去了解。而且 PPT 版的创业计划书适合在展示或路演时使用，而 WORD 或 PDF 版本则适用于通过筛选后的进一步展示，内容上要更翔实；思维导图，适合帮助创业团队内部一目了然地展示思路。

一份逻辑清晰，观点突出，设计出彩的 PPT 还会给投资人留下你很专业且用心准备的印象。除此之外，视觉化手段更容易传递关键信息，如这句话“在过去的 6 个月，我们的产值增加了 12 倍”。如果在路演时同时配上柱形图，那么你的业务在加速增长的趋势就更一目了然。

要做出一个成功的路演 PPT，我们得从目标、环境、逻辑、设计和准备 5 个角度去准备。

第一，我们需要明确创业路演 PPT 的目标未必是获得融资，特别是在公开的创业路演场合，PPT 至少还有以下 4 种可能的目标：

①吸引投资人兴趣，建立联系机会。

②借路演场合宣传自己的产品或品牌。

③通过路演验证自己的商业模式成熟程度。

④通过路演吸引潜在的合伙人或员工。

如果你的目标不同，在后续素材选择、排版设计、演讲方案等方面要考虑的因素也不同。

第二，我们得学会分析这一次路演的环境，如表 5-1 所示。

表 5-1 路演环境要素分析

路演环境分析要素	细节
路演目标	你这次路演的目的是什么？
路演时长	到底是几分钟？越短挑战越大
路演人员	演讲能力？演讲风格？
路演方式	是否需要其他道具？
路演环境	大投影还是宽屏 LED？现场光线？
投资人心态	积极期待？缺乏兴趣
竞争对手	强手如云还是鹤立鸡群？

我们可以把一次演讲可能涉及细节一一列举，然后分析这些细节对路演方案的影响，进而确定路演 PPT 的演讲框架和展示细节。

很多内部排练性质的路演场合，没有经过精心准备的团队发言超时的情况非常普遍。在正式的投资人路演场合，每个队伍的发言和答辩时间是严格控制的，那么在这种情况下严格控制自己的 PPT 页数，控制自己的发言长度就非常重要。在分析清楚路演环境因素的前提下，我们可以按照一定的框架去设计我们的路演 PPT。

下面的提纲就是一份路演 PPT 设计的建议：

①封面——项目（公司）名称，路演人姓名身份，联系方式。

②你发现哪里存在市场机会？（市场痛点）

③你是怎样创造性解决问题？（创新技术）

④为什么是你能解决这个问题？（竞品分析，核心技术）

⑤你们已经做到了哪些业绩？（运营情况）

⑥我们搭建了一个怎样的团队？（团队成员及分工）

⑦我们未来一段时期的财务收支预估。（盈利模式）

⑧我们希望得到多少融资？（融资方式）

⑨我们会如何使用这笔融资？（资金规划）

⑩展示愿景，发起号召。（公司潜力）

按照以上提纲制作的创业路演 PPT，相对简明扼要地回复了投资人最在乎的问题，而且整个 PPT 核心逻辑也符合一般投资人评估项目的思维模式，就事论事，直入主题。而且这种路演 PPT 简单去掉融资部分，也可用于项目日常展示汇报的场合。

有了提纲就可以组织 PPT 的页面素材，在此基础上确定自己路演 PPT 的风格。一是 PPT 的风格要符合所在行业的视觉风格；二是要符合路演人的个性气质；三是要兼顾投资人的阅读体验。如果自己缺乏平面设计能力，可以请专业人士帮助美化。

（3）完整的创业计划书

路演是有时间限制的，一份内容详尽的创业计划书可以全方位地介绍项目，让投资者详细地了解项目的各个细节。一份完整的创业计划书包括封面、计划概要、公司介绍、产品（服务）介绍、行业分析、市场预测及分析、营销策略、经营管理计划、团队介绍、财务规划、风险与风险管理以及相关附件等内容，几乎囊括了投资人感兴趣的所有内容。

5.8.4 路演的步骤与技巧

5.8.4.1 路演的步骤

路演一般包含以下步骤：首先是提出问题也就是项目所要解决的问题；其次是扩大问题，这里的扩大问题不是夸大问题的严重程度，而是强调问题的紧迫感；再次是路演的核心，也就是项目的解决方案，如何让提出的问题得以解决；最后是在消费者的见证下塑造产品或服务的价值，吸引投资者投资（图 5-12）。

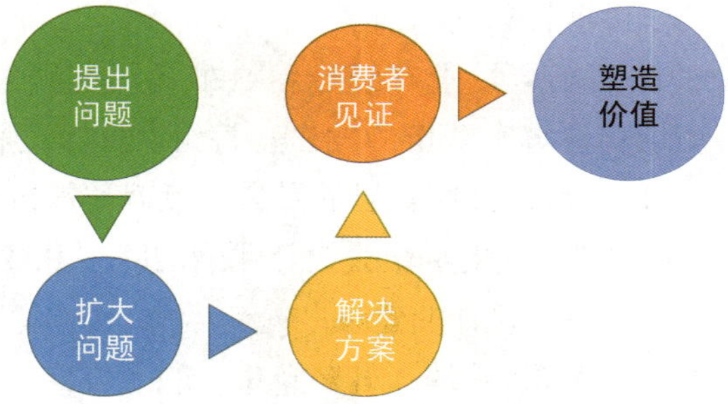

图 5-12 路演的步骤

5.8.4.2 路演的技巧

（1）语音、语速、语调

语音就是要发对音，语调就是要有感情，强调语音和语调的主要原因在于创业者需要声情并茂地将路演信息传达给投资者，更易于投资者接受和理解。

在语速问题上，创业者需要考虑两方面的因素。第一，投资者能够清楚地了解创业者传达的信息要点；第二，创业者要保持良好的节奏感，应在指定时间内不急不缓地完成一场完整的路演。

因此，创业者应注意以下两点。

①语速要做到抑扬顿挫，带有情感。

②精准把握路演时间。假设创业者要做一场 8 min 的路演，他就一定要根据时间准备内容，然后根据要点调整语速，以使整场路演看起来较为完美，严格控制时间，在路演前要做到闭上眼睛都能将路演内容流利地讲完。

（2）个人状态

在向投资者推介自己的创业项目时，创业者要拿出激情、积极向上的个人状态，展现出对自己项目的信心以及愿意为项目付出巨大努力的准备。

（3）肢体语言

肢体语言就是利用人的身体部位来传达人的思想，如手势、面部表情等。使用肢体语言的目的除沟通外，最重要的是与投资者的互动，让投资者感受到创业者对他们的关注度。

（4）路演答辩技巧

演讲的第一条注意事项就是严格控制时间。如发言时间为半个小时，最后得留 5 min 用来提问，那么创业者就必须在 25 min 之内结束演讲，不能超时。

另外，尽可能多地了解演讲场地的情况，避免因不熟悉场地而引起紧张忘词、材料和演示工具准备不足、时间把握不好等问题。

（5）表露个人素质

投资者首先需要创业者有聆听的能力。如果创业者在推介自己的项目时只顾表现自己而不顾投资者的感受，很难让自己的项目受到投资者的青睐。与此同时，创业者需要诚实地回答投资者的问题，不要夸大其词，要让投资者觉得创业者是可以信任的。

（6）运用数据支持

运用数据明确告诉投资者企业的目标人群，项目实施计划以及自己的竞争优势，同时再给投资者提供一份详细准确的财务预测。虽然数据略显枯燥，但是创业者应该牢记，只有数据才是最直观、最有说服力的，能够用数据表达的地方一定要用具体数据来表达。

5.8.5 如何起一个好的商标名称

莎士比亚曾经说过，玫瑰不管取什么名字都是香的。实际上并不尽然。中国有句古话，叫“人靠衣装马靠鞍”。一个好的商标名称，对于企业来说，商标名称直接影响着用户对企业产品的“第一印象”。好的商标是“商品的脸”“无声的推销员”“顾客的向导”“企业声誉的象征”。

比如，“娃哈哈”这一名称容易传播，大众化，极具亲和力。大众、亲和、健康、欢乐是其内涵。当然，也有不少人从品牌视觉（名称、吉祥物）联想角度出发，认为娃哈哈是一个儿童专属品牌，不宜向成人产品延伸。对此，娃哈哈集团认为，娃哈哈并非仅限于儿童概念，是一个儿童、成人的通用性品牌。在产品开发和市场推广实践中，娃哈哈似乎也在努力淡化其儿童概念，以便为品牌创造一个更大的发展空间。到目前为止，娃哈哈的品牌延伸是很成功的，因为其延伸并未脱离品牌核心概念。

图 5-13 娃哈哈商标

很多研究表明，发音本身能够传达微妙的信息，比如一件物品名字的发音能表现它大小、形状、速度、清晰度、光滑度，甚至距离。

再比如，可口可乐。为什么它在全球拥有这么大的市场，即使面对众多竞争对手的情况下，依然能够有热爱它的忠实粉丝。可口可乐一直有个说法，说自己卖的不是简单的可乐，而是“快乐”，于是可口可乐想尽一切法子“开启快乐”。可口可乐就凭借着这种品牌理念，以数百亿美元的市值成功坐稳世界最有价值的品牌榜首。

图 5-14 可口可乐商标

一个好的商标名称，必然是要内容积极的，寓意要深刻，使用性要强，读起来朗朗上口；如果可以把情怀注入商标中，那么对于品牌宣传来说是百利而无一害的；抑或可以将个性的东西放进商标中，久而久之会在发展的道路上带来独特的动力；而将名称发音和产品特性完美匹配的话，对于提高品牌辨识度是十分有利的。

如何起一个好的商标名称呢？不妨试试以下 6 个方法：

（1）具象法

所谓具象，就是让人一看名字就能想到具体的事物。比如你做童装生意，取名“小猪”“猫咪”“机器猫”等。当然，取名的方向是对了，但是……当你把这些名字交给商标代理公司的人帮忙查询的时候，他们会很无奈地告诉你，这些名字都被人注册了！您再想想其他名字吧……实际上可以以此作为词根，加上形容词、名词、量词、动词、宾词，甚至也可以是语气词作为前缀或者后缀，组合成为一个新的名字。例如，“蓝色小猪”“小猪跳跳”“小猪快飞”“小猪嘟嘟”等。这样一来，思路是不是就打开了呢？

（2）讲故事法

在 2014 年，互联网上有个卖空气净化器的品牌，叫“三个爸爸”。“三个爸爸”这个名字不论从产品属性还是名字寓意，都没法和空气净化器关联。但是……这个名字背后的故事是，三个奶爸，为了让自己的宝宝每天能呼吸上新鲜的空气，立志做一款为天下宝宝的健康的空气净化器。故事是不是很感人，是不是很负责，是不是很有情怀？通过商标名字讲故事，让消费者对品牌产生信任与好感。

（3）叠词法

这个方法比较简单，首先找与你行业相关的关键词，然后用副词、名词等进行ABB、ABAB、ABCB 等方式叠加组合。例如“滴滴”“陌陌”“房多多”“爱屋吉屋”等。这些都是典型的例子。

（4）关键词法

有一些客户对某个字比较喜爱，那么就以这个字为词根，再找一些比较常用的词来组合形成新名字。例如“茶先生”“茶妹妹”“茶多多”等。

（5）量词法

最近几年用得比较多的一种取名方式。因为它同时具备前面提到的具象法核心具体事物，然后再加量词，那么就很容易被用户理解记忆。例如“一朵棉花”“三只松鼠”“六个核桃”“七匹狼”“八马”“九朵云”等。这种取名方式的好处，首先是你可以把你喜欢的事物或者动物包含到商标名字中；其次，就是这样的名字比较独特也接地气，能够在众多的名字中脱颖而出，而且容易做概念包装用于市场推广。

（6）流行词法

这个方法主要指的是网络热词，既然是网络词，那么知道的人就特别多，申请抢注的人也会非常多，所以注册成功的概率极低。而且也并不是所有网络热词都可以注册商标的。

给商标起个好名字，有多重要？起个好名字，胜过百万元宣传！无论是创业者们，还是跨国公司们，要想取得成功，给商标取个好名字是关键性的一步。

练一练

课后思考题

1．我国“大众创业、万众创新”与过去的创业相比发生了哪些变化？

2．围绕推进创新创业教育，我国开展了大量的探索，并取得了丰硕的成果。请结合你所了解的，小组讨论说明创新创业教育对培养人才的重要意义。

3．以小组的形式通过查阅文献等方式了解国内外环境领域（包括大气、土壤、地表水、地下水等，选一即可）研究的前沿方向以及最新的研究成果，最后制作一份展报或 PPT 进行汇报。

第6章

创新创业实践活动案例

要用好人才评价这个“指挥棒”，完善科技人员绩效考核评价机制，把科研人员创造性活动从不合理的经费管理、人才评价等体制中解放出来，营造有利于激发科技人才创新的生态系统。

——2020年10月16日，习近平在中央政治局第二十四次集体学习上的讲话

学习目标

【知识与技能】

1．了解我国生态环境污染防治现状；

2．掌握创新创业实践活动与实验研究的流程。

【过程与方法】

1．通过实验法—调查法，提高学生的动手能力、思维能力和创新能力；

2．通过案例导入，增强学生从日常生活中发现和解决问题的能力；

3．通过小组合作、资料收集，培养学生的团队协作与创新实践能力。

【情感态度价值观】

1．激发学生们对大自然的好奇心，树立人与自然和谐共生的环境保护理念；

2．增强做好生态环境保护工作的责任感和使命感；

3．养成爱护环境、保护环境、绿色低碳的生活方式。

教学建议

教学重点

学习并赏析各类创新创业实践活动。

教学难点

从获奖作品中得到启发与灵感。

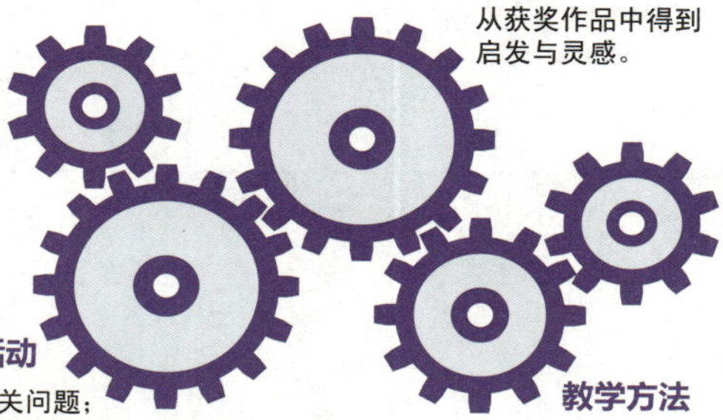

教师活动

在引导学生参与科学研究与实践活动的过程中，帮助学生发现和思考问题，鼓励学生大胆尝试，培养学生的探索精神。

学生活动

1. 阅读“新奇•大咖”并回答相关问题；
2. 以小组为单位完成“实践练兵”和“课后思考题”；
3. 以小组为单位策划、组织并开展创新实践活动。

教学方法

任务驱动教学法、情境教学法、发现式教学法、小组讨论法、自主学习法、现场教学法、参观教学法。

课前展示 → 任务引入 → 任务训练 → 任务分析 → 自由、合作探究 → 归纳反思

新奇·大咖

创业者背后的创业者：中国“投资教父”沈南鹏

沈南鹏，浙江海宁人，耶鲁大学毕业，曾在花旗银行任职，红杉资本全球执行合伙人，红杉资本中国基金创始及执行合伙人，携程旅行网和如家连锁酒店的创始人，“2018—2020 年《福布斯》杂志最佳投资人”全球榜单中排名第一的华人投资者；北京股权投资协会副会长；上海浙江商会常务副会长……沈南鹏传奇的经历还有很多。凭借出色的业绩，他获得了无数荣誉，被称为中国“投资教父”。

据沈南鹏回忆，20 多年前，他在香港投行工作的时候，每半年左右都会去一次硅谷。每次都能感受到那里互联网企业的蓬勃发展，改变着人们的生活和工作方式。于是，他与几位伙伴一起创建了携程，起因是看到了 Expedia 在美国的成功，他们认为中国酒店、机票预定业务一定大有可为。如今 20 年过去，携程已经发展成为全球第二大 OTA，甚至将当年对标的 Expedia 抛在身后。后来，他们又创办了如家——中国第一家快捷酒店连锁品牌。第二次创业的灵感，来自他一次去美国得克萨斯州出差的时候。从达拉斯机场到市区短短 30 min 的路上，林林总总有 10 多家不同的经济型酒店的品牌。他想着，中国不应该没有一个本土的大型经济连锁酒店品牌。十几年过去了，以酒店数量计算，如家已经是全球排名前 10 的酒店集团了。

回首这两次创业的经历，都运用了很朴素的方法论：面对中国巨大的市场，他们参考海外先进的经验，再根据中国的实际情况进行创新，创造出更加符合中国市场的独特产品和服务。例如，当时国内互联网覆盖率有限，所以携程并没有只做纯网上交易，而是在早期大量使用了呼叫中心，并且引进了传统制造业的六西格玛标准，实现了服务业的精细化管理。这让携程的业务在当时脱颖而出。继创办携程、如家之后，作为一名追梦人，他从一名创业者变成了一名投资人，创办红杉中国，希望帮助更多创业者实现他们的梦想。从创立携程、如家，到身价 2 万亿元的“风投之王”，对于挑选潜在的成功创业者，沈南鹏有极其独到的眼光和一套完善的评判标准。他强调了“职业精神”的内涵，以及打造成功企业的重要意义。可以看出，这是他投资决策的重要依据之一。靠自己的人脉去挣钱是一种投资的境界；而将自己变成他人的人脉，引领他人走向成功是另外一种投资的境界，沈南鹏就属于第二种。

追梦人的故事，并不罕见，而且每时每刻都在我们身边上演着，这就是中国，这就是我们的中国梦。一代代追梦人必将把中国梦的精神传递下去。正是这种强大的向上的力量，让我们对中国的未来始终充满信心，我相信它一定会推动国家不断向前、不断发展且不断壮大。

（节选自沈南鹏在“第20届中国发展高层论坛”上的演讲）

动动脑

1．创新来源于生活，创新来源于灵感。沈南鹏参考国外先进的经验，再根据中国的实际情况进行创新，创造出更加符合中国市场的独特产品和服务。请同学们结合生活中的所见所闻，谈谈你的创新创业想法？

2．一个人的信念直接影响他的心态，沈南鹏曾说：“创业要把它看成是你的梦想，太看重钱，很难走得更远。”作为一个追梦人，他将青春奉献给了梦想。作为当代大学生，还记得你们的梦想吗？请同学们就“人生需要梦想”展开讨论。你认为实现自己的梦想应该怎样做？

3．“红杉中国要投资的是海洋里的大鱼，而不是池塘里的大鱼。因为，尽管池塘里的大鱼可能也比较大，但是它的局限也很大，难以跳出小小的池塘。”眼界决定境界，格局决定结局。眼界闭塞的人总以“时运不济”为理由将人生路越过越窄；而眼界开阔的人，却能在千变万化的时代中找到锦绣前程。请同学们以小组为单位，思考如何提升自己的眼界和格局？

6.1 成都活水公园——污水“大变活水”的魔术

6.1.1 选题背景

成都活水公园位于锦江府河畔，占地 2.4 万 m^2，于 1998 年落成，是世界上第一座以水为主题的城市生态环保公园，是成都市府南河综合整治工程的主题公园，是四川省和成都市的环保教育基地，也是共青团中央和国家环保总局确定的全国保护母亲河行动生态教育基地和生态监护站，曾获“国际水岸奖最高奖”和“环境地域设计奖”（图 6-1）。

活水公园的规划设计和府南河的环境治理修复工程，是由成都市政府组织国内外有关专家、地方有关部门进行的一次国际通力协作，参与部门有府南河管理部门、园林部门、建设部门、规划部门、防灾部门，专家团队包括雕塑家，湿地生态学家，还有美国环境艺术家、擅长于水处理项目的 Besty Damon，景观设计家 Magie Rulldick。这种非凡的合作模式十分必要和有利。环境问题已跨越了国界，超越了专业界线。2008 年 4 月活水公园成功入选上海世博会最佳实践区建筑实物案例。案例的设计理念秉承“天人合一”的东方哲学思想和“人水相依”的生态理念，将社区和公共空间的雨（污）水进行有效收集、通过自然自洁功能的发掘，进行水的处理和循环利用，营造的园林景观和公共空间与周边环境和谐相融，启迪人们对水的珍惜和对活水文化的诠释。2015 年，按照海绵城市建设和水生态文明城市建设需要，活水公园进行建园后第一次较大改造。本次改造基本保持了原活水公园功能不变，进一步完善了雨水自然处理系统、生态河堤系统，并同活水公园峨眉山植物生态群落共同构成典型的“山水林田湖”生命共同体的海绵城市系统。

图 6-1　成都市府南河活水公园

针对成都府南河的水体污染问题，活水公园采取了污水治理和景观营造结合的方式，取得了良好的生态治理效果。那么活水公园是如何实现水污染治理和景观营造的结合呢？由此开展了本次研究。

6.1.2　项目目标

本研究通过成都市府南河活水公园实地调研，让同学们充分了解活水公园的修建背景、总体构造以及每一部分的作用机理，并让同学们认识到活水公园是如何将水处理、水环境保护、景观设计和人文关怀相结合，并取得良好的生态治理效果？本次参观将理论知识与实际工程应用相结合，对于提高同学们对于生态环境保护的认识、培养同学们的整体思考能力具有重要意义。

6.1.3 项目内容与研究方法

6.1.3.1 项目内容

项目的调查地为成都市府南河活水公园，位于四川省成都市锦江区华星路猛追湾府南河边，是世界上第一座以水为主题的城市生态环保公园。

本次实践活动主要内容如下：

①环保科普讲堂：在实习活动开始前，在学校组织观看环保纪录片，通过纪录片来了解当前环保现状，直击破坏环境的后果。然后开展环保科普讲堂，主要围绕三个问题：为什么要保护环境？怎样保护环境？我们应该为保护环境做些什么？让更多的学生了解水污染情况、重视水土资源保护，带动学生对环境保护的积极性。

②查阅资料：通过网络、书籍等方式查阅活水公园及水环境保护相关资料，初步了解活水公园相关情况。

③实地参观成都市府南河活水公园：由老师带队，参观位于府南河上的活水公园，通过实地调查和老师讲解的方式了解活水公园的修建背景、总体构造以及每一部分设施的具体作用，并拍照和文字记录。

④文献调研：学习应用数据库检索文献，运用环境专业所学相关知识分析活水公园的整体环保设计的优缺点，并针对其不足提出改进方法。

⑤环保宣言签名：选择人流量大的地方悬挂环保条幅，带动社会公众签字，表达自己保护环境的决心。

6.1.3.2 研究方法

（1）前期准备

①单位联系：与成都活水公园负责人联系，协商相关工作。

②购买物资：根据策划的所有物资要求进行物资购买及车票预订，并统一购买保险，参加人员和活水公园人员交流保证活动有序开展。

③做好学生整个活动期间的安全教育及准备：由相关专业老师对本次参与实践活动的同学们进行关于水处理的环保知识培训。

（2）活动期间

本次实践活动主要通过实地考察的方式进行。具体安排如下：

首先是校内进行环保科普讲座。在学校开展环保知识讲座，给学生和老师普及环保的重要性，在讲座开始前检查 PPT 放映，发放宣传资料。

由老师带队，前往活水公园。与主管部门负责人见面，介绍此次调查活动的具体规划及日程安排，初步了解活水公园净水流程。邀请成都活水公园的工作人员，对活水公园湿地设计以及活水处理流程进行详细介绍，然后带领同学们参观公园内处理装置，了解各装置作用。在参观中理解设计师在设计过程中的理念，学习先进环保措施。在公园内上下游分别开展水质检测。

出厂后清点人数。参观结束后，在带队老师的带领下，沿路返回。将所有资料进行汇总，处理分析数据、统计表格、整理图片，撰写相关课程报告。

（3）活动后期

①活动负责人汇总所有文档图片，小组成员上交实践报告及实践心得。

②将此次活动的通讯稿及时发布在微博、微信上；同时，也上传至校园媒体扩大影响力。

6.1.4 成果与讨论

（1）活水公园的主要构造及其具体作用

厌氧沉淀池是人工湿地生物净水系统的预处理装置，容积约 780 m^3。该池去除大部分悬浮物和部分可溶性有机物，使大部分悬浮物或沉于池底或浮于水面由人工清除；使部分高分子有机物分解成较简单的物质［图 6-2（a）］。经过初步沉淀的水，流入一串形似花瓣的莲花石溪，称为流水雕塑。它巧妙地引入水力学原理，利用落差产生的冲力，使水在一个个石花瓣中活泼欢跳。这一设计极富动感和观赏价值，同时使水在回旋、振荡中充分地曝气充氧，增强了水中的含氧量［图 6-2（b）］。兼氧池容积约 48 m^3，是人工湿地的前端配水装置。池中兼氧微生物和植物对有机污染物和重金属有一定的降解作用［图 6-2（c）］。植物池是一个人工湿地生态系统，它是活水公园水处理工程的核心部分，由 6 个植物塘、12 个植物床组成。其中养殖的植物达数十种，包括漂浮植物（浮萍、紫萍、凤眼莲）、挺水植物（芦苇、水烛、茭白、伞草、菖蒲、马蹄莲、灯芯草）、浮叶植物（莲、睡莲）、沉水植物（金鱼藻、黑藻）等，还有多种鱼类、昆虫和两栖动物［图 6-2（d）］。养鱼塘是净水系统中的最后一步。经过前面一系列的处理，水质得到明显改善，汇集到养鱼塘，鱼塘的生态系统可以直接反映水质的好与坏。随后，在活水公园中得到彻底净化的水从这里流向府南河。在活水公园与府南河连接的堤岸边，人们可以直接接触被净化的河水［图 6-2（e）］。

a. 厌氧沉淀池

b. 流水雕塑

c. 兼氧池

d. 植物池

e. 养鱼塘

图 6-2 活水公园的主要构造及水处理净化系统

（2）活水公园的优点及其改进措施

活水公园的水取自府河水，依次流经厌氧池、流水雕塑、兼氧池、植物塘、植物床、养鱼塘等水净化系统，向人们演示了水与自然界由“浊”变“清”、由“死”变“活”的生命过程，是一个具国际知名度的环境治理的成功案例。园中庞大的水处理工程，大大改善了府南河的水质，也因此让市民目睹水由污变清的自然进程并为之骄傲。每天有 200 m^3 水从河中抽出除去细菌、重金属后再回到河中。园内的中心花园雕塑喷泉、自然生态河堤、“黄龙五彩池”等自然风景和几十种水生植物、观赏鱼类巧妙融合在一起，集教育、观赏、游戏于一体，使人们在走近自然、融入自然的过程中，充分体验到大自然的美妙与神奇。但是我们认为，活水公园修建时间较早（1998年），近些年处理地表水的方法有所改进，可以结合新技术适当改善活水公园的设施，做到与时俱进。

（3）开展环保知识宣传与竞赛活动

图 6-3　组织同学们观看环境保护纪录片

组织观看环保纪录片，以纪录片来让参与人员了解当前环保现状，直击破坏环境的后果（图 6-3）。然后，再通过环保科普讲堂唤醒了参与人员的环保意识，并号召大家在生活中养成保护环境、爱护环境的习惯。结合水资源保护、污水处理的常识性知识，面向参与环保科普讲堂的学生、校内居民，开展环保知识有奖竞赛，检验本次环保科普的效果。活动参与者在竞赛中表现出色，对污水处理、水资源保护等相关问题做出了正确的解答并给出了一些自己的建议。

6.1.5　学生感悟

我们参观的成都府南河活水公园是世界上第一座城市的综合性环境教育公园，而正是因为园中庞大的水处理工程，才大大改善了府南河的水质，这让我们目睹了水由污变清的自然进程，并为之发出赞叹。生态水净化的过程启发了我们去探究科学和自然环境的奥秘，园内的雕塑、溪泉和其他设计元素搭配在一起也引发了我们审美的兴趣。虽然活水公园整体不算很大，但是这里面的许多景观与设计是我们在别的公园从未见过的，这让我们拓宽了眼界与见识。园内设计成高低错落的地形，让水流从高处缓缓流下，不仅是园内的亮眼之处，也给我们的学习之余增添了几分乐趣。

6.1.6 导师点评

通过此次参观成都市府南河活水公园，让同学们切身体会到如何在生活中保护环境。我们更应该意识到保护环境不只是一句口号，而是我们每一个人都能够从自身做起，特别是针对生态环境类专业的同学，更应该将这些理念传递给身边人，并用自身行动带动周边人保护环境。活水公园的建设思维极富创新性，将传统的公园建设与人工湿地水处理工艺有机结合，既美化了城市环境，又改善了水质。如何将生态环境知识融入生产生活中，是本专业同学接下来应该积极思考的问题。

课后思考题

1. 上述案例的植物池中养殖了数十种植物，请说出不同类型植物在植物池中的作用，以及净水功能有何差异？

2. 请同学们以小组为单位，收集不同水处理工艺的资料，向其他同学分享你最感兴趣的水处理工艺并介绍其原因。

3. 环境是人类生存发展的基础，也是开发利用的对象。请同学们谈谈健康、可持续发展的生态环境对人类发展的重要意义。

6.2 水美乡村建设——农村水质状况及治理对策研究

6.2.1 选题背景

随着农村经济的快速发展，传统粗放式的农村经济发展模式并没有得到根本转变，许多环境问题日益凸显，农村生态环境令人担忧，特别是农村水环境污染。农村水环境的进一步恶化不仅威胁着人民群众的身体健康，而且制约农村经济的进一步发展。

2022 年 1 月 4 日，《“十四五”土壤、地下水和农村生态环境保护规划》提出，到 2025 年，农业面源污染得到初步管控，农村环境基础设施建设稳步推进，农村生态环境持续改善。接下来，我国将会继续深化农村水环境保护方面工作，一方面是划定饮用水水源保护区，采取防护措施；另一方面就是强化治理水体的污染问题。水污染治理的首要任务就是完成对污染水体的水质调查，根据具体情况提出针对性的对策措施。作为当代大学生，该如何了解周围的水生态环境情况，并采取相应的措施改善水质和保护水资源？同学们带着上述思考，开启了本次课题研究。

6.2.2 项目目标

为推进乡村生态文明建设、促进乡村居民科学素质提升、贯彻落实党的十九大报告的生态文明建设方针及国务院颁布的《水污染防治行动计划》，环境科学与工程专业学生开展为期 4 天的水质调查实践活动，前往四川省成都市崇州市内，对西河水系的污染及治理情况进行深入调研，旨在加深学生对西河水质现状的认识，提高学生对于水生态环境保护意识。

6.2.3 项目内容与研究方法

6.2.3.1 项目内容

项目以实践调研的形式进行。崇州市市内水资源丰富，由河流、池塘、水库、水凼等构成的水面共计 10 万亩，可供养殖的水面为 3 807 亩。尚有可开发水面 3 500 余亩。崇州市年河川径流总量为 157 074 万 m^3。农业生产可利用水量为 67 648 万 m^3，平均每亩有水 1 090 m^3。境内主要河流有 3 条：西河、黑石河和金马河。其中西河为崇州市最长河流，全长 109 km，市境内长 96.8 km，流经 14 个乡镇。本次水质调查活动将在西河周边进行。具体活动内容如下：

①实地调研及水质监测：在崇州市西河沿岸开展水质调研活动。通过实地调研和走访调查的形式，对西河水域的水质及污染状况、农药化肥的使用情况及当地居民用水来源、当地企业排污情况进行调研。同时，邀请政府官员、河长及部分居民参与对西河的水体采样和检测，带动当地民间环境监督的积极性。

②政府部门座谈会：与当地政府部门交流沟通，结合实地调研数据及政府环保工作经验，共同探讨崇州市现今重点环境问题以及今后的治理与规划，完善民间环境监督制度，带动当地企业及居民参与到环保中来。并对政府干部进行环保科普培训，加强政府干部的环保意识，形成政府、企业、居民三方“环保统一战线”。

③走访调查：分别在隆兴镇、济协乡、集贤乡进行走访和调查，通过调查问卷的方式了解当地居民的自来水供应情况及水质状况。

6.2.3.2 研究方法

（1）前期安排

①单位联系：与崇州市当地政府部门取得联系，协商相关工作。

②根据《创新创业实践活动拓展与训练》课程要求，制定实践方案，确定实践学生名单，向学校相关部门备案。

③组织实践学生分批培训：

a.由实践带队老师对参与实践活动的学生进行相关水质调查知识培训，包括采样器的使用、采样深度的确定以及水样的运输保存等。

b.出发前对学生进行实践内容相关培训，包括实践内容的总体介绍、实践活动的流程安排、走访调查的注意事项以及强调安全注意事项（重点讲解取水样时的安全注意事项）。

④物资准备：根据策划的所有物资要求进行物资购买、车票预订及住宿安排，并统一购买保险。

（2）活动期间

①前往崇州市，与崇州市当地政府相关人员会面，初步了解当地的环境现状，介绍此次实践活动的具体规划及日程安排。邀请政府相关人员、河长及部分当地居民参与水质调查，同当地政府相关人员进行沟通和交流，深入了解当地的环保政策和治理情况，并共同探讨当地环保事业的长远发展。

②每个小组的组长和副组长各自带队沿着西河支流开展水污染观测及水质检测，在水系上、中、下游进行水样的采集和水质检测工作，并学会辨识排污口。水样采集后妥善保存，并带回成都理工大学国家重点实验室进行专业检测。

③同学们分为 3 组对崇州市隆兴镇、济协乡、集贤乡的部分居民进行走访和调查，了解当地居民的用水问题，包括自来水供应和水质状况；随机对居民家中的用水进行采样和现场检测，并做好记录。

④对所有资料进行汇总，处理分析数据、统计表格、整理图片，撰写相关课程报告。

（3）活动后期

①活动负责人汇总所有文档图片，实践成员上交实践报告及实践心得。

②及时向相关政府部门反馈调研中发现的问题，并结合专家建议有针对性地提出有利于当地环境保护的意见。

③将此次活动的通讯稿及时发布在微博、微信上；同时，也上传至校园媒体扩大影响力。

6.2.4 成果与讨论

（1）座谈会

与当地政府部门进行座谈。带队老师就实践课流程与当地政府部门进行交流，得到当地政府的大力支持与配合（图 6-4）。

图 6-4 同学们与当地政府部门开展座谈会

（2）实地调研

沿着西河对上、中、下游的水体分别进行了观测和采样（图 6-5）。水质检测结果显示，西河水体总体呈弱酸性至中性，无重金属元素含量超标的情况。在沿西河调查途中，发现鸭子戏水、白鹭成群等景象，这都意味着西河的实际水质状况是非常好的。从当地居民那里也了解到，自 2017 年 3 月四川省全面落实河长制度以来，崇州市一直高度重视河流的治理工作，西河的水质得到了很大的改善，当地居民对河流治理的满意度较高。

图 6-5　西河边采样

（3）走访调查

分别在隆兴镇、济协乡、集贤乡等地进行了走访和调查（图 6-6）。在调查过程中发现，崇州市有超过一半的人口都无法使用自来水，这是城市的快速发展导致的基础设施跟进不力。以隆兴镇黎坝村为例，黎坝村有一个自来水厂，但该厂仅为崇州市市区供应自来水，作为水源地的黎坝村却没有通自来水，这里的居民只能够靠井水满足日常生活的需要。但由于近年来地下水污染严重，打上来的井水浑浊不堪，伴有异味，就连净化过后的井水也是微微泛黄。走访的农户挂在外边的白毛巾，因长期接触井水，也已被染黄。许多农户户主表示，平时饮用水还可以买桶装水，但日常用水却只能使用井水。当地政府称，原本崇州市周边建设有大量自来水厂，但投入使用后不久，因经费不足和管理方式不当，大部分水厂被废弃，因而产生了居民用井水代替自来水的情况。

图 6-6　走访调查

6.2.5　学生感悟

这次实践活动是针对崇州市乡镇的水质进行走访调查及采样，发现许多不规范的污水排放以及用水问题，包括清洗粪便的脏水直接排放到水沟、塑料厂污水乱排、排放污水的污水沟暂无专员管理与清洁等。这让我们深刻地体会到如今环境问题的严重程度超乎大家想象，意识到了保护环境的重要性和迫切性。同时也明白“纸上得来终觉浅，绝知此事要躬行”，保护环境不能只停留在书本上，只挂在嘴边，不出去看看，是真的不会了解到现实的情况。社会实践是将理论与实践结合的最佳点，保护环境只是口头上说说是没用的，要靠实践活动来证明，通过实践活动才能深刻地了解如今环境问题的严重性。

6.2.6 导师点评

同学们走访崇州市乡镇，通过对水质进行采样、分析完成了本次实践调查，当同学们了解到西河水污染部分原因是当地的相关污水排放设施不足，以及居民环保观念较落后时，利用所学知识根据当地的情况提出合理建议，并在走访过程中加强对每家每户的环保宣传。同学们越发感受到专业的重要性，更加坚定要做一颗螺丝钉去解决一个一个环境污染的问题，践行“绿水青山就是金山银山”理念。

课后思考题

1．党的十八大以来，党中央、国务院高度重视农业农村生态环境保护工作，习近平总书记对此多次做出重要指示批示。但是，农业农村污染治理仍然是生态环境保护的突出短板，总体上正处于爬坡过坎、不进则退的吃紧阶段。你认为应该如何加强农村居民的环保意识？请以小组为单位，收集农村生态环境的相关资料，进一步讨论有何具体措施。

2．哪些原因造成了农村水质的下降，水环境污染源有哪些？农村水环境污染与城市有何区别？如何用专业知识帮助农村居民保护水质？请以小组为单位，举例说明。

6.3 红嘴鸥归来——用翅膀为生态环境治理“点赞”

6.3.1 选题背景

生物多样性是生物及其环境形成的生态复合体以及与此相关的各种生态过程的综合，是用于描述自然界多样性程度的一个广泛的概念。保护濒危动植物资源、维护生态平衡，关乎人类生存和发展，也是衡量一个国家和民族文明进步的重要标志。我国把生态文明建设放在突出地位，用生态文明理念指导发展，协同推进生物多样性治理，积极推进野生动植物保护国际合作，为共谋全球生态文明之路、共建地球生命共同体贡献中国智慧。环境生态作为经济与社会发展软实力的重要组成部分，对促进人与自然、人与社会和谐，形成区域经济发展质量提高的良性循环，建设资源节约型社会具有重要作用。

习近平总书记来川视察天府新区时指出：“天府新区是‘一带一路’建设和长江经济带发展的重要节点，一定要规划好建设好，特别是要突出公园城市特点，把生态价值考虑进去，努力打造新的增长极，建设内陆开放经济高地。”在天府新区公园城市的时代背景下，天府新区的生态文明建设在不断地发展与扩充，在环境不断变好的过程中，也吸引了更多的野生动物的到来。红嘴鸥数量大，喜集群，在世界的许多沿海港口、湖泊都可看到。一般生活在江河、湖泊、水库、海湾。主食是鱼、虾、昆虫、水生植物和人类丢弃的食物残渣。到南方过冬的红嘴鸥是从西伯利亚飞来的，经过长途跋涉之后，需要食物补充而选在成都落脚，包括兴隆湖、华阳、玉石湿地公园、三岔湖等地方。那么在成都停留的红嘴鸥的种群数量如何？有什么生活习性和特点？居民对红嘴鸥的认识情况如何？针对以上问题，我们设计并开展了此实践课题。

6.3.2 项目目标

生态系统中生物群落的各个成分都有它的地位和作用，有的是生产者，有的是消费者，有的是分解者，各司所责，各尽所用。对于作为一种消费者的人类来说，生物多样性有许多重要的价值。为了让更多的人认识、了解红嘴鸥，保护红嘴鸥，我们对红嘴鸥报道的相关内容展开研究，包括对现有相关报道的分析、红嘴鸥现场观鸟者的调查；此外，对进入天府新区华阳锦江河畔的红嘴鸥和兴隆湖的红嘴鸥的日活动规律进行了调查研究，旨在提高学生们认识自然、保护动物的环保意识，增强学生们对保护大自然、保护野生动物的兴趣与探索欲望。

6.3.3 项目内容与研究方法

6.3.3.1 项目内容

项目的调研地为四川省下辖的国家级新区——天府新区，由天府新区成都片区和天府新区眉山片区共同组成，规划总面积 1 578 km^2（图 6-7）。2014 年 10 月 2 日，四川天府新区正式获批成为我国第 11 个国家级新区。天府新区努力建设全面践行新发展理念的公园城市，对西部地区高质量发展引领示范作用初步显现。

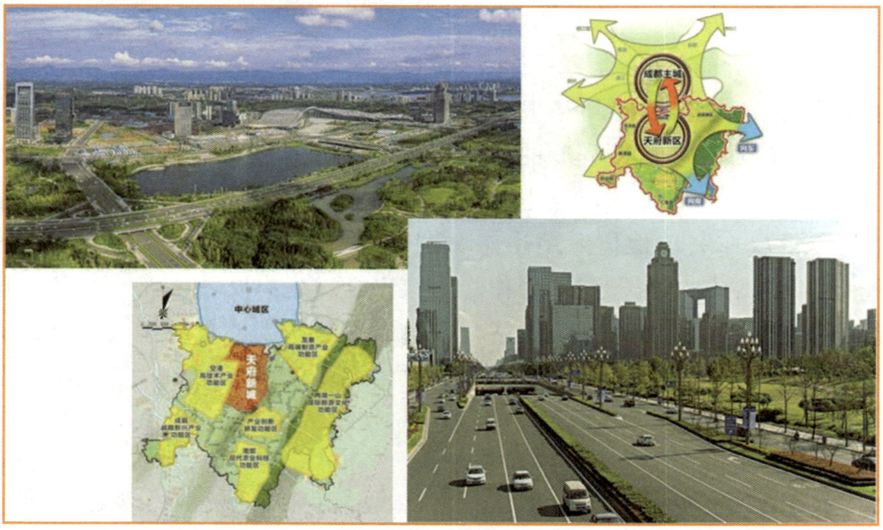

图 6-7 四川省成都市天府新区

本次实践活动主要内容如下：

（1）收集媒体上关于红嘴鸥相关报道；

（2）现场问卷调查与访谈；

（3）实地考察红嘴鸥的活动规律；

（4）开展环保科普讲堂、保护生物多样性宣传活动。

6.3.3.2 研究方法

（1）前期安排

①通过线上（包括百度、微信、新闻、抖音、视频以及查阅相关文献）和线下（包括图书馆借书、咨询相关专家老师）的形式，组织小组成员共同学习红嘴鸥的相关知识。

②采用自编问卷进行了现场调查（表 6-1），共发放问卷 70 份，问卷内容包括受访者性别、年龄、受访者观鸟信息来源、受访者进一步了解相关信息的渠道、受访者观鸟频次、受访者观鸟目的等信息。

表 6-1 红嘴鸥观赏体验调查

序号	问题	选项（在括号中打钩“√”）
1	您的性别为？	（）男　　（）女
2	您的年龄为？	（）12 岁以下　（）13～18 岁　（）19～35 岁 （）35～55 岁　（）56 岁以上
3	您是通过什么途径前来观赏红嘴鸥的呢？	（）自己发现的　（）新闻报道 （）由他人推荐而来 （）网络信息（如微信或抖音）而来
4	您喜欢红嘴鸥吗？	（）喜欢　（）一般　（）不喜欢
5	您知道红嘴鸥第一次大规模飞抵昆明越冬是在哪一年？	（）1985 年　（）1986 年　（）1987 年
6	您知道红嘴鸥来自哪里吗？	（）西伯利亚　（）东部沿海　（）黑龙江
7	观赏红嘴鸥时，您更愿意怎么做？（多选）	（）远距离观赏　（）近距离观赏 （）向红嘴鸥投喂食物　（）拍摄照片
8	您是否愿意推介亲戚朋友去观赏红嘴鸥？	（）愿意　（）一般　（）不愿意
9	在观赏红嘴鸥之前，您有接受过相关知识或课程的学习吗？	（）没有，不是很感兴趣 （）没有，但是喜欢红嘴鸥 （）有，看过很多相关的知识 （）有，接受过相关教育和课程
10	本次观赏红嘴鸥的目的是什么？	（）没有目的，只是路过时遇到了 （）没有目的，完全是因为喜欢 （）有目的，是为了一些工作任务
11	对于观赏红嘴鸥，您有什么意见与建议？	

③这次调查方法主要采用实地考察法，观察记录红嘴鸥在觅食地的数量和活动。主要采用的方法：a. 细数。现场红嘴鸥数量不多的情况下，可以通过肉眼一只只数，为避免重复计数，只记录飞行方向与观测者行进方向相反的鸟类。b. 定点统计。对觅食地进行拍照，然后对照片中红嘴鸥的数量做统计。

④与小组成员共同进行实践活动相关内容的培训，主要是现场实践和活动安全注意事项。

（2）日程安排

整个实践活动安排共计两天（图 6-8），地点分别在锦江河畔和兴隆湖畔，所进行的活动内容都是一样的。主要内容是①发放调查问卷表，采用自编问卷进行了现场调查。②对现场观鸟人员进行面谈采访并记录，主要内容包括信息来源途径，对红嘴鸥的认知情况。③采用实地考察法，前期考察中发现华阳锦江河畔是红嘴鸥集中的一处觅食地，是这次调查的主要区域。在调查中发现兴隆湖也有红嘴鸥，这一觅食地也纳入了调查范围。④采用同步统计，利用单筒高倍望远镜展开了多次调查，观察记录了红嘴鸥在觅食地的数量和活动。

日程安排			
11 月 21 日	锦江河畔	调查问卷	实地考察
11 月 22 日	兴隆湖畔	调查问卷	实地考察

汇总所有文档图片	统计并分析调查问卷	→	整理编制实践报告

图 6-8 活动日程安排

保护生物多样性宣传活动：在当地中小学开展环保科普讲堂，根据对当地生物多样性的调查情况给同学们进行科普讲解，采取播放环保科普宣传片、讲解 PPT 等方式，以生动有趣的讲解和游戏，向学生们普及保护生物多样性的知识，提高同学们的环保意识。适当加入游戏、手工等形式，让课堂更加生动活泼。

（3）活动后期工作

①小组成员分工，活动负责人汇总所有文档图片，小组成员分工进行数据、图片处理以及调查问卷的统计。

②及时对所有资料进行整理，撰写实践报告，在具体实施过程中，将遇到的真实问题进行梳理，并在班级中展示活动成果，与同学们讨论所遇到的问题并进行总结反思。最后，向课程负责人提交课程报告。

6.3.4 成果与讨论

本次共发放问卷 70 份，回收 70 份，问卷回收率为 100%。其中，有效问卷 68 份，问卷有效率为 97.14%。采用 SPSS 21.0 与 Excel 处理数据。结果发现，所有受访者均为成都天府新区锦江大桥或兴隆湖的观鸟者，其中男性 33 人，占 48.5%，女性 35 人，占 51.5%，男女比例基本持平。从年龄结构看，12 岁以下的有 6 人，13～18 岁的有 5 人，19～35 岁的有 21 人，36～55 岁的有 19 人，56 岁以上的有 17 人，大部分受访者的年龄集中在 19～55 岁。此外，有 48.5%的受访者表示现场观看红嘴鸥是自己发现的，26.5%的人是由他人推荐而来的，2.1%的人是看到一些网络信息（如微信推文或抖音视频）而来，29%的受访者是受新闻影响而来。

红嘴鸥在华阳锦江河畔这一觅食地比较集中，11 月 21 日共观察到了 120 只，11 月 22 日共计 85 只；而在兴隆湖地块中，11 月 21 日共观察到了 96 只，11 月 22 日共观察到了 70 只。大都是以 2～5 只小家族的形式活动，待的时间也没超过半天。此外，还观察到红嘴鸥一般是从 8：30 开始到 10：00 会陆续到达觅食地觅食，然后 17：20～19：20 才陆续离开觅食地（图 6-9）。在傍晚要飞离觅食地之前它们通常会聚集在一起，然后全部腾空而起，在空中盘旋，有时候会盘旋几圈返回原地，有时候会直接飞走。

图 6-9 红嘴鸥观察情况

根据对观鸟者的现场调查发现：在接受调查的观鸟者中，他们对红嘴鸥的相关知识有一定的了解，对红嘴鸥具有明显的喜好，但在观鸟活动上则有一些随意性，缺乏科学的观鸟安排。了解过红嘴鸥相关报道的受访者在知识、喜好、观鸟活动和态度方面都优于没有了解过的人。同时，在观鸟活动方面，大部分人表现出较多的随意性，很多人只是路过顺便看看，对红嘴鸥喜欢出现的地方和经常活动的时间等并不了解，观鸟的成功与否很大程度上和运气有关。

针对以上问题，成员讨论后提出了相应的解决思路与方案：科普内容最好是红嘴鸥本身的相关知识介绍，以及科学观鸟的指导。这可以很大程度上促进民众对这一物种的了解，同时科学观鸟能吸引更多的民众关注到红嘴鸥，为致力于保护生态环境、为红嘴鸥提供更舒适的生活环境赢得更多的社会支持。而随着个人智能手机的普及，人们也更倾向于从手机客户端中获取需要的信息。相关的科普报道可以尽可能地以网络推文的形式，既符合互联网时代的发展潮流，又与民众接受信息的喜好一致，能获得较多的关注，有效促进科普目的的实现。此外，可以在现场设置更多科普性的标志牌，比如红嘴鸥本身的介绍、最佳观鸟地点及时间等，以满足民众们多样化的科普需求。

6.3.5 学生感悟

通过学习并积极向身边的人宣传爱鸥、护鸥、喂鸥的知识，提高了我们爱鸥、护鸥的环保意识，一定程度上体现了人、鸥、自然的和谐相处。通过此次科普活动，也使更多的社会人士参与到生态多样性保护中，更好地传播环保理念和带动了保护鸟类的意识。同时，也让我们意识到作为新时代的大学生，我们要身体力行，从自己做起，从点点滴滴做起，让生态多样保护精神感染更多的人，呼吁更多的人一起参与到环保活动中来。

6.3.6 导师点评

同学们在对现场观鸟者的调查和访谈中发现，有些人是通过在现场听别人讲述的方式了解了一些关于红嘴鸥的知识，但还是有很多观鸟者不能准确说出红嘴鸥的正确名称，说明民众对红嘴鸥的知识有一定了解，但准确性不高，这应该是科普报道的关注重点。而研究中的差异检验也论证了这一观点。对于真正想要了解红嘴鸥的人和开展生态教育的学生而言，科普报道是他们获取专业知识最简便的途径之一，这也是科普报道的价值所在。从调查结果看，观鸟者对红嘴鸥比较喜欢，很多人都会拍照纪念，或者转告自己的亲朋好友前来观鸟。这对于红嘴鸥科普报道的开展非常有利，人们只有在喜欢的基础上才愿意花费时间和精力去阅读相关资料。

此次调研让同学们学会了如何制作问卷，学会了对调查数据运用专业软件分析，学会了如何团结协作，了解到以什么样的方式进行科普宣传更有效。

课后思考题

1．在调研过程中天气及气温对红嘴鸥的数量有影响吗？主要是何种影响呢？请同学们课前收集资料并以小组为单位进行分享。

2．生态环境部部长黄润秋在 2021 年 8 月 18 日召开的国新办新闻发布会上强调人与自然是生命共同体，要尊重自然、顺应自然、保护自然，体现了中国与国际社会一道，共同遏制生物多样性丧失、促进人与自然和谐共生的信心和决心。请同学们谈谈如何提高公众对生物多样性保护的意识。

6.4 变废为宝——废旧电池回收处理现状调研及对策分析

6.4.1 选题背景

随着现代社会的发展，电池成为我们日常生活中不可缺少的一部分，上至宇宙飞船，下至手电筒，都要用到电池。而锂电池作为当今新能源研发的一个热门材料，在国内新能源领域占有很重要的地位。自 2013 年国家大力推广新能源汽车以来，国内使用新能源汽车的趋势每年增加，导致锂电池生产需求量迅速增加，故锂电池规模化回收问题越加突出。

有关专家指出，废旧电池如果与生活垃圾混合处理，电池腐烂后，其中的汞、镉、铅、镍等重金属溶出会污染水体和土壤，并通过食物链最终危害人类健康。早在 20 世纪，日本由于汞、镉中毒引发的痛痛病、水俣病就给人们敲响了警钟。另外，废旧的锂电池中含有较多的钴（Co）、锂（Li）、镍（Ni）、锰（Mn）、铜（Cu）、铁（Fe）等金属资源，其中包含多种稀有金属资源，Co 在我国更是属于稀缺战略金属，将废旧锂电池所含的有价金属进行回收再利用无疑是解决当前国内资源紧缺的有效途径。而现在国内回收废旧电池的设施并未普及，加之许多人不了解废旧电池的危害，将其和普通垃圾一起丢弃，造成环境污染的同时也危及人类自身健康。那么目前我国居民对废旧锂电池的危害及政策了解情况如何？废旧锂电池的处理现状认识如何？对我们到底有多大影响呢？怎么样才能阻止污染的发生呢？带着这些问题，我们开始进入本次的课题研究。

6.4.2 项目目标

本项目对废旧电池的回收处理现状进行调查研究，了解公众对废旧锂电池的回收处理情况及对废旧锂电池回收处理的意见与支持程度，在问卷调查同时进行宣传教育，提高人们对废旧电池回收处理的意识。

通过对调查问卷进行综合分析，指出目前废旧锂电池回收工作存在的薄弱环节，寻找相应的处理措施与方案，针对性地提出建议。了解废旧电池回收处理的行业现状，在解决废旧电池处理技术与处理途径的同时，也利于建立健全的废旧电池回收处理体系，从而提高经济效益、社会效益、环境效益。

6.4.3 项目内容与研究方法

6.4.3.1 项目内容

①针对成都市成华区、武侯区、青羊区、龙泉驿区等地区，开展关于废旧锂电池回收处理现状的问卷调查。调查人群包含学生、商人、小区居民等，涉及题目 20 个，分别就废电池的危害、废旧锂电池回收现状、对相关政策法规了解的情况，以及废旧锂电池的处理由谁负责任等问题进行了调查（表 6-2）。

表 6-2　废旧电池回收调查问卷

序号	问题	选项（在括号中打钩“√”）
1	您的年龄是？	（）18 岁以下　（）18～30 岁 （）30～60 岁　（）60 岁以上
2	您生活在哪里？	（）城镇　（）乡村
3	您平时是如何处理废旧电池的？	（）随便和垃圾一起扔掉　（）合理分类，并妥善处理 （）收集起来，一并处理　（）搁置，没有处理
4	您生活的地区有无废旧电池投放点？	（）没有设置废旧电池投放点 （）可能有，但是我没有找到过 （）有很明显的废旧电池回收点
5	您对废旧锂电池的危害了解多少？	（）完全了解　（）了解一些　（）完全不了解
6	您对废旧电池回收处理的政策了解多少？	（）完全了解　（）了解一些　（）不太了解
7	您接受过有关废旧电池回收的教育或宣传吗？	（）有，经常在书本、电视上看到 （）一点点，偶尔看到一些相关信息 （）从来没有，不了解
8	您是否支持废旧电池的回收利用？	（）支持　（）不支持　（）无所谓
9	您认为废旧电池回收的好处是什么？（多选）	（）可以提高资源的利用率 （）可以减少对于环境的污染 （）可以减少对于人类健康的危害 （）其他
10	您认为废旧电池回收工作没有很好进行的原因包括哪些？（多选）	（）人们觉得实施起来太麻烦 （）没有相关规定，很少人能自觉实行 （）环保及电池回收意识薄弱 （）没有很好的回收体系
11	您认为废旧电池处理应由哪些群体负责？（多选）	（）政府部门　（）电池生产企业　（）公益组织 （）高校　（）电池消费者　（）社区宣传人员 （）全体公民，包括我自己　（）废品处理单位 （）其他
12	您认为最有效宣传废旧电池回收的途径是什么？（多选）	（）电视广告　（）社区宣传教育　（）杂志、期刊宣传 （）网络媒体的宣传　（）其他
13	您对目前废旧电池回收工作的看法或建议。	

②对位于成都市金堂县的四川长虹格润环保科技股份有限公司深入了解锂电池回收处理的相关情况。

6.4.3.2 研究方法

通过查阅书籍、报刊、互联网，发放问卷、实地调查等形式，结合个人的专业基础收集并处理有关资料。具体包括以下途径：

①通过互联网查阅相关文献。查阅历年关于废旧电池回收的案例、数据与基础分析结果，以及常用的废旧电池处理处置的方法工艺。

②线上问卷调查。根据调研的目的，制作出完备全面的调查问卷。进而通过网络的合理利用进行信息收集，将收集的信息汇总，并排除无用、干扰信息。

③线下实地调查。线下调查主要目的是对人们进行宣传教育及知识普及。

整理、分析收集到的资料和数据，结合团队成员基础知识与看法，对此提出一些建议。研究技术路线如图 6-10 所示。

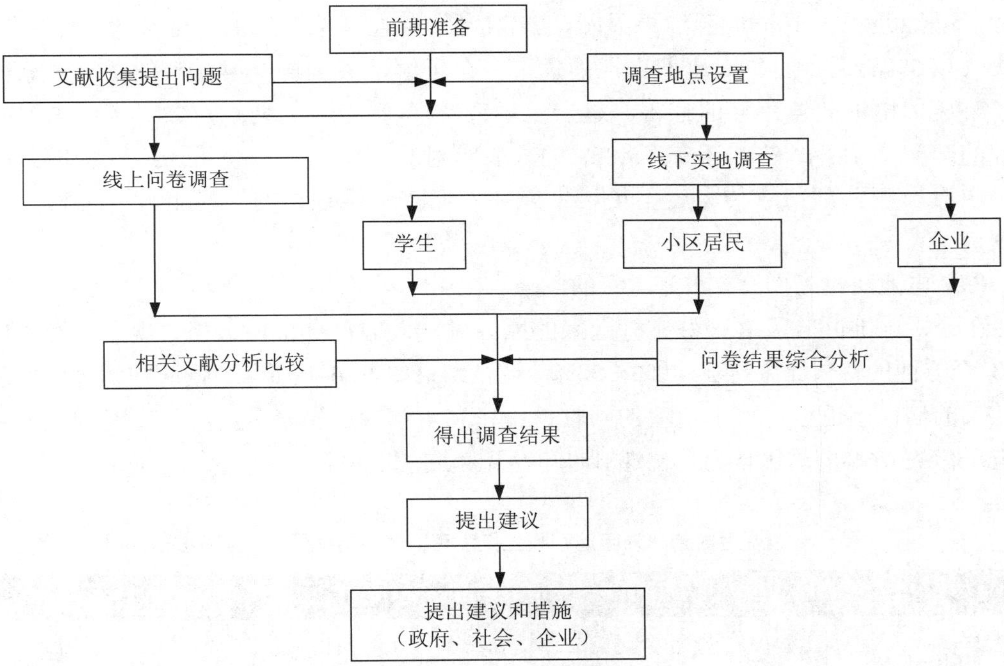

图 6-10 研究技术路线

6.4.4 结果与讨论

（1）废旧锂电池回收处理现状

根据本次社会调查的 1 086 份有效问卷，对于居住地附近“平时如何处理废旧电池”这一问题，调查结果如表 6-3 所示。调查显示，不到 1/4 的人会将废旧电池合理分类并妥善处理，其他的处理方法如搁置或者随便和垃圾一起扔掉都会对环境造成污染，同时也是对资源的一种浪费，仅有少部分的人会有意识对废旧电池妥善处理。

表 6-3　处理废旧电池的方式

方式	人数/人	比例/%
随便和垃圾一起扔掉	274	25.23
合理分类，并妥善处理	244	22.47
收集起来，一并处理	256	23.57
搁置，没有处理	312	28.73

（2）废旧锂电池危害及政策了解情况

调查发现，人们对废旧电池随意丢弃的危害的了解程度以及对相关政策规定的了解程度差距是很大的，调查结果显示，71.18%的调查对象对废旧电池危害了解一些，仅有 14.55%的调查对象对废旧电池的危害完全了解，甚至还有 4.05%的调查对象完全不了解废旧电池随意丢弃的危害。进一步调查发现 40.42%的调查对象对废旧电池回收处理的政策是了解一些，还有 45.86%的人表示对其不太了解。分析造成这种现象的原因是政府及相关部门宣传力度不足，未能让人们在了解危害的同时了解与之相关的政策规定。

（3）电池回收工作没有很好进行的原因

在分析电池回收没有很好实行起来的原因时，人们自身认知、相关规定、回收体系这 3 个方面的百分比维持在 40%～50%，调查结果如表 6-4 所示。同时在调查中发现，40.15%的居民附近没有废旧电池的回收设施、36.46%的居民表示没注意过附近有无回收设施；有 73.76%的居民认为自己遇到过电池无处安放的困境。

表 6-4　调查对象认为电池回收工作没有很好进行的原因（可多选）

原因	人数/人	比例/%
人们觉得实施起来太麻烦	404	37.20
没有相关规定，很少人能自觉实行	516	47.51
环保及电池回收意识薄弱	480	44.20
没有很好的回收体系	468	43.09

（4）调查对象对目前废旧电池回收工作的看法

绝大部分居民都认为宣传工作和相关设施需要加强与完善。调查中还发现：假如在学校或社区投放废旧电池回收点，96.96%的调查对象表示愿意配合回收废旧电池。在此次调查结果中，政府部门、电池生产企业、公益组织这三方被认为在废旧电池回收处理中发挥主要作用。调查结果如表 6-5 所示。

表 6-5 调查对象认为废旧电池处理应由哪些群体负责?

负责群体	人数/人	比例/%
政府部门	545	50.18
电池生产企业	455	41.90
公益组织	454	41.80
高校	452	41.62
电池消费者	366	33.70
全体公民，包括我自己	308	28.36
废品处理单位	185	17.03
其他	8	0.74

（5）企业回收处理

长虹格润公司是我国西部唯一具有锂电池回收处理资质的企业，近期及未来会着力于锂电池的回收处理处置。国家鼓励退役电池梯次利用，梯次利用是今后动力电池回收利用行业的重点方向。工信部明确表示，新能源汽车动力蓄电池梯次利用正处于起步阶段，发展潜力较大，市场前景广阔。长虹格润企业对锂电池主要进行两方面的处理：

①对锂电池进行梯次利用

将回收回来的废旧锂电池 PACK 包或模组中的性能较好的锂离子电池用于储能或其他领域，如回收的新能源汽车中的锂电池可以支持通信基站的使用。废旧锂离子电池的梯次利用能够最大限度地回收再利用废旧锂电池。

②对已经充分使用的锂电池进行处理

经长虹格润公司介绍，废旧电池处理工艺主要为预处理、火法处理、湿法处理。其中，预处理是因为锂电池电量未完全耗尽，而进行深度放电、破碎和物理分选。火法处理采用不同的物理方式分离各类金属，在高温焙烧的条件下，使得废旧电池中的金属及其氧化物氧化、还原、分解、挥发及冷凝。湿法处理，由于大部分电池中的离子及化合物可溶于酸，利用此原理，将电池溶于酸，形成溶液，溶液经过电解等处理后可以产生金属及化合物。

问卷调查过程中，询问调查对象“认为可行性最强的回收方式”，反馈结果中可行性最强的方式的分别是“买电池时，以旧换新”“在学校或社区放置回收箱，并有专门负责”，还有“政府主导、厂商配合模式”。从调查中不难看出，人们迫切地希望废旧锂电池能够得到很好的回收处理与再利用。为此，社会、政府、企业应当共同构建废旧锂电池回收体系。本小组认为要彻底“破冰”，打破废旧锂电池回收的瓶颈与壁垒，还需居民与政府部门双方的共同努力，在保证安全的情况下，致力于完善废旧电池的回收处理链条，快速、高效地进行废旧锂电池回收。

6.4.5 学生感悟

通过对成都市废旧电池回收处理现状进行调查研究，我们对成都市废旧锂电池处理现状有了更清晰的认识。在问卷调查中不仅进行了宣传教育，提高人们对废旧电池回收处理的意识，调查结果也为进一步的政策制定及对策实施提供了一定的参考。此外，在整个调查过程中，作为学生的我们深深地感受到了来自指导老师和团队的温暖。指导老师帮助我们开拓研究思路，精心点拨，学到了很多专业知识和技能；团队一起完成社会调查和调查报告，每个同学都积极努力，互相给予帮助和支持。最后还要感谢接受调查的公众愿意抽出时间填写问卷、给予建议。

6.4.6 导师点评

此次实践课程不仅积极响应了党的十九大提出的要求，而且激发了同学们对废旧电池后续资源化利用的研究，利用学生自身专业优势实现废旧锂电池的循环、经济化利用，真正地实现了理论和实践相结合的目的。在宣传科普的过程中，同学们总结新时代农村环保意识普及的重要意义，让光辉村的村民们转变传统观念和思路，加强引导，树立正确的环保观念，使“绿水青山就是金山银山”理念深入人心，让更多的大学生参与到环保科普的行动中来，更好地传播和带动未来环保事业的发展。

课后思考题

1. 随着经济与科技的发展，电池已成为工业和人们生活中不可或缺的产品，相应地，废旧电池的产生量也在不断增加。那么废旧电池含有哪些有害物质？其危害到底有多大？请同学们分组收集相关资料，整理并分享。

2. 中国是世界上最大的电池生产国和消费国，同时也是最大的废旧电池产生国。你了解国内外废旧电池管理政策和相关规定吗？日常生活中我们应该如何处置废旧电池？请同学们以小组为单位，收集资料并分享与讨论。

延伸阅读

从创新视角解读垃圾分类

自2019年7月1日，《上海市生活垃圾管理条例》实施。此次垃圾分类最明显的变化就是"强制"的引入，许多社区、园区也已经迅速地开始了行动。但是，垃圾分类是一个涉及分类投放、分类收集、分类运输、分类处置的全程分类体系，其中任何一个环节都不能缺失。因此，在推行垃圾分类的过程中，一些固有问题却始终存在：如何理解垃圾分类行为背后的经济价值和社会价值？垃圾分类行为如何得到员工认同？垃圾分类企业如何盈利？

1．疑问：垃圾分类=痛苦？

在与一些企业员的相关交流访谈中，我发现，垃圾分类过程中的缺乏分类知识、集中回收、定时定点投放在某种意义上让垃圾分类=痛苦。

上海市的生活垃圾被分为四大类："有害垃圾""可回收物""湿垃圾""干垃圾"。其实早在2000年，上海就采用了"干湿垃圾"的分类方法。但时至今日，许多上海居民依然不知道"干垃圾""湿垃圾"分别是什么。除了分类困难，垃圾丢弃也给企业员工带来了很多生活上的痛苦。

"定时投放"和"强制撤桶"的规定，让习惯出门时顺手把垃圾扔进垃圾桶的居民很不适应；有些社区的统一投放时间规定在天黑之前，几乎断绝了上班族扔垃圾的可能，随之而来的是如游击战一般的偷倒、乱倒垃圾。

而当下面临上海市对垃圾分类从严执法，未按要求对生活垃圾进行处置的企业单位，最高可能被处以50万元的罚款。难道垃圾分类注定如此痛苦？作为垃圾分类的主要参与者，企业又该如何调动员工参与垃圾分类的积极性、让被动接受变为主动参与？

问题：如何利用创新流程去探索更多可能性？

为了找到更多的可能性，我们要先找到限定的框架，在框架内再去尝试创新。也就是说，我们要在现有的资源内找到最有效的创新解决方案，首先就从用户视角去还原梳理垃圾分类的整个流程开始，而不是在已有垃圾处理的规则下去思考。

当有了具体明晰的任务后，我们就可以通过拆解已有资源并结合微创新的5种策略（减法、加法、属性依存、乘法、除法）来产生全新的解决方案，并在对想法的价值和可行性的打磨中不断反思迭代，找到更好的解决方案。以下是一些帮助大家激发脑洞的小案例：

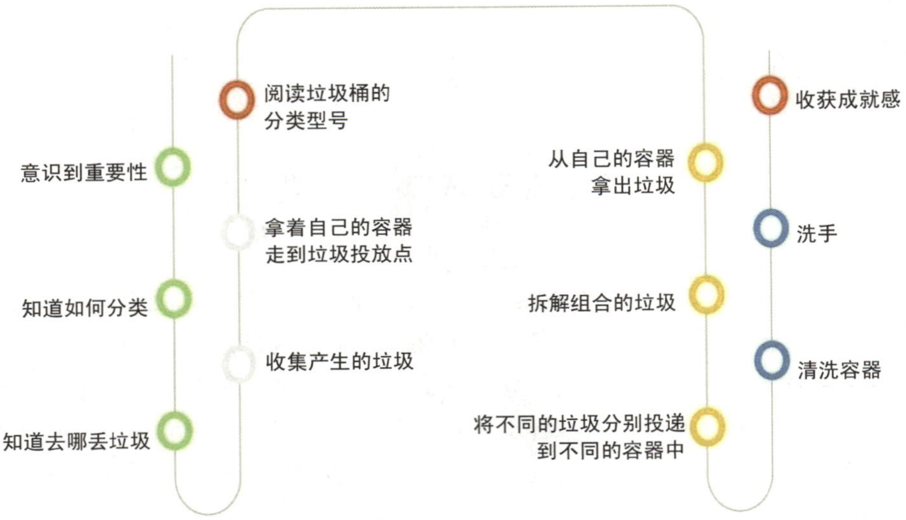

图 6-11　关于垃圾分类的创新过程与思路

【案例 1】麦当劳：我们接受现金、信用卡和易拉罐付款（图 6-12）

图 6-12　麦当劳：我们接受现金、信用卡和易拉罐付款

麦当劳在街头放置了印有广告的免费黑色垃圾袋，公众可以扯下一个拎着它去捡易拉罐。“10 个易拉罐换一个汉堡或芝士堡，40 个换巨无霸”，举手之劳，美化城市，还有免费汉堡吃。

【案例 2】日本：透明的垃圾桶与垃圾袋（图 6-13）

图 6-13　日本：透明的垃圾桶与垃圾袋

日本投用了大量的透明垃圾桶，垃圾桶上面标有图案，即使不懂日文或不了解垃圾分类种类的人，也可以一眼看出哪个垃圾桶应该扔什么垃圾。为了防止随意扔垃圾，日本规定垃圾袋必须是白色透明或半透明的，这样可以让收集垃圾的工人看清里面装的是什么，也可以让邻居互相监督。如果不按规定处理垃圾，被发现会被点名批评，甚至遭到周围邻居的排斥。

在创意激发的阶段，最好能够邀请到行业专家、企业相关部门成员、政府、社会组织（NGO）等利益相关方，收集多方的意见、信息及洞见。因为从用户和利益相关方获取的证据更加的具体、真实，这可以帮助我们更好地反思创意的可行性与价值。

员工知晓度、企业认同度、企业了解度决定了员工对于参与以垃圾分类为代表的企业行为的行动能力。同时，在企业垃圾分类行为中，企业如何找到员工最信任的信息渠道？垃圾分类与企业哪些部门相关？在哪些版块可以提高员工行动力？等问题都需要进行详细的拆解和梳理，从而找到最优的员工参与垃圾分类的路径。

【案例 3】可口可乐：品牌推广与社会责任两不误（图 6-14）

图 6-14　可口可乐：品牌推广与社会责任两不误

可口可乐通过将其瓶身和广告里常见的经典旋涡/丝带，摇身一变成为指示标识和手势，明确告诉路人回收桶的方位。可口可乐这些广告指示牌的位置也针对性地选择了那些现有或是新增的回收桶的附近，以使得它们最大限度上被发现和使用。这个活动主要地点为欧洲中部和东部，可口可乐也通过这次创新指示牌也走进了音乐节，也在极大限度上加强了品牌宣传。

2．当下垃圾分类企业的痛点和机遇

在整个垃圾分类推进过程中，企业无疑是庞大的参与主体。其中，与垃圾分类相关的末端运营企业、环保技术厂商、环卫服务公司、回收企业及供销合作企业等则在其中扮演着特殊角色，那么从垃圾分类企业的视角来看，垃圾分类又面临着哪些难题与挑战？

将垃圾分类真正变成一种人们充分认可并自觉接受的时尚行为，甚至成为现代人生活方式的重要构成要素是我国垃圾分类事业发展的关键问题。具体而言，当前垃圾分类存在的主要问题有：

图 6-15　某市垃圾分类站

①城市运营：回收设备简易、再生资源利用率低、回收种类单一、覆盖范围小、消运系统不完善导致二次污染。

②用户端：垃圾量大且分布不集中、教育及激励不到位、居民垃圾分类知识掌握不足、分类意识薄弱。

③行业现状：源头不分类、种类繁多、处于推广阶段、法律法规有待健全、回收市场交易缺乏信任度、缺乏信息化智能化系统、垃圾分类回收与资源再生利用两网分离。

垃圾分类面临多重问题的背后，也蕴含着整个行业升级的机遇：

①政策支持：从中央到地方高度重视环境保护和生态文明建设，市政府要求建立再生资源回收体系长效机制。这些都为垃圾分类企业发展提供了强有力的政策支持，2020年全面禁止洋垃圾进口也正推动国内垃圾行业再升级。

②市场缺口：据2018年年底相关数据统计，上海市生活垃圾年产量已超过800万t，较2017年相比增长15%，其中可循环回收的部分高达52.7%，却因垃圾分类环节的缺失最终导致90%以上部分仅沦为填埋和焚烧处理，造成了极大的资源浪费。而有关实地采样调查数据表明：无论是住宅、写字楼还是商业中心的垃圾箱房内，没有任何机构及人员在进行垃圾分类的工作。

③商业价值：2019年上海市的垃圾总量接近1 000万t，若实现有效分拣和回收，可实现450万t的垃圾减量，所以若能高效落实垃圾分类处理，将原本选择焚烧填埋的垃圾都可循环利用，还能额外创造20亿元以上的经济价值，减少资源浪费。

（摘选自知乎　君以申　文 https://zhuanlan.zhihu.com/p/92741748）

6.5 “炭”索未来——新型磁性生物炭修复材料研发

6.5.1 选题背景

土壤重金属污染主要是指土壤中的微量金属元素在土壤中的含量超过背景值，过量沉积而引起的含量过高，致使土壤中重金属明显高于原生含量、并造成生态环境质量恶化的现象。土壤重金属可以通过“土壤—农作物—人体”或“土壤—农作物—动物—人体”食物链系统进入人体，危害人体健康。

为了解决重金属对土壤环境的不良影响，固定化、土壤净化、植物修复方法、就地使用绿色材料等往往被认为是修复和尽量减少土壤污染的最佳技术。目前常用的土壤修复方法是结合各种物理和化学处理的方法，达到修复污染土壤的目的。生物炭作为一种新型吸附材料，可由作物秸秆、木材废料、动物粪便等生物质材料经过高温裂解之后得到的。生物炭表面含有丰富的孔隙结构，使其具有较好的吸附性能，在固定土壤污染物的同时还可以改变土壤的物理化学性质，为植物与微生物提供养分，促进植物生长，因此可以广泛应用于土壤污染修复。加之生物炭所需的材料本身就是来源于农业与日常生活中的各种废弃物，原料成本大大降低。那么基于生物炭良好的应用前景，我们可以通过什么方式改变其物理性质（如比表面积、孔隙结构）或化学性质（如官能团的引入，产生活性氧物种等），从而强化生物炭对于污染物的吸附、稳定化抑或是降解能力？

6.5.2 项目目标

本研究尝试将废弃的茶叶废渣与纳米零价铁（nZVI）相结合，利用多种杂化改性方式成功制备出一种新型的生物炭复合土壤改良剂。这种复合材料有望发挥出了纳米零价铁和生物炭对金属离子协同固定的优势，生物炭具有改良土壤的作用，可有效降低土壤中的重金属含量，并降低重金属的生物利用度以期达到“以废治废”的目的。

6.5.3 项目内容与研究方法

用绿茶生物炭负载茶多酚零价铁，可得到所需的生物炭负载纳米铁材料。同时结合物理修复和化学修复，对生物炭材料处理土壤铅污染物的效果进行研究，探讨生物炭负载纳米铁对铅离子的固定效果。

（1）纳米零价铁的制备

我们通过对多种制备方法进行比较和筛选，确定采用一种绿色合成法制备纳米零价铁。根据前人的研究，茶提取过程中多酚被用于将亚铁离子还原为零价铁，茶叶中剩余的茶叶是制备生物炭的理想生物质。煮茶是一种简单而有效的提取多酚茶的方法。本研究采用煮茶的方法直接提取多酚茶，在 95℃持续 40 min 的条件下，茶与蒸馏水按照一定比例添加。煮沸后，将茶叶的萃取物和茶叶的残渣分开存放，以做进一步的实验。将氯化亚铁溶于 100 mL 乙醇/水（比例为 1∶4）混合溶液并搅拌均匀，得到 0.1 mol/L 的氯化亚铁溶液。将氯化亚铁溶液缓慢滴入绿茶提取液，并在氮气保护下搅拌 30 min（转速 250 r/min、温度 50℃），将得到的悬浊液置于烘箱中干燥，最终将得到的固体颗粒置于密闭容器中保存。

该制备方法充分利用茶叶残渣的使用价值，而且在纳米零价铁的生产过程中也不会对环境造成污染，且能极大地改善纳米零价铁的性能具有实际生产应用潜力。

（2）纳米零价铁修复污染土壤及土壤微生物的反应

我们通过对重金属污染土壤进行测定，包括重金属含量和微生物活性两方面，观察零价纳米铁掺入到土壤中污染物含量的变化及土壤微生物的反应，为土壤修复的实际应用提供理论依据：设计通用引物聚合酶链反应（PCR）扩增的部分变异区域，在 Illumina MiSeq PE300 高通量测序平台上进行测序鉴定分析。基因组 DNA 是通过商用 DNA 提取试剂盒从土壤样本中提取，用 1%琼脂糖凝胶电泳检测。基于 Illumina MiSeq PE300 平台使用 16S rRNA 基因扩增子测序，以 16S rRNA 基因为靶点进行 PCR 扩增。PCR 产物经 2%琼脂糖凝胶电泳检测，净化后使用 QuantiFlourTM-ST 蓝色荧光定量系统测定。Miseq 测序得到的 PE reads 首先根据重叠关系进行拼接，同时对序列质量进行质控和过滤，区分样本后进行分类操作单元（OTU）聚类分析和物种分类学分析，基于 OTU 可以进行多种多样性指数分析，以及对测序深度的检测；基于分类学信息，可以在各个分类水平上进行群落结构的系统分析。

（3）绿茶生物炭负载纳米零价铁的制备

本研究使用的原料是福建省生产的商品绿茶。整个生物质在制备前用蒸馏水进行清洗、烘干，并在黑暗干燥条件下保存。在氮气保护下，先采用机械搅拌的方法将茶多酚还原制得的纳米零价铁溶液和茶叶残渣混合。整个过程将持续半个小时，温度保持在 55℃，转速为 250 r/min，反应结束后将得到的材料转移至烘箱进行干燥。水分完全蒸发后，在马弗炉内加热制备。采用高温热解法制备绿茶生物炭负载纳米零价铁：将纳米零价铁混合的茶叶残渣移入坩埚进行热解，在 450℃的高温下保温 2 h。整个过程发生在有限的氧气或氮气保护下。

（4）材料性能表征测试

通过一些材料性能表征，应用扫描电子显微镜（SEM）、X 射线衍射仪（XRD）、X 射线光电子能谱分析（XPS）、振动样品磁强计（VSM）、比表面积测试（BET）、红外光谱分析（FT-IR）、热重分析（TGA）等表征方法对绿茶生物炭负载纳米零价铁进行表征分析，了解材料表面形貌结构、元素组成和其他理化性质等。通过对这些表征的研究，在分析材料本身特性的同时，还能更好地指导实践，具体如下：

①总有机碳（TOC）

采用总有机碳分析仪测试样品的 TOC，检出限为 0.004 g/kg。

②粒径和 Zeta 电位测定

使用 Zeta 电位分析仪测试材料的流体动力学直径。测试前将稀释样品悬浮液（100 mg/L）并超声处理 15 min。

③XRD

在有 Cu Kα辐射源（λ = 0.154 nm，40 kV）的 X 射线衍射仪上，以 5°/min 的扫描速率，在 10°～65°范围内进行扫描。

④VSM

采用磁饱和强度分析仪在（25±2）℃且在−4～4 T 的范围内测试绿茶生物炭负载纳米零价铁的磁性，评估饱和磁化强度。

⑤FT-IR

使用傅里叶红外光谱仪用于分析材料样品的官能团，绘制红外谱图。测试前将少量材料与干燥的 KBr 充分混合、研磨，得到粉末并制成薄片样品，最后将采集的样品在 400～4 000 cm^{-1} 的波长范围内扫描。

⑥紫外-可见光分析（UV-Vis）

采用 TU-1901 型紫外-可见分光光度计测试样品的特征吸收峰，测试物质浓度设置为 10 mg/L，在 200～800 nm 波长范围内进行扫描。

⑦TGA

采用热重分析仪测试样品的热分解和热稳定性。在 N_2 气（40 mL/min）下，在 25～800℃的温度范围内以 5℃/min 的升温速率进行测试。

⑧XPS

样品表面元素组成是通过 X 射线光电子能谱和单色 Al-K 辐射（300W）进行的。使用 XPS peak41 软件进行分析。

⑨SEM

采用配备有 20 kV 的加速电压的 SEM 观察样品表面形貌。

（5）土壤修复实验

本创新实验以铅为研究对象，制备污染土壤。然后向土壤中分别加入绿茶生物炭负载纳米零价铁（nZVI@GTBC）、绿茶生物炭（GTBC）和纳米零价铁（nZVI），外加空白对照组总共分为 4 个处理组，分别设置为未加材料的铅污染土壤（E1）、添加了 nZVI 的铅污染土壤（E2）、添加了 GTBC 的铅污染土壤（E3）和添加了 nZVI@GTBC 的铅污染土壤（E4），每个处理组均设置 3 个平行样，每个样品使用 100 g 配制好的铅污染土壤，并装入 150 mL 的塑料烧杯，材料投加量均为 10 g/kg，并与土壤搅拌均匀，加入去离子水使保持（50±5）%的持水率，然后将烧杯密封并在室温下（25±2）℃避光培养（酸性和碱性土壤的处理方式相同）。整个实验持续 30 d，在相同的时间间隔下加入去离子水以保持样品持水率，并在实验第 1 天、第 15 天、第 30 天取适量土壤样品，风干后进行进一步分析。分析指标主要包括土壤 pH 和总铅。

6.5.4 结果与讨论

X 射线衍射图显示在 15°～60°范围内对 nZVI@GTBC 的结晶性能进行探究，并用绿茶（GT）、GTBC 和纳米零价铁（nZVI）进行对比。图 6-16a 中绿茶的 XRD 光谱在 22°出现较宽的峰，这与绿茶中较高的纤维素含量有关。经过高温热解过程后，GTBC 在较高的 2θ 角度处呈现宽而缓的峰，这可能是绿茶中松散和低分量化合物的有机成分分解导致；nZVI 的 XRD 光谱在 44.5°处显示出强烈的峰，这与 Fe^0（110）晶面的衍射图相符，表明 α-Fe_2O_3 和 γ-Fe_2O_3 的高结晶度，同时在 34.9°处出现的一个小峰对应着 nZVI 外层的氧化。nZVI@GTBC 在制备过程中零价铁也被部分氧化，显示出 Fe^0 和 Fe_3O_4 的峰（图中用#标注）。

图 6-16b 所示的为 nZVI 与 nZVI@GTBC 的磁滞曲线图，两者均呈现出典型的 S 形曲线。nZVI 的最大饱和磁强度为 0.32 emu/mg，表现出高饱和磁强度的超顺磁性；与绿茶生物炭结合之后，材料仍表现出超顺磁性，最大饱和磁强度为 0.24 emu/mg，这可能是因为茶多酚的包覆和生物炭孔隙的共同作用下，使得磁强度降低，但两者之间的差异不太明显。nZVI@GTBC 稳定的磁性有助于材料在土壤污染修复中保持其稳定性。

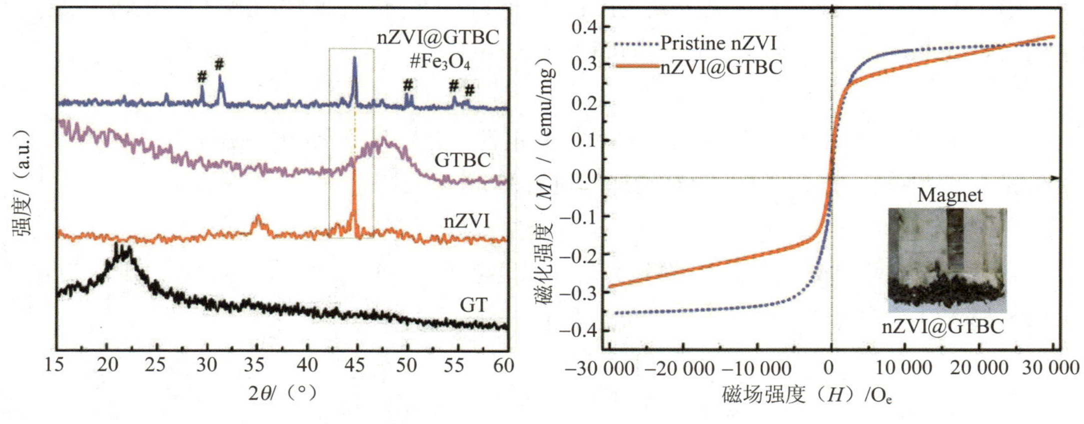

a. 不同材料的 XRD 衍射图　　b. nZVI 与 nZVI@GTBC 磁滞曲线图

图 6-16　XRD 光谱图与磁滞曲线图

为了识别 nZVI@GTBC 中主要官能团，在近红外区内（500～4 000 cm^{-1}）对材料进行了傅里叶变换红外光谱（FTIR）检测（图 6-17a）。图中 3 367 cm^{-1} 处出现的宽峰对应于羧酸基团（O—H）的拉伸振动峰。nZVI 和 nZVI@GTBC 在 1 589 cm^{-1} 和 1 258 cm^{-1} 处观察到芳香环中的 C—C 键拉伸振动峰和碳水化合物（C—H）的峰。nZVI 和 nZVI@GTBC 在 591 cm^{-1} 和 757 cm^{-1} 处的峰值源于 Fe_3O_4 和 Fe-O，但当 nZVI 和 GTBC 结合之后 nZVI@GTBC 中的峰减弱，这表明 GTBC 和 nZVI 之间的杂化现象。

在紫外-可见分光扫描（UV-Vis）（图 6-17b）结果中，GTBC 在可见光区域没有明显的吸收峰。Fe^0 的存在使 nZVI 和 nZVI@GTBC 在 290 nm 处均能发现显吸收峰，但 nZVI@GTBC 中 nZVI 可能与生物炭中多酚类物质形成复合物，所以吸收光谱延长到 511 nm。

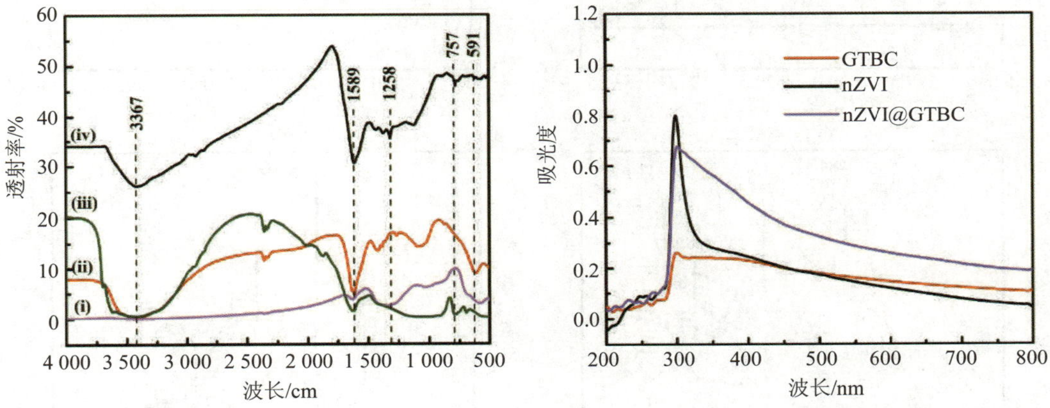

a. 不同材料的傅里叶变换红外光谱（i：nZVI；ii：绿茶；iii：绿茶生物炭；iv：绿茶生物炭负载纳米零价铁）

b. 不同材料的紫外可见光谱

图 6-17 FT-IR 光谱与紫外可见光谱

nZVI 和 nZVI@GTBC 的 XPS 表征如图 6-18 所示。nZVI 的 O 1s 光谱在 529.44 eV、531.08 eV、532.25 eV 和 535.28 eV 处显示出 4 个特征峰（图 6-18a），这可能是 nZVI 中的铁元素与氧气结合形成了 Fe-O 和 Fe 的氢氧化物。nZVI 的 Fe 2p 光谱（图 6-18b）在 709.49 eV 和 723.25 eV 处的峰表明 Fe^{3+} 自旋轨道分裂产生的低能带 Fe $2p_{3/2}$ 和高能带 Fe $2p_{1/2}$；711.21 eV、725.46 eV 处分出的峰表明 nZVI 表面铁氧化物（$Fe\text{-}O_x$）形成。此外，nZVI 在 706.26 eV 处的一个小峰表明材料中有 Fe^0 的存在。综上所述，nZVI 中有存在，但材料表面依旧被部分氧化，被氧化外层包裹。

nZVI@GTBC C 1s 光谱（图 6-18c）在 284.6 eV、287.06 eV 和 289.01 eV 处的结合能分别表示羰基（O-C=O）、碳碳键（C—C）和羧基（—COOH）。nZVI@GTBC O 1s 光谱（图 6-18d）在 530.13 eV、531.94 eV、534.14 eV 和 536.48 eV 处的结合能与 nZVI 相

似，但 nZVI@GTBC 表面铁和氧的结合能的增加表明其表面的氧化程度低于 nZVI。N 1s 光谱（图 6-18e）在 399.77 eV 的峰反映了 nZVI@GTBC 中氨基的存在。Fe 2p 光谱中分出的 4 个峰也表明 nZVI@GTBC 表面被氧化（Fe-O_x），但 Fe^0 的强度（704.73 eV）低于 nZVI（图 6-18f）。

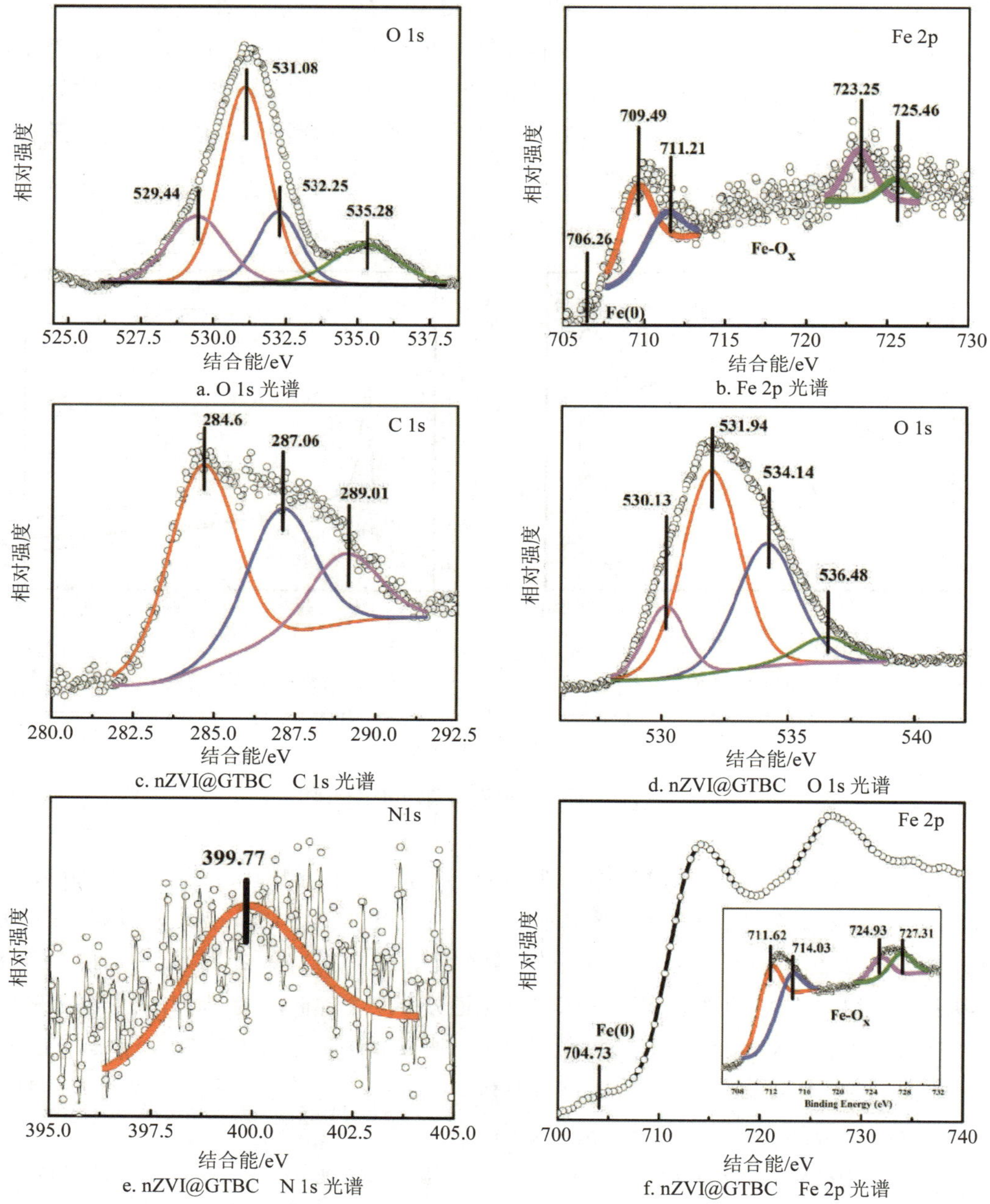

图 6-18 nZVI 的 XPS 表征

使用 SEM 探究材料表面形貌结构时发现，在纳米尺寸效应与材料磁性共同作用下，nZVI 呈现聚集的球形结构（图 6-19a）。高温热解过程引起绿茶的碳化，释放出绿茶中的可挥发性组分，因此可以在 GTBC 表面观察到明显的微孔和囊泡结构（图 6-19b）。nZVI@GTBC 中可以看到生物炭表面形成了球形的 nZVI 颗粒，并且很好地黏附和分散在材料表面和孔隙中（图 6-19c）。使用 TEM 进一步观察，nZVI 呈球形且排布致密，平均粒径为 50～250 nm（图 6-19d）。GTBC 表面可明显看到排列无序、致密且重叠的多孔碳层，平均孔径在 500 nm 以上（图 6-19e）。nZVI@GTBC 可以看到多孔碳层上负载了呈球状的零价铁颗粒（平均粒径在 50～200 nm）（图 6-19f），这同样证明纳米零价铁被成功负载至绿茶生物炭表面。

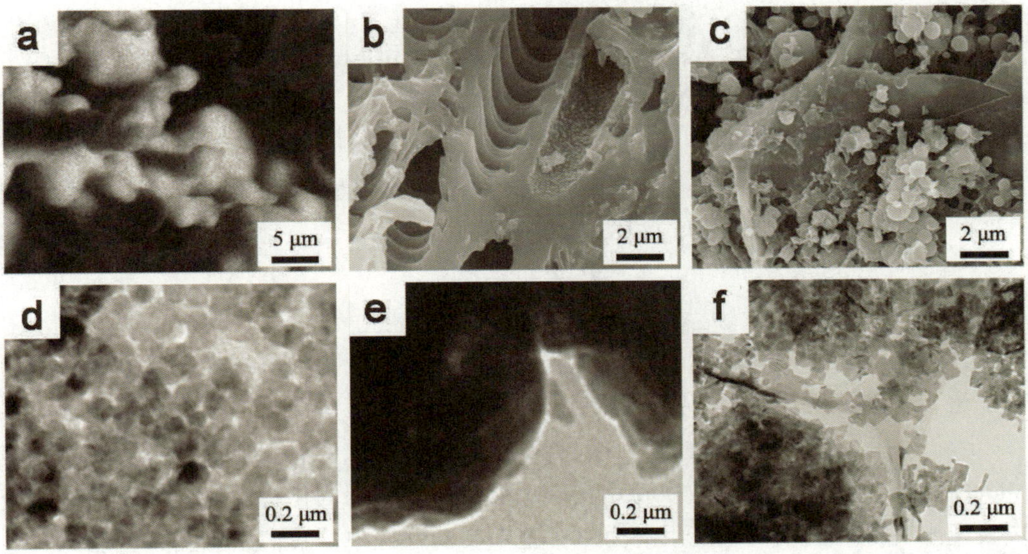

a. nZVI；b. GTBC；c. nZVI@GTBC；d. nZVI TEM 图；e. GTBC TEM 图；f. nZVI@GTBC TEM 图

图 6-19 复合材料形貌 SEM 图（a~c）和 TEM 图（d~f）

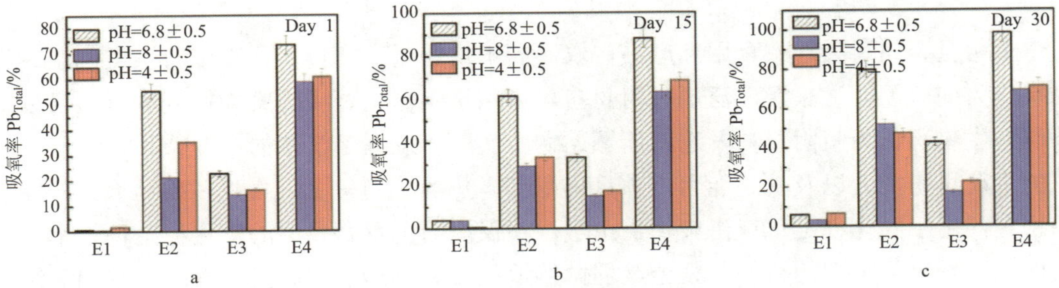

注：E1：空白对照；E2：添加 nZVI；E3：添加 GTBC；E4：添加 nZVI@GTBC

图 6-20 不同材料在不同 pH 环境下对铅的固定化效果

在不同土壤酸碱度条件下（pH=4.0±0.5、pH=6.8±0.5、pH=8.0±0.5）探究nZVI@GTBC对土壤铅污染的固化稳定化能力，结果发现nZVI@GTBC在pH=4.0±0.5的土壤中能观察到增长的趋势，但对铅的固定化效率低于pH=6.8±0.5的处理组。虽然nZVI@GTBC第30天在pH=8.0±0.5土壤中也表现出较好的固定化效率，但在实验过程中受到较大影响，这可能是由于较高的土壤pH增加了材料表面的电荷，降低了生物炭与nZVI之间的迁移性、活性并增加两者间的静电斥力，导致nZVI持续被氧化。因此在本实验条件下，土壤自身的pH（pH=6.8±0.5）是绿茶生物炭负载纳米零价铁材料较为合适的使用条件。

综上所述，nZVI@GTBC可有效固定重金属铅，对铅污染的土壤具有较强的修复能力。本实验研究了绿茶生物炭负载纳米零价铁对土壤铅污染的固化稳定化效率，主要结论如下：

①绿茶负载纳米零价铁（nZVI@GTBC）适用于pH=6.8±0.5（土壤背景值）的土壤环境。绿茶提取液和生物炭使纳米零价铁具有更好分散性和稳定性，有助于提升其土壤重金属铅的固化稳定化效率。

②在30 d的实验周期内nZVI@GTBC对铅的固化稳定化作用明显，效率达到了98.33%，比单独使用nZVI提升了18.75%的固定化效率。

6.5.5 学生感悟

在对生物炭的性质和用途进行了前期文献调研之后，我们对生物炭的种类、发展现状有了进一步的认识。然后，结合本专业知识进行了实验研究，旨在提高土壤中铅的固化/稳定化效率。针对传统生物质难固液分离回收的缺点，我们利用了磁性可以使nZVI@GTBC复合生物炭在数次使用之后仍保持较高的铅固化稳定化效率的特点，使生物炭表现出良好的回收再生应用潜力。在整个实验过程中，我们大家互帮互助，一起整理分析数据，一起讨论实验结果。在本次实践活动中小组同学体验到了科学研究的乐趣，受益匪浅，收获良多。

6.5.6 导师点评

土壤重金属污染导致食用林产品、农产品中重金属高富集，严重威胁人类健康。生物炭作为简单易得、来源广泛的吸附材料，可用于土壤重金属污染物修复。该项目以绿茶制备生物炭作为吸附材料，选题新颖、切合实际，发挥了学生的专业特长，提高了学生的主动思考能力以及动手能力。项目采用高温热解法制备了负载茶多酚零价铁的绿茶生物炭，用于固化稳定化铅污染物的土壤，不仅提高了重金属铅的固化稳定化效率，还实现了“变废为宝”的目的。整个过程做得很扎实，包括前期研究方案的制定和后续研究结果的讨论与分析。同学们掌握了实验设计的基本步骤，及其实验的基本操作及表征分析，提高了分析解决问题的能力。

课后思考题

1. 结合案例，谈谈你对创新研究课题的理解。

2. 土壤是维持人类生存与发展的重要资源，对污染的土壤进行修复治理，就是维护生态协调、人体健康和资源可持续利用具有重要意义。请问同学们了解我国土壤环境状况吗？影响土壤质量的因素有哪些？目前存在哪些问题？

6.6 纳米石墨烯——高效绿色纳米净水材料

6.6.1 选题背景

我国人均水资源量仅为世界平均水平的 1/4，为全球人均水资源最贫乏的国家之一。据统计，我国工业生产废水以及人们日常生活污水每日的排放量约为 1.64 亿 m^3。由于部分城镇地区污水处理设施不完善，造成水环境污染问题越来越严重。有机污染物和重金属污染物已成为影响我国水环境安全的重要因素，一些利用传统方法很难降解的或存在二次污染的污染物一旦释放到环境中会对周围生态环境产生严重影响。在此背景下，发展高效、无二次污染的净水技术迫在眉睫。

与传统的水污染处理技术相比，光催化技术因其温和的操作性能反应条件、优异的去污能力、更好的理化稳定性、更低的能量消耗和广谱的强氧化性被学者们广泛研究，为环境治理的良性发展提供了新的路径。石墨烯，尤其是氧化石墨烯，不仅比表面积巨大，而且可以增强半导体的光催化能力，另外其导电性还可以迅速转移电子，降低复合率。此外，石墨烯作为一种净水剂，具有反应条件温和、净水效果好、价格低廉、环境友好等特性而备受研究者们的青睐，可为水污染治理领域提供了一条新的思路。那么如何改性石墨烯来实现更加高效的光催化性能呢？研究多元石墨烯基光催化纳米材料的制备也许可以解决这一问题。

6.6.2 项目目标

针对难处理、难降解的有毒有害废水净化问题，本研究立足于新型高效复合催化材料的合成及技术的研发，利用非金属二维多功能石墨烯独特的平面结构、优越的电子导电性和流动性以及通过掺杂过渡金属以改变半导体的晶体结构等策略来制备得到理想高性能的三元石墨烯基 TiO_2 纳米复合材料，为水体净化提供一种新型高效、绿色环保无二次污染等优点的材料，促进生态平衡与经济发展，以期为光催化技术的应用研究提供一定的理论支撑。

6.6.3 项目内容与研究方法

本研究主要利用原位光还原技术、水热法制备以及高温浸渍法等制备得到理想高性能的过渡金属掺杂 TiO_2/石墨烯的三元纳米复合材料：通过超声波浸渍辅助原位光还原策略制备得到 Ag/TiO_2/rGO 三元光催化剂，并探究各因素对 Cr（VI）光还原和四环素（TC）光催化影响；通过调控优化水热法以及高温浸渍法的反应条件，制备得到成本低、性能优越的 M/TiO_2/石墨烯系列三元复合催化剂，进而探究各因素对污染物 TC 降解效率的影响，分析降解机理及过程，以达到增强光催化活性的目的。具体的实施过程如下：

（1）确定最佳制备条件

①采用改进的 Hummers 氧化法制备单层的氧化石墨烯，制备流程如图 6-21 所示。

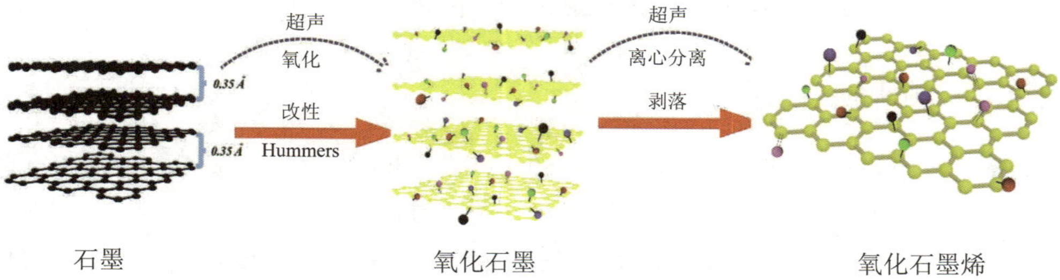

图 6-21　采用改进的 Hummers 氧化法制备单层的氧化石墨烯流程

②采用超声波浸渍辅助原位光还原策略，通过调控贵金属的掺杂量、反应溶剂的浓度、光还原时间等因素制备得到最优 Ag/TiO_2 二元光催化剂；在此二元光催化剂的基础上，通过调控 GO 的掺杂比和光照时间等因素，原位光还原法制得 Ag/TiO_2/rGO 三元复合光催化剂（图 6-22）。

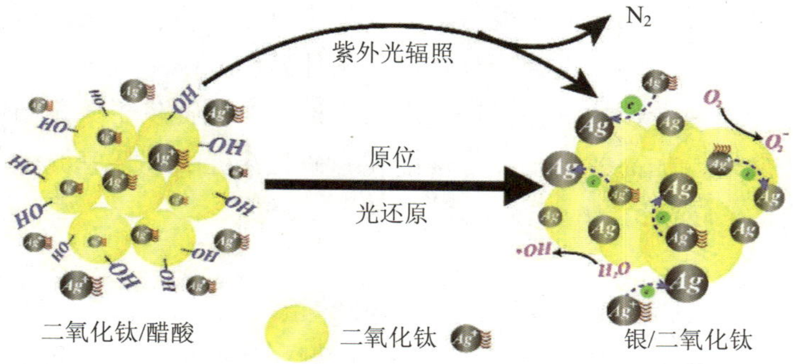

图 6-22　制备超痕量银掺杂的二氧化钛催化剂流程

（2）材料的表征分析

采用透射电镜扫描（TEM、HR-TEM）、X 射线衍射分析（XRD）、X 射线能谱分析（EDS）、紫外可见漫反射分析（UV-vis，DRS）、X 射线光电子能谱（XPS）、电感耦合等离子体原子发射光谱法（ICP-AES）、傅里叶红外光谱（FTIR）、电子顺磁共振（EPR）、比表面积分析仪（BET）、Zeta 电位等表征检测手段对在较优条件下制备的三元复合光催化材料的表观结构、表面特征和表面成分进行观察分析。

（3）模拟废水去除实验

本实验利用较佳条件下制备得到的三元复合光催化剂对重金属 Cr（VI）、TC 模拟废水进行了催化去除，系统地探究了溶液初始 pH、催化剂用量、初始浓度、光照强度、共存离子等条件对光催化效能的影响。

6.6.4 结果与讨论

从图 6-23a 中可以看到，半透明的石墨烯纳米结构呈超薄片状，表明制备得到的氧化石墨烯具有较好的单层结构，这可为 TiO_2 的有效分散和 Ag^+的良好吸附提供优质的前提。图 6-23b 中显示的是 TiO_2 的 TEM 图像，可以看到样品为球状形态，符合商用纳米二氧化钛（P25）的一般形态。我们通过计数 132 个球形颗粒，绘制出了粒径分布直方图，并且计算得到其直径约为（24±3）nm。图 6-23c 为 $Ag/TiO_2/rGO$ 的 TEM 图像，可以明显地看出二氧化钛很好地附着在氧化石墨烯片层结构上。并且，与图 6-23b 相比发现，GO 的负载明显增加了 TiO_2 的分散性，这有利于光生电子和空穴的分离，强催化效率。另外，通过高分辨率的透射电镜（HR-TEM）进一步确定样品的晶格暴露情况可知（如图 6-23d），TiO_2 纳米颗粒在邻近的晶格条纹之间形成良好的间隔为 0.35 nm，这与锐钛矿型 TiO_2 的{111}面的 d 间距（d=0.35 nm）很好地吻合。

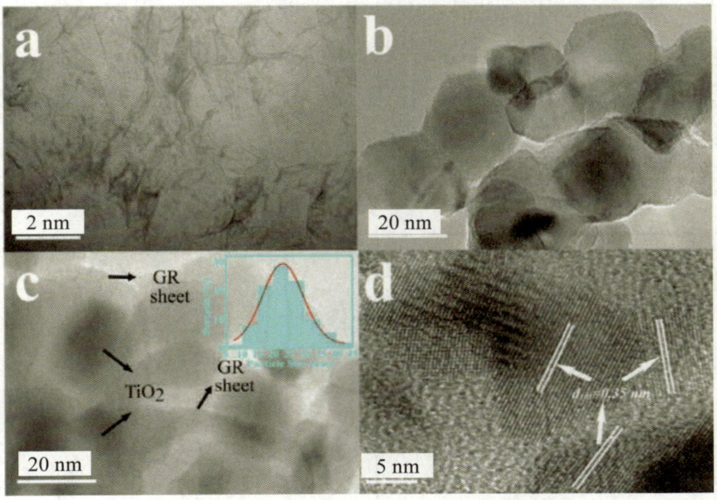

a. 纯 GO；b. TiO_2 TEM 图像；c. $Ag/TiO_2/rGO$ 复合物的 TEM 图像：$AgTiO_2/rGO$ NP 大小的分布（通过对 132 个粒子进行计数获得）；d. HR-TEM $Ag/TiO_2/rGO$ 复合材料的图像

图 6-23 形貌表征图

改性后的光催化复合材料均对 TC 和 Cr（VI）的去除表现出更优异的光催化活性，

超过 80%的 TC 和 Cr（VI）分别在 10 min 和 25 min 内被除去，并且在 60 min 内具有更好的去除率（图 6-24）。这是因为碳材料增加了电子的传输速率，促进了碳—金属之间界面异质结构的形成，进而抑制了 e^-/h^+对的复合，大大提高了光催化效率。另外，通过掺入碳材料作为半导体的光敏剂，可使复合物的费米能级向更低的方向移动，从而增强可见光的吸收范围和强度，以提高光能的利用。

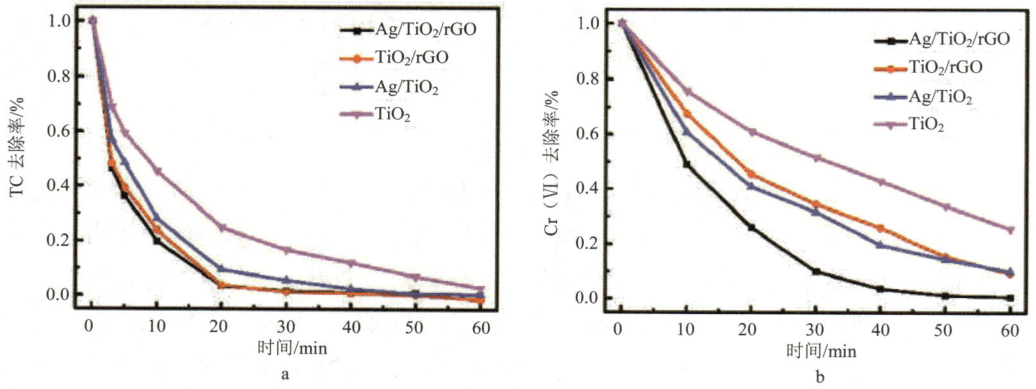

图 6-24　不同光催化材料对 TC（a）和 Cr（VI）（b）去除的影响（[Cat]=1 g/L，[Cr（VI）]=20 mg/L，[TC]=20 mg/L，60 min 辐照）

两种污染的去除效果随着循环次数的增加过程都有所下降，但 Cr（VI）去除率的减少更为明显。这是由于四环素降解在过程中产生的小分子不易黏附在催化剂表面，而 Cr（VI）还原产生的 Cr（III）却很容易占据光催化材料的表面活性位点，导致剩余的 Cr（VI）不能到达反应界面。而且，无效吸附也降低了光能利用效率，从而大大降低了催化性能。尽管如此，如图 6-25 表示，在该实验中 5 个循环后的还原效率仍然大于 80%，表明催化剂具有较好的再生能力和水相稳定性，并且可以作为从水中去除污染物的优异催化剂。

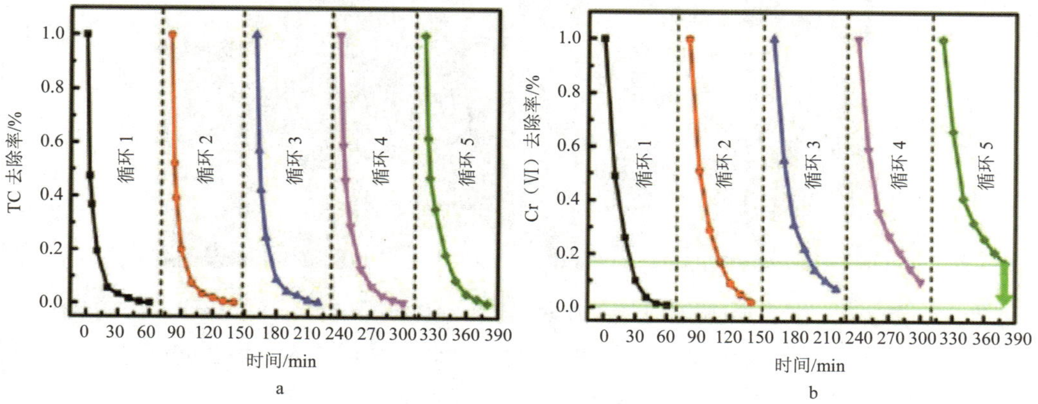

图 6-25　$Ag/TiO_2/rGO$ 在 TC（a）和 Cr（VI）（b）上循环 5 次的可重复使用性（[Cr（VI）]=20 mg/L，[TC]=20 mg/L，[Cat]=1 g/L）

结果表明，通过一系列表征可知产品中的二氧化钛晶体未遭到破坏，直径约为（24±3）nm。设计产品的电子耦合系统需具有有效增强的光吸收和更优异的光催化活性，而本产品的光催化活性显著提高，其光催化活性为市售 P25（气相法二氧化钛）的 4.3 倍和 2.5 倍，五次循环使用所得光催化剂的效率保持在 80%以上。该工作中获得的石墨烯基三元光催化剂是优异的并且有望可以有效且经济地用于大规模水处理。

6.6.5 学生感悟

通过这次实验，我们大大地拓宽了眼界，提高了实验实践能力！首先，我们制备了单层的氧化石墨烯；其次，在不使用任何还原剂的情况下将银离子完全光还原，制备得到超痕量银掺杂的二氧化钛催化剂；最后，采用原位超声浸渍和原位光还原技术得到 $Ag/TiO_2/rGO$ 三元复合纳米催化材料。这次研究过程让我们深刻体会到实验前的专业知识储备的重要性，也就是要事前了解将要做的实验的有关材料，如实验要求、实验内容、实验步骤，最重要的是要记录什么数据和怎样做数据处理等。同时，也让我们明白了做实验不要一成不变和墨守成规，应该有改革创新的精神。

6.6.6 导师点评

项目对国内外净水技术进行了前期调研，分析了现有技术存在的缺点和问题，提出了一种新型高效、绿色环保、无二次污染等优点的三元复合催化剂。该项目不仅在处理工业、畜牧业、农业等产业产生的废水方面发挥着重要的作用，还为未来相关研究提供了开阔的思路和参考依据。在实践活动过程中，同学们勇于创新，大胆提出自己的想法与思路，并主动与指导老师交流实验进展情况与存在的问题，利用本专业自身优势实现净化水质、提高催化剂利用率、节约成本的目的。通过本次活动，学生们感受了科学研究的魅力，认识到了团结协作的重要性，以及扎实的专业基础知识储备的重要性。

课后思考题

1．查阅近几年《中国生态环境状况公报》，以小组为单位讨论并总结我国水体生态环境状况，思考我们该怎么做？

2．清洁能源主要是太阳辐射能、风力、水力、地热、氢燃料、生物能以及海洋波浪、海流、海水温差、潮汐等能源。这些能源都蕴藏着巨大的能量，并逐步被开发利用。请结合自身所学，谈谈未来清洁能源利用存在哪些机会和挑战。

6.7 光催化水处理膜——多学科交叉领域的探索

6.7.1 选题背景

党的十九大报告中指出，人与自然是生命共同体，人类必须尊重自然、顺应自然、保护自然。我们要建设的现代化是人与自然和谐共生的现代化，既要创造更多物质财富和精神财富以满足人民日益增长的美好生活需要，也要提供更多优质生态产品以满足人民日益增长的优美生态环境需要。

2021 年 1 月，国家发展和改革委等十部门出台了《关于推进污水资源化利用的指导意见》，意见指出我国目前污水资源化利用尚处于起步阶段，且发展不充分，利用水平不高，与建设美丽中国的国家发展需求还存在不小差距。膜分离技术是“21 世纪的水处理技术”，符合绿色发展理念。然而，膜污染已成为限制膜技术进一步发展的主要障碍。光催化技术以氧气和水为原料，以太阳能为驱动力，通过在光催化材料表面产生活性氧物种，实现对空气和水中污染物的化学降解。将光催化技术与膜分离技术耦合，不仅可以解决光催化剂回收难、需要载体的问题，且能够直接降解膜表面污染物，实现膜“主动”抗污染和自清洁能力。那么如何实现光催化技术与膜分离技术的协同作用？该方案是否具有可行性？协同技术可以解决当下什么环境问题呢？带着上述的问题，我们开展了本次创新实践活动。

6.7.2 项目目标

本项目将光催化技术与膜分离技术协同，通过两种材料有机结合，设计并构筑出兼具分离和净化功能的光催化水处理膜产品，从而极大地降低水治理方案的设备、人工和能耗等成本。项目通过光催化膜结构表征和性能测试，探究所获得的复合膜的构效关系，拓宽光催化膜的使用范围。项目的研究涵盖化工、材料、环境、能源、生物和计算机等多个学科，将有效促进学科间的交叉融合。项目的研究内容不仅符合生态文明理念，具有较强的必要性和广阔的应用前景，且能够培养学生综合实践能力，并积极参加创新创业比赛、交叉学科竞赛的能力。

6.7.3 项目内容与研究方法

MXene 是一种具有独特微观结构和理化性质的新型二维过渡金属碳化物或碳氮化物。通过自组装等方式开发出的 MXene 基二维高性能膜材料，有望打破分离过程渗透性与选择性之间的“trade-off”效应。然而 MXene 膜分离功能较单一、抗污染性能差以及在水中极易溶胀等缺点大幅度限制了其在废水处理领域的应用。本项目利用元素掺杂策略改性光催化剂 $Bi_2O_2CO_3$，并将其与 MXene 纳米片耦合研发出新型光催化膜。

具体的研究内容如下：

①采用 LiF+HCl 混合溶液刻蚀 MAX（Ti_3AlC_2）制备出 MXene（$Ti_3C_2T_x$）二维片层

材料，并以低温化学法制备出 N 元素掺杂的铋系光催化剂 N-$Bi_2O_2CO_3$。

②通过真空辅助抽滤法将上述两种材料堆叠于聚醚砜（PES）支撑层上，制备了一系列 N-$Bi_2O_2CO_3$@MXene/PES 复合膜，制备过程如图 6-26 所示。

③分别以典型的油水乳浊液和染料溶液作为目标污染物，探究了光催化膜对不同尺寸、不同类型污染物的分离效果，以及膜的抗污染和抗菌能力。

④以有限元模拟和密度泛函理论等模拟计算，验证了光催化剂与 MXene 纳米片之间的构效关系以及光催化性能提高的深层原因。

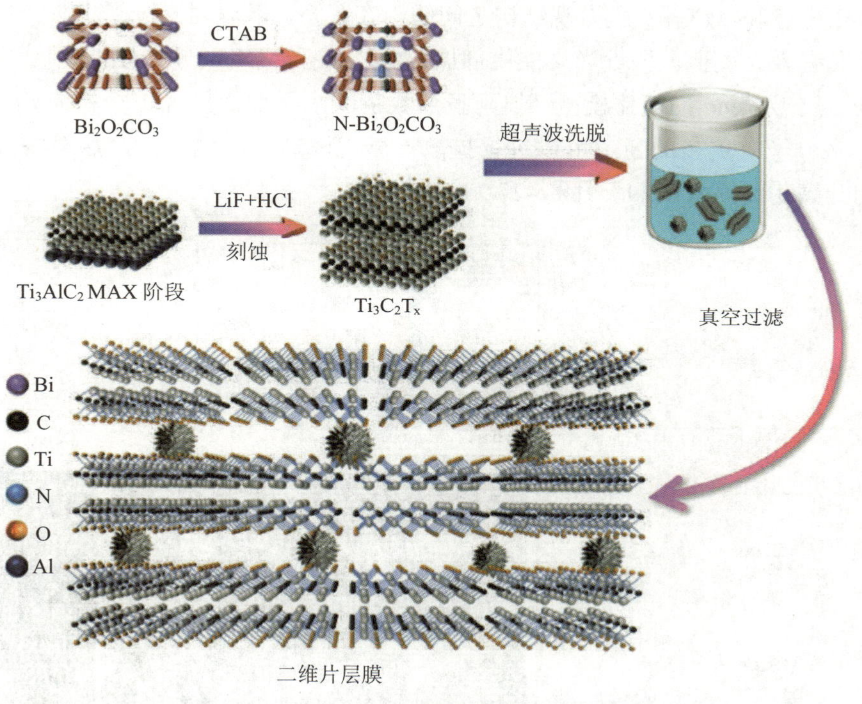

图 6-26　N-$Bi_2O_2CO_3$@MXene 光催化膜制备流程

6.7.4　结果与讨论

从图 6-27（a）和图 6-27（b）可以看出，纯 MXene 膜的水接触角为 71.2°，纯水通量仅为 267.3 LMH（压力 1bar）。然而随着光催化剂 $Bi_2O_2CO_3$ 的加入，MXene 光催化复合膜的接触角值急剧下降，亲水性显著提升，且 N-$Bi_2O_2CO_3$@MXene/PES 复合膜达到最佳，此时水滴可在 3s 内完全润湿膜表面，相应地水通量也增大了两倍，达到了 815.3 LMH。复合膜超高的水通量首先要归因于光催化剂的引入，它带来了相邻 MXene 纳米片之间层间距的扩大和膜分离层中纳米渗透通道数量的增多。根据图 6-27（d）中展示的不同膜的 XRD 图谱可知，随着光催化剂的加入，MXene 特征峰的位置略有偏移且峰值强度有所下降。通过 Bragg 方程计算，纯膜和最佳膜的 d 间距分别为 13.8 Å 和 17.0 Å。

此外，从图 6-27（e）和图 6-27（f）不同复合膜的断面 SEM 图可以观察到，纯

MXene 膜分离层的厚度约为 1.5 μm，由数百层 MXene 纳米片紧密堆积而成。然而，改性膜分离层的厚度随着光催化剂的加入也明显增加，达到 30 μm［图 6-27（g）］。在图 6-27（h）中，可以看到类花状的 N-$Bi_2O_2CO_3$ 光催化剂均匀分布在 MXene 片层结构中，并构成了许多微米级的孔道，使得分离层的层间距变大，这与 XRD 分析结果一致。而且添加光催化剂后膜的平均粗糙度也大幅增加［图 6-27（i）和图 6-27（j）］。值得关注的是，即便分离层层间结构发生显著变化，光催化复合膜对油水乳浊液（润滑油和植物油）依然展现出了高于 99%的截留率［图 6-27（c）］，并维持了较高的渗透通量。为了探寻宏观水通量和 MXene 膜微观结构之间的内在关系，项目对水分子在膜分离层的渗透路径进行了有限元模拟。假设当光催化剂加入后，会在 MXene 片层结构中形成折流点，并建立了三层 MXene 的简化模型（以阿拉伯数字 1 表示层内出现 1 个折流）。折流点的出现使得水分子有更多的通道可以进行扩散，微观渗透速度也更高，这最终带来了宏观水通量的升高［图 6-27（k）～图 6-27（m）］。

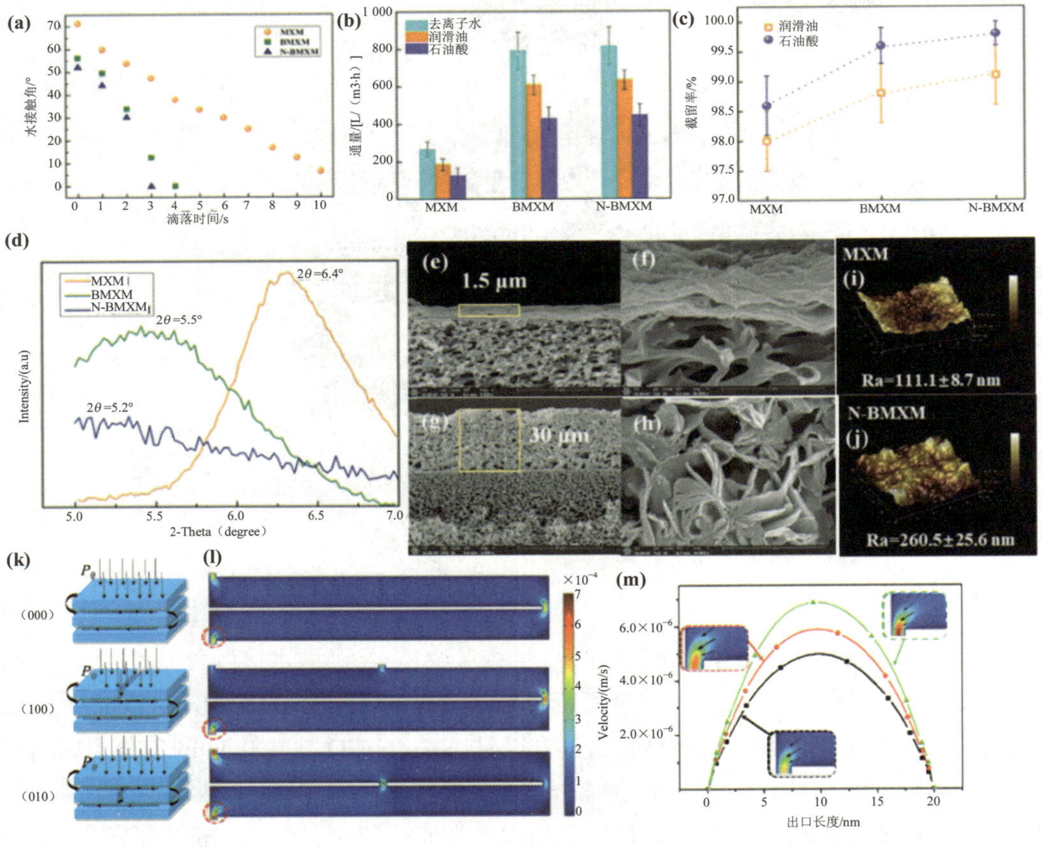

（a）光催化膜的水接触角随滴落时间的变化；（b）光催化膜的纯水和油/水乳液的通量；（c）光催化膜的截油率；（d）光催化膜的 XRD 表征；（e～h）改性前后膜的断面 SEM 图像；（i～j）改性前后膜的 AFM 图；（k）有折流点和无折流点的三层 MXene 三维模型；（l）不同折流点形成的 MXene 缝隙中的水流速度曲线，包括（000）、（100）和（010）；（m）不同折流点形成的水流在出口处的速度分布

图 6-27　复合膜分离性能分析图

此外，项目还通过 DRS 表征评估了 $Bi_2O_2CO_3$ 和 N-$Bi_2O_2CO_3$ 两种光催化剂的光学特性。如图 6-28（a）所示，N-$Bi_2O_2CO_3$ 吸收边缘显示出明显的红移，在可见光范围内表现出吸收拖尾（400～700 nm）。通过 Kubelka-Munk 函数的计算，带隙宽度从 2.71 eV 减少到 2.43 eV［图 6-28（a1）］，这表明通过 N 掺杂改善了 $Bi_2O_2CO_3$ 在紫外区甚至可见区的光催化活性。将分离操作后的膜和渗透液一并取出，放入光催化装置中进行光降解评价，得到实验结果分别如图 6-28（b）和图 6-28（c）所示。N 掺杂前最佳组光催化改性膜对刚果红、曲利苯蓝和罗丹明 B 的综合去除率分别为 99.9%、73.4%和 46.7%。通过 N 掺杂后，复合膜的性能得以进一步提高，对上述 3 种不同染料的综合去除率分别高达

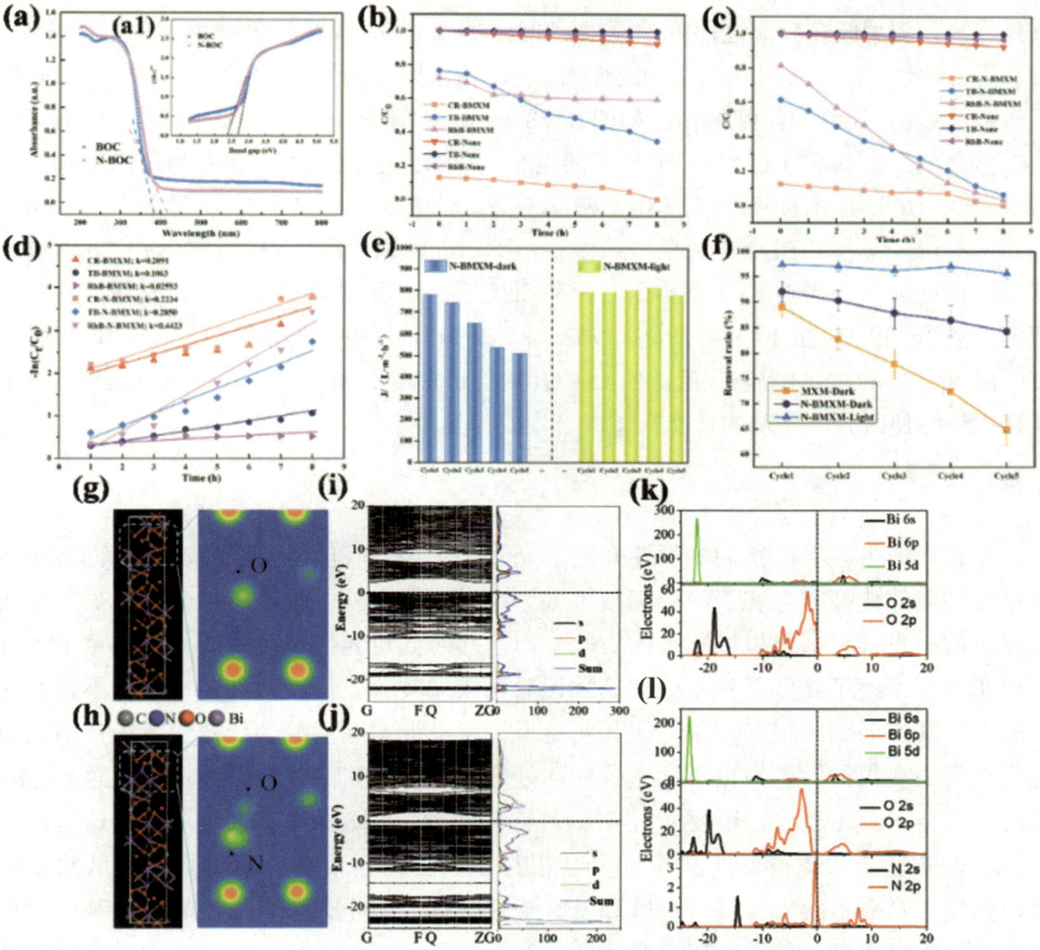

（a）BOC 和 N-BOC 的紫外漫反射光谱（DRS）；（b～c）N 掺杂前后的光催化膜降解染料溶液效果；（d）N 掺杂前后的光催化膜染料降解的动力学线性模拟曲线；（e～f）最优膜在黑暗和可见光照射下的通量和染料去除率的变化；（g～h）$Bi_2O_2CO_3$ 和 N-$Bi_2O_2CO_3$ 的晶体结构和电子分布；（i～j）$Bi_2O_2CO_3$ 和 N-$Bi_2O_2CO_3$ 的能带结构和状态密度；（k～l）$Bi_2O_2CO_3$ 和 N-$Bi_2O_2CO_3$ 的导带和价带

图 6-28 光催化膜性能分析

99.9%、98%和 98.4%。图 6-28（d）显示了染料降解的反应动力学：对于 $Bi_2O_2CO_3$@MXene/PES 膜而言，速率常数 k 分别约为 0.209 1 min^{-1}、0.106 3 min^{-1} 和 0.025 93 min^{-1}，而对于 N-$Bi_2O_2CO_3$@MXene/PES 膜，其 k 值分别为 0.223 4 min^{-1}、0.285 0 min^{-1}、0.442 3 min^{-1}，分别增加了 1.1 倍、2.7 倍和 17.1 倍。以上结果均证明了 N 掺杂有利于增强光催化膜的综合性能。图 6-28（e）～（f）显示了在不同渗透循环中，不同膜的通量和染料去除率的稳定性。在黑暗条件下，最优膜的通量在五次循环后从 778.9 LMH 下降到 510.7 LMH，并且对染料的去除率分别从 92%下降到 84.3%。然而在光照条件下，最优膜的膜通量几乎没有明显衰减，并且在五个循环中依然保持较稳定的染料去除率（超过 95%）。这是因为膜表面积累的染料污垢层在光照条件下，被光催化剂有效降解。新型膜在分离过程中无须化学试剂清洗，具有较好的应用潜力。

为了证明 N 掺杂对光催化剂的作用，项目采用了密度泛函理论（DFT）模拟并构建了掺杂前后的（001）晶胞结构，如图 6-28（g）～（h）所示。氮原子存在于$[Bi_2O_2]^{2+}$和$[CO_3]^{2-}$之间，且其和 CO_3^{2-}中 O 原子的电子云分布发生重叠。N 掺杂后，$[Bi_2O_2]$层中的 Bi 原子和$[CO_3]$层中 O 原子上的电子密度下降，带隙也从 2.482 eV 明显下降到 1.017 eV［图 6-28（i～j）］。$Bi_2O_2CO_3$ 的导带主要由 Bi 6p 轨道组成，VB 主要由 O 2p 轨道组成［图 6-28（k）］。当 N 原子被掺入时，N 2p 轨道将出现在价带中并通过禁带。在 VB 的顶部，N 2p 和 O 2p 轨道被杂化，N 2s 和 O 2s 轨道也在价带的深层被杂化［图 6-28（l）］。在 N 和 O 轨道杂化后，$Bi_2O_2CO_3$ 的价带变得更加分散，这有利于光生载流子的迁移，最终使得光催化剂的性能有了进一步的提升。

6.7.5 学生感悟

在老师的带领下，我们本学期开展了光催化水处理膜创新实践活动，这也是我第一次接触“光催化技术”和“膜分离技术”。通过这次实验，项目小组学到了很多东西，虽然以前也看师兄师姐做过相关的实验，但是那时候对光催化技术的原理完全不了解，到现在基本了解了光催化技术的理论知识后再来做实验，反而感到轻松了。不过在整个实验中，其实遇到了很多困难，比如实验设计不贴近实际情况、仪器设备操作不熟练甚至不会用、获得的实验数据不知道该如何处理、分析数据的软件不会用等问题。还有画图时，要会用画图软件，还要懂得 Excel 软件的插入图表命令。如果不解决这些困难的话，整个实验就很难继续下去，而且会很打击自己的自信心、消退热情。虽然做实验时，指导老师会讲解一下实验步骤和怎么记录数据，但是如果自己没有一些基础知识，那也是很难做得下去的。所以，我非常感谢我的指导老师、师兄师姐和同学们的帮助，让我从一开始一窍不通甚至有些畏惧，到后面的熟悉、喜欢、享受和成就感。

6.7.6 导师点评

刚开始做实验的时候，由于学生的理论知识基础不好，在实验过程遇到了许多难题，也使学生们感到了理论知识的重要性。让学生在研究中发现问题，自己看书，独立思考，最终解决问题，从而也就加深了学生对课本理论知识的理解，达到了“双赢”的效果。光催化是近年发展起来的一种节能、高效的环保新技术。而膜分离技术可以在节约能源的同时有效分离污染物。本次创新实践活动让同学们了解、熟悉并掌握了改善环境污染的新技术，不仅丰富了他们的知识面，还增强了他们的动手能力。

课后思考题

1. 调研当前国内外膜分离技术的研究现状，思考光催化膜还可以有哪些应用场景。

2. 交叉领域已经逐渐成为研究热点。请思考并查阅自己专业有哪些涉及交叉领域的研究方向，谈谈如何结合各学科的特点产出高水平原创成果，锻炼自己的综合实践能力。

实践练兵

环境十大问题是指大气污染问题、水环境污染问题、垃圾处理问题、土地荒漠化和沙灾问题、水土流失问题、旱灾和水灾问题、生物多样性破坏问题、WTO 与环境问题、三峡库区的环境问题、持久性有机物污染问题。请同学们以小组为单位通过问卷调查、现场取样、数据分析等方法，收集周围生态环境污染状况的相关资料并提出相应解决措施，以小组为单位进行成果展示。

第 7 章

科技成果转化、保护与法律风险防范

加强知识产权保护。这是完善产权保护制度最重要的内容，也是提高中国经济竞争力最大的激励。

——2018 年 4 月 10 日，习近平在博鳌亚洲论坛
2018 年年会开幕式上的主旨演讲

学习目标

【知识与技能】

1. 了解国内高校成果转化和技术转移基地典型经验；
2. 理解科技成果转化的内涵和主要转化模式；
3. 掌握创新成果保护的方法与途径；
4. 熟悉常见的创新创业法律风险和防范措施。

【过程与方法】

1. 增进学生将科技成果向现实生产力转化意识；
2. 培养学生知识产权保护的意识，合理使用成果保护的方法；
3. 增强学生识别创新创业法律风险能力与防范意识。

【情感态度与价值观】

1. 正确认识科技成果转化的意义，主动思考科技成果转化路径；
2. 形成知识产权保护和法律风险防范意识，积极推动我国法治社会的建设。

教学建议

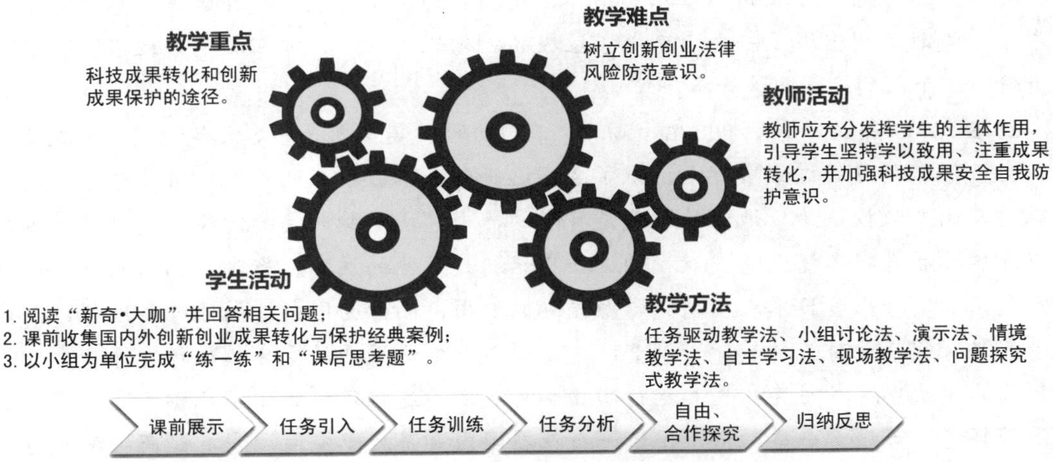

新奇·大咖

从“破烂王”到“钴王”：中国绿色低碳发展理念的实践者许开华

在接受媒体采访时，许开华曾自嘲为“丐帮帮主”“破烂王”，但通常大家都称呼他“许教授”。在创业之前，许开华是中南大学的教授，这个大学培养了一批动力电池行业的领军人物，如比亚迪的王传福、容百科技的白厚善等。

近年来，垃圾分类回收似乎成了最火的话题。随着科技的高速发展和时代的变化，人们开始对电视、手机、计算机等电子类产品有着更高的要求，使得这些层出不穷的高科技产品更新换代更加频繁了。可以看到全球的电子垃圾也越来越多。数据显示，2019 年全球电子垃圾超过了 4 800 万 t。如果按照这速度发展下去，到 2050 年每年的电子垃圾总量将达到 1.2 亿 t，而这些电子垃圾能利用的只有 20%。然而，很多人并不知道，电子垃圾实际上含有多种有毒有害物质，如果处理不当，会严重危害环境和人体健康。

那么，面对电子垃圾的“堆积如山”，我们真的束手无策吗？在这种特殊的背景和需求下，湖北荆州出现了一个专克电子垃圾的“破烂大王”，靠回收电子垃圾赚了数百亿身价，这个人的名字叫许开华。

20 世纪 60 年代，许开华出生于湖北，在创办格林美之前是一名大学教授。一次偶然的机会，他在赴日的过程中有幸认识了名声远扬的山本教授，两人经过对地球环境的一番探讨，山本教授认为，地球的承载是有限的，当环境受到一定的污染程度时，如不能加以处理，后果将不堪设想。教授的这一番话引起了他的注意。当时，细心的许开华就留意到，其实有很多日本人在研究资源循环的利用，而身为同行业的他并不理解，于是带着各种疑问，他对市场展开了调查，才发现废弃电池里面的重金属对环境污染十分严重，而为了减少这种污染，将其进行回收和再利用，这样不仅绿化了环境还减少了原矿资源的耗费，可谓是一举两得，但这一行业在国内却是处于空白，富有经商头脑的他觉得这是个千载难逢的机会，便由此萌生出了自己创业的想法。

多年来，许开华教授建成了国内最大的废电池、废电子产品绿色处理基地，废旧家电和小型废电池年回收处理量占中国垃圾总量的 10%以上。他是中国城市矿产资源开发的开拓者和实践者，成为国内电子产品回收领域的领军人物。

许开华现为我国著名电子垃圾回收企业——格林美股份有限公司创始人，公司主营业务为回收废电池、电子废弃物等废旧资源，循环再造高新技术产品。他是对国内电子废弃物、废旧电池进行经济化、规模化循环利用的领导者。

20 年来，格林美始终坚持“资源有限、循环无限”的产业理念与“城市矿山+新能源材料”的产业战略，通过建立资源循环模式和清洁能源模式来践行推进“碳达峰、碳中和”目标。公司年报显示，2020 年格林美营收 124.66 亿元，净利润 4.13 亿元，2021 年一季度营收 37 亿元，净利润 2.76 亿元，创下历史新高。公司自 2010 年登录深交所，便开启了其快速发展的脚步，是深圳 100 强第 58 位、全国制造业 500 强。

在许开华的带领下，格林美目前拥有 16 个大型的电子废弃物、报废汽车、废电池回收基地，庞大的回收渠道和网络体系，可在全国回收超过 400 万 t 垃圾，利用循环供应模式解决稀缺资源的供应矛盾，格林美无疑是资源循环行业的超级巨头。

（改编自新华社客户端《董事长专访丨从“破烂王”到钴王　格林美开创美丽新能源世界》）

动动脑

1．2013 年 7 月 22 日，习近平总书记考察了格林美武汉园区，高度赞扬格林美的处理模式，并现场嘱托：“变废为宝，循环利用是朝阳产业。垃圾是放错位置的资源，把垃圾资源化，化腐朽为神奇，既是科学，也是艺术。你们要再接再厉。”请同学们以“变废为宝”“循环利用”为主题，讨论日常生活中如何废物利用。

2．习近平总书记指出：绿水青山就是金山银山。保护生态环境就是保护生产力，改善生态环境就是发展生产力。近年来国家大力整治生态环境，请同学们以小组为单位，谈谈家乡近几年生态环境的改善情况。

3．2020 年 10 月，中国在第 75 届联合国大会一般性辩论上向世界庄严承诺：“二氧化碳排放力争 2030 年前达到峰值，努力争取 2060 年前实现碳中和。”这一承诺已经列入中国今后 10 年乃至 40 年的国家发展的重要目标之一。请同学们思考“碳中和”对中国到底有何意义。作为新时代大学生我们能为绿色低碳发展做些什么？

7.1 全国首批高校成果转化和技术转移基地典型经验①

2020年4月16日，教育部科技司向全国推广并发布首批高校成果转化和技术转移基地典型经验，其中清华大学、大连理工大学、浙江大学3所高校分别就技术转移运营以及风险防控等方面介绍了经验；北京理工大学、东南大学、中国地质大学（武汉校区）、南京理工大学、江苏大学、清华大学、浙江大学分别就技术转移人才队伍建设、技术转移运营以及技术经理人运营模式介绍了各自的经验和做法。

为了便于借鉴学习，现将8所高校典型经验转载如下。

7.1.1 风险防控机制

科技成果转移转化工作流程复杂，环节较多，涉及面广。对科技成果转移转化过程中的各类风险因素进行有效识别，制定具有针对性的防控措施，是科技成果转移转化过程合法合规的重要保障。清华大学对成果处置标的技术情况、技术受让人情况、交易方案、审批程序等进行尽职调查；大连理工大学完善管理流程，注重关键环节的风险防控；浙江大学明确了关联交易的范围，并制定了审批细则，建立了有效的风险防控机制。

（1）开展科技成果处置尽职调查（清华大学）

制定《清华大学科技成果处置尽职调查办法》，规范尽职调查职责与程序，为技术情况调查、技术受让人情况调查、交易方案调查与分析以及审批程序合规性调查制定了行为守则。

①技术情况调查包括知识产权权属、知识产权法律状态、权利限制情况、法律纠纷情况、技术先进性、涉外涉密情况等。

②技术受让人情况调查包括股权结构与实际控制人、资信和经营情况、与学校关联情况等。

③交易方案调查与分析包括产业宏观经济和行业情况、交易形式、价格、关联关系等。

④审批程序合规性调查遵循成果完成人、院系、学校的顺序开展，当成果完成人及审批人员与项目存在利益关系时，需进行回避。

⑤尽职调查由技术转移专员负责开展，并编制尽职调查报告，经分管副主任审查同意后，报主任审批。涉及重大复杂项目委托第三方专业机构开展部分尽职调查的，由第三方机构出具书面报告或意见。尽职调查报告编制完成并经审批通过后，方可将科技成果处置方案提交学校知识产权管理领导小组会议审议。

（2）强化关键环节风险防控（大连理工大学）

完善科技成果转移转化全流程管理体系，注重关键环节的风险防控。主要包括：围绕许可、转让、作价投资、收益分配、兼职和离岗创业等方面细化操作流程和异议处理程序，明确侵犯他人知识产权、擅自实施和转让或变相转让、转化过程中弄虚作假和非

① 教育部官网：http://www.moe.gov.cn/s78/A16/s8213/A16_gggs/202004/t20200417_444200.html。

法牟利等行为的法律责任等。

①科研人员提交《职务科技成果登记表》和《职务科技成果许可/转让/作价投资申请表》时，知识产权办公室对科技成果有效性、成果完成人真实性和受让企业合法性进行审查。

②学校设立科技成果洽谈与取证室，要求全体成果完成人进行现场确认签字，取证视频影像备存。如有特殊情况需授权，由被委托人（必须是完成人之一）与委托人签署授权委托书，明确授权的责任、义务及收益分配等事项，留存被委托人与委托人的签字确认视频影像。

③制定《大连理工大学科技成果许可和转让实施细则（暂行）》，明确对关联关系的界定，要求成果完成人及时进行关联关系披露，提交利益关联书面声明。

（3）明确关联交易确认标准（浙江大学）

制定《浙江大学科技成果转化审批细则》，明确交易关联方的确认标准，包括以下情况：

①股东/实际控制人：科技成果完成人或其亲属为受让方法人或受让方控制的法人的股东或实际控制人。

②任职：科技成果完成人或其亲属在受让法人或受让方控制的法人任法定代表人、董事、监事或高级管理人员（亲属是指夫妻、直系血亲、三代以内旁系血亲或者近姻亲，包括但不限于配偶、父母、子女及其配偶、兄弟姐妹及其配偶，配偶的父母、兄弟姐妹，子女配偶的父母等）。

③收益/收入/消费：科技成果完成人接受受让方任何形式的收入或享受受让方提供的任何形式的收益分配、消费（包括已发生或在将来发生）。

④其他：科技成果完成人与受让方之间，或与受让方控制的法人之间，存在可能导致科技成果转移转化利益转移的其他关系。

⑤与关联方进行的科技成果转移转化，科技成果完成人负有主动、充分披露该关联交易的义务，并承担不实披露的法律责任。科技成果转移转化涉及关联方且拟采取协议定价方式确定交易价格的，科技成果完成人须做论述说明，经所在单位审批后学校可一事一议。

案例：成果完成人拟对“聚合物接枝石墨烯的制备方法”等 79 项专利及专利申请权通过协议定价方式转让给意向方，在转化申请中主动披露了“成果完成人之一任职意向企业董事长且系意向方股东之一，持股比例为 64.29%”，所在院系初审同意后报送学校科研院审批。为确保交易的公开、公平、公正，特别是定价公允合理，科研院将该项科技成果转化申请的定价方式由“协议定价”变更为“挂牌交易”，在完成人所在单位、学校相关部门以及技术交易平台网站公示了科技成果名称、内容、转化方式、拟交易价格及关联情况，同时委托第三方评估机构进行评估后，提请学校科技成果转化审批小组审批，并提交校务会讨论审议通过。

7.1.2 专业化机构和人才队伍建设

专业化机构和人才队伍建设是科技成果转移转化工作实现高水平发展的重要支撑。浙江大学有效整合内设机构资源，充分发挥国家大学科技园作用，推动科技成果转移转化和创新创业工作；北京理工大学探索了事业化管理与市场化运营相结合的新机制；东南大学、中国地质大学（武汉）实施市场化运营机制，有效解决人员聘用、考核和激励等问题。清华大学组建了包括技术转移专员、知识产权专员、合规风控专员及综合保障人员的技术转移队伍；南京理工大学通过市场化手段建设职业技术经理人队伍，提供“一站式”服务；江苏大学组建了一支百余人的技术经理人队伍，采取“三诊模式”开展成果转化服务。

（1）校内机构协同推动科技成果转移转化（浙江大学）

整合科学技术研究院、工业技术转化研究院、国家大学科技园等校内机构资源，搭建“原始创新、技术研发、成果转化、孵化产业化”全链条的成果转化体系，加快科技成果在科技园内转化及产业化。科技园按照“汇聚资源，构建平台，强化服务，孵小扶新”的思路，积极推动科技成果转化、高新技术企业孵化和创新创业人才培养。

①强化创新创业服务，搭建“FOCUS”（全维度 Full-Field、跨领域 Overarching、终身制 Career、全球化 Universal、高赋能 Stimulating）创新服务体系，依托“智享（科创产业学习交流平台）、智汇（行业科研发展高端对话）、智融（泛浙大投融资对接）、智学（浙大创新创业训练营）、求是桥（浙大科技成果对接）”五大服务平台化，通过国家级科技企业孵化器、国家备案（专业化）众创空间等载体，吸引师生在科技园内创办孵化企业、转化科技成果。

②积极推进大学生创业，通过搭建“杭州大学生创业学院”“杭州大学生创业园（西湖-浙大科技园）”“e-WORKS 创业实验室”“杭州国际人才创业创新园（紫金园区）”等，推进创业教育、创业实践，扶持自主创业，促进大学生在科技园转化成果。

③积极引入民间资本，构建“浙大紫金创投联盟”“紫兴天使投资基金”等投融资服务平台，并且与金融机构建立“金融服务超市”，通过资本服务，加快成果转化。

④加强与浙江宁波、江西南昌等地的校地合作，加快科技成果在当地转化，促进高新技术产业向地方辐射。

（2）“事业化管理+市场化运营”的技术转移机构建设（北京理工大学）

探索以“事业化管理+市场化运营”为主要特征的新型技术转移机构，同时设立技术转移中心和技术转移公司。

技术转移中心是学校正式设立的二级部门（非挂靠机构），统一管理技术转让、许可、作价入股等业务。技术转移公司是运行实体，作为人员聘用、考核、激励平台，以市场化机制开展科技成果转移转化活动。学校不再承担包括处级干部在内的人员工资、房租等经费，而是从转化收益中提取 10%作为机构运行经费，建立收益与业绩直接挂钩的特色机制，既充分发挥市场优势，有效调动团队积极性，又强调事业职能，坚持在学校统一部署下保障事业发展方向。

目前，已组建 15 人的专业化团队，打造了一系列品牌活动，实施了理工导航、北理艾尔等成功案例。

（3）资产经营公司全资控股的市场化技术转移机构建设（东南大学）

将原技术服务公司改制为技术转移中心有限公司，由资产公司全资控股，科研院应用技术院院长担任董事长（不取酬），总经理采取市场化方式聘任，业务上接受科研院的指导。

公司负责专利转让、技术作价入股及持股、建立投资孵化基金、设立并管理技术转移中心，同时作为企业化研究院的持股平台。

采用市场化运行模式，招募了校企、校地合作、股权投资、孵化器建设等方面专业人才，根据责任分工同科研院签署合作备忘录，明晰工作界面和财务界面，进行市场化结算，自负盈亏，高管聘任由董事会决策，其他人员聘任由管理层决定，按照市场化模式建立薪酬标准和绩效考核标准。

（4）完全市场化运营的技术转移机构建设［中国地质大学（武汉）］

成立了完全市场化运营的中部知光技术转移有限公司，负责建设运营“国家知识产权运营公共服务平台高校运营（武汉）试点平台”“国家技术转移中部中心技术转移综合服务市场”“中国科协（武汉）海外科技人才离岸创新创业基地”。

组建了一支 100 多人的专业团队，核心骨干成员拥有市场化运营经验，具有多个行业背景，熟悉知识产权、专利运营、市场推广、产业孵化和科技金融等相关知识。

提出“布局+运营”一体化的专利运营理念，采用“知识产权+”的运营模式，围绕关键领域技术，先开展专利布局，形成高价值专利包，再根据项目特点，以知识产权为核心，灵活选择运营方式，如专利许可、技术转移、产学研合作、产业孵化、资本运作等。搭建网络运营平台，汇聚人才、项目和专利等信息。与 300 多所高校、200 多个城市、40 余个科技服务机构建立合作关系，构建高校成果转移转化全价值服务链。

（5）“四类专员”技术转移队伍（清华大学）

①通过外部招聘、内部选派等形式组建了一支技术转移队伍，包括技术转移专员、知识产权专员、合规风控专员及综合保障人员，并在人员薪酬管控方面较学校职能部门享有一定自由度，可以适当参照市场标准确定人员薪酬。

②技术转移专员由学校根据学科和成果转化重点领域设置，要求具备电子信息、化工材料、生物医药、机械装备等专业硕士或博士学位，具有多年本专业领域研发或产业工作经验，能够承担相关技术领域成果转化的协调推动工作。

③知识产权专员应具备专利代理人等专业资质，具有高校或企业知识产权管理经验，能够做好学校科研成果的知识产权保护。

④合规风控专员应具备律师等专业资质，具有高校或企业法律实务经验，从制度建设、项目风控等层面，保障学校科技成果转移转化工作有序开展。

⑤综合保障专员主要负责财务资产管理、会务接待、外事等方面的工作。

（6）技术经理人“一站式”服务（南京理工大学）

成立技术转移中心有限公司（学校全资），通过市场化手段组建了一支由海归博士、专利代理人、技术经纪人、律师、财务专家等 40 余人组成的职业技术经理人队伍，为技术转移提供一站式服务。由具有专业技术背景的博士牵头，协同专利代理人、技术经纪人、项目专员一同组建运营小组，围绕学校优势学科开展技术经纪服务，实现懂技术、懂市场、懂法律的团队服务模式。

对团队专职人员实行基本工资+绩效工资+转让贡献奖励的薪酬体系，将员工的工资与平时工作的“劳”和转化突出贡献的“效”挂钩。

（7）技术经理人“三诊模式”（江苏大学）

与江苏省技术交易市场合作成立江苏省首批技术经理人事务所，形成了 100 多人规模、专兼职结合的技术经理人队伍。聘用方式有两类：一类是由江苏省技术产权交易市场聘任，成为其注册的技术经理人；另一类是由镇江江苏大学技术转移有限公司、江苏汇智有限公司依据江苏省技术经理人管理规则聘任，包括市场招聘的专职人员以及江苏大学在职教师、科研院长及校友、科技镇长团成员、龙头企业技术负责人、地方政府科技助理等兼职人员。

技术经理人采取“三诊模式”开展校地、校企科技服务及科技成果转移转化。第一，“坐诊模式”。定期安排学校专家在各技术转移分中心进行“技术坐诊”，由地方政府组织对口企业现场咨询，技术经理人进行跟踪服务。第二，“巡诊模式”。技术转移中心与地方科技部门共同组织专家对企业进行“技术巡诊”，技术经理人对有需求的企业进行跟踪、对接、反馈，帮助企业解决技术改造、升级转型等难题。第三，“会诊模式”。组织校友企业家及专家团，对学校科技成果进行“技术会诊”，筛选出具有市场价值的成果，在校友会网站发布，开展“江苏大学科技成果认领•资助工程”，承担该工程的校友被聘为技术经理，可获得技术经理人有关奖励。

7.2 科技成果转化

7.2.1 基本概念

科技成果是指对某一科学技术研究项目，通过观察实验、研究试制或辩证思维活动取得的具有一定学术意义或实用意义的结果，按其研究性质分为基础研究成果、应用研究成果和发展研究成果。科技成果转化则是指为提高生产力水平而对科学研究与技术开发所产生的具有实用价值的科技成果所进行的后续活动，包括了科技成果的应用和推广、工艺化、产品化、商业化和产业化。朱高峰院士认为：“科技成果转化实质上是技术创新或企业创新。”石善冲教授认为：“科技成果转化是科技成果由知识性商品转化为供市场销售的物质性商品的全过程。”科技成果转化是一项长期复杂的系统工程，既需要政府的引导；也需要企业的推广和实施，更需要高校和科研院所这样的科技成果供给主体。

单从科技研究成果的数量来讲，中国已经取得了令世界瞩目的成就，但相比于发达国家 40%的科技成果转化率，我国仍然处于相对落后的水平。如何把优势转化为胜势？提高科技成果转化、坚持技术创新是历届中央政府一直坚持实现的目标，不断创新、全面提高科技成果转化的数量和质量，不仅符合国家“十四五”规划中强调的“不断提高贯彻新发展理念、构建新发展格局能力和水平”的指导原则，也是实现我国在 2035 年进入创新型国家前列远景目标的重要举措。

7.2.2 主要转化模式

（1）自主转化模式

自主转化模式是指科研院所、大专院校或企业利用自身研制的科技成果在本单位内部进行的一种科技成果转化模式。一般有以下几种：①自行投资实施转化；②向他人转让该科技成果；③许可他人使用该科技成果。从高校的角度出发，自主转化模式主要是高校以现有政策和环境为依托，自己兴办企业，创造条件将研究成果转化为生产力，如清华同方、北大方正、工大高科等。

（2）中介机构帮助转化模式

中介机构帮助转化模式主要是企业根据自身需求，通过科技中介机构开展的技术交易获取符合自身需要的技术；科技成果拥有者通过技术市场把科研成果部分或全部许可或转卖给企业实施转化。企业为采用新技术、新工艺、新材料和生产新产品，可以自行发布信息或者委托技术交易中介机构征集其所需的科技成果，或者征寻科技成果转化的合作者；在技术交易中从事代理或者居间等有偿服务的中介机构，须按照国家有关规定领取营业执照。

（3）产学研合作转化模式

产学研合作转化模式的特点是科学研究、产品开发和人才培养等活动均是由科研院所、大学和企业以合作、合资、一体化的方式共同转化，以实现产、学、研三方优势互补、资源共享。国家鼓励研究开发机构、高等院校等事业单位与生产企业相结合，联合实施科技成果转化；国家鼓励农业科研机构、农业试验示范单位独立或者与其他单位合作实施农业科技成果转化。

（4）公共技术服务平台转化模式

专业服务平台转化模式要求政府、高校、科研机构、企业利用自身的专业优势，建立面向行业的公共服务平台，为转化主体提供专业的共性技术服务。依法设立的从事技术交易的场所或者机构，可以进行下列推动科技成果转化的活动：①介绍和推荐先进、成熟、实用的科技成果；②提供科技成果转化需要的经济信息、技术信息、环境信息和其他有关信息；③为科技成果转化提供其他咨询服务。

（5）协议转化模式

协议转化模式是指科技成果的拥有方与合作方以合股或利润分成方式进行转化。该转化的核心问题是协议方在合作过程中风险共担和利益共享，防止资源闲置。国家设立的研究开发机构、高等院校所取得的具有实用价值的职务科技成果，本单位未能适时实施转化的，科技成果完成人和参加人在不变更职务科技成果权属的前提下，可以根据与本单位的协议进行该项科技成果的转化，并享有协议规定的权益。

（6）中试模式

国家鼓励企业、事业单位和农村科技经济合作组织进行中间试验、工业性试验、农业试验示范和其他技术创新和技术服务活动。从我国实践来看，中试模式存在技术集成性和应用性不强等问题。我国的高校和科研院所普遍缺乏中试基地，大部分科技成果只是处于实验室阶段，一些高校和科研院所的科技成果，由于没有进行中试，工程研究不到位、不全面就开始盲目转化，从而造成转化失败。

7.2.3 成果转移转化“卡”在哪里

北京市科学技术研究院科学技术情报研究所张士运等学者在《科技日报》发文指出，导致我国科技成果转化率低的原因有很多，但从整个创新链来看，我国科技成果转移转化主要存在四大堵点：

（1）源头创新能力不强

尽管我国科研成果产出规模不断扩大，但在一些关键核心技术领域还缺少重大突破，技术水平尚难与国外先进技术竞争，导致部分企业在成果转化过程中优先选择购买国外先进技术。

（2）技术供需不匹配

一方面，一些高校与科研院所闭门搞研究，研发成果脱离市场需求，企业难以承接；另一方面，部分高校或科研院所的研发成果成熟度不高，市场风险大，企业不愿或不敢进行科技成果转化。同时，由于缺乏畅通稳定的信息渠道，技术供需双方难以及时对接，导致许多优秀研发成果转化无门。

（3）缺乏资金保障

科技成果转移转化的每一步都需要大量资金作保障，这对本身就融资困难的科技型企业，尤其是对于科技型中小企业来说是巨大的挑战。部分企业为了规避破产风险，不愿投入资金进行科技成果转化。

（4）创新资源流动不畅

创新主体之间缺乏有效合作，使得创新资源“孤岛”现象突出。一方面，部分高校或科研院所的创新资源使用效率低下，甚至出现资源闲置和浪费等现象；另一方面，企业因缺乏中试基地、仪器设备等资源而难以顺利推进科技成果转化。

要有效推动科技成果转移转化，必须针对科技成果转移转化中存在的堵点难点多方面发力。具体来说，可以从科技研发、成果产业化、金融支撑、资源优化配置 4 个方面打造科技创新平台。

1）统筹布局科技研发平台，重点解决产业化过程中关键核心技术“卡脖子”问题

聚焦国家战略需求，围绕人工智能、先进制造、生命健康等前沿领域提前布局建设一批高端研发平台，着力突破产业共性关键技术。鼓励龙头企业联合高等院校和科研院所共建研发平台，围绕产业化过程中关键核心技术瓶颈开展联合技术攻关，构建高效强大的共性技术供给体系。建立权责清晰、成果共享、风险共担的研发平台共用机制，支持科技型中小企业联合高等院校和科研院所围绕市场需求开展创新活动。

2）完善科技成果产业化平台，重点解决技术与市场脱节问题

鼓励企业联合高等院校和科研院所共建需求对接、优势互补、利益共享的科技成果转化平台，面向市场需求共同开展技术定制、测试检验、中试熟化、产业化开发等活动，从源头上推动科技创新成果从实验室走向市场。以国家级高新技术开发区、国家火炬产业基地、火炬创业中心、大学科技园、归国留学人员创业园等科技成果产业化平台为基础，以培育形成特色产业集群为目标，构建以创业苗圃、孵化器、加速器等创业服务平台为主线的科技成果孵化转化基地，推动创新链对接产业链。加快建立以企业为主体，以高等院校、科研院所为依托，各创新主体共同参与的创新创业联合体，通过转让、并购、合作研发、产权买断等方式，加快产学研深度融合，贯通创新链与产业链。建立信息渠道畅通、服务功能齐全、交易活动有序的技术交易平台，大力发展各类科技中介服务机构，规范技术交易市场，为科技成果产业化营造良好生态。

3）创新科技金融支撑平台，重点解决科技型企业“融资难”问题

围绕创新链健全资金链，强化资金链和创新链链式对接，为企业创新活动的每一步牵线搭桥，获取风险投资。完善和规范股权交易市场和债权交易市场，探索建立众筹银行、创客银行等新型金融服务机构，建立健全科技金融支撑服务体系。发挥政府引导基金作用，充分撬动天使投资基金、创业投资基金等社会资本全面支持科技创新活动，构建多渠道、多层次的科技金融投资体系。创新金融产品，规范民间金融秩序，鼓励小额贷款公司、融资性担保公司、股权投资基金、融资租赁公司、典当行等各类融资服务组织支撑科技型企业发展。建立科技型企业信用体系，运用“互联网+”技术构建企业大数据信用平台，建立健全科技金融风控体系。

4）搭建科技资源共享平台，重点解决科技创新资源“孤岛”问题

加强顶层设计，整合现有科技资源共享平台，促进科技资源集聚，构建多层次、广领域、网络化的科技资源共享平台体系。鼓励高等院校和科研机构面向企业开放实验室及大型科研仪器设备，提高资源利用效率。支持建立产业科技资源共享联盟，鼓励依托联盟搭建科技资源共享平台，推动科技资源在联盟内部共建共享，推进产学研深入合作。建立完善科技数据库、科研仪器库、生物种质库等科技资源数据库，打造信息支撑、服务专业、良性合作的科技资源共享平台。加强科技资源共享管理服务人才培养，加快培育一批专业化科技资源共享服务机构，提升科技资源共享服务水平。

延伸阅读

2020 年 5 月 13 日，《中国科技成果转化 2019 年度报告（高等院校与科研院所篇）》在北京发布。此报告由中国科技评估与成果管理研究会、国家科技评估中心和中国科学技术信息研究所共同编写，并在全国出版发行。

该报告编写组以全国 3 200 家公立高等院校和科研院所 2018 年成果转化数据为样本，综合采用数理统计、专家咨询、电话访谈及实地调查等方法，综合分析了填报单位科技成果转化进展和成效、典型经验、存在的主要问题等。

报告显示，我国科技成果转化规模持续攀升。2018 年，3 200 家高校院所以转让、许可、作价投资方式转化科技成果的合同金额、合同项数持续增长（图 7-1）。合同金额达 177.3 亿元，同比增长 52.2%，合同项数为 11 302 项。转化合同总金额超过 1 亿元的单位有 32 家，同比增长 14.3%。财政资助项目产生的科技成果转化合同金额增势明显，合同金额为 56.1 亿元，同比增长 78.4%。

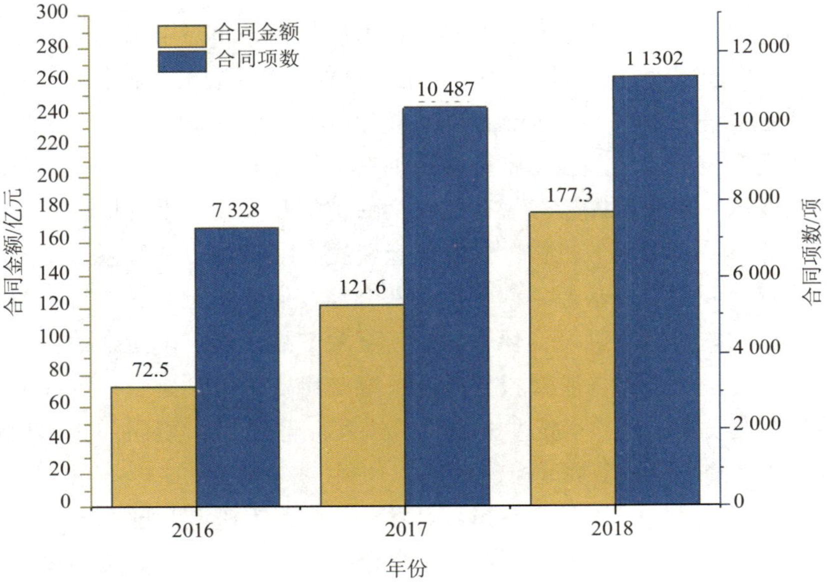

图 7-1　以转让、许可、作价投资 3 种方式转化科技成果基本情况

科技成果高价值转化不断涌现的趋势。科技成果交易合同均价大幅提高，转化合同平均金额为 156.9 万元，同比增长 42.6%。技术入股金额增长强劲，以作价投资方式转化科技成果的合同金额高达 79.2 亿元，同比增长 56.2%。以作价投资平均合同金额达 1 559.3 万元。大额科技成果转化项目频出，中国科学院工程物理研究所的“中储国

能（北京）技术有限公司”成果转化项目合同金额达 17.5 亿元，上海科技大学的“基于配体导向的蛋白质降解技术平台的小分子抗肿瘤药物的开发许可”合同金额达 8.2 亿元。

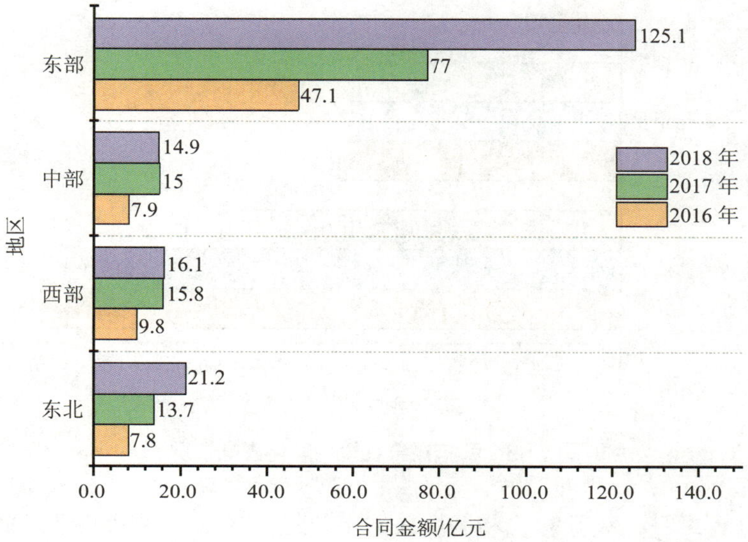

图 7-2 各地区以转让、许可、作价投资方式转化科技成果合同金额情况

科技成果转化奖励显著增长。2018 年，现金和股权奖励科研人员 6.8 万人次。科研人员获得的现金和股权奖励金额达 67.6 亿元，同比增长 44.9%。其中股权奖励为 42.6 亿元，同比增长 75.8%。

产学研合作助力创新驱动发展能力持续提升。2018 年，3 200 家高校院所签订技术转让（包括转让、许可、作价入股）、技术开发、技术咨询、技术服务（简称“四技”）合同总金额达 930.8 亿元，同比增长 16.6%。2018 年，与企业共建研发机构、转移机构、转化服务平台总数为 8 247 家，同比增长 14.8%。创设和参股新公司 2 155 家，同比增长 16.2%。

报告总结了科技成果转化过程中，一些高校院所结合实际，探索形成符合自身特点的成果转化模式。如上海交通大学形成完成人实施成果转化项目“五步转移法”和作价投资项目“授权投资+产权分割”新机制，实现成果转化模式与机制创新；中国科学院长春光学精密机械与物理研究所着眼精密仪器与装备技术体系和领域，联合开展基因测序、人工智能等多个高精尖产业研究和项目合作，设立总规模 10 亿元的红旗产学研创新基金，累计成功孵化企业 93 家；南京航空航天大学构建航空航天领域校地产学研合作平台，发挥行业特色推进优势成果转化，共建校地研究院 7 家，达成各类科技合作项目 5 000 余项。

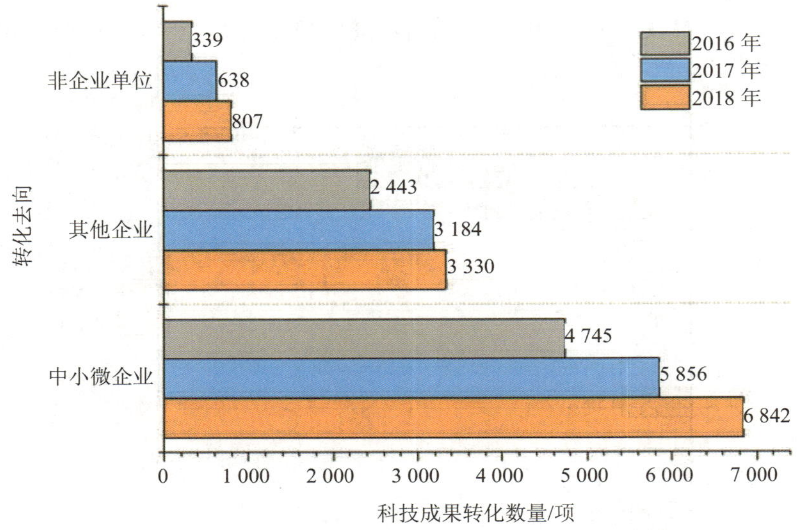

图 7-3 科技成果在境内转化去向情况

报告指出我国科技成果转化相关政策需要进一步落实；专业化技术转移机构和人才服务能力有待提升；中试熟化平台缺乏，供需双方对接渠道需畅通；科技成果转化相关考核、激励机制不健全；科技成果转化金融支持不充分，亟待加强；科技成果评价体系和政策咨询服务缺位。

7.3 创新成果与保护

7.3.1 创新成果

7.3.1.1 创新成果及其类型

创新成果是指在企业商用化生产和使用前，通过研发投入或研发活动所取得的新的和改进后的成果。创新成果的主要类型按照内容不同可以分为产品创新、商业模式创新、管理创新、技术创新、服务创新。

7.3.1.2 创新成果的特征

①目的性：任何创新活动都有一定的目的，这个特性贯彻于创新过程的始终。

②变革性：创新是对已有事物的改革和革新，是一种深刻的变革。

③新颖性：创新是对现有的不合理事物的扬弃，革除过时的内容，确立新事物。

④超前性：创新以求新为灵魂，具有超前性。这种超前是从实际出发、实事求是的超前。

⑤价值性：创新有明显、具体的价值，对经济社会具有一定的效益。

7.3.2 创新成果的保护

创新成果的保护主要指对相关知识产权的保护。我国知识产权法主要包括《中华人民共和国商标法》《中华人民共和国著作权法》《中华人民共和国专利法》《中华人民共和国反不正当竞争法》等基础法律制度，以及《植物新品种保护条例》《集成电路布图设计保护条例》《地理标志产品保护规定》等相关法律规范。

7.3.2.1 商标权的法律保护

商标权，我国商标法称为注册商标专用权，是商标所有人依法享有的在商业活动中自己专有使用的商标。商标侵权的表现形式有：假冒仿冒注册商标；销售侵犯商标权的商品，善意侵权；伪造、擅自制造或销售商标标识；更换商标；为商标侵权行为提供帮助；将商标作为其他商业标志使用；将商标作为企业名称使用；将商标作为域名注册。例如，文字标识“秋林”与“伊雅秋林”相比，因文字的呼叫功能在商品流通中有重要作用，“秋林”为显著部分对消费者起到主要认知作用，两标识应被认定近似。

根据《中华人民共和国商标法》第六十三条和第六十四条规定，如果在法院下达判决时侵害行为仍在继续，那么停止侵害将是法院要求行为人首先应当承担的民事责任，如果行为人有主观过错，还应当承担赔偿责任。《中华人民共和国刑法》第二百一十三条、第二百一十四条和第二百一十五条分别规定了“假冒注册商标罪”“销售假冒注册商标的商品罪”和“非法制造、销售非法制造的注册商标标识罪”。商标侵权同时会使消费者上当受骗，涉及公共利益，因此，侵权人除了向商标权人承担民事责任外，还应根据《中华人民共和国商标法》第六十条规定承担行政责任。

7.3.2.2 著作权的法律保护

著作权是民事主体依法对作品及相关客体所享有的专有权利。著作权侵权的表现形式有：未经著作权人许可，发表其作品的；剽窃他人作品的；歪曲、篡改他人作品的；使用他人作品应当支付报酬而未支付的；出版他人享有专有出版权的图书的；制作、出售假冒他人署名的作品的。

《中华人民共和国著作权法》第四十七条和第四十八条规定，侵权人应当承担民事责任，主要包括停止侵害，消除影响、赔礼道歉，赔偿损失。《中华人民共和国刑法》第二百一十七条和第二百一十八条分别规定了侵犯著作权罪和销售侵权复制品罪，及《关于办理侵犯知识产权刑事案件具体应用法律若干问题的解释》，对犯罪分子给予刑事制裁。按照《中华人民共和国著作权法》的规定，如果行为人实施了侵害著作权表现形式中的行为，同时损害了公共利益的，还应当承担行政责任，如责令停止侵权行为；没收违法所得；没收、销毁侵权复制品；并可处以罚款等。

7.3.2.3 专利权的法律保护

专利权是国家根据发明创造人或设计人的申请，以向社会公开发明创造或设计的内容，以及发明创造或设计对社会具有符合法律规定的利益为前提，根据法定程序在一定期限内授予发明创造人或设计人的一种排他性权利。侵害专利权的行为是指，在专利有效期限内，行为人未经专利权人许可，也无法律依据，以营利为目的实施他人专利的行为。

由于专利权为纯粹的财产权，根据《中华人民共和国专利法》及相关司法解释，侵权人应承担停止侵权和赔偿损失的民事责任。为更有效地保护专利权，《中华人民共和国专利法》第六十六条规定了诉前禁令。《中华人民共和国专利法》第六十条规定，未经专利权人许可，实施其专利，即侵害其专利权，引起纠纷的，由当事人协商解决；不愿协商或者协商不成的，专利权人或者利害关系人可以向人民法院起诉。

7.3.2.4 公平竞争的法律保护

我国实行的社会主义市场经济是高度发达的商品经济，客观上存在着企业之间比产量、比质量、比效率、比服务的关系。因此，社会主义市场经济条件下必然存在市场竞争。只有按照市场经济的规律，让社会主义企业开展优胜劣汰的竞争，才能在不断提高经济效益的前提下，增加产量、提高质量、提高企业素质，促进国内商品流通，繁荣城乡市场，使有限的资金和原材料等社会资源得到合理配置，促进社会主义市场经济顺利发展。反不正当竞争法是保证正当竞争规则的关键手段。

《中华人民共和国反不正当竞争法》（以下简称《反不正当竞争法》）第一条开宗明义地规定："为保障社会主义市场经济健康发展，鼓励和保护公平竞争，制止不正当竞争行为，保护经营者和消费者的合法权益，制定本法。"《反不正当竞争法》的作用主要包括：规范市场行为，维护市场秩序；制止不正当竞争行为，维护正常的社会经济秩序；创设和完善竞争环境，鼓励和保护公平竞争；保护经营者、消费者的合法权益和国家利益；保障和促进社会主义市场经济的健康发展。

7.3.2.5 其他知识产权的法律保护

除以上常见的知识产权侵权行为外，其他知识产权的法律保护对于创业者来说也应当有所了解。例如，植物新品种知识产权保护有两种，一种是以专门法给予保护，另一种是以专利制度来保护。对非法生产或者销售授权品种的繁殖材料的行为和假冒授权品种的行为，行为人应当根据具体情况承担民事责任、刑事责任和行政后果，具体的救济程序也包括行政机关的调处、向人民法院起诉等。

集成电路布图设计权受到侵犯，权利人可以向人民法院诉讼，要求侵权人停止侵害和赔偿损失。在我国，布图设计权利人还可以请求国务院知识产权行政部门对案件予以处理。

其他商业标志保护包括地理标志、商号和域名保护。我国目前对地理标志保护的方式有商标法保护，地理标志产品保护和农产品地理标志保护。对商号保护的法律文本主要是《企业名称登记管理规定》《中华人民共和国反不正当竞争法》和《中华人民共和国商标法》。域名由域名注册管理机构和司法保护。

延伸阅读

“小i机器人”发明专利权无效宣告请求行政纠纷案

上海智臻智能网络科技股份有限公司（以下简称智臻公司）是名称为“一种聊天机器人系统”的发明专利（以下简称本专利）的权利人。本专利是实现用户通过即时通信平台或短信平台与聊天机器人对话，使用格式化的命令语句与机器人做互动游戏的专利。苹果电脑贸易（上海）有限公司（以下简称苹果公司）请求宣告本专利无效。国家知识产权局及一审法院均认为本领域技术人员根据其普通技术知识能够实现本专利利用聊天机器人系统的游戏服务器进行互动的游戏功能，符合专利法对充分公开的要求，故维持本专利有效。二审法院认为，根据本专利授权历史档案，智臻公司认可游戏服务器功能是本专利具备创造性的重要原因，本专利说明书对于游戏服务器与聊天机器人的其他部件如何连接完全没有记载，未充分公开如何实现本专利限定的游戏功能，据此判决撤销一审判决和被诉行政决定。智臻公司不服，向最高人民法院申请再审。最高人民法院认为，本专利中的游戏服务器特征不是本专利与现有技术的区别技术特征，对于涉及游戏服务器的技术方案可以不作详细描述。本领域普通技术人员根据本专利说明书的记载就可以实现相关技术内容，因此，本专利涉及游戏服务器的技术方案符合专利法关于充分公开的要求。最高人民法院遂提审后撤销二审判决，维持一审判决。

本案涉及我国计算机人工智能领域的基础专利。“以公开换保护”是专利制度的基本原则，判断作为专利申请的技术方案是否已经充分公开，不仅是人工智能领域专利审查和诉讼中的疑难问题，也直接决定了专利申请人能否对有关技术方案享有独占权。本案再审判决明确了涉及计算机程序的专利说明书充分公开的判断标准，充分保护了企业的自主创新成果，在确保公共利益和激励创新兼得的同时，助力加强关键领域自主知识产权的创造和储备。

［摘自：苹果电脑贸易（上海）有限公司与国家知识产权局、上海智臻智能网络科技股份有限公司发明专利权无效宣告请求行政纠纷案（最高人民法院（2017）最高法行再34号行政判决书）］

7.4 大学生创新创业法律风险识别及防范

在“双创”背景下，越来越多的大学生融入创业的时代浪潮之中，大学生已经成为现阶段的创业主体之一。中国人民大学发布的《中国大学生创业报告 2020》指出，在校大学生对社会创业持积极心态，高达 49.86%的在校大学生有较强烈的社会创业意愿。而在这样的环境下，法律风险逐渐暴露。尤其对涉世未深的大学生而言，更是需要提高重视程度。由于大学生创业者对法律了解不够深入，大学生创业门槛低、创业环境复杂等原因，导致大学生在创业初期会面临诸多问题，其背后也隐藏着各种法律风险。而大学生能否创业成功，与这些风险息息相关。

无论在资金上、物质上还是人脉上、创意上，大学生都处于相对劣势的条件下，这使得大学生更倾向于风险创业、机会创业、个体创业等，变成了新形势下独树一帜的创业群体。然而，创业往往与风险同在，这也使创新创业的知识产权、高科技、信息、融资等方面的风险随之增加，对于创业投资、校园贷、微商的薄弱环节与重要领域，其法律风险识别、控制的难度则更大。由此可见，强化大学生对创新创业法律风险的识别并对其进行防范是当下亟待解决的问题。

7.4.1 大学生创新创业法律教育的重要意义

（1）促进大学生依法创业，推动法治社会建设

在现代法治社会，不论什么创业行为，是一种法律行为，只有按照法律程序进行，才能够获得法律的肯定和保护。每一名创业者只有了解法律，才能更好地保护自身的合法权益，避免遭遇不必要的困难和侵害。在这一形势下，大学生要开展创业，必须树立强烈的法律观念，在市场规则范围内实施经济活动，真正实现依法创业。特别是当前，依法治国是我国的基本方针之一。通过开展大学生创业法律教育，有利于增强他们的公民意识，最终为我国法治社会的建设起到积极的推动作用。

（2）减少法律风险，增加大学生创新创业的成功率

在创新创业实践中，大学生可能面临着很多方面的潜在法律风险，如侵权纠纷、合同纠纷、知识产权纠纷等。有时候，法律方面的风险比市场本身的风险更大。例如，合同法律风险就是大学生创业过程中常遇到的风险之一，很多人由于对《中华人民共和国合同法》中的法律知识不了解，导致签订的合同无效或者是被撤销，进而产生合同纠纷，不仅造成了商业信誉的损失，还可能面临巨额的经济赔偿。更严重的甚至会涉及犯罪。所以，在创新创业时掌握法律知识，能够提高大学生的法律观念，使他们避开不必要的违法陷阱，避免法律问题和纠纷的出现，增强对突发情况的应对能力，提高创新创业的成功概率。

（3）丰富“双创”教育内涵，弥补高校创新创业法律服务的缺位

现阶段很多高校对创新创业教育的探索与实践，主要聚焦在大学生的创业意识、创业模式、创业计划、创业融资、创业团队、创业管理等方面，鲜有关注大学生创业中的法律问题和法律服务方面。由于高校长期以来对大学生创业法律风险的教育、指导和服务缺位，造成大学生在自主创业的过程中缺乏对法律风险分析、评估、预防和处理的知识和能力，无法推开创业成功的大门。而且创业路上法律风险重重，而自主创业的大学生在初创阶段因为创业资金有限无力雇请专门的法律顾问团队，这就对创业大学生自身的法律风险意识、法律知识储备和可获得的法律服务提出了要求。因此，实施创新创业教育的高校有

责任有义务整合各种资源在法律教育和服务方面为创业大学生提供更多的帮助。

7.4.2 大学生创新创业法律风险的主要来源

防范法律风险的目标实现必须以对风险来源的清晰认识为基础。结合当前市场环境中大学生创新创业的主要特点，其中蕴含的法律风险主要来源于以下几个方面。

（1）合同法领域的法律风险

大学生在自由市场环境中的创新创业，本质也是市场交易活动，而市场交易行为的基本法律形式就是合同的签订与履行。因此，大学生创新创业的成败及该过程中合法权益能否维护、是否存在侵权倾向，首先要关注合同法领域的相关规定。例如，通晓了合同法中的等价有偿原则，就会明确任何市场交易行为都要求经济利益在不同市场主体之间的公平配置，不允许利益分配有悖社会公平正义理念；充分掌握诚实信用原则，就会在市场中讲诚实守信用，禁止欺诈与胁迫；深刻理解市场主体平等、自愿原则，就会杜绝市场竞争过程中的强买强卖等违法行为。反之，如果大学生创业群体对上述合同法规定不知晓、不理解，相关法律风险肯定会蕴含于相关创业活动中。

（2）知识产权法领域的法律风险

大学生创新创业的最大特点就在于对特定产品或服务保有创新性与原创性的想法或方案，其创造性智力成果所实际发挥的效能往往决定了创新创业的得失与成败。在相关市场竞争过程中，一方面，如果大学生创业者的知识产权法律维权意识不足，未对自己的核心技术成果等采取足够的保护措施（如及时申报专利、采取保密措施等），那么就可能受到其他竞争者的侵权，使自己在市场竞争中处于劣势；另一方面，如果大学生创业者的知识产权法律风险意识不强，对自身的市场行为缺乏法律属性方面的认识，也可能出现故意或非故意侵害到其他市场主体的知识产权，从而承担相应的法律责任。

（3）市场主体法领域的法律风险

大学生进行创新创业，始终需处于市场环境中，而在成熟的市场环境体系中，法律法规对于市场主体是存在各种要求与规制的。例如，采取公司形式来进行创业，那么大学生创业者作为公司股东即可以出资额为限对外承担民事责任，降低了投资风险。当然，公司设立的程序相较其他法律主体也烦琐一些。如果采取合伙企业的形式，那么可以发挥组织灵活的优势，但无限连带责任也可能形成劣势。而如果采取个人独资企业的形式，可以实现对相关创业项目的控制权，但融资渠道可能受限。总之，大学生创业者需要充分理解不同类型法律主体的基本属性，因地制宜、有的放矢，否则潜在的法律风险也不容小觑。

（4）经济法领域的法律风险

笼统来讲，经济法就是“现代国家规范经济进行宏观调控和微观规制的法”，主要包括反不正当竞争法、产品质量法、消费者权益保护法、反垄断法、税法等。大学生在经济社会中的创新创业活动是一种经济活动，方方面面均要受到经济法的规制与调整。创新创业往往离不开相关创新产品或创新服务的推销或营销，进而一定会在推销或营销的过程中形成法律意义上市场管理者与市场参与者之间的关系、与市场竞争者之间的关系及经营者与消费者之间的关系。如果对这些关系处置不当，产生矛盾与纠纷，即可能面临相关法律风险。大学生创新创业往往缺乏必要的经验与法律常识，稍有不慎即可能面临涉税法律风险、不正当竞争法律风险、消费者维权法律风险等。

（5）劳动法领域的法律风险

由于大学生创业群体在融资投资、商业经验等方面并不占据优势，故人力资源方面的投入与配置往往成为特定创业活动中的核心内容。一方面，在创新创业项目中，大学生可能被雇用于某创新公司，与该公司形成劳动关系，成为法律意义上的劳动者。由于创新创业的商业风险往往较大，故大学生作为劳动者一定要增强维权意识，自觉学习劳动法及劳动合同法相关知识，将书面劳动合同签署清楚，为维护自身的合法权益奠定基础。另一方面，大学生在创新创业过程中，也可能创办自己的公司，雇用其他劳动者。在这种情况下，大学生创业者也要注意劳动法领域的风险，不要侵害到劳动者的合法权益，也要在商业秘密保护、竞业禁止规制等方面维护好自己的利益。

7.4.3 大学生创新创业法律风险的识别

大学生中有不少创业成功收获颇丰的成功者，但也存在盲目跟风创业、毫无目的、最终负债累累甚至犯下违法行为，最终以失败告终的学生。在大学生创业过程中，从创业初期组织管理到后期运行经营，每个环节背后都隐藏着不可估量的法律风险。由于大学生较为年轻，社会经验不足，在创业初期对经营主体和运行模式并没有深入地了解，更没有认识到不同商业主体承担着不同程度的法律责任和风险，因此在创业过程中可能会产生诸多高风险违法行为。

（1）创新创业项目是否受法律保护的风险

大学生在创业刚开始时，不仅要对所选择创业的项目的可行性进行市场调研，还应充分考虑到项目的合法性。项目是否在法律合法的范围内，对于法律不允许的项目，一定不要进行。例如，进行信用卡套现，办理假证等。除此之外，还有一些在法律上并没有明确规定的项目，这些项目同样不能去做。所以说，在创业刚开始时，大学生一定要对所选项目在法律上是否被允许有个明确的认知，并根据法律随时对项目进行调整。

（2）创新创业组织形式的法律风险

在创业准备阶段，创业组织形式选择是大学生创业者首先会遇到的法律风险问题。这个阶段的创业者往往把重心放在资源积累、业务扩展等摆在面前的难题上，没有过多精力和时间去做法律风险防控的工作。大学生需要了解不同组织形式的区别和公司法相关规定。具体来说，首先是个体工商户和个人独资企业，程序简易、自由度大、决策快捷是其优点，但是需创业者承担无限连带责任；其次是合伙企业，合伙人承担无限责任，如果存在有限合伙人则其承担有限责任，合伙企业的自由度小于独资企业，大于有限责任公司，合伙人集体作决策，在所有权转让的问题上转让比较困难，需要其他合伙人的同意才能转让所有权；最后是有限公司，可以分为责任有限公司和股份有限公司，股份有限公司门槛高，初创者一般会选择责任有限公司作为创业组织模式，责任有限公司顾名思义承担股东有限责任，注册程序规范，条件更高，决策需股东大会决定。

从组织形式、法律风险角度分析，有限责任公司股东承担有限责任，法律风险最低，但如果从其他法律风险分析，有限责任公司遇到的法律风险会比其他两种组织形式所遇到的复杂，而个体工商户会遇到的法律风险最低。创业者在现实中应根据实际情况和创业需求选择，也能灵活变通，比如在企业转型升级更换组织形式，寻求更适合的发展。

（3）借贷相关风险

大学生创新创业初始面临的最大的问题是资金问题，创业资金来源主要有两部分，家庭支持和借贷，关于大学生借贷面临的法律风险是需要重视的。大学生群体通过合法借贷方式向金融机构借贷需要准备相关手续，贷款数目要与预期收益相匹配，避免因无法按期还贷造成资金问题。另外，大部分大学生创业贷款评估分值低，贷款资金少，满足不了创业资金需求，一些大学生创业者会转而用其他方法筹备资金，为此陷入"校园贷"等非法借贷风险陷阱，使大学生承担高风险债务，甚至面临诉讼，成为失信人，导致创业开门失利而失败。

（4）劳动纠纷风险

大学生创新创业过程中需要成立创业团队，创业团队会存在分歧。一旦创业团队的某个核心成员关于技术研发、经营管理等的决策产生分歧而无法达成一致时，可能涉及劳动纠纷、股权利益问题，需要《中华人民共和国劳动法》《中华人民共和国劳动合同法》等相关法律法规的补位支撑。但是，大学生创新创业的劳动纠纷法律问题知识缺乏，难以快速高效地处理此类问题，影响初创企业的运营管理，甚至导致创新创业失败。

（5）交易合同风险

在互联网平台上进行交易时，往往不会使用传统的纸质合同，而是会选择使用电子合同进行签约。在双方确定交易后，会采用电子邮件等方式进行合同的签订。这种方法与传统合同相比较，在合同的内容方面会不尽完善。一旦发生纠纷时，很难进行责任划分。此外，电子合同里的内容相较于纸质合同而言很容易被篡改。所以说，一旦发生纠纷时，大学生很难利用电子合同来维护自身的合法权益。

（6）知识产权风险

知识产权主要包括著作权、商标权和专利权。知识产权是一种凝结着人类智慧的知识资产，应受到法律的保护。在互联网时代背景下，主要是通过数字网络形成的网络知识产权。网络知识产权中既包含着传统的知识产权，还包含着计算机软件、网络域名、电子版权、数据库等。知识产权所存在的风险主要有两方面，一是对自身的知识产权加以保护，可通过著作权登记、商标注册等方法实施。二是在创业中，不可侵犯他人的知识产权。无论是知识产权的维权还是侵权，都会涉及知识产权方面的法律问题，需要增强创业者与团队对知识产权法的熟知。例如，有同学与同伴筹备共同在网上开店，发现某家女装店衣服设计新颖独特，符合当下潮流趋势，就在其现有基础上进行创新并在自己创立的店铺中进行出售。这样的行为既违反了法律规定，又侵害了他人的知识产权，将被罚款相应数额。

（7）税务法律风险

大学生创新创业过程中有意或无意地避税漏税等现象较为普遍，比如发票虚开、账实不符（有账无物或有物无账）等。再加上在移动互联网时代，大学生创新创业项目多着眼于互联网的科技项目，立足于在线的创新创业平台发展。然而，目前网络法律体系不完善，大学生税务法律意识又淡薄，进一步加剧了创业过程中的税务法律问题。例如，仍有一定数量学生不能区分缴税纳税的情境，甚至认为在网络上出售的产品不必纳税。法律意识的缺失是导致大学生创新创业风险的直接原因。

7.4.4 大学生创新创业法律风险的防范

大学生创新创业过程中，主要从以下几方面防范法律风险。

（1）强化法律意识

市场经济从本质来讲属于法治经济，因此只要是处于市场经济环境下的商业行为都要严格遵循现有的市场规则和法律规则，以此实施各类生产和经营活动。由于大学生创新创业缺乏丰富的商业经验，在实施交易活动中隐藏的法律属性和规则认识不足，所以想要更好地对创新创业法律风险进行防范，就需要大学生不断强化法律意识，在创新创业过程中始终以市场规则和法律规则来提醒自己并约束自身行为，准确了解行为边界和自身的合法权益，清晰认识受法律支持的商业交易结构构成。也只有对法律规则有充分认识且具有一定的风险防范意识，才能保证创新创业活动在法律层面的合理性，这也是后续创新创业活动开展的基础。同时，创新创业还是对以往商业模式实施创新的一个过程，因此具有开创性和革新性特征，也正是由于此特性的存在，更需要大学生创业者对自身的创业活动和实施的商业行为进行充分的考量，看其是否存在法律风险。

（2）学习法律专业知识

纵观现行的法律法规基本形式，它是由各类规范化体系集合而成的，都是借助文字的形式形成对人、企业各类行为有约束作用的规则和制度。大学生创新创业群体在实施创业活动时必须建立在对商业环境法律常识有一定了解基础上，如有限责任公司性质是什么、劳动合同关系建立方式、合伙制企业是什么、企业正常运行过程中需要缴纳的税款都涵盖哪几个方面等。这就需要大学生创业者不仅要了解相关法律规定，还要在此基础上仔细深入研究一些与法律相关的书籍材料，并在企业创建和运营过程中，充分考虑企业经营各环节可能会涉及的法律问题和风险。在长期法律知识的累积下，大学生创业者即可实现法律规则和商业规则的有效融合，从而有效规避各种法律风险，最终实现创业活动稳定运行的目的。

（3）获取法律教育资源

大学生创业者想要提升自身的法律意识、有效防范各类风险，就必须以获取丰富的教育资源为支撑。因此，大学生创业者可以选择接受系统化和专业化的法律知识教育，以此达到提升自身法律素养和风险防范技能的目的。概括来讲，法律资源获取方式可以分为校内法律教育资源和校外法律教育资源。因此，有创新创业想法的学生要充分借助校内的法律教育资源，接受较为系统的法律知识教育，通过理论培养、案例分析和实践探索等环节使自身逐步建立起完善的法律思维和意识，对维护自身法律权益和规避法律风险的具体思路和路径有大致的了解。另外，校外法律教育资源的利用也是需要大学生创业者着重关注的方面，例如，积极参与一些法律知识的讲座或接受校外的法律技能培训等，通过这些方式，也能使大学生创业者的法律风险意识有显著的提升。

（4）借助法律保障机制

在大学生创新创业的过程中，各种利益纠纷或法律纠纷也时常出现，甚至部分纠纷过于尖锐，在处理时较为棘手。在此背景下，实施创新创业的大学生可以借助当下多样化的法律保障机制作为辅助手段以此应对面临的法律风险，从而有效保障自身的合法权益不受侵害。例如，当自身的合法权益受到侵害时，可以及时向司法机关或行政机关等寻求帮助，或向法律事务所等专业机构进行咨询，听取专业机构关于此次事件的具体看法和法律意见。同时利用其专业化的法律帮助，使自身对法律事实和法律关系有清晰的认知，从而为后续相应的法律措施和手段的使用提供帮助。然而，由于大学生创业者群体的特殊性，在防范法律风险时缺乏充足的资金来聘请较高级别的律师和服务机构，因此，向有关法律援助机构请求帮助是不错的选择，既可以将法律专业咨询的费用控制在合理范围内，又能帮助其防范法律风险。

应用举例

案例一：企业经营场所租赁的法律风险

大学生创业对经营场所租赁看似简单，其实会出现诸多法律风险。例如，某大学的三位同学共同创业设立一个有限责任公司，在选择经营场所时租赁了学校附近的一所房屋，出租人甲告诉他们房子虽然不是自己的，但自己有 5 年的租赁使用权，可以低价转租给三位同学使用，但前提是这三位同学不能让房东知道，如果房东一旦问起就说他们是给甲打工的。这样做存在以下几个方面的法律风险：一是没有以公司的名义签订租赁合同，一旦出现赔偿问题需要三位同学承担责任；二是签订租赁合同时没有与房屋的所有权人（房东）签订，而是与第三人（甲）签订的，而甲的租赁权有哪些依赖于其与房东签订的租赁合同的约定，三位同学没有审查甲与房东签订的租赁合同的内容，不知甲是否有权转租房屋；三是在对房屋使用的过程中产生的权利义务主体不明确，如若出现水、电、暖等问题如何处理，如果需要进行装修，需要征得谁的同意等；四是三位同学与甲约定租赁房屋不让房东知道，本身是一种不讲诚信的表现，一旦产生纠纷诉至法院，其权益很可能得不到法律保障。通过本案例的讨论和分析，不仅能让学生了解法律风险所在，还能使大学生重视诚实守信的品格。

案例二：公司章程内容的法律风险

公司是大学生创业过程中经常采用的组织形式，公司章程是公司设立过程中的必备文件，是公司经营管理的总章程，而大学生创业者往往意识不到公司章程的重要性，从网上随便下载一个其他公司的章程也不修改就使用了。《中华人民共和国公司法》充分尊重当事人意思自治原则，许多法律条文均规定了出资人（股东）可以在章程里面设定相关权利的自主权。使用其他公司的章程一方面导致自己的公司在有关事项产生争议时没有解决的依据，另一方面也有可能会给部分股东带来不公平的待遇。例如，根据《中华人民共和国公司法》第三十四条、第四十二条规定，公司盈利分配比例、股东会议的表决权等按照出资比例确定，但公司章程可以做出另行规定。大学生创业时可以利用公司法关于公司章程的相关规定，充分调动各方面的积极性，如公司章程可以规定掌握关键技术的创业人员的盈利分配比例高于其出资比例，根据贡献大小确定盈利分配比例等，使股东在公司盈利分配上得到公平的待遇。如果大学生创业过程中利用其他公司的章程，一旦在表决权的行使、盈利分配等方面产生纠纷，而别人公司章程规定又不适于本公司，导致问题不能得到很好的解决，将对所开创事业的进一步发展带来巨大影响。

如果同学们想要了解更多的创新创业法律风险方面的案例可以登录中国裁判文书网（https://wenshu. court. gov.cn/）。

延伸阅读

知识产权纠纷协商解决的案例

知识产权之间发生的关于归属权纠纷、侵犯专属权纠纷及合同纠纷等知识产权的纠纷，解决纠纷的方法有协商、和解、调解、仲裁和诉讼五种方式，其中，双方当事人之间的协商和解，是解决知识产权纠纷最为便捷的方式，下面有法律快车小编通过案例为您介绍知识产权纠纷的协商解决。

什么是协商?

协商是指双方当事人在知识产权纠纷发生后，在自愿互谅的基础上，按照有关法律的规定，通过直接的协商和谈判，自行达成和解协议，从而使纠纷得到解决的活动。

朗科是一家由留学归国人员创办的高新科技企业，成立于 1999 年 5 月，是目前国内最大的移动存储生产商与出口商。1999 年，该公司在世界上率先成功研制并推出新一代移动存储器——闪存盘（取名“优盘”，“优盘”现为朗科公司商标）。但是，华旗等厂商后来者凭借资金和品牌优势后来居上，朗科作为发明者却籍籍无名。

2004 年 8 月 13 日，深圳市朗科科技有限公司起诉索尼电子（无锡）有限公司和索尼国内最大的一家闪存盘代理商——深圳市深升资讯科技有限公司，要求索尼公司立即停止其对朗科公司在闪存盘方面的一项核心专利的侵权行为，同时索赔人民币 1 000 万元。

在朗科起诉后，索尼一直保持沉默，并且提出本案件应该由无锡法院负责审理的管辖权异议，请求延期开庭。而朗科之所以选择深圳中级人民法院，是因为过去十年来这里审结的知识产权案例从未被推翻过，因此斥责索尼是在拖延时间，希望通过加大出货量尽快降低损失：以索尼无锡工厂的闪存盘生产规模与索尼的全球销售网络，索尼公司如果能将案件拖延半年以上就足以在全球市场获得远远超过 1 000 万美元的收益。

然而，2005 年 6 月 30 日，广东省高级人民法院已经驳回了索尼电子（无锡）有限公司提出的有关“管辖权异议”上诉，并裁定仍由深圳市中级人民法院继续审理朗科诉索尼一案。

2006 年 2 月 16 日，朗科首次走出国门，把美国 PNY 公司送上法庭，因为 2004 年 12 月朗科在美国申请的专利获批。2006 年 6 月，正在专利无效申请第三次审理中的朗科和华旗，在中国电子商会下移动存储专业委员会的推动下达成了不明条件的和解，准备一致对外。而因为诉讼，朗科这个存储盘发明者竟然一直被排斥于包括联想等著名厂商的移动存储专业委员会之外。

2006 年 11 月 24 日，朗科发布公告称，“双方已同意友好解决彼此之间的法律纠纷，而着眼于未来的业务拓展。根据协议，朗科撤回对索尼索赔 1 000 万元的民事诉讼，索尼公司将从朗科购买 USB 闪存盘产品”。

本案中，朗科和索尼之间达成了和解协议，实现了双方之间的共赢，不仅仅是节省了诉讼的时间和成本，也促进了双方之间的进一步协作，因此，可以看出，协商和解也是一项有用的纠纷解决的方式。

（摘选自：法律快车网《知识产权纠纷协商解决的案例》）

练一练

课后思考题

1．《“十四五”国家知识产权保护和运用规划》提出，构建严保护、大保护、快保护、同保护的工作格局，全面提升保护能力，着力营造公平竞争的市场环境。近年来，国家知识产权局在优势产业集聚区布局建设了一批知识产权保护中心，截至目前，我国已在26个省份布局建设知识产权保护中心50多家。请同学们收集相关资料并回答以下问题：①保护中心从哪些方面提升了保护力度？②给权利人带来了哪些便捷服务？③如何合理利用知识产权保护自己的研究成果？

2．在诸多创业失败的原因中，法律风险是容易被忽视的一环。那么除了本章提到的几种大学生创新创业法律风险外，你还知道哪些大学生创新创业面临的法律风险？为了提高大学生创业群体警惕性，请同学们以小组为单位，收集相关资料，并向其他同学分享。

第 8 章
“国创计划”与申报创新创业竞赛指导

重大科技创新成果是国之重器、国之利器，必须牢牢掌握在自己手上，必须依靠自力更生、自主创新。

——2018 年 5 月 2 日，习近平在北京大学考察时的讲话

学习目标

【知识与技能】

1．了解“国创计划”及其申请要求；

2．了解不同创新创业竞赛活动的基本要求和竞赛特点等；

3．熟悉并掌握创新创业竞赛活动的参赛流程和常见问题。

【过程与方法】

1．通过多媒体演示，激发学生学习兴趣，弘扬创新创业文化；

2．以讲授灌输为主向以体验参与为主的转变，充分调动学生创业积极性。

【情感态度与价值观】

1．积极培养学生创新意识，拓宽学生思维模式，提高认知水平；

2．形成用科学思维、法治思维提高创业质量的意识，促使学生愿意参与科技创新创业有关活动。

教学建议

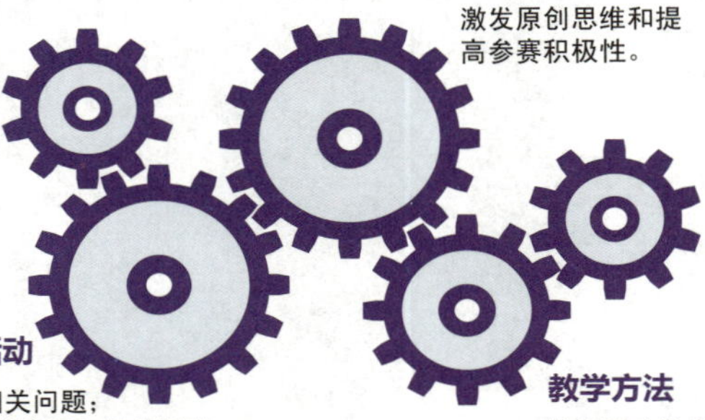

新奇·大咖

雷军：顺势而为，做风口上的颠覆者

雷军极聪明，年少成名。1969 年出生于湖北仙桃，18 岁考入武汉大学计算机系。雷军说，他用两年时间修完了所需学分，并完成了结业设计。

大学结业后，雷军只身闯荡北京，1991 年年底在中关村与求伯君结识，随后加盟金山软件，成为金山的第六名员工。两年之后，29 岁的雷军升任金山公司总经理，堪称年少得志。

风云变幻间，时势使然尔。多年之后，雷军回忆起这一段还颇为感慨：“金山在 20 世纪 90 年代还很火，1999 年互联网大潮起来的时候，我们却忙着做 WPS，忙着对抗微软，无暇顾及。到 2003 年，我们再环顾四周，发现我们远远落后了。那一瞬间，我压力非常大，作为 CEO，我后面两三年每天都在想，什么地方出问题了，是团队不够好，还是技术不行，还是自己不够努力？”雷军从金山 WPS 以及盘古软件一点点积累经验，1996 年败给微软，成为“网瘾少年”，泡 BBS 当版主，最后走上了小米以及商业互联网道路。

雷军在这个台阶上一待就是 10 年，直到 2007 年年底离开。这段时光，也是雷军“推着石头往山上走”的日子。求伯君立志让金山成为一家可以挑战微软的民族软件企业，理想之路步履维艰，金山历经从办公软件到词霸、毒霸，再到向游戏和网络的多次转型，几经起落。雷军带领金山五次冲击 IPO，最终还是依靠网络游戏的业绩，在 2007 年 10 月成功在香港上市。但金山当年的上市估值，远不如同年在香港上市的阿里巴巴，更不及早几年在美国上市的盛大、百度等互联网企业。

2007 年年底，金山成功上市两个月之后，雷军以身体原因辞去总裁与 CEO 职务，离开金山。“那一阵他身心俱疲，离开是最好的选择。”雷军的一个朋友说。

事后证明，正是这一次的离开，成就了雷军的脱胎换骨。在内心深处，雷军仍想做一个真正属于自己的事业，用一家量级庞大、甚至称得上伟大的公司，来奠定自己的江湖地位。金山成就了雷军，但似乎没有成就雷军的梦想。做出伟大公司的渴望，干一番伟大事业的火焰，从未熄灭。

离开金山后，雷军做了几年投资人，又在 2010 年不顾一切地成立了小米。

2010 年 4 月，小米公司注册成立。2011 年 8 月 16 日，小米手机 1 正式发布。随

后，在一片质疑和赞誉中，小米在 2012 年卖出 719 万部手机，2013 年卖出 1 870 万部手机。在此过程中，小米完成四轮融资，估值迅速突破 100 亿美元。小米已成为业界的现象级品牌。

趁势之外，雷军对人才也非常看重。在创办小米之前，雷军花了几个月的时间来找人，一旦遇上合适的人，他就穷追不舍，直到把人说服为止。小米的初期员工告诉财新记者，很多国际技术巨头公司的员工，看到几个创始人名单之后，直接就跟了过去。

雷军自己做投资的原则也是只投资人，不熟不投，投资后只辅佐不添乱。雷军说，自己创业初期最大的担心是团队磨合和心态，看到最肥的市场，找来最厉害的人，事情没有理由不成功。

“雷军做事情很周全，计划很缜密，他不需要被说服，只是在做决定前需要有人 PK。”刘芹说，他和雷军很熟悉，一直觉得雷军会自己做一摊大事。在拉刘芹入伙的过程中，刘芹只问了一个问题，“你已经功成名就了，还需要跳下来拼一把吗？”雷军回答：“我对创业仍有敬畏之心，不会因为我叫雷军，就不会死。”

2010 年年底，小米完成 A 轮融资，金额 4 100 万美元，投资方为晨兴创投、启明和 idg，公司估值 2.5 亿美元。

小米火了以后，一位业内人评价雷军：“他是错过了上一波（互联网），成于下一波（移动互联网）。”雷军说：“不管这次创业成与败，我不能让人生充满遗憾。我一定要去试一下，看自己能不能创办一家世界级的技术公司，做一件造福世界上每一个人的事件。”

很显然，雷军做到了。

（改编自知乎用户世界名人榜《雷军：我不喜欢能把稻草卖成金条的人，因为这与小米的价值观不符》）

动动脑

1．“一个人可能走得快，一群人才能走得远”，人才是小米新十年腾飞的基石。雷军曾提到在小米创立的前半年，80%的时间都用在找人上。他曾为找到一个硬件工程师，打了 90 多个电话，而为了说服一个硬件工程师加盟小米，雷军与他连续谈了 10 个小时。请同学们就“创业初期如何寻求人才”展开讨论。

2．雷军曾说：“创业，就是要做一头站在风口上的猪，风口站对了，猪也可以飞起来。”这指的是创业需要顺应时势，以变应变，时刻根据市场发展来判断这个时代的风口。例如，突发的“新冠肺炎”对许多行业造成了严重的影响，同时也带动了一批新兴产业链。请同学们思考创业是否需要顺势而为。如果需要，应该采取哪些措施？如果不需要，又应该采取哪些措施？

3．勤奋是每个人通往成功的必要条件，公众熟知的成功企业家们无不是勤奋至上的信徒。例如，素有“中关村劳模”之称的小米掌门人雷军，每天工作十五六个小时，每周工作六到七天。除了拼命工作之外，世界上不存在更高明的经营诀窍。请同学们思考为什么雷军能数年如一日地勤奋工作且总是充满正能量呢？从雷军身上，我们能学到什么？

8.1 大学生创新创业训练计划项目申报指导

创新创业实践活动的选题是课程开展过程中的关键环节，对激发学生兴趣，增强学生的创新思维训练有重要作用。不同的创新创业项目要求不一样，所以选题也有所差异。本节以大学生创新创业训练计划项目为例，对创新实践活动课程的选题需要注意的方面进行介绍。

8.1.1 “国创计划”简介

2007 年，教育部启动实施“国家级大学生创新创业训练计划”（以下简称“国创计划”），按照“兴趣驱动、自主实践、重在过程”的原则，倡导以学生为主体开展创新性实践，推进高校在教学内容、课程体系、实践环节等方面进行综合改革，提升大学生创新创业能力。教育部深入实施“国家级大学生创新创业训练计划”，倡导以学生为主体开展创新性实践，2019 年 118 所部属高校、932 所地方高校的 3.84 万个项目立项，参与学生人数共计 16.1 万人，项目经费达 5.9 亿元，有效提升了大学生的创新创业实践能力。目前，1 000 余所本科高校的 90 万名大学生参与“国创计划”，累计 22 万个国家级项目获得资助，内容覆盖全部学科门类，支持经费约 37 亿元，“国创计划”已经成为面向全体大学生的一项创新创业人才基础培育工程。实行“国创计划”旨在深化高校创新创业教育改革，提高人才培养能力，培养适应创新型国家建设需要的高水平创新创业人才。

8.1.2 “国创计划”申请要求

“国创计划”包括创新训练项目、创业训练项目和创业实践项目 3 类。

①创新训练项目：本科生个人或团队在导师指导下，自主完成创新性研究项目设计、研究项目实施、研究报告撰写、成果（学术）交流等工作。

②创业训练项目：本科生团队在导师指导下，完成商业计划书编制、可行性研究、企业模拟运行、创业报告撰写等工作。

③创业实践项目：学生团队在学校导师和企业导师共同指导下，基于前期创新创业训练项目的成果，开发具有市场前景的创新性产品或者服务，开展创业实践活动。

项目评审要点如表 8-1 所示。

表 8-1 项目评审要点

评审项目	主要考察指标	评分比重
选题	选题有理论意义和实际应用价值；紧扣学科理论热点，具有前瞻性	10%
自主性	团队成员分工合理，自主设计研究方案，研究思路，完成实验、解决实际问题	10%
创新性	学生创新性思维，自主学习能力，实践能力，团队合作能力和科研方法等素质的培养成效显著	30%
过程完整性	研究立题，报告，数据及资料完整；研究设计，实施过程完整	20%
成果	有明显的成果形式：论文，实物、软件、服务平台等。有其他参赛获奖等。对专业技术问题和社会发展问题有重大改进和政策建议；有较强实用价值	20%
展示效果	主题突出，内容简洁，图文规范效果好	10%

入选展示的项目，在创新创业年会期间，由学生代表投票选出 20 项“我最喜爱的项目”；由高校教师和参会专家投票，结合评审专家组的投票，选出 20 项“最佳创意项目”。

8.1.3 “国创计划”选题技巧

大学生创新创业训练计划项目是大学生的“第二课堂”，能够获得的训练时间相对十分有限。项目实施周期短，若没有充足训练时间做保障，活动很难高质量完成。且学生的创新发散思维训练不足，从书本知识到应用知识解决问题之间，还需要转换思维方法，正确和积极地思考。一旦遇到问题不能及时突破，容易产生懈怠情绪，降低实践活动的学习效率，打击学习兴趣。因此，大学生创新创业训练项目选题过程中需要注意以下几方面（图 8-1）。

（1）题目难度应适中，不宜过大，力求以点突破，以点带面

此阶段的学生缺乏足够的创新思维和实践能力训练，因而大部分学生可能短期内很难胜任过于复杂的课题研究。训练项目选题需设计若干个相对独立的子课题，各子课题应任务明确、研究步骤清晰，相互之间具有承上启下之关联，通过导师点拨、启发和引导，积小胜为大胜，可以充分增强学生的自信心，是项目顺利实施的关键。

（2）选题应能体现对本科生理论分析能力、创新实践能力和总体协调能力的综合培养

选题应尽量少些“纯理论研究”、注重理论联系实际，在实际运用中帮助学生巩固所学专业知识，加深理解，提高学生的发散思维能力，促使其发挥主观能动性。因此，选题有一定的难度，使每个团队成员都有展现才干和锻炼的机会。

图 8-1 大学生创新创业训练项目选题注意事项

（3）选题应尽量源于指导教师的研究课题、生活或学生自身项目的延续

切合实际的选题能够让本科生早日接触科学或技术前沿，对学生的创新实践能力培养无疑将有极大的促进作用，也将为部分有潜力的学生继续走向科研道路提供有力的引导。

（4）创新训练项目选题应尽量满足“小、高、深、行”的标准

所谓小，就是题目聚焦某一个小问题的解决，不宜又大又空；所谓高，是指选题立意要高，有理论深度；所谓深，指研究要深入，不要浮于表面；所谓行，指研究题目要有可行性，要在自己能够把握的能力和资源范围内。

8.1.4 “国创计划”学生工作指南

8.1.4.1 创新训练项目学生工作指南

（1）通过创新训练项目，大学本科生在读期间可获得科学研究、发明创造、工程实训、社会实践的训练机会，达到“转变学习方式、增强实践能力、发挥个性潜质”的训练目的。

（2）大学生创新训练计划的实施原则是：兴趣驱动、自主实践、重在过程。

①兴趣驱动——参加项目的学生需对科学研究或创造发明有浓厚兴趣，发挥主动学习、主动探索、主动实践的积极性，在自身兴趣的驱动和导师的有力指导下完成创新训练项目。

②自主实践——参加项目的学生需自主设计方案、自主开展研究、自主管理项目。

③重在过程——参加项目的学生需注重项目的实施过程，着重强调学生在项目实施

过程中在创新思维、创新实践、创新方法等方面的收获。

（3）创新训练项目以本科生为主体，旨在探索并实施以问题和课题为核心的研究性教学模式改革。

（4）参加创新训练的学生应充分发挥自身的主动性、积极性和创造性，培养创新思维和创新意识，逐渐掌握发现问题、分析问题、解决问题的方法，提高创新实践能力。

（5）创新训练项目面向本科生个人或创新团队。学生可根据自己感兴趣的研究主题和内容，由个人或创新团队向相关导师提出申请。项目获批后，学生需在导师的指导下，自主进行研究性学习，自主进行实验方案设计，自主进行设备材料购置，自主进行实验数据处理，自主进行研究结果分析，自主进行研究报告撰写等工作。

（6）以本科创新团队参加创新训练项目时，团队成员数量一般不多于 5 人。鼓励不同专业、不同年级、不同背景的本科生组成创新团队，创新团队需确定 1 名项目负责人，并明确每名成员在项目中的具体分工。

（7）创新训练项目选题范围要适当，要求研究内容新颖、研究目标明确、具有创新性和探索性。学生需对研究方案及技术路线进行可行性分析，并在实施过程中适时进行调整、优化和改进。

（8）参加创新训练项目的学生需处理好学习基础知识和技能与创新实验和创造发明的关系，需注重知识学习、能力培养和创新训练三者的密切结合，避免把创新训练变成“工匠式”或“纯经验式”的“小发明、小创造、小调查”。

（9）通过创新训练项目的实施，学生应了解并掌握科研的基础知识、创新方法、技术手段等，增强观察、收集、分析、解读数据的能力；增强文献检索、阅读、表达和写作能力。

（10）通过创新训练项目的实施，学生应重点训练问题确认与解决能力，批判性思维和有效表达的能力，其中包括：确认并分析所要研究的问题，构建、验证并修改研究假设，分析其他解决问题的方法，选择、设计并完善研究方案，有效控制项目研究进程，拓展解决方案的应用范围。学生应注重培养训练系统性与综合性思维、抽象性与形象性思维、批判性思维、创造性思维、正向与反向性思维、演绎与归纳性思维、收敛与发散性思维等能力。

（11）通过创新训练项目的实施，学生应注重个体与团队工作能力的有效提升，明确创新团体中个人角色的定位，组织协调在共同研究目标下的分工、协作与配合的关系，并在团队内部懂得相互理解和尊重。

（12）通过创新训练项目的实施，学生应注重沟通交流能力的培养，尤其是培养跨专业交流沟通能力，训练口头交流、书面交流、电子和多媒体交流的能力，强化学生的表达和理解能力。

（13）通过创新训练项目的实施，学生需培养项目管理能力，其中包括：项目流程管理、资金管理和控制等，合理规划并使用项目经费，遵守国家和学校的财务管理制度。

（14）通过创新训练项目的实施，学生需注重锻炼科学态度和承受能力，具备努力克服困难和积极承担责任的态度，具备评估方案和决策能力，具备处理风险与不确定性的能力，具备心理承受力和抗压力，具有首创精神。

（15）通过创新训练项目的实施，学生需注重自主学习和自我发展，培养自我认识能力、确认学习需求能力、时间管理和资源管理能力、未来职业规划能力等，熟悉相关学科领域学术发展和变革进展情况。

（16）参加创新训练项目的学生，在立题、开题、检查、考核、结题、延期等过程环节应遵守相关管理规程，管理规程的内容包括《大学生创新训练项目申请书》《大学生创新训练项目合同书》《大学生创新训练项目中期检查书》《大学生创新训练项目结题报告书》《大学生创新训练项目延期结题申请书》等。

8.1.4.2 创业训练项目学生工作指南

（1）通过创业训练项目，大学本科生在读期间可掌握创业的基础知识和基本理论，熟悉创业的基本流程和基本方法，了解创业的法律法规和相关政策，达到“激发创业意识，增强社会责任，提高创业能力”的训练目的。

（2）大学生创业训练计划项目的实施原则是：兴趣驱动、自主实践、重在过程。

①兴趣驱动——参加项目的学生需对与创业训练有关的项目管理、企业管理、风险投资有浓厚兴趣，对大学生创新创业有强烈的欲望，在自身兴趣的驱动下完成创业训练项目。

②自主实践——参加项目的学生需自主进行项目研究，自主管理项目进度，自主进行创业训练。

③重在过程——参加项目的学生需注重项目的实施过程，着重强调学生在项目实施过程中理解并掌握创业基础和理论、创业流程和方法、创业法规和政策，培养创业精神、提高创业能力。

（3）创业训练项目面向全体本科生，原则上要求项目负责人在毕业前完成。

（4）参加创业训练的学生应正确理解创业与国家经济社会发展的关系，正确理解创业与职业生涯发展的关系。在创业训练项目实施过程中，勤于创新、善于发现、勇于实践。

（5）创业训练团队充分发挥自身的主动性、积极性和创造性，激发创业意识，提高社会责任感、创新精神和创业能力，促进创业就业水平提升和全面素质发展。

（6）创业训练项目面向本科生团队。学生团队可根据所从事的创新训练项目进行拓展和延伸，也可在所学专业基础上进行技术研发，或对学校某些技术项目进行市场调研和开发，由创新团队向相关导师提出申请。项目获批后，团队学生需在导师的指导下，自主进行创业训练，完成编制商业计划书、开展可行性研究、模拟企业运行等工作。

（7）创业训练团队成员数量一般为 5 人左右。鼓励不同专业、不同年级、不同背景的学生组成创业训练团队，创新训练团队应确定 1 名项目负责人。创业训练团队视其规模的发展情况，可以有计划地吸纳不同层次、不同背景的学生参加创业训练项目，但需明确每名成员在项目中的具体分工。

（8）创业训练项目选题范围要适当，目标内容要清晰明确，技术或商业模式要有所创新，保证团队每一位成员均能从中获得不同方面的创业训练。

（9）参加创业训练项目的学生在不影响本专业学习的前提下，充分规划和管理项目的执行时间，需注重理论学习、能力培养和创业训练三者的密切结合，避免把创业训练项目变成“摆地摊”“小批发”或“倒买倒卖”式的纯粹以营利为唯一目的的商业活动。

（10）参加创业训练项目的学生应通过创业实训课程的学习，全面模拟真实企业的创业运营管理过程，在虚拟商业社会中完成企业从注册、创建、运营、管理等所有决策，提升综合素质，增强就业与创业能力。

（11）通过创业训练项目的实施，学生应重点训练创业所必需的领导力、全球化的眼光、敏锐的市场意识、务实踏实的作风、锲而不舍的精神、组织运作能力和为人处世的技巧，以及商业谈判技巧、市场评估与预测、启动资金募集方式等，了解金融、财务、人事、市场、法规等方面的基本知识。

（12）通过创业训练项目的实施，学生应注重个体与团队工作能力的有效提升，明确创业团体中个人角色的定位，组织协调在共同创业目标下的分工、协作与配合的关系，并在团队内部懂得相互理解和尊重。

（13）通过创新训练项目的实施，学生应注重自主、自信、勤奋、坚毅、果敢、诚信等品格与创业精神的培养和锻炼，了解未来创业者与领导者的成就动机，掌握科技开发及市场开拓的方法和手段，提高分析问题与解决问题的能力。

（14）通过创业训练项目的实施，学生需注重锻炼务实作风和承受能力，具备努力克服困难和积极承担责任的态度，具备市场预测和决策的能力，具备处理风险与不确定性的能力，具备心理承受力和抗压力。

（15）参加创业训练项目的学生，在立题、开题、检查、考核、结题、延期等过程环节应遵守相关管理规程，管理规程的内容可包括《大学生创业训练项目申请书》《大学生创业训练项目合同书》《大学生创业训练项目中期检查书》《大学生创业训练项目结题报告书》《大学生创业训练项目延期结题申请书》等。

8.1.4.3 创业实践项目学生工作指南

（1）通过创业实践项目，大学本科生在读期间可就一项具有市场前景的创新性产品或者服务进行创业实践，真实创办企业并实现有效运行。

（2）大学生创业实践计划项目的实施原则是：兴趣驱动、自主实践、重在过程。

①兴趣驱动——参加项目的学生需对项目管理、企业管理、风险投资有浓厚兴趣，对大学生创办企业有强烈的欲望，在自身兴趣的驱动下完成创业实践项目。

②自主实践——参加项目的学生需自主寻求并把握机会，自主整合并利用资源，自主决策、自主创办企业，自主组建团队，自主管理企业。

③重在过程——参加项目的学生需注重项目的实施过程，着重强调学生在项目实施过程中真实体会创业从注册、创建、融资、运营、风险、管理等所有过程，掌握创业理论、创业方法、创业法规等。

（3）创业实践项目面向全体本科生，项目负责人毕业后可根据情况更换负责人，或是在能继续履行项目负责人职责的情况下（如项目负责人继续攻读本校研究生），以大学生自主创业者的身份继续担任项目负责人。

（4）参加创业实践的学生应正确理解创业与国家经济社会发展的关系，正确理解创业与职业生涯发展的关系。在创业实践项目实施过程中，勤于创新、善于发现、勇于实践。

（5）创业实践团队充分发挥自身的主动性、积极性和创造性，激发创业意识，提高社会责任感、创新精神和创业能力，促进创业就业水平提升和全面素质发展。

（6）创业实践项目面向本科生团队。学生团队可采用所从事的创新训练项目的成果，也可利用所学专业的技术研发成果，或采用学校某些具有市场前景的创新性产品或服务，由创新团队向相关导师提出申请。

（7）项目获批后，团队学生需在导师的指导下，实践真实企业的创业运营管理过程，在社会、学校的大学科技园或类似的创业机构中完成注册、创建、运营、管理等，自主进行创业实践，完成创业过程分析、创业机会与商业模式分析、创业计划撰写，创业团队组建、创业融资、创业企业管理、创业企业成长等任务，学习创业相关的金融、财务、人事、市场、法规等方面的知识和实际运用。

（8）创业实践团队成员一般不超过 7 人。鼓励不同专业、不同年级、不同背景的学生组成创业实践团队，创新实践团队应确定 1 名项目负责人。创业实践按团队视其规模的发展情况，可以有计划地吸纳不同层次、不同背景的学生参加创业实践项目，但需明确每名成员在项目中的具体分工。

（9）创业实践项目立项要适当，目标内容要清晰明确，技术或商业模式要有所创新，团队中每一位成员均能在其中充当重要角色并发挥作用。

（10）参加创业实践项目的学生在不影响本专业学习的前提下，充分规划和管理项目的执行时间，确因创业需要而与学业时间冲突时，学生可申请办理休学手续全力投入创业实践中。

（11）不鼓励“摆地摊”“小批发”或“倒买倒卖”式的纯粹以营利为唯一目的，在技术或商业模式上没有任何创新的创业实践项目。

（12）通过创业实践项目的实施，学生应初步具备创业所必需的领导力、全球化的眼光、敏锐的市场意识、务实踏实的作风、锲而不舍的精神、组织运作能力和为人处世的技巧，以及商业谈判技巧、市场评估与预测、启动资金募集方式等。

（13）通过创业实践项目的实施，学生应注重个体与团队工作能力的有效提升，明确创业团体中个人角色的定位，组织协调在共同创业目标下的分工、协作与配合的关系，并在团队内部懂得相互理解和尊重。

（14）通过创新实践项目的实施，学生应注重自主、自信、勤奋、坚毅、果敢、诚信等品格与创业精神的培养和锻炼，掌握科技开发及市场开拓的方法和手段，提高分析问题与解决问题的能力。

（15）通过创业实践项目的实施，学生需注重锻炼务实作风和承受能力，具备努力克服困难和积极承担责任的态度，具备市场预测和决策的能力，具备处理风险与不确定性的能力，具备心理承受力和抗压力。

（16）参加创业实践项目的学生，在立题、开题、检查、考核、结题、延期等过程环节应遵守相关管理规程，管理规程的内容可包括《大学生创业实践项目申请书》《大学生创业实践项目合同书》《大学生创业实践项目中期检查书》《大学生创业实践项目结题报告书》《大学生创业实践项目延期结题申请书》等。

（详见国家级大学生创新创业训练计划平台 http://gjcxcy.bjtu.edu.cn/Index.aspx）

8.2 大学生创新创业竞赛指导

8.2.1 大学生创新创业竞赛的宗旨与意义

8.2.1.1 宗旨

大学生科技创新大赛的宗旨是吸引和鼓励大学生参加科技创新活动，激发创新灵感，培养创新思维、合作意识习惯，提高创新设计能力，孕育创新成果雏形，加强高校间的交流学习，引导大学生适应教育改革、推进教育进步，使学生了解创新知识，树立创新精神。

大学生是最具创新潜力的群体，引导组织高校学生参加创新大赛，一方面倡导大学生关注社区、教育、环保、健康、能源、交通等可持续发展领域，结合创新理念和前沿科技，打造具有社会和产业价值的全新作品；另一方面旨在锻炼学生的良好逻辑思维能力、分析应用能力、积累和重新组合在校所学知识的能力，使学生具备批判精神和发散思维。

8.2.1.2 意义

大学生创新创业活动是大学生群体在国家有关部门和学校的组织引导下，依靠老师的指导帮助，自主开展的一种科技学术活动。活动的对象是科技学术活动，它是大学创新创业活动的重要组成部分，也是国家创新体系不可缺少的组成部分，同时又是高等教育领域学术活动的重要内容之一。创新创业竞赛的举办不仅有利于大学生身心、体智全面发展，也为大学生成长成才、积蓄能量打下了坚实的基础。因此，大力举办大学生创新创业竞赛有着重要的历史及现实意义。

（1）创新创业竞赛是大学生成长成才的内在需要

科技创新大赛是一种实践活动，其具有理论联系实际的品质，大赛的开展能够充分发挥学生的主观能动性，对于大学生巩固、深化专业及理论知识，培养创造性思维和科研能力有着很大的推动作用。在科技创新大赛过程中，指导教师通过言传身教，介绍不同的学术观点以及自己的科研思路、方法，有利于激发学生的探索精神并引导学生尽早进入研究、发现和创造领域。同时，科技创新赛事对培养大学生的创新素质，特别是对于培养拔尖科技人才也具有重要的作用。创新环节有利于促进第一课堂的学习，调动学生课堂学习的主动性和积极性，形成课内课外相互促进的良性机制。

（2）创新创业竞赛有利于培养大学生刻苦钻研精神

科技创新赛事需要大学生不断寻求自我突破，仅靠一闪而过的灵感或者呆板地冥思苦想是不会有真正生命力的。只有收集了丰富的资料，研究了最新的成果，并掌握了科学的方法论，才能激发自身的创新能力、形成创新思维。在追求创新的过程中，肯定会遇到来自各方面主观或客观的困难，这就要求大学生迎难而上，树立起必胜的信念，用严谨的科技创新态度去迎接挑战。高等学校自由、民主、浓郁的学术氛围必将对培养大学生刻苦钻研精神有着积极的作用。

（3）创新创业竞赛有利于培养大学生团队合作精神

团队大于个人。一个团队的力量远大于一个人的力量。团队不仅强调个人的工作成果，更强调团队的整体业绩。团队所依赖的不仅是集体讨论和决策，它同时也强调成员的共同贡献。但是，团队大于各部分之和。通过参加科技创新赛事，大学生可以掌握更多与人交往的本领，也可以学到许多书本上没有的知识。如何与具有不同学科、文化背景及性格的人进行合作，如何正确领会指导教师和其他科技活动人员的意图，培养团队协作能力也是此类大赛致力于达到的目标。在比赛过程中，充分锻炼大学生组织协调管理能力、决策能力、人际交往能力，让他们集思广益，发挥集体智慧的优势，保质保量完成各项研究工作。

（4）创新创业竞赛有利于培养“学习型”人才

随着科技的进步与社会的发展，高等教育大众化步伐日益加快，素质教育已成为教育的核心。有效的人力资源管理和创新人才培养机制就成为世界各国在知识经济时代的激烈竞争中取胜的根本。高校是这一艰巨任务的主要执行者和承担者，也就是要培养适应 21 世纪发展要求的具有开拓和创新精神的人才，从而使其具备必要的和急需的社会竞争力乃至国际竞争力。科技创新赛事是高校自身发展的需要，教会学生如何学习是促进当代大学生综合素质全面提高的重要环节，此处的学习指的是基于文本知识的学习方法，而不仅是书面知识。以便于大学生将来走上工作岗位后，能通过自己的学习、探索，不断掌握科学知识，顺应时代发展以及实际工作需要。在比赛过程中，大学生要学会在实际中运用所学知识，并在运用知识的过程中养成创新思维，促进深入学习。从而有利于培养出适应未来社会竞争需要的“学习型”人才，加快推动、促进高等教育教学改革的进一步深化。

（5）创新创业竞赛有利于形成优良校风校纪氛围

大学生们朝气蓬勃，精力充沛，书本知识的局限已不能满足他们强烈的求知欲。科技创新大赛的开展无疑使大学生们开阔了眼界，增长了见识。同时，也给他们提供了广阔的学识空间及发挥才智本领的机会。一旦大学生们的兴趣集中到科技创新活动中来，就会给优良校风校纪的形成提供积极的正效应。从另一个角度来说，大学教育优良的校园氛围有利于营造大学高品位的校园文化。大学教育的本质是探索知识、追求真理。亚里士多德曾说过：“吾爱吾师、吾更爱真理”。学术自由是当代大学生的一个基本理念。因此，创新是大学校园文化的本质，而创新的本质则是创造主体的一种精神活动。对于创造力的发挥、创新意识及创造能力的培养均需要良好的精神生态环境。大学生科技创新赛事的蓬勃开展可以改善校园文化的结构，提高校园文化的品位，体现大学的学府气息，从而营造一种良好的学习、育人环境和学术文化氛围，激发学生学习的主动性、积极性和创造性。同时也可以改善校园的生活和人文环境，营造自由、民主、平等、开放、竞争的文化环境。因此，大学生科技创新竞赛应该成为大学校园文化的主旋律，把大学塑造成创新者的精神乐园。

8.2.2 大学生创新创业竞赛的特点

高校开展科技创新活动是全面实施素质教育的探索，同时也是落实我国科技创新政策的有效途径。在国家创新政策的引导下，大学生创新创业活动也越来越受到重视，各高校结合自身特色进行了积极的探索。本节对中国大学生创新创业竞赛发展历程中体现的特点进行了梳理（图 8-2）。

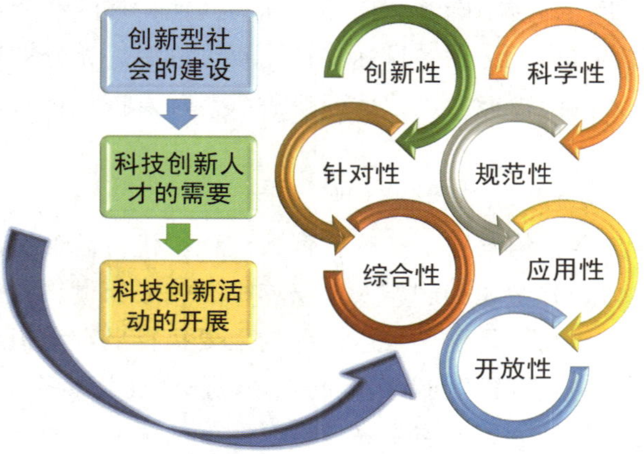

图 8-2 大学生创新创业竞赛的特点

（1）创新性

培养创新型人才是大学教育的重要任务，创新型人才就是具有创新意识、创新精神、创新能力并能够取得创新成果的特殊人才。科技创新大赛关注现实需求，竞赛主题区分明确，依托学校科研资源，促进创新研究成果转化，是培养学生创新精神和动手能力的有效载体，对培养和提高学生的创新思维、创新能力、解决实际问题和实践动手能力具有极为重要的作用。

（2）针对性

学生参与科技竞赛的过程实际上是一个针对具体问题的科学研究过程。他们在进行创新实践时会遇到很多科学和非科学的问题，在解决这些问题的过程中，能促使学生对科研活动的基本规律有所了解。学会正确和善于分析、处理问题的思维方法，培养与导师、同学合作协调的人际关系能力，逐步达到独立解决科研问题的目标。

（3）综合性

科技探索类竞赛的大多数赛事题目所涉的知识内容范围较为深广，具有较强的综合性。其中部分题目体现了对学科或专业内某方面知识和技能的综合，部分题目综合了多个相关学科或专业领域的知识。与知识考试类竞赛的综合题目不同，这类赛事的题目中即使包含超出课程教学范围的知识，也不会给出操作过程和步骤说明，完全依靠学生通过自己查阅文献学习和不断尝试加以解决，从而更能扩增学生的知识储备和动手操作技能。

（4）科学性

在参赛过程中会遇到很多科学与非学科的问题，都需要学生运用创新思维和缜密的研究。竞赛前的准备能够促使学生自主地去学习先进技术与本学科相联系的知识，使自己系统地、科学地掌握相关的科技创新的知识，为学生创新能力的培养奠定良好的理论基础。在参赛过程中，从参赛选题，调查与设计，文本的写作，展示与答辩，每个环节都要求学生充分发挥自己的想象力和创造力，发散思维，不断思考与探索，在实践中激发自己的兴趣和潜能。

（5）规范性

近年来，在国家的大力号召下科技创新竞赛举办规模越来越大，参赛人数也越来越多，相应地，竞赛规则、流程日趋完善，主要赛事在选题要求、研究方向、团队成员、指导教师和经费支持等多个方面设立基本条件，对项目发布与立项流程进行规范，有统一的评分标准。

（6）应用性

知识考试类竞赛中的主流评价形式是纸笔测试。而科技探索类赛事更多的是采用实践操作的评价形式，不再仅仅强调对知识和技能的考查，普遍具有了更强的应用性。按照竞赛形式的差异，科技探索类竞赛可以分为两类：作品制作型和问题解决型。作品制作型赛事是指学生在较长的时间（通常是数月）内制作出具有某些功能的实物。绝大部分科技探索类赛事属于这种类型，如全国大学生机械创新设计大赛、中国机器人大赛和全国大学生过程装备实践与创新大赛等。问题解决型赛事是指学生在较短时间（数个小时至数天）内以纸笔或计算机编程的形式解决一个或多个具有应用价值的问题。只有较少的赛事属于此种类型，如全国大学生数学建模竞赛和 ACM 大学生程序设计竞赛等。虽然形式不同，但它们都体现了应用性的特征。

（7）开放性

科技探索类竞赛中大多数赛事的题目都设置了较为复杂的情境，其中包含多项不确定因素，有多种可能的解决思路——其中部分题目尚未有标准的解决方案。这种赛题可以称为规定情境式题目。还有部分赛事仅对作品提出极少的几条要求和限制，由参赛学生自己选择具体的制作内容。这种赛题可以称为自由情境式题目。竞赛题目的这两种开放性在给予学生较大的发挥余地的同时，也对他们的创新能力提出了较高的要求。自由情境式题目的开放性则体现得更为彻底，如“挑战杯”全国大学生课外学术科技作品竞赛。这项竞赛的基本组织方式：高等学校在校学生申报自然科学类学术论文、哲学社会科学类社会调查报告和学术论文、科技发明制作 3 类作品参赛；聘请专家评定出具有较高学术理论水平、实际应用价值和创新意义的优秀作品，给予奖励；组织学术交流和科技成果的展览、转让活动。“挑战杯”竞赛对于自然科学类参赛作品和科技发明制作（哲学、社会科学类作品不在本文关注范围之内）的题材不作限制，是大学生科技竞赛题目中开放性的极端案例。

8.2.3 中国国际“互联网+”大学生创新创业大赛

中国国际“互联网+”大学生创新创业大赛是由李克强总理 2015 年倡导发起，由教育部等 12 个中央部委和地方省级人民政府共同主办的重大创新创业赛事。大赛旨在深化高等教育综合改革，激发大学生的创造力，培养造就“大众创业、万众创新”的生力军，推动赛事成果转化和产学研用紧密结合，促进“互联网+”新业态形成，服务经济提质增效升级；以创新引领创业、创业带动就业，推动高校毕业生更高质量创业就业。鼓励广大青年扎根中国大地了解国情民情，在创新创业中增长智慧才干，在艰苦奋斗中锤炼意志品质，把激昂的青春梦融入伟大的中国梦，努力成长为德才兼备的有为人才。

目前，把大赛作为深化创新创业教育改革的重要抓手，在引导各地各高校主动服务国家战略和区域发展，开展课程体系、教学方法、教师能力、管理制度等的综合改革方面发挥了重要作用。以大赛为牵引，大赛带动了职业教育、基础教育深化教学改革，全面推进了素质教育，切实提高了学生的创新精神、创业意识和创新创业能力。

8.2.3.1 参赛要求（以第七届中国国际“互联网+”大学生创新创业大赛为例）

①大赛一共分为 5 个赛道：高教主赛道、“青年红色筑梦之旅”赛道、职教赛道、萌芽赛道、增设产业命题赛道。其参赛对象分别为：普通高等学校师生、普通高等学校师生、职业院校（含高职高专、中职中专）院校学生、产业命题赛道在校生（非在职）及 2016 年后（含 2016 年）毕业的全日制本硕博学生均可报名。

②参赛项目能够将移动互联网、云计算、大数据、人工智能、物联网、下一代通信技术、区块链等新一代信息技术与经济社会各领域紧密结合，服务新型基础设施建设，培育新产品、新服务、新业态、新模式；发挥互联网在促进产业升级以及信息化和工业化深度融合中的作用，促进制造业、农业、能源、环保等产业转型升级；发挥互联网在社会服务中的作用，创新网络化服务模式，促进互联网与教育、医疗、交通、金融、消费生活等深度融合。

③参赛项目须真实、健康、合法，无任何不良信息，项目立意应弘扬正能量，践行社会主义核心价值观。参赛项目不得侵犯他人知识产权；所涉及的发明创造、专利技术、资源等必须拥有清晰合法的知识产权或物权；抄袭盗用他人成果、提供虚假材料等违反相关法律法规的行为，一经发现即刻丧失参赛相关权利并自负一切法律责任。

④参赛项目涉及他人知识产权的，报名时须提交完整的具有法律效力的所有人书面授权许可书等；已在主管部门完成登记注册的创业项目，报名时须提交营业执照、登记

证书、组织机构代码证等相关证件的扫描件、单位概况、法定代表人情况、股权结构等。参赛项目可提供当前真实财务数据、已获投资情况、带动就业情况等相关证明材料。在大赛通知发布前，已获投资 1 000 万元及以上或在 2020 年及之前任意一个年度的收入达到 1 000 万元及以上的参赛项目，请在总决赛时提供投资协议、投资款证明等佐证材料。

⑤参赛项目不得含有任何违反《中华人民共和国宪法》及其他法律、法规的内容。须尊重中国文化，符合公序良俗。

⑥参赛项目根据各赛道相应的要求，只能选择一个符合要求的赛道报名参赛。已获本大赛往届总决赛各赛道金奖和银奖的项目，不可报名参加本届大赛。

⑦创意组项目评审要点（2017 年版）如表 8-2 所示：

表 8-2 高教主赛道项目评审要点：本科生创意组、研究生创意组

评审要点	评审内容	分值
创新维度	①具有原始创新或技术突破，取得一定数量和质量的创新成果（专利、创新奖励、行业认可等） ②在商业模式、产品服务、管理运营、市场营销、工艺流程、应用场景等方面取得突破和创新	30
团队维度	①团队成员的教育、实践、工作背景、创新能力、价值观念等情况 ②团队的组织构架、分工协作、能力互补、人员配置、股权结构以及激励制度合理性情况 ③团队与项目关系的真实性、紧密性，团队对项目的各类投入情况，团队未来投身创新创业的可能性情况 ④支撑项目发展的合作伙伴等外部资源的使用以及与项目关系的情况	25
商业维度	①商业模式设计完整、可行，项目已具备盈利能力或具有较好的盈利潜力 ②项目目标市场容量及市场前景，项目与市场需求匹配情况、项目的市场、资本、社会价值情况，项目落地执行情况 ③对行业、市场、技术等方面有翔实调研，并形成可靠的一手材料，强调实地调查和实践检验 ④项目对相关产业升级或颠覆的情况；项目与区域经济发展、产业转型升级相结合情况	20
就业维度	①项目直接提供就业岗位的数量和质量 ②项目间接带动就业的能力和规模	10
引领教育	①项目的产生与执行充分展现团队的创新意识、思维和能力，体现团队成员解决复杂问题的综合能力和高级思维 ②突出大赛的育人本质，充分体现项目成长对团队成员创新创业精神、意识、能力的锻炼和提升作用 ③项目充分体现多学科交叉、专创融合、产学研协同创新等发展模式 ④项目所在院校在项目的培育、孵化等方面的支持情况 ⑤团队创新创业精神与实践的正向带动和示范作用	15

8.2.3.2 奖项设置

中国大陆参赛项目设金奖 150 个、银奖 350 个、铜奖 1 000 个，中国港澳台地区参赛项目设金奖 5 个、银奖 15 个、铜奖另定，国际参赛项目设金奖 50 个、银奖 100 个、铜奖 350 个；设置最佳带动就业奖、最佳创意奖、最具商业价值奖、最具人气奖等若干单项奖；设置高校集体奖 20 个、省市优秀组织奖 10 个（与职教赛道合并计算）和优秀创新创业导师若干名。

8.2.3.3 项目来源

中国“互联网+”大学生创新创业大赛由教育部主办，目前大赛已经成为覆盖全国所有高校、面向全体高校学生、影响最大的赛事活动之一。参赛项目以创业项目为主。与其他项目相比，在“互联网+”时代，创新创业项目已经站在用户的角度，重新定义“想做什么”，并在与用户连接共生的关系中思考“能做什么”，再从“是否跨界”的角度思考“可做什么”，以此确定自己的创新创业项目。因此，我们需要站在“互联网+”新商业环境中寻找创新创业项目的来源，并针对来源途径进行开发研究。

（1）原始孵化项目

原始孵化项目主要是高校学生自身产生的好创意和较为成型的产品原型或服务模式，并围绕项目开展田野调查、市场分析、财务分析、团队组建等创业实践活动，经过一定时间孵化后形成较为成熟和完善的商业模式和盈利模式的创新创业项目。从“互联网+”创新创业大赛评委的角度讲，比较受评委青睐的创新创业项目其想法主要来源于科研成果转化、热门行业领域、身边的现实需求、技术发展趋势等方面，它们的本质均在于对有价值问题的探索。创业者可以从以下途径发现自己想做的和能做的：

①党的十九大报告、“十四五”规划、政府工作报告等文件分析政策趋势；

②研读国内外行业研究报告分析行业趋势；

③新产品、新服务、新模式、新产业和新业态分析市场趋势；

④在新能源、新材料、信息技术、生命科学等领域中寻找技术趋势；

⑤原始孵化项目可能会来源于无人机、“互联网+”、工业互联网、物联网、机器人、共享经济、区块链、云计算、AI、可穿戴设备、4D 打印、社群经济、众筹、众包、粉丝经济、PP、文化创意、大数据、新能源、VRAR 等领域。

（2）科研转化项目

“互联网+”创新创业大赛一个重要的目的是以赛促创，搭建科研成果转化新平台，促进“互联网+”新业态形成，服务经济高质量发展。教师科研成果转化的项目可以参加创业组赛事，允许将拥有科研成果的教师的股权与学生所持股权合并计算，合并计算的股权比例不得少于 51%（学生所持股权比例不得少于 26%）。需要注意的是，科研成果转化项目参加“互联网+”创新创业大赛不是技能或技术竞赛，有关创业的相关元素需要加以强化。

（3）校友项目

“互联网+”创新创业大赛鼓励毕业 5 年以内的学生积极参赛，因此高校可以依托学校校友会资源，努力寻求符合条件的毕业生参赛。当然，要求校友参赛的项目需要注意参赛申报人须为企业法人代表，在大赛通知发布之日后的不予认可，且已完成工商登记注册的参赛项目的股权结构中，企业法人代表的股权比例不得少于 10%，参赛成员合计股权比利不得少于 1/3。

（4）政校行企合作项目

高校孵化的创新创业项目只有走出校园，得到政府部门、大型企业或行业协会认可并赢得项目合作，有政府和企业支持，其可行性和科学性才能得到社会市场检验。同时，政校行企合作的创新创业项目吸纳各方营养，做强做大具有天然优势，自然成长预期性较好，更为评委和投资人所青睐。

（5）学科优势项目

创业团队按照学科优势，探究专业深度和广度，将学科中某些技术或研究成果加以创业运营和运用，或者跨学科整合项目，这些均具有不可替代性，充分体现学校的专业背景和学科优势。学科优势项目可以采取分组方式开展训练。

8.2.4 “挑战杯”全国大学生课外学术科技作品竞赛

“挑战杯”全国大学生课外学术科技作品竞赛（以下简称“挑战杯”竞赛）是由共青团中央、中国科协、教育部、全国学联和地方政府共同主办，国内著名大学、新闻媒体联合发起的一项具有导向性、示范性和群众性的全国竞赛活动。自 1989 年首届竞赛举办以来，“挑战杯”竞赛始终坚持“崇尚科学、追求真知、勤奋学习、锐意创新、迎接挑战”的宗旨，在促进青年创新人才成长、深化高校素质教育、推动经济社会发展等方面发挥了积极作用，在广大高校乃至社会上产生了广泛而良好的影响，被誉为当代大学生科技创新的“奥林匹克”盛会。竞赛的发展得到党和国家领导同志的亲切关怀，江泽民同志为“挑战杯”竞赛题写了杯名，李鹏、李岚清等党和国家领导同志题词勉励。历经十届，“挑战杯”竞赛已经成为：

（1）吸引广大高校学生共同参与的科技盛会。从最初的 19 所高校发起，发展到 1 000 多所高校参与；从 300 多人的小擂台发展到 200 多万大学生的竞技场，“挑战杯”竞赛在广大青年学生中的影响力和号召力显著增强。

（2）促进优秀青年人才脱颖而出的创新摇篮。竞赛获奖者中已经产生了两位长江学者，6 位国家重点实验室负责人，20 多位教授和博士生导师，70%的学生获奖后继续攻读更高层次的学历，近 30%的学生出国深造。他们中的代表人物有：第二届“挑战杯”竞赛获奖者、国家科技进步一等奖获得者、中国十大杰出青年、北京中星微电子有限公司董事长邓中翰，第五届“挑战杯”竞赛获奖者、“中国杰出青年科技创新奖”获得者、安徽中科大讯飞信息科技有限公司总裁刘庆峰，第八届、第九届“挑战杯”竞赛获奖者、“中国青年五四奖章”标兵、南京航空航天大学 2007 级博士研究生胡铃心等。

（3）引导高校学生推动现代化建设的重要渠道。成果展示、技术转让、科技创业，让“挑战杯”竞赛从象牙塔走向社会，推动了高校科技成果向现实生产力的转化，为经济社会发展做出了积极贡献。

（4）深化高校素质教育的实践课堂。“挑战杯”已经形成了国家、省、高校三级赛制，广大高校以“挑战杯”竞赛为龙头，不断丰富活动内容，拓展工作载体，把创新教育纳入教育规划，使“挑战杯”竞赛成为大学生参与科技创新活动的重要平台。

（5）展示全体中华学子创新风采的亮丽舞台。香港、澳门、台湾众多高校积极参与竞赛，派出代表团参加观摩和展示。竞赛成为两岸四地青年学子展示创新风采的舞台，增进彼此了解、加深相互感情的重要途径。

8.2.4.1 参赛要求

①申报参赛的作品必须是距竞赛终审决赛当年 7 月 1 日前两年内完成的学生课外学术科技或社会实践活动成果，可分为个人作品和集体作品。

②增加作品自查环节，申报学校签订承诺书，承诺作品符合“挑战杯”竞赛申报作品的要求，接受竞赛组委会抽查。一旦发现不符合申报要求的作品，将取消参赛资格，该学校不得补报作品。经核实有舞弊、抄袭、作假等的作品，从该参赛学校总分中扣除相当于三等奖分值的双倍分数，同时取消该学校参评集体奖项的资格。

③毕业设计和课程设计（论文）、学年论文和学位论文、国际竞赛中获奖的作品、获国家级奖励成果（含本竞赛主办单位参与举办的其他全国性竞赛的获奖作品）等均不在申报范围之列。

④申报参赛的作品分为自然科学类学术论文、哲学社会科学类社会调查报告和学术论文、科技发明制作 3 类。自然科学类学术论文作者限本专科生。哲学社会科学类社会调查报告和学术论文限定在哲学、经济、社会、法律、教育、管理 6 个学科内。科技发明制作类分为 A、B 两类：A 类指科技含量较高、制作投入较大的作品；B 类指投入较少，且为生产技术或社会生活带来便利的小发明、小制作等。

⑤参赛作品必须由两名具有高级专业技术职称的指导教师（或教研组）推荐，经本校学籍管理、教务、科研管理部门审核确认。

⑥项目评审要点（以自然科学类学术作品为例）如表 8-3 所示。

表 8-3 项目评审要点

自然科学类学术作品（满分 100 分）	可行性	①考虑论文和报告的工作量大小；②考虑论文和报告的工作难易程度是否超出合理范围；③课题选择是否有意义	10 分
	创新性	①课题的选择是否有独到之处；②对所研究的课题是否有新见解；③是否填补某一领域空白	30 分
	科学性和先进性	①课题的选择是否有独到之处；②对所研究的课题是否有新见解；③是否填补某一领域空白	20 分
	实用性	①课题的选择是否有独到之处；②对所研究的课题是否有新见解；③是否填补某一领域空白	20 分
	评委评审意见	对项目做出综合书面评价或就其某一方面的突出优势和不足予以指出，并在 20 分额度内打下主观分	20 分

8.2.4.2 奖项设置

全国评审委员会对各省级组织协调委员会和发起高校报送的参赛作品进行预审，评出 80%左右的参赛作品进入终审决赛。参赛的自然科学类学术论文、哲学社会科学类社会调查报告和学术论文、科技发明制作 3 类作品各设特等奖、一等奖、二等奖、三等奖。各等次奖分别约占进入终审决赛各类作品总数的 3%、8%、24%和 65%。本专科生、硕士研究生、博士研究生 3 个学历层次作者的作品获奖数与其进入终审决赛作品数成正比例。科技发明制作类中 a 类和 b 类作品分别按上述比例设奖。

8.2.4.3 项目来源

“挑战杯”全国大学生课外学术科技作品竞赛是由共青团中央、中国科协、教育部、全国学联主办的一项具有导向性、示范性和群众性的全国性竞赛活动。竞赛的基本方式有高等学校在校学生申报自然科学类学术论文、哲学社会科学类社会调查报告和学术论文、科技发明制作 3 类。虽然竞赛方式有所差别，但该赛事选题过程中需要遵循的基本原则一样，即要强调创新性，注重现实要求，有社会价值，且要具有可行性。参与该赛事的选题途径主要包括以下几方面：

①社会发展需求：选题应该是对社会发展有益处的问题。大学生要从社会实际出发，解决社会发展中实际存在的问题，才有实际的意义。

②专业应用实践：学生在课程设计、专业实习等环节中可能遇到大量的实际问题需要解决，可以从中选择提炼有很强针对性和较高使用价值的课题进行深入研究。

③学科发展总结：此途径要求学生在查阅大量资料的前提下，对所学专业的发展趋势等有较深入的理解。通过总结，学生可以发现该专业理论上还没有人研究过的问题，或有学者研究过并已做出结论但自己有不同的看法的问题，可作为竞赛选题。

④学科交叉选题：在现代科学大综合发展的趋势下，学科间的交叉领域涌现出了大量值得探究的新问题。大学生从不同学科交接点的角度来选题研究，运用多学科的理论和方法，使研究得到有效的深化，从而获得较好的成果。

⑤课题指南或规划选题：大学生还可以参考一些组织机构制定的课题指南或规划来选题，例如，“挑战杯”组委为下届“挑战杯”参赛者提供的哲学社会科学类参赛作品参考题、科技部提供的“863”项目申请指南和“国家科技攻关计划”的重大专项等课题规划、全国哲学社会科学规划办公室提出的涉及 18 个学科门类的“哲学社会科学国家重点课题规划”等。大学生直接将其作为自己的研究课题是很困难的，建议大学生根据自身的实际情况只将课题指南或规划中的项目作为自己的研究方向，选择其中的子课题来进行研究。

8.2.5 “创青春”中国青年创新创业大赛

创青春是“创青春”全国大学生创业大赛的简称，是“挑战杯”中国大学生创业计划竞赛的改革提升。该赛事以“中国梦，创业梦，我的梦”为主题，以增强大学生创新、创意、创造、创业的意识和能力为重点，以深化大学生创业实践为导向，着力打造权威性高、影响面广、带动力大的全国大学生创业大赛。该项大赛主体赛事为大学生创业计划竞赛、创业实践挑战赛、公益创业赛，每两年举办一届。参赛项目以创业项目为主，选题原则参见中国国际“互联网+”大学生创新创业大赛选题标准。

8.2.5.1 参赛要求（以第六届中国青年创新创业大赛为例）

（1）参赛对象

①中国公民。

②申报人年龄 35 岁以下（含），年龄划分以 2019 年 6 月 30 日为界。其中由团队申报的参赛项目，团队总人数不多于 5 人，且团队平均年龄不超过 30 周岁（含）。

（2）项目要求

①符合国家法律法规和国家产业政策。

②不得侵犯他人知识产权。

③具有良好的经济效益、社会效益，经营规范，社会信誉良好。

④尚未接受过投资或仅接受过早期投资（种子轮、天使轮或 A 轮投资）。

⑤掌握具有较大投资价值的独特产品、技术或商业模式。

（3）项目分组

商工组、农业农村组、互联网组根据参赛项目所处的创业阶段及企业创办年限（以工商登记为准）不同，分设创新组、初创组、成长组；其中，农业农村组另设电商组（大赛全国赛总体设商工组、农业农村组、互联网组和大学生组 4 个类别。其中，大学生组全国赛每两年举办一届，本届大赛全国赛不设大学生组）。企业创办年限划分以 2019 年 6 月 30 日为界。

①创新组为未进行企业登记注册，尚处于商业计划书阶段的创业项目。

②初创组为企业登记注册时间不超过 2 年（含）的创业项目。

③成长组为企业登记注册时间在 2～5 年（含）之间的创业项目。

④电商组为企业登记注册时间在 5 年（含）以内的创业项目。

（4）项目评审

项目评审要点如表 8-4 所示。

表 8-4 项目评审要点

评审项目	主要考察指标	评分比重
产品服务	项目定位、产品功能、目标用户、商业模式等准确性、可行性、创新性	30%
市场前景	产业背景、市场需求、竞争策略、发展前景等前瞻性、成长性、发展性	20%
财务运营	融资情况、营利模式、财务管理、风险规避等稳定性、合理性、持续性	20%
团队素质	人员构成、资历背景、能力素质、团队合作等完整性、互补性、协同性	20%
社会效益	创业带动就业、服务群众脱贫致富、支持社会公益等针对性、公益性、导向性	10%

8.2.5.2 奖项设置

全国赛设金奖、银奖、铜奖、优秀奖。获奖项目将获得全国组织委员会颁发的相应等的奖杯和证书，并获得各主办单位给予的相关优惠政策。

8.2.6 全国环境友好科技竞赛

全国环境友好科技竞赛是在教育部环境科学与工程教学指导委员会指导下，由清华大学、同济大学及西安建筑科技大学共同主办，由河南理工大学及中国地质大学（武汉）协办，由美国哈希公司大力赞助的面向全国高校在校学生环境领域的顶级竞赛。竞赛宗旨是在大学生中倡导资源节约和环境友好的理念，以科技竞赛的方式，鼓励大学生以其独创的科技理念和发明制造参与到资源节约型与环境友好型的和谐社会建设中来，引导高校学生特别是与环境专业相关的学生在环境保护领域进行科技创新。

参赛作品分为科技理念作品、科技实物作品和绿色创业作品 3 类，科技理念作品可以是能够有效体现资源节约和环境友好内涵的一种创意、理念、产品的概念设计或者实践调研报告，可以论文或者调研报告的形式提交；科技实物作品可以是已经制造出来的能够体现资源节约和环境保护效果的发明制造或者计算机软件作品，必须以实物或者软件的形式提交。

8.2.6.1 参赛要求

作品应当有效体现资源节约与环境友好的理念和内涵，应大致符合如下原则中的至少一个（参赛者可以在以下题目中选取，也可以自行选题）：

①有利于保护生态环境和自然资源的理念或技术；

②有利于降低环境资源消耗，提高资源、材料利用效率的理念或技术；

③有利于减少废水、废渣、废气等有毒有害废弃物排放的理念或技术；

④有利于控制或者去除环境污染物质，改善水、大气、土壤等环境质量的理念或技术；

⑤有利于修复、治理受污染的自然生态系统，减少或者消灭有毒有害物质的理念或技术；

⑥有利于促进环境资源再生利用，促进能源、材料回收利用的理念或技术；

⑦有利于建立资源循环利用可持续发展体系的理念或技术；

⑧其他符合可持续发展理念，有利于建设环境友好型社会，促进社会环境保护的理念以及技术创新、创作等。

⑨评审的要点为：个人能力（素质、经历和业绩）（15 分）、创业团队综合实力（15 分）、技术（产品、服务水平）（15 分）、产业发展前景（15 分）、市场竞争力和预期经济效益（15 分）、风险投资认可度（20 分）、附加分（5 分）。

8.2.6.2 奖项设置

奖项分为 4 种，具体奖项、名额、金额如表 8-5 所示。

表 8-5 奖项设置

奖项	数量	奖金
特等奖	0～1 名	60 000 元
一等奖	1～2 名	30 000 元
二等奖	2～3 名	5 000 元
三等奖	2～3 名	2 000 元

8.2.7 全国大学生节能减排社会实践与科技竞赛

全国大学生节能减排社会实践与科技竞赛是由教育部高等学校能源动力类专业教学指导委员会指导，全国大学生节能减排社会实践与科技竞赛委员会主办的学科竞赛。该竞赛充分体现了“节能减排、绿色能源”的主题，紧密围绕国家能源与环境政策，紧密结合国家重大需求，在教育部的直接领导和广大高校的积极协作下，起点高、规模大、精品多，覆盖面广，是一项具有导向性、示范性和群众性的全国大学生竞赛。“全国大学生节能减排社会实践与科技竞赛”自 2008 年以来已成功举办十四届，该竞赛已经成为全国高校能源动力领域最具影响的赛事之一，参赛作品涵盖能源、机械、资源、建筑、电气、海洋、社会、经济、矿业等多个领域，具有较大的社会影响力。

大赛网站链接：www.jienengjianpai.org.

8.2.7.1 参赛要求

（1）参赛对象

全日制非成人教育的专科生、本科生、硕士研究生和博士研究生（含港澳台，不含在职研究生）。参赛者必须以小组形式参赛（本届参赛队伍比赛将分研究生组和本科生组进行，所组队伍中只要有研究生参加将分类为研究生组），每组不超过 7 人，每个参赛队伍聘请指导教师不超过 3 名，如聘请 3 名指导教师，其中 1 名必须是企业技术人员或交叉学科老师。

（2）参赛单位

以高等学校为参赛单位，每所高校限报 15 项作品（高校间可混合组队参赛并提交作品，但作品按署名第一高校进行统计），申报作品时需对所有作品进行排序以作评审参考。

（3）作品展示、出版和学术交流

①参赛作品在现场展览或演示，供专家委员会评审和其他人员观摩。

②组织委员会在竞赛期间，可以组织多种形式的学术交流活动，如报告会、论坛、讲座、专家点评等，加强对节能减排活动的宣传。

③竞赛委员会拥有参赛作品实物模型、结集出版竞赛获奖作品介绍及评委评语的使用权。

（4）章程附则

①通过预审的作品，设置 15 天公示期。若收到投诉或异议，由竞赛委员会秘书处组织调查，并上报竞赛委员会讨论。经调查确认有违规行为的，则取消该作品参赛资格，并予以通报。

②竞赛承办单位可以节能减排竞赛委员会的名义寻求赞助和冠名，经主办单位审核后，方可实施。

③为了补充竞赛所需经费，参加全国竞赛作品的作者所在学校应交纳一定数额的参赛费。

④竞赛要提倡节约，体现节能减排精神。

（5）竞赛日程与安排

①竞赛报名：参赛单位在官网规定时间前将加盖学校公章的《高校报名表》发送到当年的竞赛组委会联系邮箱。

②作品申报：通过网站系统提交。各参赛高校将竞赛作品申报书在规定时间内进行网上提交，过时系统将自动关闭，未按时在网上提交者视为自动放弃。大赛组委会将为每所参赛高校分配一个账号，用于注册和上传作品。届时由各高校网上提交本校学生参赛作品，为避免集中上传作品造成的网络堵塞，请尽早在网上提交竞赛作品。说明：作品需提交 3～5 min 的介绍视频（大小不超过 20 MB）。

通过邮件确认。请以学校为单位，将加盖学校公章的参赛作品的申报书、说明书等文字材料、校汇总表，扫描后以电子版（PDF 文件）形式于规定时间内前通过电子邮件发送至大赛组委会邮箱。汇总表内务必将所有参赛作品进行排序。

网上申报材料与纸质申报材料的版本内容，请保持一致！请务必注意：申报材料中，参赛学生、指导教师及其排序以网上提交截止时间的最终版本为准，不得更改（姓名中如出现错字，可凭身份证复印件加盖单位公章证明后，进行更正）。作品名称如需调整，需经全国大学生节能减排社会实践与科技竞赛专家委员会审定。

（6）项目评审要点

紧扣竞赛主题，作品包括实物制作（含模型）、软件、设计和社会实践调研报告等，体现新思想、新原理、新方法以及新技术。专家委员会根据作品的科学性、创新性、可行性和经济性等对作品进行初审和终审，并提出获奖名单。

8.2.7.2 奖项设置

①竞赛设立等级奖、单项奖和优秀组织奖 3 类奖项。

②等级奖设特等奖（可空缺）、一等奖、二等奖、三等奖和优秀奖。各等级的获奖比例由竞赛委员会根据参赛规模的实际情况确定。

③科技类与社会实践类作品分赛道评选。

④单项奖由专家委员会提出设立，报竞赛委员会批准。

⑤优秀组织奖由组委会对竞赛组织中表现突出的单位进行提名，报竞赛委员会讨论通过确定。

8.2.8 参赛流程及常见问题

针对各类科创大赛，赛事总体流程如图 8-3 所示。

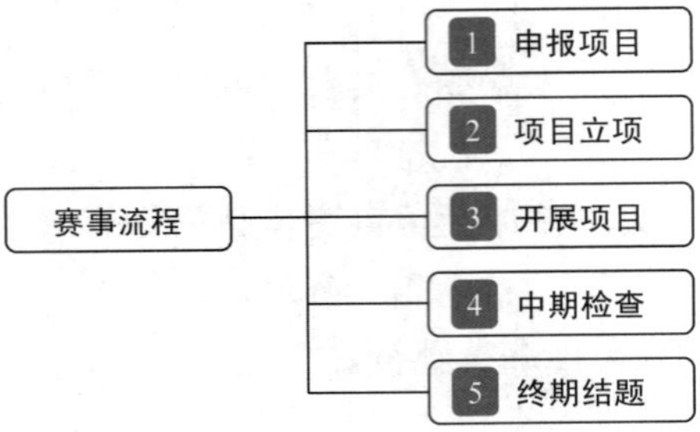

图 8-3 科创大赛赛事流程

下面以第五届中国“互联网+”大学生创新创业大赛为例，对项目申报流程进行描述。参赛团队通过登录“全国大学生创业服务网”（cy.ncss.cn）或微信公众号（名称为“全国大学生创业服务网”或“中国‘互联网+’大学生创新创业大赛”）任意一方式进行报名。详细申报流程如下：

（1）账号的注册、登录

①上网搜索“中国互联网+大学生创新创业大赛”或直接输入网址 cy.ncss.cn，进入官网。

②点击左下角报名参赛。

③进入登录页面，填写相关信息（账号、密码等）后，点击登录。

注：若未注册则需要填写手机号、身份证号、邮箱等进行注册。

④按照要求，完善个人资料，点击立即注册。注册成功后按照要求填写个人信息并提交申请。

（2）项目的申报

①返回登录页面，进行身份选择。学生参赛即选择“创业者”。

②按照要求填写个人信息并提交。

③返回个人中心，点击“创建项目”，并进行相关信息填报。主要为：项目的创建、报名参赛等。

注：一个创业者账号可创建 3 个项目，但仅允许一个项目报名参赛（所创建项目名称不可与库内其他项目名称重复），并且创建者需为项目创始人。在系统未关闭期间可自由编辑、修改项目相关信息。

注：完成第一步填写项目的必填项后进入第二步，添加项目的团队成员（通过邀请方式添加，被邀请的团队成员须为注册用户且完成：登录大创网—选择创业者身份—完善个人信息—通过学籍校验的步骤）、指导教师、已获专利信息。如不填写直接点击“完成创建”即可创建成功创业项目。如需报名参加大赛，成功邀请的团队成员至少为 3

人（包括项目创始人）。

（3）报名参赛

完成项目创建后即可报名参赛，选择参赛赛道、组别及类别。所有信息填写完整后，即可进入审核环节。注：填写报名参赛信息后，如该项目不符合所报赛道及组别的相应要求，则无法提交参赛。

（4）注意事项

①注意大赛时间，在规定时间内登录系统填写队友信息并提交作品。

②参赛者必须保证作品的原创性，不得侵犯任何第三方的知识产权或其他权利，且内容符合中华人民共和国法律、法规相关内容。

③注意参赛作品的提交形式及小组人数要求，准备好相关材料。

④若申报时涉及 PPT、海报的展示，要保障排版整洁、简练，汇报人着正式装，并且思路清晰、语言流畅。

8.3 创新创业实践活动项目的培育与管理

8.3.1 创新创业实践活动工作基础

高校及其二级学院均需将创新型人才培养作为重要目标，加强顶层制度设计，在培养方案的制定中，强调学生动手能力的培养、创新创业意识的养成，明晰实践类课程在人才培养中的比重，以此将创新创业教育在制度上给予充分保障，为创新创业活动的开展奠定基础。

高校及其二级学院应针对创新创业活动的工作管理，成立相应的管理部门，逐级对报名团队参加的创新创业竞赛类型，开展具体创新创业训练、科技竞赛项目的孵化、科技创新项目的建立、创业项目的设立等具体建设工作，将竞赛校内开展、项目孵化、资金筹备等工作有效规划。此外通过聘请校内和校外专家定期开办讲座、评审，对校内/院内申报的项目提前进行指导，保障参与竞赛项目质量。

8.3.2 创新创业实践活动项目培育实施办法

8.3.2.1 组织机构建立

成立创新创业竞赛项目领导小组，成员包括［教务处、财务处、学生工作部（处）等］校级部门。领导小组主要负责大学生创新创业竞赛项目培育的宏观管理，包括制定政策、协调资源、组织评审、监督实施过程、经费管理、验收成果、实施奖励等工作。设立领导小组办公室负责大学生创新创业竞赛活动的日常工作。

建立二级学院工作组，组长由主管教学工作、学生工作的副院长或副书记担任，小组成员由学院教学、科研、实验、学生工作的教师担任。工作组配合学校领导小组具体实施与管理，包括项目申报、项目管理实施、提供实验条件、验收项目结果、管理经费等工作。

8.3.2.2 项目管理

（1）项目申报

一般由学院工作组针对性地组织实施。针对不同类型的竞赛的申报和审核周期加以明细。申请人应当具有良好的政治素养和团队合作精神，能独立组织开展项目完成工作，身体健康，能作为项目实际负责人切实担任实质性工作。

项目申报建议每次申报一个项目。按照项目类型对申报团队成员人数、组成作相应要求。申报课题范围包括人文社科、自然科学、工程科学等。申报课题建议依托指导老师的研究涉及领域进行选题，可以建立在已有相当研究进展的课题进行申报。

（2）项目评审

由学校或二级学院负责对申报者和申报材料进行严格的资格审查。建立和完善各项评审制度，严格评审纪律。初审一般采用书面审查形式，由初审评委组专家进行无记名审查，审查评分可按照竞赛要求模块由工作小组制定，结果可采取百分制计分。项目评审应坚持公平公正公开的原则，鼓励竞争，择优立项，并在评审后将推荐名单及时公示。公示日期一般为 3～5 个工作日。

项目评审的评分要求可包括：项目是否具有学术价值、理论意义或现实意义；是否具有学术前沿性或实际应用性；实施方向是否正确，内容是否充实，思路是否明晰以及实施方法是否科学、具有可操作性；申报者团队是否具有一定的实施基础、实施能力和实施条件；申请的经费和经费预算是否合理。

（3）项目实施

项目实施实行项目负责人制，每个项目需确定一个项目负责人。需明确项目负责人职责，项目负责人需负责申报项目总体实施计划的设计与推进，并负责加强成员之间的协作攻关。

（4）中期检查

①为保证项目实施的质量，应实施项目中期审查制度。

②按照项目申报竞赛种类，统一开展三次项目进展检查由学院工作组负责。该三次检查主要目的为督促和推动项目的不断进步和完善，通过初审的各项目组须严格按照专家的指导意见，积极推动项目的不断完善和成长。

③在三次审查后的一个月内开展结题答辩，采用书面审理与公开答辩同时开展的方式进行：项目团队须在答辩开始前两周提交项目结题报告书和相关成果书面证明，交给相关评委审查；项目团队在答辩当天须进行提供了 PPT 的口头汇报。最后由评委提问后，现场打分，可采取百分制计分。

（5）项目变更

项目运行过程中因各种原因出现的项目参与人员变动、更换创新创业训练内容或者创业实践项目等情况，项目负责人应在中期检查时将相应变更的书面申请（经指导教师签署意见）与“中期检查报告”一并提交到学院工作小组，中期检查通过后由学院签署意见并报学校创新创业办公室备案。

[50] 团中央学校部，同济大学. 共挑战·创未来：“挑战杯”中国大学生创业计划竞赛：1999—2012[M]. 上海：同济大学出版社，2012.

[51] 上海上市公司协会. 新三板企业优秀商业模式实践案例与启示[M]. 南京：东南大学出版社，2018.

[52] 林林，Thomas Lux，李培杰. “第一性原理”在社会产业模型中的仿真[J]. 计算机仿真，2021，38（6）：165-169，414.

[53] 陈志奎. 从垂直森林到雾霾净化塔——“第一性原理”如何成为设计创新驱动力[J]. 艺术设计研究，2018（4）：5-12.

[54] 李大军，邓玉华. 地方应用型高校环境类创新创业人才培养路径与实践——以湖南工学院为例[J]. 科教文汇（下旬刊），2021（11）：107-109.

[55] 耿兵，段玲. 发达国家创新创业教育发展的启示[J]. 创新与创业教育，2010，1（3）：19-23.

[56] 刘雪平. 国内外高校创新创业人才培养模式比较[J]. 文教资料，2019（14）：117-118.

[57] 崔仲远，陈永光. 国内外高校创新创业教育经验分析及其启示[J]. 齐齐哈尔师范高等专科学校学报，2018（2）：20-22.

[58] 周丽霞，赵欢. 国内外高校创新创业教育发展比较研究[J]. 创新创业理论研究与实践，2019，2（6）：4-6，19.

[59] 高雅. 国内外高校创新创业现状研究[J]. 教育现代化，2019，6（98）：252-254.

[60] 覃彩连，余永辉，庞怡文，等. 国内外高校创新创业教育现状和对策[J]. 教育观察，2018，7（15）：49-52.

[61] 江露露. 美国大学生创新创业教育实践——基于《创新和创业型大学：聚焦高等教育创新和创业》的分析[J]. 世界教育信息，2016，29（21）：20-26，33.

[62] 黄一涛. 美国、德国、加拿大创新创业教育发展特征及启示[J]. 职业技术，2018，17（4）：25-28.

[63] 于跃，张雅光. 德国、英国大学生创新创业政策比较[J]. 学理论，2018（7）：169-170，175.

[64] 李现平，杜霞，孙奕. 德国高校创新创业教育研究——以慕尼黑工业大学“管理+”培养计划为例[J]. 创新人才教育，2019（4）：83-88.

[65] 朱文玉，李汝敏. 日本高校创新创业教育及对我国的启示[J]. 教育探索，2018（4）：121-125.

[66] 张燕妮. 法国创新创业教育的现状和启示[J]. 江苏高教，2020（9）：121-124.

[67] 王明杰. 主要发达国家城市创新创业生态体系建设比较研究——以德国、美国、英国、法国为例[J]. 行政论坛，2016，23（2）：99-104.

[68] 谭志，曹红玉. 英属哥伦比亚大学创新创业教育生态系统构建及启示[J]. 高等理科教育，2020（4）：90-95.

[69] 许娜，蔡建辉. 加拿大创新创业教育对我国的启示[J]. 中国高等医学教育，2016（8）：21-22.

[70] 施永川. 美国百森商学院创业教育教学模式研究[J]. 温州大学学报（社会科学版），2021，34（6）：23-34.

[71] 胡剑，张妍. 麻省理工学院创新创业教育课程体系建设特点研究[J]. 高教探索，2019（12）：69-73.

[72] 李琳璐. 斯坦福大学的创新创业教育：系统审视与经验启示[J]. 高教探索，2020（3）：56-65.

[73] 黄兆信，李雨蕙. 美国密歇根大学创新教育及其启示[J]. 浙江社会科学，2020（8）：140-147，160.
[74] 丁洁琼. 国内外高校创新创业教育差异对比启示[J]. 当代教育实践与教学研究，2020（2）：135-136.
[75] 马雪霞，宋泽. 国内外高校创新创业教育的发展现状及对比[J]. 知识经济，2020（21）：109-110.
[76] 赵勇桃，王玉峰，赵莉萍，等. 研究生学风与学术道德建设的研究与实践[J]. 中国现代教育装备，2017（21）：90-92.
[77] 徐文智. 弘扬企业家精神是激发市场主体活力的关键环节[N]. 中国消费者报，2021-11-11（1）.
[78] 杨朝辉. 企业家精神背后的伦理与制度[J]. 企业管理，2015（4）：29-33.
[79] 王炳林，郭清. 科学家精神的历史逻辑与科学内涵[J]. 北京教育（德育），2022（06）：32-36.

创新创业思维与意识调查问卷

亲爱的同学：你好！首先感谢你抽出时间来回答此份问卷。此问卷是为了教育研究而设计的。问卷采取不记名方式填写，不针对任何学校或个人，仅为研究参考之用。请按照自己的实际情况和真实感受填写在答案处。您的意见将对我们的研究有很大帮助。再次谢谢你的合作！

问题	选项	你的答案
你所在的年级？	A 大一；B 大二；C 大三；D 大四	
你的性别？	A 男；B 女	
你的专业类别？	A 文学；B 理学；C 工学；D 商学；E 艺体；F 法学	
到目前为止，你参加过哪些创新创业实践活动？（多选）	A 社会活动；B 单位实习；C 课程设计； D 调查研究；E 学术报告；F 科研项目； G 学科竞赛；H 设计/制作竞赛	
在你参加过的创新创业实践活动中，你的收获主要有哪些？（多选）	A 收获不大；B 形成了开发的思维； C 提升了专业知识运用能力；D 提高了团队协调能力； E 培养了良好的创造力；F 其他（自述）	
你是否知道创新对一个国家的发展有着很重要的意义？	A 非常清楚；B 有一定了解；C 不太清楚；D 不知道	
我们对事物都具有一定的批判性，你觉得你的批判性思维怎么样？	A 对很多事情都具有批判性； B 一般；C 较弱，不太在意	
你是否有创业的想法？	A 有；B 迷茫中；C 没有	
如果您选择创业，你认为现在所学的专业是否应该与将来创业的方向相关？	A 应该完全相关；B 应该有很高的相关度； C 应该相关，但相关度不大；D 可以不相关	
你对创新创业是否感兴趣？	A 很有兴趣；B 比较有兴趣；C 一般；D 没兴趣	
你有了自己的创新创业的想法会去实现吗？	A 立马执行，我要把握自己的未来； B 犹豫不决，想着我的想法是否还有缺陷； C 不敢去，毕竟现实和想法还是有一定的差距的； D 肯定不会，因为我的想法通常不被他人接受	
你参加创新实践活动的主要原因是什么？（多选）	A 学习专业知识；B 增加课外知识；C 体验创造的乐趣； D 加强人际交往；E 学分/评优/奖学金等各种奖励； F 其他（自述）	

问题	选项	你的答案
你认为大学生创新能力应该包括哪些方面？（多选）	A 科研能力；B 组织管理能力； C 社会活动能力；D 书面及口头表达能力； E 人际沟通能力；F 团队合作能力	
你对国家出台的扶持大学生自主创业方面的相关政策和法规？	A 经常关注；B 偶尔关注，比较了解； C 不关注，但知道一点；D 一点儿也不知道	
你会选择何种方式来培养自己的创新创业意识？	A 多参与学校的社团活动； B 多学习理论知识或多选修有关课程； C 到校外参加兼职，增加社会经验； D 积极参加各种创新创业比赛； E 参加各种学术性的研讨	
你认为怎样才有利于提高大学生创新创业的能力？（多选）	A 学校开展更多相关创新创业的课程； B 自己多收集相关信息，多看创业故事； C 多结交有创业想法的朋友，从交流中受益； D 多参加创业大赛等相关比赛； E 加强专业技能的学习； F 提供更多的社会实践机会	
你对大学生创业的理解是？（多选）	A 积累财富；B 实现自我价值；C 就业准备； D 建立社会人际关系；E 其他（自述）	
大学生创业相对于其他社会人士创业具有什么优势？（多选）	A 年轻有活力，敢于拼搏；B 综合素质高； C 学习能力强，有创新精神；D 网络信息发达，能捕捉商机；E 其他（自述）	
你有创业的想法，是来源于？（多选）	A 家庭影响；B 朋友影响；C 媒体影响； D 自己比较想去尝试一下；E 其他（自述）	
你认为大学生创业过程中的障碍是什么？（多选）	A 资金短缺；B 经验不够，缺乏社会关系； C 创业方向不明确，没有好的项目；D 家人反对； E 面对风险心理承受能力不足； F 自身的专业知识技能不足以及技术缺陷； G 创业本身存在的风险与压力；H 缺乏教师指导； I 缺乏良好的课题平台；J 其他（自述）	
对于现在大学生的创新能力，你有什么见解？请简述		
你对大学生提高创新创业意识有什么建议？请简述		

注：同学们填写完成后将此页撕下，由授课教师统一收集。